普通高等教育经管类专业"十三五"规划教材

商务谈判实务

(第二版)

陈文汉 主编

清华大学出版社

北 京

内 容 简 介

本书共有11章，包括商务谈判概论、现代商务谈判理论、商务谈判的心理、国际商务谈判、商务谈判准备、商务谈判开局与报价、商务谈判价格磋商与再谈判、商务谈判的终结、商务谈判策略与技巧、商务谈判管理和商务谈判的实战演练。本书内容丰富，教师可根据各校的具体情况进行取舍。前10章均有综合实训、综合练习等内容，便于学生巩固与运用所学的知识。最后一章对商务谈判案例分析方法、教学中模拟谈判的运用技巧和模拟谈判比赛的组织进行拓展，极大地丰富了教师的课堂教学。

本书系统、实务、简明，理论基础扎实，可操作性强，可作为高等院校市场营销、国际商务、工商管理等专业的教材，也可作为广大财经商贸人员、谈判学爱好者的参考用书。

本书课件可通过网站 http://www.tupwk.com.cn/downpage 免费下载。

图书在版编目(CIP)数据

商务谈判实务 / 陈文汉 主编. —2版. —北京：清华大学出版社，2018（2021.8重印）
(普通高等教育经管类专业“十三五”规划教材)
ISBN 978-7-302-49403-4

Ⅰ. ①商… Ⅱ. ①陈… Ⅲ. ①商务谈判－高等学校－教材 Ⅳ. ①F715.4

中国版本图书馆 CIP 数据核字(2018)第 012303 号

责任编辑： 王　定
封面设计： 周晓亮
版式设计： 思创景点
责任校对： 曹　阳
责任印制： 杨　艳

出版发行： 清华大学出版社
　　网　　址： http://www.tup.com.cn，http://www.wqbook.com
　　地　　址： 北京清华大学学研大厦 A 座　　**邮　　编：** 100084
　　社 总 机： 010-62770175　　**邮　　购：** 010-62786544
　　投稿与读者服务： 010-62776969，c-service@tup.tsinghua.edu.cn
　　质 量 反 馈： 010-62772015，zhiliang@tup.tsinghua.edu.cn
印 刷 者： 北京富博印刷有限公司
装 订 者： 北京市密云县京文制本装订厂
经　　销： 全国新华书店
开　　本： 185mm×260mm　　**印　　张：** 21.25　　**字　　数：** 504 千字
版　　次： 2014 年 1 月第 1 版　2018 年 2 月第 2 版　　**印　　次：** 2021 年 8 月第 5 次印刷
定　　价： 59.80元

产品编号：075411-02

第二版前言

本书自 2014 年出版以来，在全国高校产生了一定的影响，许多院校将其作为经济、管理、贸易类等专业的教材或辅助参考书，销量在同类书籍中一直名列前茅。在此，对所有给予本书厚爱并提出宝贵意见的专家、学者及同行们表示感谢！目前，我国已经成为全球第二大经济体，国际贸易发展迅速，对外直接投资额持续增长。同时，消费者网上购物，商户之间在网上交易等电子商务活动也在日益深化与发展。商务实践活动的新发展新变化，为商务谈判的研究提供了实践条件和变革机会，丰富了商务谈判的理论内容。因此，为了更好地服务于广大师生及我们的忠实读者，我们在吸收使用本书的师生的反馈意见的基础上，对本书内容进行再次更新和调整，以第二版发行面市，希望获得广大师生一如既往的喜爱。

本书的修订，具体体现在以下几个方面。

1. 在保持原有的教材框架基础上，对部分章节内容进行了调整。删掉了第 12 章，其后的章顺序提前。第 4 章“商务谈判中的文化与礼仪”改成“国际商务谈判”，使得商务谈判立足国际视角。第 9 章与第 10 章合并为新的第 9 章“商务谈判策略与技巧”。

2. 对书中的一些章节内容进行了较大的调整，章名称做了一些修改。例如，第 4 章改为“国际商务谈判”，第 8 章改为“商务谈判的终结”，第 9 章改为“商务谈判策略与技巧”。

3. 对书中的一些章节内容进行了较大的补充。例如，结合商务谈判技术的发展，增加了一些新的的内容，如网络谈判、跨境电商谈判等；对商务谈判案例进行更新，特别是“一带一路”战略下，一系列谈判案例引入教材中，增添了不少新鲜案例。

4. 正文内用二维码链接部分网络学习资源，读者用移动设备扫描后可方便阅读互联网上的相关文章、新闻报道、视频等，帮助读者更好地理解所学知识，养成开放性的学习习惯，熟悉资料查阅方法，寻找解决问题的途径和方法。

5. 在本书出版后，将及时更新教辅内容(包括案例、论文、视频、教案、大纲等)，可供老师选用。

本书由陈文汉担任主编并负责总纂，王雪担任副主编。其中，第 1、2、3、4 章由陈文汉负责编写，第 5、6 章由吕湘戎负责编写，第 7、8 章由王雪负责编写，第 9、10、11 章由刘东玲负责编写。

由于编者水平有限，本书难免存在不足和疏漏之处，敬请广大读者批评指正。

本书课件及教学大纲下载：

课件　　　　教学大纲

陈文汉

2017 年秋

第一版前言

商务谈判既是一门内涵十分丰富、融汇多学科知识的交叉学科，又是一项集艺术性、科学性、发展性于一体的人类活动。要想成为一位谈判高手绝非易事。

本书系统地阐述了现代商务谈判的理论、方法、策略和技巧，内容简洁，语言平实，案例丰富，理论和实践相结合，吸收了最新的理论研究成果，可作为高等院校市场营销、国际商务、工商管理等专业的教材，也可作为广大财经商贸人员以及谈判学爱好者学习的参考用书。本书体现了以下特点：

1. 结构安排清晰、顺畅。前 4 章主要介绍商务谈判的基本概念和基本理论，目的是使读者能全面认识商务谈判活动，提高其综合素质。第 5～8 章按照谈判流程，从谈判准备、谈判开局、价格磋商、谈判小结、再谈判、谈判终结与签约等环节展开，具有很强的可操作性。第 9～12 章是对商务谈判的策略、技巧以及谈判中管理的研究，属于提高的部分，有利于优秀谈判人员的培养。第 13 章是创新的内容，主要是针对实训提出一些参考性演练方法。

2. 突出能力培养。在注重理论知识的同时将实习与实训合并在一起，每一章都安排了实训教学部分，既可以在课堂上讲授，也可以用于实训指导。创新地提出了商务谈判案例分析方法、模拟谈判教学在商务谈判课程中的运用、商务谈判大赛流程等实践性极强的教学内容，极大地丰富了商务谈判课程实训教学的手段，培养读者的实战能力。

3. 内容与概念创新。采用最新的教学案例和背景材料，试图将谈判活动的解析置于社会或企业的实际场景中，增强了读者的阅读兴趣。读者可以了解战术运用的具体环境，更好地掌握谈判的策略与技巧。教材吸收和创新了最新的商务谈判理论，如商务谈判模式的研究，博弈论在商务谈判中的运用，礼貌交谈、争夺优势等新概念的提出，对商务谈判道德的研究等等，使得本教材极具前瞻性。

本书由陈文汉、徐梅进行主体创作。陈彦章、刘东玲、戴祥玉、付永昌、吴翠参与了部分章节资料的收集与编写。在编写过程中，许多先贤的研究成果给了我们启示并被加以引用，对于书中遗漏未能列出的参考文献，敬请作者谅解。

由于谈判学发展迅速，加之编者才疏学浅，书中不当之处在所难免，恳请读者批评指正。

作者于 2013 年秋

目　录

第 1 章

商务谈判概论

【学习目标】

- 掌握谈判的基本内涵、构成要素
- 掌握商务谈判的概念与特征
- 掌握商务谈判的内容
- 掌握不同地点谈判和不同地位谈判的特点
- 掌握商务谈判的原则与评判标准
- 掌握商务谈判的双赢谈判模式
- 掌握商务谈判的合作谈判模式

【引导案例】

一次有趣的价格谈判

一对年轻恋人周末出去游玩，路过一家果园，想顺路买些新鲜水果，男主人下车，打量一番果子，找到买主。

问:“多少钱一斤？”

“5 元一斤。”

“4 元行吗？”

“少一分都不卖。”

目前正是苹果上市季节，来问价的买主还不少，卖主提高了嗓门，且不肯让步。

“商量商量，你看如何？”

“没啥么好商量的，你去别处买吧。”

“不卖拉倒！我就不信没有你我还吃不上水果了。”

几句话下来，谈不下去了。

女朋友见男朋友空手回来，问明原因，决定由她试试。于是，她走进果园，问:

“多少钱一斤？”

“5 元一斤。”

“整筐买多少钱？”

“不零卖，整筐 5 元一斤。”

显然，卖主仍然坚持不让价。买主却不急于还价，而是不慌不忙地打开筐盖，拿起一个苹果在手里掂量着，端详着，不紧不慢地说："个头还可以，但颜色不够红，这样上市，卖不上价呀。"

接着伸手往筐里摸，摸了一会儿摸出一个个头小的苹果，"老板，您这一筐，表面是大的，筐底可藏着不少小的，这怎么算呢？"

边说边继续往里摸，一会儿，又摸出一个带伤的苹果，"看！这里还有虫咬，或许是别的伤。您这苹果既不够红，又不够大，还带伤。"

这时，买主沉不住气了，说话也和气了："您真的想要，您还个价吧。"

"农民一年到头也不容易，给你 3.5 元一斤吧。"

"那可太低了……"卖主有点急了，"你再添点吧，我指望这苹果供我儿子上大学呢。"

"好吧，看您也是个勤奋的人，交个朋友吧，下次还上您这儿来买，那就 3.8 元一斤，我买三筐。"

"好，您自己选吧，我来给您送上车。"

(资料来源：http://blog.sina.com.cn/s/blog_e1f67b6c0102x2db.html)

【启示】这个案例中，买卖双方一个想高价卖，一个想低价买，这属于正常的市场行为。但第一个买主遭到拒绝，第二个买主却能以更低的价格成交，这其中包含着一定的商务谈判沟通策略和语言技巧的运用。

谈判是经济生活中不可缺少的活动，是人际间一种特殊的双向沟通方式。社会生活中，人们必须面对各种各样的谈判，大到参与涉及国际关系处理的谈判，小到与家人或同事之间就日常琐事的协商。谈判已成为越来越多的人需要掌握的一种能力。

1.1 商务谈判的概念与特征

谈判无论从渊源上说，还是作为一项社会活动来看，都是研究商务谈判的基础和前提。因此，对谈判概念的把握，是学习本课程的起点。

1.1.1 谈判的概念

谈判活动有着自己独特的运行规律和技巧。随着我国市场经济改革和对外开放的深化以及加入世界贸易组织，各种经贸与商务谈判活动大量增加。为了确保谈判的成功，必须系统地掌握有关谈判的理论、策略和方法。在这里，首要的问题是弄清楚什么是谈判，如何来认识谈判。

1. 谈判的定义

"谈判"一词是由拉丁词 Negotiar(意为"做生意或贸易")而来。该动词本身是由一个意为"拒绝"的动词词根和一个意为"休闲"的名词词根构成的。因此，古罗马商人有交易达成之前是"不会闲下来去享受闲暇的"之说。那么，什么是谈判呢？我们认为：谈判是双方或多方为实现各自的目的所进行的沟通、说服，而争取达成意见一致的行为过程。

从以上定义中可以看出，谈判这一概念应包括以下内涵。

(1) 谈判要有明确的目的性。谈判是一种目的性很强的活动，人们参与谈判通常都是为了实现某种目的或满足某种需要。

【小资料】

1972 年，中美建交前的一次谈判中，基辛格对邓小平说："我们两国之间的关系是建立在健全的基础之上的，因为我们都无所求于对方。"第二天，毛泽东会见基辛格时反驳道："如果双方都无求于对方，你到北京来干什么？如果双方都无所求的话，那么，我们为什么要接待你和你的总统？"

(2) 谈判产生的前提，是谈判双方在观点、利益和行为方式等方面，既相互联系又发生冲突或差别。双方都期望从对方获得某种需要的满足，这就构成了他们之间的相互联系。但是，双方又都希望能在对己方最有利的条件下实现自身的需要，这就必定发生冲突或差别，从而使谈判成为必要。

(3) 谈判是一种交流、沟通和说服的过程。谈判是一个双方或多方互动的过程。这个过程，既是一个信息交换与信息共享的过程，也是一个说服与被说服的过程。谈判的基本手段就是说服。谈判的核心任务，就是企图说服对方理解、允许或接受己方所提出的观点、所维护的基本利益以及所采取的行为方式。

(4) 谈判的结果，是使谈判者部分或全部需要得到实现的基础。其具体表现是达成双方都能接受的协议。谈判的过程，实际上就是磋商和签订协议的过程。

(5) 谈判双方是平等互惠的，但利益常常是不均等的。谈判双方在具体谈判进程中的主体地位是平等的，利益是互惠的。如果一方只想达到自己的目的，而不考虑对方的利益，那么就不可能达成一致。谈判就是要实现双赢。但是，由于谈判各方拥有的地位、实力的悬殊和运用策略、技巧的差异，谈判的结果必然是不对等的，各方取得的利益、好处也绝对不会一样多，需要满足的程度也绝对不会一样大。

谈判的定义：双方或多方为实现各自的目的所进行的沟通和说服的过程。

【观点对照】

谈判是有关方面对有待解决的重大问题进行会谈。

——《现代汉语词典》

谈判的定义最为简单，而涉及的范围却最为广泛复杂，只要人们为了改变相互关系而交换观点，为了取得一致而进行磋商协议，他们就是在进行谈判。

——[美国]杰勒德·尼尔伯伦.《谈判的艺术》

所谓谈判，是指有关各方为了自身的目的，在一项涉及各方利益的事务中进行磋商，并通过调整各自提出的条件，最终达成一项各方较为满意的协议这样一个不断协调的过程。

——[英国]P. D. V. 马什.《合同谈判手册》

谈判是使两个或数个角色处于面对面位置上的一项活动。各角色因持有分歧而相互对立，但他们彼此又互为依存。他们选择谋求达成协议的实际态度，以便终止分歧，并在他们之间(即使是暂时性的)创造、维持、发展某种关系。

——[法国]克里斯托夫·杜邦.《谈判的行为、理论与应用》

谈判，包含“谈”和“判”两个环节。谈，即说话或讨论，就是当事人明确阐述自己的意愿和所要追求的目标，充分发表关于各方应当承担和享有的责、权、利等看法；判，即分辨和评定，就是当事各方努力寻求关于各项权利和义务的共同一致的意见，以期通过相应的协议正式予以确认。因此，谈是判的前提和基础，判是谈的结果和目的。

2. 谈判的构成要素

一场完整的谈判，作为一个整体，其构成要素包括谈判主体、谈判客体、谈判目的、谈判时间、谈判地点，以及其他物质条件等多方面。其中，最基本的构成要素是谈判主体、谈判客体和谈判目的三项。

(1) 谈判主体。所谓谈判主体，是指参与谈判的双方(或多方)当事人。具体又分为两种：一种是关系主体，指能以自己的名义参加谈判，又能够独立承担谈判后果的法人或自然人；另一类是行为主体，指有权参与谈判并且能通过自己的行为完成谈判任务的谈判代表。例如：甲乙原为夫妻，因情感不和准备离婚，双方就财产分割进行谈判，相互之间矛盾较大，不愿直接面对，因此，乙委托丙与甲进行谈判。但无论谈判的情况如何，最终结果都要由甲和乙来承担，丙只是以乙的名义参与谈判，并不承担谈判的结果。在这里，甲和乙为关系主体，而甲和丙则为行为主体，甲同时兼有关系主体和行为主体的双重身份。

在谈判中，主体资格问题十分重要，如果谈判的一方或双方不具备合法有效的主体资格，谈判的结果是无效的。如果谈判对方为一组织，则要注意审查对方是否具有独立的法人资格，派出的谈判代表是否得到了充分的授权。只有主体资格合法，谈判的结果也才会受到法律的保护。

【案例 1-1】谈判的主体资格要合法

某人参制品厂与该市一家公司签订了代理出口人参系列产品至澳大利亚的合同，由于谈判活动进行之前，人参制品厂没有审查对方能否按照合同的内容承担履行的义务，结果大批产品被海关扣押，使双方遭到经济损失，而且造成澳大利亚商人前来索赔的恶果。

(资料来源：作者整理)

【案例分析】代理出口的一方，如不具有代为出口的谈判主体资格，就无法承担谈判规定的义务。因此，谈判从一开始就要求对方主动提供所必须具备的证件和材料，如自然人方面的证件、法人资格方面的证件、资信方面的证件等。另外，也可以委托其他一些部门进行考察，例如，涉外商务谈判中，可以委托中国国际信托投资公司进行了解。

(2) 谈判客体。谈判客体是指谈判的议题，即谈判的标的。谈判的议题是谈判各方共同关心并希望解决的问题。它往往与当事人的利益有切身的利害关系，如商品的品质、数量、价格、装运、保证条款和仲裁方式等。议题是谈判的核心。在商务谈判中，可谈判的议题几乎没有界限，凡是可以买卖、转让的有形和无形产品或权利都可以成为谈判的议题。议题是谈判双方权利和义务的指向，一般通过合同或协议的形式表现出来。

(3) 谈判目的。所谓谈判目的，是指参与谈判的各方都需通过与对方打交道或真实洽谈，促使对方采取某种行动或做出某种承诺来达到自己的目的。应该指出，一场谈判如果只有谈判的主体和客体，而没有谈判的目的，那么这个谈判是没有意义的。

1.1.2　商务谈判的定义与特征

谈判是一种普遍的行为，广泛存在于政治活动、经济活动、社会活动及国际关系中。随着社会经济的发展，人们之间的经济交往日趋频繁，为实现一定的交易行为或实现一定的商务活动目的而进行的商务谈判活动迅速发展起来，成为现代社会中谈判的重要形式之一。

1. 商务谈判的定义

商务谈判，是指有关商务活动双方或多方为了达到各自的目的，就一项涉及双方利益的标的物的交易条件，通过沟通和协商，最后达成各方都能接受的协议的过程。

商务谈判作为一种主要的谈判类型，既具有一般谈判的质的规定性，又具有商务活动的本质特性。理解商务谈判这一特殊的谈判活动，应着重把握以下内涵。

(1) 商务谈判的主体是相互独立的利益主体。商务活动中谈判的主体必须是独立的利益主体或其代表。只有在谈判主体的利益相互独立的条件下，他们才会为了自己的利益而进行磋商。利益的独立性是商务谈判发生的基础。

(2) 商务谈判的目的是获得经济利益。双方谈判的目的就是满足自身的某种经济利益，而做出的让步也通常是经济利益方面的让步。经济利益是谈判双方的核心利益与谈判目的之所在。

(3) 商务谈判的核心议题是价格。以经济利益为核心必然决定了谈判的中心议题是价格问题。因为价格的高低直接关系到实际所能获得的经济利益的大小。除价格之外的其他交易条件，如产品的质量、数量、交货方式与支付方式等与价格条件存在着密不可分的关系，都可以通过价格的变化表现出来，这也使得价格成为商务谈判的核心条件和核心议题。

(4) 商务谈判的主要评价指标是经济利益。商务谈判与其他类型的谈判相比，更为重视谈判的经济利益，因为商务谈判本身就是一种经济活动。在谈判过程中，谈判者不仅要考虑从谈判中得到什么、得到多少，还要考虑付出什么、付出多少，明确所得和所花费的关系，讲求经济利益。当然，这并不仅仅局限于短期的经济利益，还要从长远的观点看问题。

2. 商务谈判的特征

由于商务活动的特殊性和复杂性，使商务谈判活动表现出以下一些个性特征。

(1) 商务谈判对象的广泛性和不确定性。商品流通不受时空的限制。从逻辑上看，作为卖者，其商品可以卖给任何一个人，其销售范围十分广泛；同理，作为买者，他可以随意选购任何卖主的商品，其选择范围也具有广泛性。无论买还是卖，在交易中谈判对象就有可能遍布全国，甚至全世界。此外，为了使交易更有利，也需要广泛接触交易对象。另外，交易者总是同具体的交易对象成交，不可能同广泛的对象成交，而具体的交易对象在各种竞争存在的情况下是不确定的。这不仅是由交易对象方面的要求和变化所决定的，而且也是由自身方面的要求和变化所决定的。

交易对象的广泛性和不确定性，要求谈判者不仅要充分了解市场行情，及时掌握价值规律和供求关系变化状况，而且要用不同的方式方法对待新、老客户。

(2) 商务谈判环境的多样性和复杂性。商务谈判中，能够对谈判产生影响的一切外部因素构成谈判环境。谈判环境是谈判不可缺少的组成部分，是影响谈判结果和成败的重要因素。谈判环境主要包括政治环境(政治法律因素)、经济环境(经济与市场状况)、人际关系环境(谈判双方的人际关系)、时间环境(谈判的时间选择与时间安排)和空间环境(谈判的地点选择与场所布置)等。这些环境因素是复杂、多样和不断变化的，要求商务谈判人员广泛地收集各种环境信息，与企业外部保持良好的协作关系，灵活调整谈判中的交易条件，针对性地采取有利的谈判策略和技巧。

(3) 商务谈判条件的原则性与可伸缩性。商务谈判的目的在于谈判各方都要实现自己的目标和利益，这些谈判目标和利益是企业确定的，并具体体现在各种交易条件上。这些交易条件虽然是可以谈判的，有一定的伸缩性，但其“底线”往往是谈判人员必须坚守的。

这一特点，要求商务谈判人员既要坚持原则性，善于追求高目标；又能从实际出发，随机应变，掌握好谈判条件的伸缩性，采取灵活多变的对策来实现谈判的基本目标。

(4) 内外各方关系的平衡性。一次商务谈判的成功是双方努力的结果，也是各方面关系平衡的表现。第一，要使买卖双方满意成交，这是双方关系的平衡。第二，要处理好与业务主管部门、工商、金融、税务、保险、交通、邮电等社会有关方面的关系，因为一次商品交易的实现需要这些部门的支持和服务，事先如果不同这些部门建立良好的业务关系，就不能顺利地同对方洽谈有关的交易条件。可见处理与外界有关方面的关系，是谈判成功的前提。第三，要处理好与本企业及所属部门的关系。因为商务谈判者作为法人代表或其代理人，虽然拥有一定的权力，可以灵活地或创造性地处理谈判事宜，但又必须考虑到自己做出的决定能否在企业各部门得到落实。因此，必须与企业及其职能部门保持良好的关系。平衡各方面的关系，才能顺利达成和履行一项商品交易。

这一特点，要求商务谈判人员应具有综合分析能力、系统运筹能力和公关能力。

(5) 合同条款的严密性与准确性。商务谈判的结果是由双方协商一致的协议或合同来体现的。合同条款实质上反映了各方的权利和义务，合同条款的严密性与准确性是保障谈判获得各种利益的重要前提。即使谈判者已经获得了谈判的胜利，但如果在拟订合同条款时，掉以轻心，不注意合同条款的完整、严密、准确、合理、合法，结果也会被谈判对手在条款措辞或表述方法上引入陷阱，这不仅会把到手的利益丧失殆尽，而且还要为此付出惨重的代价。因此，在商务谈判中，谈判者不仅要重视口头上的承诺，更要重视合同条款的准确和严密。

延伸阅读：

通过扫描二维码或者登录网址，阅读《重庆谈判》，运用所学知识，分析重庆谈判属于哪种类型，并分析谈判双方的目的。

http://www.baike.com/wiki/%E9%87%8D%E5%BA%86%E8%B0%88%E5%88%A4

1.2　商务谈判的类型与内容

商务谈判的类型繁多，按照不同的标准，有不同类型的商务谈判。此外，商务谈判的内容虽因谈判目的而不同，但是会有一些共性的。

1.2.1　商务谈判的类型

依据不同的划分标准，商务谈判表现为多种多样的谈判类型。就商务谈判的外在表现而言，有一对一谈判、小组谈判和大型谈判；口头谈判和书面谈判、网络谈判；公开谈判、秘密谈判和半公开谈判；双方谈判和多方谈判；国内商务谈判和国际商务谈判等。就谈判的内在结构而言，有价格谈判和成本谈判；横向谈判和纵向谈判；让步型谈判、立场型谈判和原则型谈判；签约前谈判和签约后谈判等。就商务谈判地点而言，有主场谈判、客场谈判、主客场轮流谈判和中立地谈判。就商务谈判实力而言，有主动地位谈判、被动地位谈判和平等地位谈判。

1. 按谈判的人数规模划分

(1) 一对一谈判。一对一谈判是指在一个卖主与一个买主之间的商务谈判。交易额小的商务谈判，往往是一对一的。

一对一谈判的主要特点：它往往是一种最困难的谈判类型。因为双方谈判者各自为战，得不到助手的及时帮助。因此，这类谈判一定要选择有主见，决断力、判断力较强，善于单兵作战的人员参加，并要做好充分的准备。而性格脆弱、优柔寡断的人是不能胜任的。

规模大、人员多的谈判，有时根据需要，也可在首席代表之间一对一地进行，以便仔细地磋商某些关键问题或微妙敏感的问题。

(2) 小组谈判。小组谈判是指买卖双方各有几人参加的商务谈判。这是最常见的一种商务谈判类型，一般适用于项目较大或内容比较复杂的谈判。小组谈判的重要前提是正确选配小组成员，并有一位主要发言人或主谈者，除特殊情况外，他是最终决策者。

小组谈判的主要特点：各方有几个人同时参加谈判，分工合作，取长补短，各尽所能，这样可以缩短谈判时间，取得较好的谈判效果。

(3) 大型谈判。大型谈判是指项目重大、各方谈判人员多、级别高的商务谈判。国家级、省(市)级或重大项目的谈判，都必须采用这种类型。

大型谈判的主要特点：一是谈判班子阵营强大，拥有由各种高级专家组成的顾问团；二是这种谈判的程序严密，时间较长，有时还要把整个谈判分成若干个层次和阶段。

2. 按谈判双方接触的方式划分

(1) 口头谈判。一般来说，商务活动要求各方进行直接的接触，彼此相互了解，反复磋商，因而绝大多数商务谈判均需要进行口头谈判。口头谈判主要是指参与交易的各方，面对面直接进行的洽谈。

口头谈判有利于各方直接接触，增进各方的了解和友谊，开拓和发展商务活动；有利于各方详尽地陈述自己的观点，提出各项具体的交易条件；便于通过反复磋商，达成一致意见；有利于各方察言观色，了解对方的心理活动及反应的程度，并根据谈判的现场气氛和进展情况，运用谈判策略和技巧。但是，口头谈判一般要在一定的谈判时间内做出成交与否的决策，并根据谈判的具体情况随机应变，因此要求谈判人员具有良好的业务素质、较高的决策水平以及敏锐的应变能力。另外，由于口头谈判一般需要支付谈判人员的往返差旅费、礼节性的招待费、业务费，既费时又费力，这就要求谈判各方需要慎重地选择正式的谈判对象，做好各项准备工作，以便尽可能提高谈判效率与效益。基于以上特点，口头谈判更适用于首次商务谈判、大宗交易谈判、技术性较强的谈判及贵重商品的谈判。

(2) 书面谈判。书面谈判是指交易各方利用信函、电报、电传等通信工具和载体所进行的谈判。随着通信手段的迅速进步，书面谈判在国内外贸易谈判中具有越来越重要的作用。

书面谈判有利于要约方进行充分的调查和准备，慎重地提出交易条件；更有利于对方在规定答复的有效期限内，进行充分的考虑、分析和研究，认真答复；还有利于谈判各方克服因谈判人员的身份、级别、资历、心理素质等各方面造成的不良影响，使谈判在更为客观、公正的条件下进行。另外，书面谈判只需花费较少的通信费用，比口头谈判的费用大为减少。但是，书面谈判要求文字的表达符合商业习惯，措辞严谨，含义确切，内容完整，以防止文不达意、诓骗等所引起的不必要纠纷。由于书面谈判缺乏灵活性，难以运用各种说服技巧，往往会使磋商过程不易变通，进而增加谈判次数与时间，影响谈判效果。另外，书面谈判所使用的信函、电报、资料受控于邮电、交通部门的传递送达，一旦延误和遗失，就会影响各方的联系，甚至丧失交易时机。基于以上特点，书面谈判主要适用于有固定交易的老客户之间的谈判，相距较远的跨地区、跨国界的谈判，可作为口头谈判的辅助形式。

需要指出的是，口头谈判与书面谈判的利弊是相对的，它要求谈判人员根据商务活动的需要，进行正确选择。在实际谈判工作中，无须把它们截然分开，可以根据需要交替使用，相互结合。

(3) 网络谈判。网络谈判是指借助于互联网进行协商、对话的一种谈判活动。随着电子商务的出现和迅猛发展，网络谈判方式逐渐被企业、个人所重视。

从本质上看，网络谈判属于书面谈判方式，与函电谈判一样，其谈判程序也包含着询盘、发盘、还盘、接受和签订合同5个步骤。这种借助于互联网的新的商务谈判方式，关键不在于更好地提供信息，而在于建立起与客户、合作伙伴之间的新的关系和沟通方式。

网络谈判有利于加强信息交流，通过互联网几分钟，甚至几秒钟就能收到，并且准确无误。而且，网络谈判兼具电话谈判快速、联系广泛，又有函电内容全面丰富、可以备查之特点，可使企业、客户掌握他们需要的最新信息。网络谈判有利于慎重决策，以书面形式提供议事日程和谈判内容，又能几秒钟抵达，使得谈判双方既能仔细考虑本企业所提出的要点。特别是那些谈判双方可能不清楚的条件能以书面传递，事先说明，又能使谈判双方有时间同自己的助手或企业领导及决策机构进行充分的讨论和分析，甚至可以在必要时向那些不参加谈判的专家请教，有利于慎重地决策。网络谈判还有利于降低谈判成本。采用网络谈判方式，谈判者无须外出，就可向国内外许多企业发出E-mail，分析比较不同客户的回函，从中选出自己最有利的协议条件，从而大大降低了企业人员开销、差旅费、招待费以及管理费等，甚至比一般通信费用还要省得多，降低了谈判成本。网络谈判有利于改善与客户的关系。降低谈判成本还不是商务谈判的主要目的和收获，改善与客户的关系才是最大的收获，这样才能获取丰厚的回报。网络谈判所提供的是一年 365 天，每天 24 小时的全天候沟通方式。网络谈判有利于增强企业的竞争力。任何企业，无论大小，在网站上都是一个页面，面对相同的市场，都处于平等的竞争条件。互联网有助于消除中小企业较之大企业在信息程度方面的弱势，从而提高中小企业的竞争力。

【案例 1-2】网络谈判的运用

2003 年，受“非典”影响，我国三大航空公司取消了 14 774 个航班，餐饮业刮起了“关店风”，旅游业损失 2100 亿元……网络业却“因祸得福”，发挥了重要作用。

2003 年，为了避开“非典”影响，沃尔玛公司重新考虑了与中国厂商洽谈生意的方法。由于无法派遣员工去中国采购，沃尔玛公司采取应急措施，在一定程度上借助于互联网技术，代替每年平均 500 人次的旅行。公司通过电子邮件，确定从衬衫的裁剪到鞋子的宽度等产品规格；通过视频会议使公司可以与供应商进行洽谈，为次年春季的销售下足订单。

(资料来源：网易微博，http://blog.sina.com.cn/s/blog_e1f67b6c0102x2dd.html)

【案例分析】由于“非典”的影响，沃尔玛公司无法派遣员工去中国直接采购，这会影响其货品的供应。但沃尔玛公司后来采用了网上洽谈的方式，从而按期完成了从中国采购商品的任务。随着科学技术的不断发展和通信手段的不断优化，商务谈判方式和手段也在不断地发展和变化。人们可以在网上聊天、交友、谈判、做生意等。正是因为高新技术的发展，使得现代商务谈判方式越来越丰富。

延伸阅读：

通过扫描二维码或者登录网址，阅读《符合互联网趋势之中外洽谈会》，运用所学知识，分析其在商务谈判中的作用。

http://118.26.162.39:801/xhjs/xhdt/2017-08-22-3250.html

3. 按谈判内容的透明度划分

(1) 公开谈判。对谈判本身不保密，可以将其时间、地点甚至过程、结果公布于世。在谈判时也不需要完全排除他人在场。这种商务谈判往往是主方数人，客方是来自不同单位的一群人，因而可以节约谈判的人力、物力、财力，提高谈判的效率。一般规模较小的国内贸易的谈判常属此种类型。

(2) 秘密谈判。开展秘密谈判可能由多种原因引起。谈判不宜公开，可能是为了避免涉及其他方面，而引起矛盾表面化、复杂化等；也可能是谈判公开化的时机未到，避免对谈判的期望过高，减少影响。一般国家间的政治谈判和较大规模的国内贸易谈判、对外贸易谈判等常属此种类型。

(3) 半公开谈判。半公开谈判，是指有关谈判的时间、地点、内容甚至过程，部分地对外进行披露的谈判类型。显然，对外披露的内容完全是根据自己的需要来选择的。诸如公布一部分谈判信息，借以提高企业形象等。

4. 按谈判利益主体的数量划分

(1) 双方谈判。双方谈判是指两个谈判利益主体参加的商务谈判。很显然，双方谈判的利益关系比较明确具体，也比较简单，因而容易达成一致的意见。

(2) 多方谈判。多方谈判是指两个以上的谈判利益主体参加的商务谈判。相比之下，多方谈判的利益则要复杂得多，难以协调一致。例如，在建立中外合资企业的谈判中，如果中方是一家企业，外方也是一家企业，两家企业之间的意见就比较容易协调。如果中方有几家企业，外方也有几家企业，谈判将困难得多。这是因为中方几家企业之间存在着利益上的不一致，需要进行协商谈判；同样，外商几家企业之间也存在着利益上的不一致，需要进行协商谈判。这样，矛盾的点和面就大大增加了，关系也更为复杂。

5. 按谈判主体的地域范围划分

(1) 国内商务谈判。国内商务谈判是指国内企业、单位、个人之间有关商品、劳务和技术的谈判。由于国内商务谈判具有国籍同一、法律同一、语言相同、文化习俗基本相似，并处于同一经济体制之中等特点，其谈判的基本观念、程序、策略、技巧都具有一定的相通性和可控性。

(2) 国际商务谈判。国际商务谈判是指不同国家或地区的企业、单位、个人之间有关商品、技术和劳务的谈判。就我国来说，国际商务谈判就是对外贸易谈判。

6. 按谈判的核心议题划分

(1) 价格谈判。价格谈判是谈判各方都把达成一项各方都能接受的价格协议作为整个谈判的核心问题。谈判总是围绕着“公平合理”的价格来展开的，各方都把价格作为是否达成交易的唯一因素，一切直接影响价格的因素都是价格谈判中各方冲突的焦点，如总价、折扣、交易的各项直接费用(包括包装材料费、装卸费、运费、保险费和其他各种费用等)，而质量要求、成交的数量、交货时间、支付时间和方式等，都被作为谈判中的前定因素。因此交易各方都会不遗余力、绞尽脑汁地想出种种方案，寻找“公平合理”的价格。只要价格问题解决了，谈判就算大功告成。一般来说，多数商品交易谈判都属于价格谈判。

价格谈判的基本目标对谈判各方来说是不同的。对卖方来说，基本目标是保本价格，即有关成本、各项费用和预期最低利润之和，而从交易成立到合同履行期间的利息贴水、市场价格潜在的不利变化趋势以及货币风险等，都是在保本价格基础上派生的目标。对买方来说，基本目标是在过去的经验和搜集到的有关市场信息基础上，建立一套价格目标中的底价以外的任何价格，底价是买方愿意支付的最高价格。只要谈判各方对于市场有比较全面和准确的信息，通常情况下买方的底价总是要高于卖方的保本价格，故在价格谈判中双方的互融性比较大，谈判各方易于达成都能接受的协议。但是，在价格谈判中，买卖双方的利害关系都集中在价格问题上，如果在某项交易的谈判中，保本价格与底价比较接近，谈判的过程就会是各方激烈的讨价还价过程，谈判失败的危险性很大。

(2) 成本谈判。成本谈判是交易各方都以卖方的成本作为交易品的基本价格。在谈判中，双方必须考虑构成卖方成本的各种要素、各种要素的价格如何计算以及怎样确定各种必需的费用等。劳务交易、成套设备交易和工程合同都是采用成本谈判。

成本谈判中买主支付给卖主的价格构成因素通常包括材料费、折旧费、人工费、间接费、行政管理费和该行业的平均利润。双方容易产生分歧的往往是价格构成中的主要因素，特别是材料和人工的耗费往往是双方争论的焦点。不同的卖主由于其技术力量、采用的工艺以及管理制度上的差异，其材料和人工的耗费往往有比较大的差别，而买主在这方面获得的信息是不全面的。因此，在工程、设备安装以及各种劳务合同的谈判中，买主通常要采用招标的方式，使潜在的卖主之间先进行技术、工艺和成本竞争，在各种投标方案中选择比较适宜的卖主，然后在投标的方案基础上进行谈判，这样可以缩短谈判过程，节省谈判费用，使复杂的谈判变得简单一些，尤其对买方特别有利。

7．按谈判议题展开的方向划分

(1) 横向谈判。横向谈判是指把拟谈判的议题全部横向铺开，也就是几个议题同时讨论，同时取得进展，然后再同时向前推进，直到所有问题谈妥为止。例如，谈一笔进出口贸易，双方先确定这样一些议题或条款，即品质、价格、数量、支付、装运、保险和索赔等。然后，先开始谈其中一项条款，待稍有进展后就去谈第二条，等到这几项条款都轮流谈到后，再回过头来进一步谈第一条款、第二条款……以此类推，如有必要可再进行第三轮以至更多轮的磋商。

横向谈判方式的基本特点：按议题横向展开，一轮一轮地洽谈，每轮谈及各个问题。

横向谈判方式比较适合于对并列式复合问题的洽谈。所谓复合问题，是指那些自身还能分解出若干小问题的问题。并列式的复合问题是指复合问题中包含的若干小问题，它们各自独立存在，相互之间没有隶属关系。正是由于它们是相互并列的，可以分别进行讨论。

(2) 纵向谈判。纵向谈判是指在确定议题之后，逐个把条款谈完，一项条款不彻底解决就不谈第二个。例如，同样是上面那笔交易，在纵向谈判方式下，双方首先会把商品品质确定下来，品质问题解决不了，达不成一致意见，双方就不谈价格条款。

纵向谈判方式的基本特点：按议题纵向展开，每次只谈一个问题，谈透为止。

纵向谈判方式比较适合于对链条式复合问题的洽谈。所谓链条式复合问题，就是指复合问题中分解出的若干小问题，并不处在同一个层次上，而是像链条一样，一环扣一环，逐步展开。这时，适宜用纵向谈判方式，把要谈的若干议题，按它们之间的内在逻辑联系，整理成一个系列，依顺序逐个地进行谈判。

8．按谈判双方的态度倾向划分

(1) 让步型谈判。让步型谈判，也称软式谈判。让步型谈判者希望避免冲突，随时准备为达成协议而让步，希望通过谈判签订一个皆大欢喜的协议。采取这种谈判方式的人，不把对方当做敌人，而是当做朋友。谈判的目的是要达成协议而不是获取胜利。因此，在一场让步型的谈判中，一般的做法是：提议、让步、信任对方、保持友善，以及为了避免冲突对抗而屈服于对方。

如果谈判双方都能以宽大及让步的心态进行谈判，那么达成协议的可能性、达成协议的速度以及谈判的成本与效率都会比较理想，并且双方的关系也会得到进一步的加强。然而，由于利益的驱使，加上价值观及个性方面的差异，并非人人在谈判中都会采用这种谈判的方法。而且，这种方法并不一定是明智的、合适的，在遇到强硬的谈判者时，极易受到伤害。因而在商务谈判实践中，采取让步型谈判的人是极少的，一般只限于双方有长期的业务往来，并且合作关系非常友好的条件下。

(2) 立场型谈判。立场型谈判，也称硬式谈判。立场型谈判者将谈判看成一场意志力的竞争和搏斗，认为立场越强硬者，最后的收获也越多。谈判者往往在谈判开始时提出一个极端的立场，进而固执地加以坚持。只有在谈判难以为继、迫不得已的情况下，才会做出极小的松动和让步。在双方都采取这种态度和方针的情况下，必然导致双方的关系紧张，增加谈判的时间和成本，降低谈判的效率。即使某一方屈服于对方的意志而被迫让步、签订协议，其内心的不满也是显然的。因为在这场谈判中，他的需要没能得到应有的满足。这会导致他在以后协议的履行过程中的消极行为，甚至是想方设法阻碍和破坏协议的履行。从这个角度来讲，立场型的谈判没有真正的胜利者。

总之，立场型谈判容易使双方陷入立场性争执的泥潭而难以自拔，因不注意尊重对方的需要和寻求双方利益的共同点，所以很难达成协议。

(3) 原则型谈判。原则型谈判，也称价值型谈判。原则型谈判要求谈判双方首先将对方作为与自己并肩合作的同事对待，而不是作为敌人来对待。也就是说，要首先注意与对方的人际关系。但是，原则型谈判并不像让步型谈判那样只强调双方的关系而忽视利益的获取。它要求谈判的双方都尊重对方的基本需要，寻求双方利益上的共同点，设想各种使双方都有所获的方案。当双方的利益发生冲突时则坚持根据公平的标准来做决定，而不是通过双方意志力的比赛一决胜负。

与立场型谈判相比，原则型谈判注意调和双方的利益而不是改变对方的立场。这样做常常可以找到既符合自己利益，又符合对方利益的替代性立场。

原则型谈判者认为，在谈判双方对立立场的背后，存在着某种共同性利益和冲突性利益。我们常常因为对方的立场与我们的立场相对而认为对方的全部利益与我方的利益都是冲突的，但事实上在许多谈判中，深入地分析对方的立场背后所隐含的或代表的利益，就会发现双方共同性的利益要多于冲突性利益。如果双方能认识到并看重共同性利益，调和冲突性利益也就比较容易了。

原则型谈判强调通过谈判所取得的价值。这个价值既包括经济上的价值，也包括人际关系的价值，因而是一种既理性又富有人情味的谈判，为世界各国的谈判研究人员和谈判实践人员所推崇。

上述三种方法是比较理论化的划分，现实中的谈判往往与上述三种方法有所差别，或者是三种方法的综合。

【案例 1-3】一个双赢方案的达成——作者和编辑关于教材稿酬的沟通

沟通过程	分析
作者：别的出版社编辑都给我 10%，你们不但要求多，而且只给了 8.5%，让我心情不好。 编辑：您提这个问题很好，稿酬是我们都关心的问题，我来解释一下。您也知道，版税制稿酬额和版税率及销售量两个因素有关。	着眼于利益而不是立场
编辑：同档次教材在不同出版社销售量相差悬殊。我们是朋友，假设您和其他出版社合作，有大小两个出版社可供选择，小出版社给您 12%的版税，大出版社给您 7%的版税，我会推荐您选择大出版社，因为销量的差距可不止 5%。	“我们是朋友”拉近情感距离，“人事分开”，不论合作成功与否，都以朋友相待
作者：有那么大差距吗？ 编辑：我们教材还没出版，不敢断言它销售如何，但是我们另外一位作者的教材曾获得 2007 年国家级精品教材，是精品中的精品，因为选择出版社不慎，五六年间只重印了一次。	提出优势，打动对方
作者：是谁啊？ 编辑：也在我的作者群里，回头我们确定合作，我把您加入作者群，您可以私下问问这位老师。我们再来谈版税，大学教材一般是 7%～9%，再高再低的都有，低的不说，顶级作者能到 12%左右，如谭××、周××，不过他们的教材可都是销售量数十万册的。对于初次合作的作者，我们一般取中间值，将来教材销售得好，提高版税也是顺理成章的事。	解释并坚持客观标准

9．按商务谈判的进程划分

(1) 签约前的谈判。签约前的谈判是指为了签订合同而进行的一系列谈判。它包括一般性会见、技术性交流、意向书或协议书的谈判以及正式合同的谈判。一般性会见旨在确定商务谈判的可能性与方向性，一般来说，注重气氛的友好和谐；技术性交流(如技术性的讨论会、演示、鉴定等)是交易的前奏，它具有广泛的宣传性与技术内容的保密性等双重特点，其目的是既要扩大知名度，吸引客户，又要使客户有一定的“神秘感”，并确定己方技术利益不受侵害；意向书或协议书谈判是在交易各方表达交易愿望进行广泛接触的基础上，为了保证前期谈判成果以及以后谈判的连续性，而签订意向书或协议书的谈判。意向书或协议书因其很难全面地对各项交易条件做出明确的承诺，一般只起总结与期望的作用，无法律约束力。因此，该类型谈判往往具有阶段性与保留性的特点。如果谈判各方以达成协议为目标进行谈判，则协议书便具有契约性的法律效力。正式合同谈判是指就各种交易条件进行磋商，并最终签订合同的谈判。它是任何富有成效的商务谈判的基本形式。一旦签订合同，对各方均具有法律约束力。因此，它要求各项条款全面、具体、明确、严谨，注重法律依据，追求各项交易条件的平衡，符合合同文本的要求。

(2) 签约后的谈判。签约后的谈判是指合同生效后，合同义务不能或未能完全履行而产生的违约谈判、索赔谈判、重审合同义务的谈判以及清算合同最终债务的谈判等。签约后的谈判就谈判内容而言，较签约前的谈判简单。因为此类谈判仅限于违约条款、索赔事项及债务清算，谈判的回旋余地不大，如选择谈判对象的权力已丧失，合同条文的修改也不大可能，失误和疏忽亦不能作为谅解的理由。

这里需要指出的是，签约后的谈判中原有合同重新谈判的问题。所谓原有合同重新谈判，是指在长期合同中，由于市场风云多变，买卖双方在合同中规定，在合同截止期前重新谈判的条款或条件。在初始合同中必须设定重新谈判之前必须具备的条件，只有在出现了重新谈判条款中所规定的客观条件时，买卖双方的一方才可以提请双方对初始合同中允许变动的条款进行谈判，而另一方则有义务接受重新谈判的建议。这样可以避免双方陷入“为重新谈判”而进行“谈判”。对于订有“重新谈判”条款的合同，一般都是合同执行期限比较长，如工程合同，从勘探设计到建成验收一般需要几年时间。在此期间内，不仅卖主因材料和人工价格上涨需要提出合同总价变动及变动幅度，而且买主在卖主施工过程中也许会因为事先难以预料的情况提出变更部分工程设计的要求，这就需要双方讨论工程变更所应当增加的施工费用。但是对长期合同中重新谈判的范围必须慎重地确定，应当在原合同中规定允许双方提出重新谈判的特定条件和特定内容。通常，重新谈判的条款一般涉及价格、规格、数量等内容。

10．按商务谈判的地点来划分

谈判地点的选择以及具体谈判场所的选择与布置是影响商务谈判的一个重要因素。依据谈判双方进行谈判的地域或地点来划分，商务谈判表现为以下几种类型。

(1) 主场谈判。主场谈判是在己方所在地进行的谈判。主场包括自己所居住的国家、城市或办公所在地。总之，主场谈判是在自己熟悉的工作、生活环境下，由自己做主人的情况下进行的商务谈判。

主场谈判会给己方带来很多便利和优势，具体表现在以下方面。

① 谈判者在自己熟悉的环境中没有心理障碍，容易在心理上形成一种安全感和优越感。

② 在通信、联络、信息等方面占据优势，谈判人员可以随时与企业或上级领导联络，可以方便地获取各种资料，能够在谈判中保持极大的灵活性。

③ 由东道主身份所带来的谈判空间环境的主动权，会使谈判者在处理各种谈判事务时比较主动，便于主动掌握谈判进程。

当然，作为东道主，必须懂得礼貌待客，包括邀请、迎送、接待、洽谈组织等。礼貌的程度可以主动把握。礼貌可以换来信赖，它是主场谈判中的一张有力的牌，它会使客场谈判者积极思考主场谈判者的各种要求。

(2) 客场谈判。客场谈判是在谈判对手所在地组织的商务谈判。广义地讲，只要不是在自己所在地的谈判，均可视为客场谈判。

客场谈判的好处是，当谈判者在谈判中处于逆境或准备不足时，在对方所在地谈判可能更为主动，主要原因是退出方便。选择对方所在地点也是谈判者自信心强的表现。如果谈判者能够保持自信并不断发起进攻，就能取得初步的胜利。选择对方所在地进行谈判，更有利于谈判人员在企业和领导授权的范围内，发挥主观能动性。

当然，客场谈判对客方来说需要克服不少困难。参加客场谈判时必须注意以下几点。

① 入境问俗，入国问禁。要了解各地、各国不同的风俗和国情、政情，以免做出会伤害对方感情的事情，而这种情形通常是稍加注意即可避免的。

② 审时度势，争取主动。客居他乡的谈判人员，受各种条件的限制，如客居时间、上级授予的权限、通信的困难等，面对顽强的谈判对象可以施展的手段有限，要么让步，要么坚持到底。客场谈判者在这种处境中，要审时度势、灵活反应、争取主动，既要分析市场，又要分析对方的真实要求、心理变化等，有希望则坚持，无希望则速决。对方有诚意，就灵活调整自己的目标；若无诚意，则不必随便降低己方的条件。

③ 配备好自己的翻译、代理人，不能随便接受对方推荐的人员，以防泄露机密。

(3) 主客场轮流谈判。主客场轮流谈判是一种在商务交易中互相交换谈判地点的谈判。谈判可能开始在卖方，继续谈判在买方，结束谈判又在卖方等。主客场轮流情况的出现，说明交易是不寻常的，它可能是大宗商品买卖，也可能是成套项目的交易。这些复杂的谈判拖的时间比较长，应注意以下两个方面的问题。

① 确定阶段利益目标，争取不同阶段最佳谈判效益。主客场轮流谈判说明交易复杂，每次换场谈判必定有新的理由和目标。谈判者在利用有利条件或寻找、创造有利条件时，应围绕阶段利益目标实现的可能性来考虑。犹如下棋，要看几步。在“让与争”中，在成功与失败中掌握分寸、时机。阶段利益目标的实现应以“循序渐进、磋商解决”的方式为基础。

② 坚持主谈人的连贯性，换场不换帅。在谈判中换人尤其是换主谈人是不利于谈判的，但实践中这种情况仍经常发生。由于公司的调整、人事的变迁等客观原因，或是出于谈判策略的考虑，如主谈人的上级认为其谈判结果不好、表现不够出色，为了下阶段的利益目标而易帅。无论属于哪种情况，易帅都会在主客场轮流谈判中带来不利影响，使对方产生不快。而且谈判已经展开，原先的基础条件已定，过去的许多言论已有记载，对方不会因你易帅而改变立场，易帅不一定能争取到比以前更好的结果。避免主帅更换的最好方法，是在主客场轮流谈判中配好主帅和副帅。有两个主谈人就可以应付各种可能，以确保谈判的连贯性。

(4) 中立地谈判。中立地谈判是指谈判地点设在第三地的商务谈判。第三地作为谈判地点表现为其不存在倾向性，双方均无东道主地域优势，策略运用的条件相当，双方谈判地域环境较为公平。但是，在第三地谈判会造成谈判成本的增加。而且，双方首先要为谈判地点的选择和确定而谈判，地点确定本身就比较复杂。中立地谈判通常为相互关系不融洽、信任程度不高的谈判双方所选用。

11. 按商务谈判中双方实力的不同来划分

商务谈判实力是指谈判主体的经济实力，以及谈判主体的经济实力和谈判者的知识水平、谈判能力以及客观竞争环境等复杂因素综合作用的结果。谈判主动权的争夺则是反映了谈判一方为实现己方的谈判意图，通过积极谋求谈判资讯、时间和权利优势以左右和控制谈判进程，而另一方也力图进行反控制以变被动为主动的较量的过程。

【案例 1-4】角色扮演

在英国某机场的咖啡屋里，麦克与一位重要的客户在会谈合作事宜，客户的手机响了，他出去接电话，就在此时，麦克发现比尔·盖茨也在这间咖啡屋里。麦克走到比尔·盖茨的桌旁，对他说："比尔·盖茨先生，很抱歉打扰您，您能帮我个忙吗？我叫麦克，正与一位重要的客户会谈，一会儿他进来，您和我打个招呼，就像老朋友那样，行吗？"比尔·盖茨答应了。那位客户回来后就与麦克继续交谈，比尔·盖茨起身走到他们的桌旁，拍着麦克的肩膀说："嗨！麦克，很高兴在这里见到你。"麦克说："比尔，我正忙着呢，别打扰我！"

结果，麦克很顺利地与客户达成了协议。

(资料来源：盛安之. 谈判的60个博弈策略. 北京：企业管理出版社，2008)

【案例分析】麦克很顺利地与客户达成协议的原因是什么？是利用比尔·盖茨发展和壮大了自己的物质力量，让客户高看自己，从而麦克很顺利地与客户达成了协议。

根据谈判双方在谈判中的地位的差异和实力的对比，商务谈判表现为以下三种类型。

(1) 主动地位谈判。当谈判对手实力弱小，己方实力强大时，谈判者一般处于主动谈判地位。处于主动地位的谈判者，可以利用己方的强大谈判实力，给对方造成压力，迫使对方做出让步，尽可能使己方谋取最大限度的谈判利益。谈判者可以摆出强硬的谈判姿态，充分运用"最后通牒""先苦后甜"等谈判策略，最终实现己方的谈判目的。通常，主动地位的谈判还表现为谈判者利用己方掌握的谈判资讯、时间和权利优势，采取先发制人的谈判方式，主动选择和邀请谈判对手，设定谈判议题，引导谈判进程和发展方向，制造特定的有利于己方的谈判氛围，努力扩大己方的谈判影响力，最终达成有利于己方的谈判协议。

(2) 被动地位谈判。当谈判对手强大而己方实力弱小时，谈判者一般处于被动谈判地位。被动地位下的谈判，表现为对手实力强大、准备充分、充满自信、姿态强硬。因此，正面对抗显然占不到什么便宜。但是，这并不意味着己方就一定会在谈判中败北，而被对手所绝对控制。被动地位的谈判者应善于保持克制、忍耐，避其锋芒，针对性地化解对方的谈判优势，运用"各个击破""迂回进攻"等谈判策略，设法削弱对方的谈判力量，保护己方的谈判利益，实现己方的谈判意图。通常，被动地位的谈判还表现为谈判者尽可能地利用己方的谈判资源条件，通过运用各种谈判策略和手段，采取后发制人的谈判方式，反客为主，变被动为主动，在谈判的议题范围内掌握谈判的主动权和控制权，甚至变更谈判议题，改变谈判氛围，左右谈判进程，引导整个谈判朝有利于己方的谈判方向发展，从而实现己方的谈判利益。

(3) 平等地位谈判。当谈判双方实力相当，任何一方都不占据谈判优势时，谈判者一般处于平等的谈判地位。平等地位下的谈判的基本原则是平等互利、求同存异。基于这一原则，谈判者应致力于建立一种和谐的谈判氛围，双方通力合作，从而实现双方都满意的谈判结果。应当注意的是，双方整体实力相当、地位对等并不等同于谈判双方在任何一个方面都条件相同。谈判双方总是各有所长、各有所短。谈判者应采取“扬长避短”的谈判策略，努力将对方控制在自己的谈判优势范围内，用自己的长处制约对方的短处，迫使对方让步，尽可能从谈判中获取更大的谈判利益。

1.2.2 商务谈判的内容

商务谈判的内容非常广泛，既包括商品、技术、劳务的贸易谈判，也包括工程项目、投资和经贸合作谈判。作为最为基本和普遍的商务谈判活动，这里具体介绍商品贸易谈判的一般内容。

商品贸易谈判是谈判各方就与商品贸易有关的各项交易条件所进行的洽谈。就商务谈判合同基本条款而言，它一般包括以下基本内容。

1．商品品质

商品品质是指商品的内在质量和外观形态。它们由商品的自然属性决定，具体表现为商品的化学成分、物理性能和造型、结构、色泽、味觉等特征。进行商品品质谈判的关键是要掌握商品品质构成的有关内容以及品质表示方法的通用做法。不同种类的商品，有不同的品质表示方法。常用的表示方法有规格、等级、标准、样品、牌名或商标以及说明书等。这些方法可以结合使用，也可以单独使用，谈判中应根据具体的交易情况来进行选择。

2．商品数量

商品数量是指商品贸易双方对具体商品的交易实物数量，主要由数字和计量单位构成。

商品的计量单位一般可采用重量、长度、体积、容积、面积和个数等单位表示。商品的性质不同，采用的计量单位也不同。例如，粮食、矿石、钢材、茶叶等通常使用重量单位；机器设备、服装、家电等通常采用个数单位；棉布通常使用长度单位；木材通常使用体积单位。

商品的重量分毛重和净重两种。毛重是商品本身重量加包装物重量之和；净重是商品本身的重量。采取毛重还是净重，谈判中应当予以明确。例如：玉米，采用麻袋包装，在实际交货时，带包装测量会更容易一些，但如果规定是净重，则需要在毛重中扣除麻袋的重量。皮重(即包装物的重量)有多种计算方法，可以按实际皮重计算，也可以按约定皮重或抽检皮重计算，或者以毛作净，无论采用何种方法，谈判中均应明确作出规定。

根据惯例，应该规定“溢短装条款”，对有关商品的数量规定合理的机动幅度，以防止日后产生纠纷。

3．商品包装

除少数商品因其本身特点无须包装外，大多数商品都需要有符合其特点的包装。按商品是否需要包装，可以分为三类，即散装货、裸装货和包装货。包装分为运输包装和销售包装两种。商品是否需要包装以及采用何种包装，主要取决于商品的特点和买方的要求。

在国际贸易中，要了解国内外对包装装潢的要求及图案和色彩等方面的习俗和禁忌，注意满足其特殊要求。世界各国(地区)通常对一些商品的标签、贴头、印记、文字、图案、色彩都有不同的规定。例如，加拿大规定：凡进口到加拿大的食品必须以英文和法文标明品名，并标明商品的重量、用法、保质期以及外国生产者或加拿大进口商的名称与地址，否则，不准进口。中国香港对食品的包装要求：包装需准确反映商品形象，构图要层次分明，突出重点以及有恰当的色彩和文字说明等。可见，商品的包装装潢必须符合商品输入国和地区的喜好，避开禁忌，以消除不必要的麻烦、纠纷或索赔事件。

4．商品价格

价格是谈判中的核心问题。买方希望为买进商品所支出的货币越少越好，而卖方则希望价格在补偿成本的基础上越高越好。在许多交易中，价格的高低是影响双方利益分配的重要因素。有关价格的谈判往往是整个谈判进程中最为重要、最为敏感，也是最为艰巨的一环。

价格的确定与其他交易条件有密切联系，双方在确定最终价格时必须考虑这些因素，如商品品质、交易数量、交货期限、支付条件、运输方式、交货地点等。

价格由单价和总值构成。单价即单位商品的价格，包括计量单位、计价货币、单位金额和价格术语四个部分。

价格作为谈判中的核心内容，直接关系到谈判双方的经济利益，对此应给予高度重视。

5．支付方式

在商品交易中，付款的方式也很重要。从表面来看，不论以什么方式付款，用什么支付工具付款，买方的付出和卖方的收入都是合同中规定的总额。但实际上，在不同的支付条件下，尽管支付的价格总额不变，但买卖双方实际的支付和收入水平可能会有很大差异。

(1) 预付款和最终付款。预付款是指买方在订货时预先付给对方的款项；当产品制造完成并经买方检验合乎合同确定的标准时，买方可最终付款。双方协商的内容包括预付款的比例，最终付款的期限、方式，延期支付的赔偿，提前支付的折扣，产品在制造加工期间的其他付款等。

(2) 支付金额和支付货币。支付金额一般是指合同规定的总金额。但在有些情况下，支付金额与合同金额会不一致。例如，分批交货、分批付款；采用滑动价格；品质优劣浮动价格或数量溢短装规定；谈判时一些附加费用暂难确定等。

支付货币在国内贸易中统一规定使用人民币。在国际贸易中情况就比较复杂，可能会涉及汇率风险的问题，一般应选择兑换比较方便、币值相对稳定的货币作为支付货币。

(3) 支付方式。支付方式包括支付时间、支付地点和支付手段。国内贸易中货款的结算通常有现金结算和转账结算两大类，其中又包括多种具体方式；国际贸易一般多采用信用证结算。在支付方式中较为关键的是支付时间，时间不同，对双方利益会有较大影响，谈判中应予以重视。

6．装运与交付

在合同中，对商品的装运和交接问题做出明确的规定，可以维护双方的利益。

(1) 运输方式。商品的交接必须借助于空间的转移来实现，运输方式不同，运费差别很大。双方应在明确由谁支付运费的基础上，规定运输方式及应负的责任。运输方式包括海洋运输、铁路运输、公路运输、航空运输、管道运输和联合运输等。双方应根据时间的要求和运输成本，选择合适的运输方式。

(2) 交货时间。在经济活动中，许多合同纠纷起因于装运和交接货物的时间规定比较模糊。为尽可能避免纠纷，谈判人员应在切实可行的基础上，力求把装运和交接货物的时间定得明确合理。通常情况下，卖方谈判人员应在充分考虑货源情况、运输条件、市场供应情况及商品本身状况等因素的基础上，决定装运时间或交货时间。双方在确定交货日期后，应明确卖方延期交货或买方不能按期接货所应负的责任，以及由此给对方带来损失的赔偿。

(3) 交货地点。交货地点的选择关系到运费和结算价格的高低，同时也与交接双方所承担的责任有关。地点规定必须明确具体，谨防因过于笼统或重名问题引起合同履行中的麻烦。

7. 运输保险

商品运输保险是被保险人或投保人在货物装运以前，估计一定的投保金额(即保险金额)，向保险人或承保人(即保险公司)投保货物运输险。被保险货物若在运输过程中遭受自然灾害或意外事故造成经济损失，则保险人负责对保险险别责任范围内的损失，按保险金额及损失程度赔偿保险利益人。

在国内贸易谈判中，谈判人员应当根据实际情况，把保险条件与交货地点联系起来考虑，即如果在卖方所在地交货，可由买方办理商品运输保险；如果在买方所在地交货，可由卖方办理商品运输保险。无论何方办理保险，都应将保险费用计入经营成本。

在对外贸易谈判中，商品运输保险较为复杂，应在了解中国人民保险公司有关保险条款、对方国家的有关保险条款及国际的通用做法的基础上，根据商品的性质、金额、包装情况、装载条件和赔偿及时与否，合理确定保险金额、险别以及按何种保险条款办理保险等事宜。

8. 商品检验

商品检验是指对商品的品质、数量和包装所进行的检验，以确定其是否符合合同规定以及违约的责任归属。

检验的内容一般涉及商品的品质、数量等。检验的方法有视觉、味觉、嗅觉、触觉及科学仪器的检验。谈判中还应明确规定是抽样检验，还是全部检验。商品检验的时间和地点可根据商品的性质和港口、车站、码头的情况来争取对己方有利的时间和地点。

9. 索赔、仲裁与不可抗力

索赔是一方认为对方未能全部或部分履行合同规定的责任时，向对方提出索取赔偿的要求。双方在谈判时，一般就索赔问题事先进行约定，避免日后产生纠纷。有关索赔问题的谈判，通常涉及以下问题。

(1) 索赔依据。在什么情况下可以提出索赔要求。

(2) 索赔期限。要求赔偿的一方应在什么时间内提出索赔要求才为有效。双方对此应事先做出约定，过期可不予受理。

(3) 索赔金额。要求赔偿的数额，包括违约金和赔偿金。违约金具有惩罚性质，只要确认是违约，违约方就需向对方支付。赔偿金具有补偿性，如违约金不足以弥补对方的损失，还应进一步赔偿。赔偿金的计算一般以给对方造成的直接损失为限。

仲裁是指双方当事人在谈判中商定，在双方发生争议时，如果通过协商不能解决，自愿将有关争议提交给双方所同意的第三者进行解决。有关仲裁问题的谈判主要包括仲裁地点、仲裁机构、仲裁程序和仲裁效力等问题。

(1) 仲裁地点。可以是卖方所在地、买方所在地或双方约定的第三国(地区)。

(2) 仲裁机构。国内贸易的仲裁一般由国家工商行政管理局和地方各级工商行政管理部门设立的经济合同仲裁委员会进行仲裁。国际贸易的仲裁可由中国对外贸易仲裁委员会或其他国家的仲裁机构进行仲裁。

(3) 仲裁程序。一般按仲裁机构规定的程序办理。

(4) 仲裁效力。仲裁效力是指仲裁裁决对双方当事人有无约束力，裁决是否具有终局性，当事人如果不服裁决，能否向法院起诉等。一般在谈判时，可以对此做出一些限制性的规定。

不可抗力是指在合同签订后，发生了当事人不能预见、不能避免、不能克服的客观事件，以至于影响到合同的顺利履行，甚至导致合同完全不能履行。不可抗力事件的发生，一种是由自然力量引起的，如地震、水灾、火灾等；另一种是由社会力量引起的，如战争、政策禁令等。有关不可抗力的谈判应主要解决的问题如下：

(1) 不可抗力事件的范围。认可哪些事件属不可抗力事件。

(2) 不可抗力事件的后果。规定在出现不可抗力事件后，哪些情况下可以延迟履行合同，哪些情况下可以中止履行合同等。

(3) 出证机构及事件通知。一旦出现不可抗力事件，应由什么机构出具证明，应在多长时间内通知对方等。

1.3 商务谈判的原则与评判标准

商务谈判是在商务活动中普遍存在的，解决双方不可避免的矛盾冲突，实现共同利益的一种必不可少的手段。如何解决这些矛盾和冲突，正是谈判人员所要承担的主要任务，这就要求参加谈判的人员注重谈判的原则性和灵活性。而谈判标准则是检验商务谈判成功与否的重要参照。

1.3.1 商务谈判的原则

所谓商务谈判的原则，是指在谈判过程中谈判双方必须遵守的基本准则或规范。谈判的原则作为谈判内在的、固有的规范，所有谈判者在谈判中都必须遵守。充分了解谈判原则，有助于掌握和运用谈判的策略和技巧，保护谈判当事人的权利与利益。遵循必要的谈判原则，是谈判获得成功的基本保证。商务谈判要达到预定的谈判目标必须遵循以下几个基本原则。

1. 信用的原则

诚实可信、言而有信、信誉至上是谈判中非常重要的原则，“人无信难立，买卖无信难存”。在谈判桌上，我们推崇一个“信”字，强调的也是谈判者应言而有信、行必有果。从人际关系的角度上讲，人与人之间的交往态度多半是游离于纯粹的信任和极度的猜疑这两极之间的。在这种利益冲突非常明显的谈判活动中，这一关系表现得更为强烈。在曲折复杂的谈判过程中，作为一个参与者，必须恪守说话前后一致、严守信用的准则。良好的信用将给谈判对手以信任感，消除疑虑和分歧，尽快地达成一致。如果没有信用，彼此之间相互猜疑，无疑将破坏谈判中的合作气氛，使谈判陷入困境，最终可能导致谈判破裂。

当然，谈判者有时也可能改变自己的立场，但这是有条件的。修改自己的意见必须寻找充分的理由，要么是初始意见的条件发生了变化，要么是对方做出了让步，或者对方的论点比自己的更有说服力。

为了在谈判中贯彻这一原则，谈判者应当：守信用，即遵守自己在谈判中的承诺，这是取信于对方的关键；信任对方，只有信任对方，才能获得对方的信任，这是取信于人的方法；不要轻易承诺，这是取信于人的重要保障，如果轻诺寡信，必将失信于人；以诚待人，这是取信于人的积极态度。

【案例 1-5】风衣该不该卖？

一天，陈女士到一家刚开业不久的百货大楼购物。在一排做工精致、用料考究的女式风衣前，陈女士发现一件成衣的标签上赫然印着 60 元的标价。这是一起明显的标价错误，因为这排风衣的统一标价是 160 元。售货员小姐非常友好地向陈女士致歉，并告之小标签上的价格是因为电脑的差错，60 元前面的 1 字没有标清楚。但陈女士认为，既然小标签上印着“60 元”，这就意味着商家对顾客的一种承诺，因此，她坚持要以“60 元”的价格买走该风衣。售货员小姐不敢做主，她让陈女士留下联系地址，告之次日将给她一个满意的答复。百货大楼的负责人连夜经过紧急磋商，最后决定以“60 元”的售价将该风衣卖给陈女士。这件商业纠纷引起了新闻媒体的关注，当地各大报刊纷纷报道了这则消息，并展开了一场讨论：陈女士该不该以 60 元的价钱买走这件风衣？大部分读者都支持百货大楼，纷纷谴责陈女士的行为是出于一种“占便宜”的动机。而这家刚开业不久的百货大楼由于严守信用、言出必行而赢得了非常好的口碑，从而提高了知名度，一时间，该百货大楼门庭若市、生意火爆。

（资料来源：http://blog.sina.com.cn/s/blog_e1f67b6c0102x2de.html）

【案例分析】从这家百货大楼用 100 元钱苦心买回一个“信誉”可以看出，言必信，行必果，对一个人、一家企业的形象具有何等重要的塑造力量，真可谓黄金有价，信誉无价。

2. 求同存异的原则

谈判既然是作为谋求一致而进行的协商，它本身必然蕴含各方在利益上的“同”与“异”。为了实现成功的谈判，谈判者就应当遵循求大同存小异的原则。求大同是指谈判各方在总体上、原则上必须一致，摒弃细枝末节的分歧和不同的意见，从而使参与谈判的各方都感到满意，这是谈判成功的基础。没有这一基础，谈判必然归于失败。存小异，就是谈判各方必须做出适当的让步，容许与自己的利益要求不一致的“小异”存在于谈判协议之中。

【案例 1-6】求同存异赢得友谊

让我们来看美国政治家和科学家富兰克林的一个故事：那年，富兰克林在费城的选举中获胜，担任了公职。但在竞选过程中与一位著名人士结下了难解之怨。在某些问题上他们观点相异，而富兰克林又非常需要那位先生的支持。

经过了解，富兰克林得知那位先生酷爱藏书，常引以为荣，还特别珍藏了一套书籍，其中有一册是非常珍贵的善本。于是富兰克林写了一封信给那位先生，请求他帮忙，将那册善本借给自己。那位先生接到信后，几乎马上就派人把书送了过来。一星期以后，富兰克林将书送还，并附了一封热情洋溢的感谢信，向他深表谢意。结果，下一次二人碰面时，那位先生第一次主动与富兰克林交谈，殷勤地表示愿意竭尽全力与富兰克林合作，支持富兰克林。富兰克林运用求同存异的原则赢得了那位先生的友谊。

(资料来源：网易微博，http://blog.sina.com.cn/s/blog_e1f67b6c0102x2df.html)

【案例分析】求同存异，是我们处理很多问题的原则。周恩来总理在万隆会议上提出，国家和国家之间虽然社会制度不同但要和平，要谋和平，也正是这一原则的应用。

3. 精确数字的原则

在商务谈判中，对每一个流程、支撑、动作、支持，都需要量化。在谈判过程中对时间、价格、质量、数量都要做到精确化、细节化、具体化，只有这样，才能不被对手找到破绽，在谈判中赢得主动权，同时赢得对手的尊重。否则，整个谈判就显得很空洞，不切实际，既没有什么指导纲领可以依循，也找不到对付对手的方法和依据。

【案例 1-7】90 万元不够，100 万元多了点

日本一家药店老板向太阳银行申请贷款 91 万元。银行经理立刻注意到 1 万元的尾数，就问：“为什么不借 100 万元整数，而只借 91 万元？”老板说：“经过计算，目前只需要 91 万元，90 万元不够，100 万元多了点，多借了也用不着，银行不会不方便吧？”银行经理相信这位老板是个盘算精细、经营有道的人，批准了这笔贷款。

(资料来源：网易博客，2013-04-07，http://cwhan2008.blog.163.com/blog/static/699770920133774829990)

【案例分析】数字，是事物量变到质变的尺码，数字反映的是事实。从上面的案例可以看出，在商务谈判中，只要有实实在在的数字作为支撑，就像有了稳固的基石而不可动摇。精确数字的力量是很神奇的，有了精确的数字，在谈判中就能掌握主动权，从而赢得谈判。

4．运用事实的原则

事实是不以人的意志为转移而客观存在的，它具有客观性、直观性，有时候能比数据、资料等更具说服力。在谈判过程中，当你向对方介绍关于你的实力的某件事实后，对方一定会以最快的速度去验证。在谈判中口气小一点，多留些余地，反倒会使你陈述的事实更具说服力。

有些谈判者就不注意这一点，只空洞地说："我们公司的产品远销美国、东南亚。""我们的产品是最好的，人见人爱。"这不但会让人觉得是"王婆卖瓜——自卖自夸"，更会对你的诚实表示怀疑。这种方式是不会让对手相信你的实力的。俗话说"事实胜于雄辩"，当你的介绍真实可信，就会事半功倍。

【案例 1-8】拖拉机厂代表的巧说服

在一次出口产品交易会上，某国的一位商人想向我国的某拖拉机厂订购一批农用拖拉机，但他不太相信该拖拉机厂的产品质量和销路。拖拉机厂的代表并没有单纯地用一些枯燥的技术指标来说服他，而是拉家常式地问道："贵国的××经理您熟悉吗？"客商说："熟悉，当然熟悉。我们都是做农用机械生意的，还合作过呢。"厂代表说："噢，那你为什么不向他了解一下情况呢？去年他从我们厂买了一大批拖拉机，可是大赚了一笔啊。"客商回到住处后，立即通过国际长途电话验证了某些情况，第二天就高兴地与拖拉机厂签订了订购合同。

(资料来源：网易博客，2013-04-07，http://cwhan2008.blog.163.com/blog/static/69977092013377501522)

【案例分析】一旦你所说的经验被证明是真实可信的，对方对你的信任也就油然而生。这也同时要求你在运用事实显示己方实力时一定要遵守规则，做到实事求是，绝不能言过其实。

5．人事有别的原则

在谈判中谈判的主体是人，谈判的进程必然要受到谈判者个人的感情、要求、价值观、性格等方面的影响。一方面，谈判过程中会产生相互都满意的心理，随着时间的推移，双方建立起一种相互信赖、理解、尊重和友好的关系，使谈判进行得更顺利、更有效。因为在心情愉快、感觉良好的心理状态下，人们会更乐于助人，乐于关心他人利益，乐于做出让步。另一方面，在谈判中也会出现相反的情况，谈判双方意气用事，互相指责、抱怨，甚至尖酸刻薄，充满敌意，好像谈判中双方争执的每个问题，都是谈判者个人的问题。他们习惯于从个人利益和成见出发来理解对方的提议，这样，就无法对解决问题的办法做出合理的探讨。造成这种情况的主要原因，就是谈判者不能很好地区分谈判中的人与谈判中的问题，混淆了人与事的相互关系，要么对人、对事都采取软的态度，要么对人、对事都采取硬的态度。由对谈判中问题的不满意，导致发泄到谈判者个人头上，对某些情况的气愤会转向与此相联系的人的身上。

作为一个具有战略眼光的谈判家，他不仅应该具有一种兼容并蓄的胸怀，更应该具备一种高屋建瓴的睿智。他永远着眼于长远，着眼于未来，而不仅仅把目光局限在"一锤子买卖”上。他所追求的是一种长期的合作关系，一种共同承担风险的气度。为此在谈判中应非常注重建立和维护双方的友好关系，把争论和冲突的焦点集中在“事”上，所攻击的是“问题”的本身，而不是“人”本身。

在谈判中应坚持人事分开，具体做法如下。

首先，在谈判中提出方案和建议时，也要从对方的立场出发考虑提议的可能性，理解或谅解对方的观点、看法。当然理解并不等于同意，对别人思想、行动的理解会使自己全面、正确地分析整个谈判形势，从而缩小冲突范围，缓和谈判气氛，有利于谈判顺利进行。

其次，尽量多阐述客观情况，避免责备对方。谈判中经常出现的情况，是双方互相指责、抱怨，而不是互相谅解、合作。其原因就是混淆了人与事的区别。当对谈判中的某些问题不满意时，就会归罪于某一方或某个人，从而出现了把问题搁在一边，对对方或某人进行指责、攻击，甚至谩骂。这种做法虽然维护了个人的立场，但却产生了相反的效果。对方在你的攻击下，会采取防卫措施来反对你所说的一切。他们或是拒绝听你的话，或是反唇相讥，这就完全把人与事纠缠在一起。明智的做法是抨击问题而不责难人，以开诚布公的态度将双方的分歧点摆出，在提出你的见解的同时，尊重对方的意见，心平气和、彬彬有礼。这样你就争取到了主动，消除了双方分歧，再次使双方都参与提议与协商。谈判出现矛盾分歧，有时双方甚至争得面红耳赤，在多数情况下是由于双方各自从自己的立场出发，拿出一个旨在让对方难以接受的提议或方案，这样即使是对谈判有利的协议，对方也因为怀疑而拒不接纳。如果提出的一方一味坚持，另一方也很可能态度强硬，结果常常会导致僵局。但如果改变方式，就可以避免出现上述情况。改变的方式很简单，这就是让双方都参与方案的起草、协商。一个能容纳双方主要内容、包含双方主要利益的建议会使双方都认为是对自己有利的。如果他们切切实实地感到他们是提议的主要参与者、制订者，那么达成协议就会变得比较容易。当各方对解决的办法逐步统一和确认时，整个谈判过程就变得更加有秩序、有效率。

最后，是保全面子，勿伤感情。谈判人员有时固执地坚持己见，并不是因为谈判桌上的建议无法接受，而只是因为他们在感情上过不去，即使出于无奈而让步，也往往会耿耿于怀。在谈判中顾及对方面子，不伤及对方感情十分重要。伤害对方感情的可能仅仅是几句话，但带来的后果却是严重的。对方的感情一旦被伤害，会激起他的愤怒而导致反击，也可能引起他的恐慌而导致自卫，甚至采取对抗性、报复性的行动，这只能破坏双方的关系，使谈判陷于僵局。正确的做法：我们要认识、理解自己和对方的感情；要善于忍耐、倾听；当谈判对方的某人处于非常窘困的境地时，我方应尽量想办法减少对方的敌意，注意交流。

【案例 1-9】桥是桥，路归路

对事不对人。在一家由美国人投资经营的日本工厂中，因为劳资纠纷，工人举行了罢工。据美方经理介绍：工人早在六周前就向资方提出了警告。举行罢工的当天，双方经过协商达成了一致的意见，罢工结束之后，工人们主动打扫了示威场地，清理了满地的烟头、咖啡杯，恢复了原来清洁的面貌。第二天，工人们又自发地加班，完成了因罢工而拖欠的生产任务。美方经理对此种做法非常不解，就询问其中的一位罢工工人，这位工人是这样回答他的：“我们对资方有些意见，要想让您知道我们对此事是极其严肃的，唯一的办法就是举行罢工。但这也是我们的公司，我们不愿让您认为我们对公司是不忠诚的。”这位工人的回答给我们的谈判问题拓展了一条新的思路，那就是：在谈判中基于我们对对方提出的某一条款有意见，我们不得不言辞犀利，那是因为我们希望对手知道我们对此事的重视程度和严肃性，我们并不想搞僵双方的关系，我们进行谈判的目的在于谋求一种互利、共赢的结局。

(资料来源：网易微博，https://weibo.com/u/3791027052？from=feed&loc=nickname&is_all=1)

【案例分析】从上面的案例可以知道，谈判是一项合作的事业，人事两分是合作的前提和基础，也是谈判者素质修养的体现。

1.3.2 商务谈判的评判标准

1. 谈判既定目标的实现程度

谈判目标包括最佳目标和起码目标，为了追求最佳目标把对方逼得无利可图甚至谈判破裂，达不成协议实际上是既没有实现最佳目标，也没能守住起码目标，总之是没有实现谈判目标。成功的谈判应当是既达成了协议又尽可能接近本方预先制订的最佳目标，也尽可能接近对方预先制订的最佳目标。也就是说，最好的谈判结局是“皆大欢喜”，而且是在利益均沾基础上的“皆大欢喜”。

2. 谈判效率的高低

经济领域里的任何经济活动都是讲投入与产出的，商务谈判是经济活动的一部分，也讲究成本与效率。谈判成本由三部分组成：做出的让步之和的数值等于该次谈判的预期收益与实际收益之差，即最佳目标与协议所确保的利益之间的差额；所费各种资源之和的数值等于所付出的人力、物力、财力和时间等各项成本之和；机会成本的数值可用企业在正常生产经营情况下这部分资源所创造的价值来衡量，也可用因这些资源被占用而损失某些获利机会所造成的损失来计算。对这三项成本，人们往往比较关注第一项，而忽视另两项(特别是第三项)，其中最典型的表现形式就是无休止地“玩谈判”，这是非常不对的。谈判效率，就是指谈判实际收益与上述三项成本总和的比率。如果成本很高而收益甚小，则谈判是不经济的、低效率的；如果成本很低而收益甚大，谈判就是经济的、高效率的。

3. 谈判后的人际关系

评价一场谈判的成功与否，不仅要看谈判各方的市场份额的划分、出价的高低、资本及风险的分摊、利润的分配等经济指标，还要看谈判后双方的关系是否“友好”，是否得以维持谈判结果或者促进和加强了双方的互惠合作关系。精明的谈判者往往具有战略眼光，他们不过分计较某场谈判的获益多少，而是着眼于长远与未来，因为融洽的关系是企业的一笔可持续发展的资源。因此，互惠合作关系的维护程度也是衡量谈判成功的重要标准。

综合以上三条评价标准，一场成功的谈判应该是谈判双方的需求都得到了满足，双方的互惠合作关系得以稳固并进一步发展。从每一方的角度来讲，谈判实际获益都远远大于谈判的成本，显然谈判是高效率的。

1.4 商务谈判模式

商务谈判的模式既包括商务谈判流程的程序模式，即 APRAM 模式；又包括商务谈判思想的思维模式，即“双赢”谈判模式。

1.4.1 商务谈判的 APRAM 模式

商务谈判是一个连续不断的过程，一般每次谈判都要经过评估、计划、关系、协议和维持五个环节，谈判不仅涉及本次所要解决的问题，而且致力于使本次交易的成功成为今后交易的基础。这就是当前国际上流行的 APRAM①模式，它由五个环节组成。

1. 进行科学的项目评估(Appraisal)

商务谈判是否取得成功，取决于各项准备工作，准备工作主要是指正式谈判之前的项目评估工作。也就是说，一项商务谈判要想取得成功，首先要在正式谈判之前对这项商务活动做出科学评估。如果没有进行科学评估，或者草率评估，盲目上阵，不能达到企业的经济效益和社会效益、不能使谈判双方的资源得到充分利用，那么谈判就会失败或者有欠缺。“没有进行科学评估就不要上谈判桌”，这应该成为谈判者的一条戒律。尽管科学的评估，可能有的完整一些、复杂一些，有的简单一些，但都是必需的。

2. 制定正确的谈判计划(Plan)

任何谈判都应有一个完整的谈判计划。一个正确的谈判计划首先要明确自己的谈判目标是什么，对方的谈判目标是什么，并把双方的目标进行比较，找出双方利益的共同点与不同点。对于双方利益一致的地方，应该仔细地列出来，并准备在以后正式谈判中摆在桌面上，由双方加以确认，以便提高和保持双方对谈判的兴趣和争取成功的信心。同时，又为以后解决利益不一致的问题打下基础。对于双方利益不一致的地方，则要发挥创造性思维，根据“成功的谈判应该使双方的利益和需要都得到满足”的原则，积极寻找使双方都满意的方法来加以解决。

3. 建立谈判双方的信任关系(Relationship)

在一切正式的商务谈判中，建立谈判双方的信任关系是至关重要的。在一般情况下，人们是不愿意向自己不了解、不信任的人敞开心扉、签订合同的。如果谈判双方建立了相互信任的关系，在谈判中就会顺利许多，谈判的难度就会降低，而成功的机会就会增加。所以说，谈判双方的相互信赖是谈判成功的基础。

4. 达成使双方都能接受的协议(Agreement)

一旦谈判双方建立了充分的信任关系，就可以进入实质性的商务谈判。在谈判中，要

① APRAM：Appraisal，Plan，Relationship，Agreement，Maintenance。

弄清对方的谈判目标，然后对彼此意见一致的问题加以确认，而对意见不一致的方面通过充分交换意见、共同寻找使双方都能接受的方案来解决。需要强调的是：达成令双方满意的协议并不是协商谈判的最终目标。谈判的最终目标应该是协议的内容得到圆满的贯彻执行，完成合作的事业，使双方的利益得到实现。

5．协议的履行与关系的维持(Maintenance)

谈判仅仅达成协议是不够的，重要的是把协议的内容付诸实施。实践告诉我们，协议书不论规定得多么严格，也不能保障它执行。因此，必须遵循“人＋约定＝实行”的准则，在达成协议之后，就必须有对方执行的条款的约定。

人和人之间再好的关系，如果不对其进行维持，长期不进行沟通、联络，就会渐渐淡薄，甚至双方的关系不能继续下去。因此，谈判双方要进行长期交易，最好的办法就是保持、巩固和发展以往的关系。

1.4.2 商务谈判的“双赢”模式

1．“双赢”模式的概念

“双赢”模式，又称“赢—赢”模式，是指把谈判当做一个合作的过程，能和对手像伙伴一样，共同去找到满足双方需要的方案，使费用更合理，风险更小。

“双赢”商务谈判强调的是，通过谈判，不仅是要找到最好的方法去满足双方的需要，而且要解决责任和任务的分配，如成本、风险和利润的分配。“双赢”谈判的结果是：你赢了，但我也没有输。

【案例 1-10】巧分橙子

有一位妈妈把一个橙子给了邻居的两个孩子。这两个孩子便讨论起来如何分这个橙子。两个人吵来吵去，最终达成了一致意见，由一个孩子负责切橙子，而另一个孩子选橙子。结果，这两个孩子按照商定的办法各自取得了一半橙子，高高兴兴地拿回家去了。

第一个孩子把半个橙子拿到家，把皮剥掉扔进了垃圾桶，把果肉放到果汁机里榨果汁喝。另一个孩子回到家把果肉挖掉扔进了垃圾桶，把橙子皮留下来磨碎了，混在面粉里烤蛋糕吃。

(资料来源：陈文汉．商务谈判实务．北京：人民邮电出版社，2011)

【案例分析】从上面的情形可以看出，虽然两个孩子各自拿到了看似公平的一半，然而，他们各自得到的东西却未物尽其用。这说明，他们在事先并未做好沟通，没有能够达到“双赢”的结果，也就是两个孩子并没有申明各自利益所在。没有事先申明价值导致了双方盲目追求形式上和立场上的公平，结果，双方各自的利益并未在谈判中达到最大化。

试想，如果两个孩子充分交流各自所需，或许会有多个方案和情况出现。可能的一种情况，就是遵循上述情形，两个孩子想办法将皮和果肉分开，一个拿到果肉去喝汁，另一个拿皮去做烤蛋糕。然而，也可能经过沟通后是另外的情况，恰恰有一个孩子既想要皮做蛋糕，又想喝橙子汁。

这时，如何能创造价值就非常重要了。其实，想要整个橙子的孩子提议可以将其他的问题拿出来一块儿谈。他说:“如果把这个橙子全给我,你上次欠我的棒棒糖就不用还了。”其实,他的牙齿被蛀得一塌糊涂,父母上星期就不让他吃糖了。

另一个孩子想了一想,很快就答应了。他刚刚从父母那儿要了五块钱,准备买糖还债。这次他可以用这五块钱去打游戏,才不在乎橙子汁呢。

两个孩子的谈判思考过程实际上就是不断沟通、创造价值的过程。双方都在寻求对自己最大利益的方案的同时,也满足对方的最大利益的需要。实际上,这就是谈判双方达成“双赢”的过程。

2. 实施“双赢”谈判的障碍

从倡导和趋势的角度说,“双赢”谈判无疑是有巨大的发展空间的。但是,在实际工作中,推广“双赢”商务谈判却有着诸多的障碍。

谈判中双赢目标的实现具有主观和客观的障碍。理论上的“双赢”与现实商务谈判中的“双赢”,往往具有一条难以逾越的鸿沟——各自利益的最大化。谈判双方之间也存在商务立场、商业利益等冲突。双方在谈判焦点问题上看法的不一致往往是争论的起因。在许多谈判中,谈判的结局并不理想的原因往往是谈判者更多地注重追求单一的结果,坚持固守自己的立场,而从来不考虑对方的实际情况。导致谈判者陷入上述谈判误区主要有如下四个障碍:

(1) 过早地对谈判下结论。谈判者往往在缺乏想象力的同时,看到对方坚持立场,也盲目不愿意放弃自己既有的立场,甚至担心寻求更多的解决方案会泄露自己的信息,减少讨价还价的力量。

(2) 只追求单一的结果。谈判者往往错误地认为,创造并不是谈判中的一部分;谈判只是在双方的立场之间达成一个双方都能接受的点。

(3) 误认为一方所得,即另一方所失。许多谈判者错误认为,谈判具有零和效应,给对方所做出的让步就是己方的损失,所以没有必要再去寻求更多的解决方案。

(4) 谈判对手的问题始终该由他们自己解决。许多谈判者认为,谈判就是要满足自己的利益需要,替对方考虑解决方案似乎是违反常规的。

商务活动充满着矛盾和冲突,而关键是我们如何来运用有效的手段化解这些矛盾和冲突。上述谈判的误区说明成功的谈判应该使得双方都有赢的感觉。双方都是赢家的谈判才是真正的谈判,也才能够使以后的合作持续下去,在合作中各自取得自己的利益。因此,如何创造性地寻求双方都能接受的解决方案就是谈判的关键所在,特别是在双方谈判处于僵局的时候更是如此。

3. 商务谈判达到“双赢”的途径

谈判的结果并不是“你赢我输”或“我赢你输”。谈判双方需要树立“双赢”的观念。在任何商务活动中,谈判的双方或多方总是有着一定的共同利益作基础,就像本节开头中所述的例子一样。成功的谈判者并非一味固守立场,追求寸步不让,而是与对方充分交流,从双方的最大利益出发,创造各种解决方案,用相对较小的让步来换得双方最大的利益,而对方也遵循相同的原则来取得交换条件。在满足双方最大利益的基础上,如果还存在达成协议的障碍，那么就不妨站在对方的立场上，替对方着想，帮助扫清达成协议的一切障碍。这样，要达成最终的协议并非遥不可及。

如何才能达到“双赢”的局面呢？

(1) 树立双赢的观念。将谈判建立在双方于长久发展与合作的基础上，是谈判成功的首要保证，也是实现双赢的首要保证。没有这个胸怀与基础，双方各行其是，难以达成一致。即使一方暂时获胜，最终导致的也是长久的失败(彻底失去了这个合作伙伴)。企业的最大利益，只能在市场长期稳定的发展中获得，而不是在短期内“杀鸡取卵”式的掠夺。

(2) 将方案的创造与对方案的判断行为分开。谈判者应该先创造方案，然后再做出决策，不要过早地对解决方案下结论。比较有效的方法是采用所谓的“头脑风暴”式的小组讨论，即谈判小组成员彼此之间激发思想，在原方案的基础上创造出各种想法和主意，不管这些建议是否能够实现。然后再逐步对创造的想法和主意进行评估，最终决定谈判的具体方案。

在谈判双方是长期合作伙伴的情况下，双方也可以共同进行这种小组讨论。

(3) 充分发挥想象力，扩大方案的选择范围。在上述小组讨论中，参加者最容易犯的毛病就是觉得大家在寻找最佳的方案。而实际上，我们在激发想象阶段并不是寻找最佳方案的时候，我们要做的就是尽量扩大谈判的可选择余地。此阶段，谈判者应从不同的角度来分析同一个问题。甚至可以就某些问题和合同条款达成不同的约束程度，如不能达成永久的协议，可以达成临时的协议；不能达成无条件的，可以达成有条件的协议等。

(4) 找出双赢的解决方案。双赢在绝大多数的谈判中都是应该存在的。创造性的解决方案可以满足双方利益的需要。这就要求谈判双方应该能够识别共同的利益所在。每个谈判者都应该牢记：每个谈判都有潜在的共同利益；共同利益就意味着商业机会；强调共同利益可以使谈判更顺利。另外，谈判者还应注意谈判双方兼容利益的存在，即不同的利益，但彼此的存在并不矛盾或冲突。

(5) 替对方着想，让对方容易做出决策。让对方容易做出决策的方法是：让对方觉得解决方案既合法又正当；让对方觉得解决方案对双方都公平。另外，对方的先例也是一个让对方做出决策的原因之一。

延伸阅读：

通过扫描二维码或者登录网址，阅读《英特尔发力大连》，运用所学知识，分析英特尔宣布升级大连工厂项目的动因。

http://finance.china.com.cn/roll/20160803/3842959.shtml

分析提示：英特尔看中中国整个经济形势的良好预期，看中中国有成熟的教育体系，可以提供英特尔所需要的工程师，而且中国完善的工业体系和基础设施对于英特尔项目的配套来说非常重要；大连市政府抓住金普新区正处于前所未有的战略机遇期和发展黄金期，在引领新一轮东北振兴的关键阶段，借助英特尔非易失性存储器项目提前投产，必将为老工业基地转变发展方式增添强大的活力和动力，促成大连集成电路产业发展进入新阶段。显然，这是个双赢的合作。

1.5 综合实训

1.5.1 情景实训

【实训目的】

(1) 理论联系实际训练学生对商务谈判内涵的正确认识，能够正确理解谈判产生的原因，培养学生理解问题的能力。

(2) 加深学生对商务谈判原则的认识并学会运用这些原则，使学生充分贴近生活，提升学生的综合素质。

【实训主题】

加深学生对商务谈判概念的认识，理解谈判及谈判的原则运用。

【实训时间】

本章课堂教学内容结束后的双休日和课余时间，为期一周。或者指导教师另外指定时间。

【背景资料】

资料 1：卡威特·罗伯茨是美国一位成功的律师、销售大师，以及美国演讲家协会的创始人。一天清晨，罗伯茨往窗外看，看见一个瘦骨伶仃的 12 岁男孩正在挨家挨户推销书。这时，罗伯茨发现男孩朝这边走来。罗伯茨转身对妻子说："我要给这男孩上一堂推销课。毕竟，这么多年来我写教人如何沟通的书，在全国演讲，应该跟他分享一下我的智慧。我不想伤害他的感情，但我得在他明白之前搞定他。我会告诉他如何跟我这样的人打交道。"

罗伯茨太太看到 12 岁的男孩敲门了。罗伯茨先生开了门，迅速地解释说自己是个大忙人，他对买书没有兴趣。然后，他说："虽然我很忙，但可以给你一分钟，因为我得去赶飞机了。"

小推销员并没有被罗伯茨的拒绝所吓倒。他只是注视这位身材高大、头发灰白、相貌高贵的男士——一位非常著名而又相当富有的男士。然后，男孩开口了："先生，你就是大名鼎鼎的卡威特·罗伯茨吗？"对此，罗伯茨先生的回答是："进来吧，孩子。"

他从小家伙手中买下了几本书，也许这些书他根本不会读。

资料 2：在一家服装店里，一对老年顾客挑选一件肥大的上衣，售货员见两位老人挑的衣服过于肥大，就说："这件衣服您不能穿。"老人感到奇怪，就随口问道："怎么不能穿？"售货员说："这衣服能装你俩。"老人一听，不高兴了，怒气冲冲地质问到："什么叫装俩？你这是卖衣服呢，还是卖棺材呢？"平心而论，售货员是好意，觉得衣服过于肥大，不适合老人穿，却招致老人的不愉快。

【实训过程设计】

(1) 指导教师布置学生课前预习阅读案例。

(2) 将全班同学平均分成小组，按每组 5～6 人进行讨论。实训组各选择一个资料进行讨论和设计方案。

(3) 根据“背景资料 1”，讨论你对谈判的理解，分析案例中谈判的原因是什么。

(4) 根据“背景资料 2”，分析售货员的好意为何招致老人的不快。

(5) 根据“背景资料 2”，分析依据商务谈判的原则，这场谈判应如何进行。

(6) 各实训组对本次实训进行总结和点评，参照 11.2 节“商务谈判学生作业范例”撰写作为最终成果的《商务谈判礼仪规范化运作实训报告》。优秀的实训报告在班级展出，并收入本课程教学资源库。

1.5.2　自由实训

(1) 我见过的“谈判”。要求学生以宿舍或小组为单位，回忆、收集、整理自己有印象的谈判例子，在宿舍或小组内交流，并以宿舍或小组为单位提交案例和交流心得。

(2) 家庭交流或企业访谈。利用回家的时间与父母交流，或走访学校周围的企业，请他们介绍一些他们经历的成功谈判。

1.6　综合练习

1.6.1　单项选择题

1．下列关于谈判的论述正确的是(　)。

A．谈判的目的是实现自身的经济利益

B．谈判产生的前提是谈判双方既相互联系又相互冲突

C．谈判的基本手段是说服

D．谈判双方地位平等、利益均等

2．下列关于商务谈判论述正确的是(　)。

A．商务谈判的主体是相互独立的利益主体

B．商务谈判的主要评价指标是经济效益

C．商务谈判必须达成书面的谈判协议

D．商务谈判注重合同条款的严密性和准确性

3．商品贸易谈判的核心内容是(　)。

A．商品品质　　B．商品数量　　C．商品价格　　D．商品检验

4．下列关于商务谈判形式的描述正确的是(　)。

A．小组谈判适用于项目较大或内容比较复杂的谈判

B．书面谈判可以作为口头谈判的辅助形式

C．价格谈判中买卖双方的价格目标是根本一致的

D．原则型谈判强调谈判双方的关系而忽视利益的获取

5．下列关于谈判地位的描述正确的是(　)。

A．谈判者的谈判实力取决于谈判主体的经济实力

B．主动地位的谈判者通常会采取先发制人的谈判方式

C．被动地位的谈判者会因对手实力强大而失去谈判利益

D．平等地位的谈判者应采取扬长避短的谈判策略

1.6.2　多项选择题

1．谈判的构成要素有(　)。

A．谈判主体　　B．谈判客体　　C．谈判目的

D．谈判经费　　E．谈判技术

2．以下属于谈判特征的是(　)。

A．谈判对象的广泛性　　B．谈判环境的复杂性　　C．谈判条件的可伸缩性

D．谈判各方关系的平衡性　　E．合同条款的严密性和准确性

3．按谈判双方的态度倾向划分，谈判可分为(　)。

A．横向谈判　　B．纵向谈判　　C．让步型谈判

D．原则型谈判　　E．立场型谈判

4．商务谈判的评判标准是(　)。

A．谈判目标的实现程度　　B．谈判获得的利益多少　　C．谈判的效率高低

D．谈判后的人际关系　　E．谈判经费的多少

1.6.3　简答题

1．什么是谈判？怎样理解谈判概念的内涵？

2．谈判有哪些构成要素？

3．什么是商务谈判？怎样理解商务谈判概念的内涵？

4．商务谈判活动有哪些特征？

5．商品贸易谈判包括哪些基本内容？

6．商务谈判有哪些表现形式？

7．商务谈判的基本原则有哪些？

8．成功的商务谈判如何判断？

9．商务谈判 APRAM 模式的内容是什么？

10．“赢—赢”商务谈判模式的含义及其实现途径是什么？

1.6.4 案例分析

【背景资料】

1. 两个孩子为了分一个苹果而争吵不休，都坚持要得到较大的一块，无论怎么劝说两人都不同意。后来，他们的父亲提出了一个建议，由其中一个人来切苹果，然后由另一个人先进行挑选，两人接受了这一建议。切苹果的一方不敢马虎，力求切得一样大小，生怕自己吃亏，而挑选苹果的一方，当然要选他认为大的一块。假如切开的苹果真的有大有小，让先挑的一方占了便宜，切苹果的一方也心甘情愿，因为他已经尽了自己的最大本领来分切苹果。

问题：

这两个孩子分苹果的过程实质上是一次简单的谈判活动。你从中受到哪些启发？

2. 单位派你去谈判，授给你全权，但对方出场的却是个代理人。你该怎么做？

(1) 坚持与对方实权人物谈判。

(2) 询问代理人能否全权代理。

(3)“不管三七二十一”，谈谈看。

3. 美国约翰逊公司的研究开发部经理，从一家有名的 A 公司购买一台分析仪器，使用几个月后，一个价值 2.95 美元的零件坏了，约翰逊公司希望 A 公司免费调换一只。A 公司却不同意，认为零件是因为约翰逊公司使用不当造成的，并特别召集了几名高级工程师来研究，寻找证据。双方为这件事争执了很长一段时间，几位高级工程师费了九牛二虎之力终于证明了责任在约翰逊公司一方，取得了谈判的胜利。但此后整整 20 年时间，约翰逊公司再未从 A 公司买过一个零件，并且告诫公司的职员，今后无论采购什么物品，宁愿多花一点钱，多跑一些路，也不与 A 公司发生业务交往。

问题：

请你来评价一下，A 公司的这一谈判究竟是胜利还是失败？应该如何来评价一场谈判的成败。

4. 某一项谈判的买方坚持要对对方延期发运货物给予严厉处罚，双方在这一立场上互不相让。但如果透过双方对立的立场可以发现，双方的利益又有一致的地方：卖方希望取得源源不断的订单，买方则想保证原材料的不断供应，立场的对立并不等于利益的完全对立，即使双方在立场上存在冲突，仍可以合作，争取共同的利益。

问题：

在这一谈判活动中，双方应采取什么样的谈判形式？为什么？

5. 1985 年，某友好国家工业贸易代表团来华谈判，该国大使先找到有关领导要求促成贸易合作。有关领导指示，在可能的前提下尽量与对方达成协议。对方要求向中国出口矿山设备，要价高且质量不及先进国家水平。中方代表很为难，如果答应，中方损失太大；如果当场拒绝，又怕影响两国关系。最后中方代表想出了办法，要求对方拿出一台矿山设备到我国北方严寒地区进行一定时间的试验。如果能在零下 40℃条件下正常工作，中方可以留购，对方答应回去研究。两个月后，对方答复说，他们国家最低气温为零下 7.20℃，要适应我国零下40℃的工作条件，技术上有困难。于是，对方放弃了向我国出口矿山设备的要求。

问题：

(1) 这场谈判中体现出哪些谈判的基本原则？

(2) 你从这场谈判中得到什么启发？

【分析要求】

1. 过程要求。学生分析案例提出的问题，分别拟定《案例分析提纲》；小组讨论，形成小组《商务谈判案例分析报告》；班级交流并修订小组《商务谈判案例分析报告》，教师对经过交流和修改的各小组《商务谈判案例分析报告》进行点评；在班级展出附有“教师点评”的小组优秀《商务谈判案例分析报告》，并将其纳入本校该课程的教学资源库。

2. 成果性要求。

(1) 案例作业要求：以经过班级交流和教师点评的《商务谈判案例分析报告》为最终成果。

(2) 作业的结构、格式与体例要求：参照11.2.1“商务谈判案例分析报告”。

第 2 章

现代商务谈判理论

【学习目标】

- 掌握博弈论在商务谈判中的应用
- 掌握公平理论的内容及其在商务谈判中的运用
- 掌握需要理论的内容及其在商务谈判中的运用
- 掌握实力理论及其在商务谈判中的运用

【引导案例】

英欧艰难开启"分手谈判"

2017 年 6 月 19 日，英国脱欧大臣戴维斯赴布鲁塞尔欧盟总部，开始与欧盟首席"脱欧"谈判代表米歇尔·巴尼耶进行会谈。此举标志着英国与欧盟之间的"脱欧"谈判正式启动。"脱欧"谈判的结果将重塑英国与欧盟之间的关系，注定影响欧洲历史进程，因此格外引人注目。

戴维斯在一份声明中表示，英国希望与欧盟达成一项"史无前例的协议"。声明说："今天标志着谈判的开始，此举将会塑造欧盟、英国以及公民生活的未来。""我们希望双方都能变得强大和繁荣。"

根据欧盟法律，英国"脱欧"谈判的最终期限是 2019 年 3 月 29 日，也就是特雷莎·梅向欧盟递交"分手信"两年之后。然而，考虑到协议还需英国和欧盟其他成员国批准，全部谈判应在 2018 年 10 月前完成。

2017 年 6 月 19 日出版的英国《每日快报》评论说，这是英国脱离欧洲的一个"重要历史时刻"，英国人对此充满信心。而当天的《卫报》报道说，欧盟领导人普遍担心，英国保守党政府目前的执政地位"脆弱不堪"，很难就英国"脱欧"谈判达成令双方满意的结果，这意味着英国很有可能在未能取得任何协议的情况下强行"脱欧"。

"脱欧"谈判聚焦三个议题：今后欧盟国家公民在英国、英国公民在欧盟国家的权利；英国要支付的巨额"分手费"；英国与爱尔兰的边界安排。从目前来看，欧盟由于略占上风，且想要达成以儆效尤的效果，因此不会轻易妥协。而英国家底殷实，手中握有一定筹码，也不会任人鱼肉。横跨英吉利海峡的这场角力极有可能演化为看不到终点的马拉松，造成"内耗"。

媒体大多认为，特雷莎·梅政府如期开启"脱欧"谈判，旨在赢得政治上的得分，缓解保守党内部、工党和一些民众要求其下台的强大压力。《星期日泰晤士报》报道说，保守党高层对梅在选举败北、处理伦敦居民楼大火乏力等方面颇为不满，要求其展现能够继续当保守党领袖的“领导力”。

英国政府强调指出，前往布鲁塞尔的谈判团队有信心、有能力实现“大胆而有雄心的协议”，并与欧盟建立新的密切关系。戴维斯说：“英国将仍是欧洲大陆忠实的合作伙伴和盟友。在前进的漫长道路上，我们的目的是明确的，那就是，英国和欧盟之间深厚和特殊的伙伴关系史无前例。”不过，达成“大胆而有雄心的协议”，并非易事。

由于执政联盟北爱尔兰民主统一党反对“硬脱欧”，梅的脱欧方略可能发生变化。2017年6月19日出版的英国《金融时报》报道说，英国财政大臣哈蒙德呼吁英国在“脱欧”谈判中应特别关注工商业的利益。哈蒙德警告说，如果英国在没有达成协议的情况下“脱欧”，那将是“一个非常糟糕的结果”。同时，哈蒙德还形容说，英国的“脱欧”方式应该是“滑梯式”的，而不应是“跳崖式”。(记者　黄培昭)

(资料来源：http://ex.cssn.cn/jjx/jjx_hw/201707/t20170707_3573345.shtml)

【启示】通过谈判解决英国脱欧问题，看来是各方的共识。但是在谈判中，应坚持什么样的思想，才能使得各方达成一致，这才是其中的重点和难点。找对思路，才会有出路。

商务谈判活动是在谈判理论指导下进行的。一方面商务谈判活动包罗万象，为商务谈判理论的产生与发展奠定了基础；另一方面，随着人类的进步和科学技术的发展，商务谈判活动也不断发展，注入了新的理论，丰富了商务谈判理论的内容。

2.1　博弈论与商务谈判

博弈即一些个人、团队或组织，在一定的环境中和一定的规则约束下，依据所掌握的信息，同时或先后，一次或多次，从各自允许选择的行为或策略进行选择并加以实施，从中各自取得相应结果或收益的过程。有关博弈的理论就是博弈论。

2.1.1　博弈论对谈判的解释

“博弈论”译自英文 Game Theory，其本义是在下棋等休闲娱乐活动中，双方在遵守游戏规则的基础上，通过分析对手可能采用的方法，有针对性地选择相应的策略或计谋，以制胜对方的理论。博弈论是研究各方策略相互影响的条件下，理性决策人的决策行为的一种理论。博弈思想最早产生于古代军事活动和游戏活动，众所周知的田忌赛马就是典型的博弈论例子。现在博弈论广泛应用于军事、政治竞选、系统控制、企业经营管理和商务谈判等多个领域。

博弈有多种形式，这里主要借助于经典博弈问题分析，建立合作谈判的基本模式。

要分析博弈在商务谈判中的作用，首先需要建立一个简单的谈判模型。例如，甲有一辆修理的旧车。假定对甲来说他拥有并使用这辆车的利益为 3000 元，再假设乙想买一辆旧车，单位刚发奖金 5000 元，他决定从甲那里买这辆旧车。当他检查了这辆旧车，认为这辆旧车值 4000 元。

根据上述情况，如果出手和购买这辆旧车的两人进行交易，甲的要价在 3000 元以上，乙则愿意付 4000 元以内。双方之间有个差额，这个差额就是谈判的余地。假如交易是自愿的，交易就会在 3000～4000 元之间的某个点上成交，假定成交价格为 3500 元。

从合作博弈的角度讲，交易双方都能从合作行为中得到利益。具体地说，交易使得资源(旧车)从对它评价低的所有者手中转移到对它评价高的所有者手中，这个资源在交易中的潜在利益从 3000 元增加到 4000 元，净增 1000 元利益，同时也带来了利益分享。如果成交价为 3500 元，交易各方都从资源的转移中分享了 500 元的利润。假如成交价为 3800 元，那么分享的比例不再平均了，甲分 800 元，而乙只分得 200 元。

但是，合作性结果的出现需要谈判双方拥有充分的交流和信息，一旦谈判双方不能够进行信息交流，就难以实现一个有利于每个当事人的合作利益。这种谈判就称为“囚徒困境”。假设有两个嫌疑犯被分别关在相邻的房间里受审，他们之间无法进行交流和通气。警察分别向疑犯交代政策：如果二人都招供，每个人都将因抢劫罪被判 2 年监禁；如果两个人都拒供，则两个人都将因盗窃罪被判处半年监禁；如果一个人供认而另一个人拒供，则供认者被认为有立功表现而免受处罚，拒供者将因抢劫罪、盗窃罪以及抗拒从严罪被重判 5 年，如图 2.1 所示。

		囚犯1	
		拒供	供认
囚犯2	拒供	0.5，0.5	5，0
	供认	0，5	2，2

图 2.1　囚徒困境

根据博弈论的假定，把上例中的结果假定成一个“合作解”和一个“不合作解”。所谓合作解，就是甲和乙在价格上达成了一致意见从而使旧车交易顺利完成；不合作解则是指两个人在价格上讨价还价，相持不下，未能达成一致协议。如果二人未能合作，甲仍保留他的旧车，其利益仍为 3000 元，乙依旧拥有他的 5000 元，甲的风险值为 3000 元，乙的风险值为 4000 元，所以不合作的总值为 3000+4000=7000(元)。从合作解来看，如果甲将车卖给了乙，对乙来说，这辆车值 4000 元。另外双方还有一个分享的利益，合作解的总价值为：4000+500+3000+500=8000(元)，显然，这比不合作增加了 1000 元的价值。

在谈判中，就价格问题的协议来讲，每一方都必须接受至少等于风险值的价格，但在这种情况下合作就没有优势可言。因此，谈判问题的一个合作解一定是每一方都接受的价格，即风险值加上合作剩余的平均或分配值，即甲是 3000 元(风险值)加上 500 元(剩余值)，乙是 4000 元(风险值)加上 500 元(剩余值)。条件是有交易才有剩余值，所以，乙应付给甲 3500 元，拥有了一辆价值 4000 元的旧车和现金 1500 元，甲通过出让旧车获得了 3500 元。

可见，从博弈角度来分析谈判，只有合作，才会有剩余，才谈得上分享。

采用博弈方法是商务谈判的重要策略之一，将复杂的、不确定的谈判通过简洁明了的博弈分析，使研究进一步科学化、规范化、系统化，寻找某些规律性的东西，建立某种分析模式，从而构建谈判理论分析的基础框架。

2.1.2 “红黑博弈”分析

“红黑博弈”源自上述的“囚徒困境”。按照“囚徒困境”的原理，人们设计了红黑博弈游戏，模拟囚徒的困境。

1. 红黑博弈的规则

红黑博弈参加者分为两组，可以自由选择出红牌或黑牌，双方出牌组合及相应的得分如图 2.2 所示。游戏共分为 10 个回合，前 4 个回合双方不能沟通，只能告诉对方自己的决定。第 4 个回合结束后，如果双方都需要对话，则可以暂停出牌并沟通。沟通结束后，方可开始第 5～8 回合游戏，期间双方仍然不能沟通。第 8 回合结束后，如果双方都需要的话，可以再次暂停出牌并沟通。沟通结束后可开始第 9 回合和第 10 回合游戏。第 9 回合和第 10 回合得分加倍，即按图 2.2 所得分数乘以 2。游戏获胜的标准是取得最高正分。

		B组出牌	
		红牌	黑牌
A组出牌	红牌	+3分，+3分	－6分，+6分
	黑牌	+6分，－6分	－3分，－3分

图 2.2　红黑博弈得分矩阵

2.“红黑博弈”的理性分析

由图 2.2 得分矩阵可以看出，在游戏双方没有任何沟通的前 4 个回合，双方都会从追求利益和回避风险的本能出发而选择出黑牌，因为这样有可能赢得最高分数+6 分，即使会出现对方也出黑牌而得-3 分，也比出红牌得-6 分的风险小。双方都出黑牌的结果是双双得到了“非理智”的-3 分。

第 4 回合后，游戏提供了第一次双方对话的机会，游戏的可能结果是：双赢，前提是双方两次同意沟通且达成共识，并在第 5～10 回合游戏中按约定出红牌；双输或单赢，前提是双方两次同意沟通且达成共识，但在接下来的第 5～10 回合游戏中，双方或一方没有按约定出牌；双输，前提是双方两次同意沟通但没有达成共识，或者由于一方或双方不同意对话而没有沟通，使得双方出于同样的考虑，都不改变出黑牌的做法。

2.1.3 在博弈基础上的合作谈判程序

基于以上分析，可以将谈判过程分为三个步骤：一是建立风险价值；二是确定合作剩余；三是达成分享剩余的协议。

(1) 商务谈判的准备——建立风险价值。风险价值是指打算合作的双方对所要进行的交易内容的评估确定。例如，要购买的货物，估计可能的价值是多少？最理想的价格是多少？总共需要多少资金？其他的附带条件是什么？可接受的最高价是多少？其中包括产品风险、资金风险、舆论风险、社会风险等。风险价值是双方谈判的基础，没有风险价值是构不成谈判的。

(2) 确定合作剩余。合作剩余即合作比不合作增加的价值。如何进行分配是最关键的问题，双方的讨价还价、斗智斗勇就是为了确定双方的剩余。合作剩余的分配一般取决于双方实力的对比和谈判策略与技巧的应用。谈判不是将一块蛋糕拿来以后商量怎么分，而是想法把蛋糕做大，让每一方都多分，即变和博弈。

维护双方的基本利益是谈判必须达到的基本目标，它是影响谈判成败的关键因素。在商务谈判中，假如双方合作所带来的利益总量为 $A+B$(为弹性空间)$+C$，则甲方利益争得空间为 $A\leqslant X\leqslant A+B$，乙方利益争得空间为 $C\leqslant Y\leqslant C+B$。

谈判双方都有自己必须获得的最低利益(即临界点)，甲为 A，乙为 C，如果最低利益得不到满足，就会退出谈判。甲乙双方应将利益争夺空间定为 B，而不能将 C 和 A 纳入双方争夺范围。当甲乙双方中任何一方的利益接近临界点 $A+B$ 或 $C+B$ 时，就应适可而止(如图 2.3 所示)。

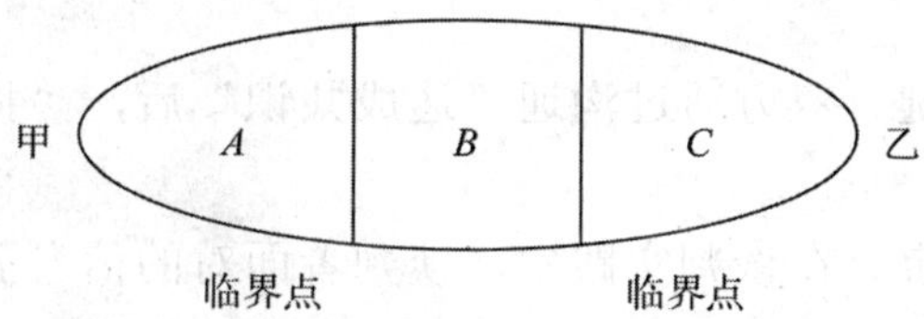

图 2.3　合作带来的利益总量

(3) 达成分享剩余的协议。如果难以继续谈判，各方就不能进行有效的合作，也就无法创造出新的价值，实现更大的利益，同时也有可能使自身的利益受损害。达成协议，是谈判各方分享合作剩余的保证，也是维系合作的纽带。

2.1.4 博弈论在合作谈判中的要素

博弈论在合作谈判中的要素包括博弈参加者、策略空间、博弈的次序和博弈的信息。

(1) 博弈参加者。博弈参加者有法人、自然人和社会团体、组织等，各方都有各种策略，形形色色，增加了谈判的难度，所以在谈判时，首先必须清楚博弈方的实力，变不完全信息博弈为完全信息博弈，才能有希望在谈判中取得胜利和双赢。

(2) 策略空间。在商务谈判中，随着博弈方的不同，所采取的策略和方法也会有所区别。就是应用同一策略，实施时对人的方法也会有所不同，没有完全相同的策略空间。应用适当的策略空间，对谈判进程有时起到了决定性的作用。所以在博弈开始时，在各种情况中注意对方采取的策略，从而针对其策略做出反应，使零和博弈变为变和博弈。

(3) 博弈的次序。博弈的次序对博弈双方来说是至关重要的，主要是看在什么时机采取的什么策略。

(4) 博弈的信息。博弈的信息是相当重要的，信息时代要在博弈中占上风，就要有一个稳定可靠的信息来源，以便及时掌握博弈中的各种情况，同时根据信息对博弈方的行为做出预测，料敌先机成为谈判的赢家。

延伸阅读：

通过扫描二维码或者登录网址，阅读《移动支付博弈正在展开，NFC二维码短兵相接胜负难定》，运用所学知识，分析博弈的参与者及其策略空间。

http://jsnews.jschina.com.cn/zt2017/2017wlw/dsj/xkj/201709/t20170905_1012585.shtml

2.1.5 博弈论对实现商务谈判双赢的启示

博弈论对实现商务谈判双赢有如下启示：

(1) 树立“双赢”理念是谈判双方合作的前提。博弈反映的是单方最大利益和合作所得利益之间的矛盾，在个体看起来最有利的选择，则可能带来整体的不利。一场成功的商务谈判，应该是各方的预期目标都得到满足，并为此达成协议，同时融洽和改善彼此的合作关系。

(2) 沟通是双赢的手段。在红黑博弈中，如果没有第4回合后的两次沟通，根本无法达成双赢。

(3) 诚信是双赢的关键。双方通过沟通“达成共识”后，“按约定出牌”是达成双赢的必经之路。

(4) 信息是双赢的法宝。在谈判实践中，谈判者面对的信息五花八门、千差万别，既有真实信息也有虚假信息，既有有用信息也有无用信息。这就要求谈判者必须具有敏锐的辨别信息和处理信息的能力。

(5) 一次性利益和长远利益的关系。可以想象如果“红黑博弈”游戏规则不是10个回合，是永远地做下去，游戏者既会积极与对方沟通，也会诚信地选择“按约定出牌”。由此可见，谈判双方对合作时间长短的预期，会影响其利益选择行为。如果谈判当事人认为合作时间是有限的，往往会做出不顾他方利益而单纯追求己方一次性利益最大化的选择；如果谈判当事人认为合作是长久的，则会兼顾一次性利益和长远利益。

【案例2-1】仪化海外合作，剩余多多

我国江苏仪征化纤工程上马，实行对外招标，德方公司中标标的是1亿美元，但合作剩余不仅限于此。由于在世界上最大的化纤基地中标，为德国企业带来了巨大的国际声望，后来得以连续15次在世界性招标活动中中标，仪征化纤项目为该公司带来了许多项目以外的附加利益。

(资料来源：http://blog.sina.com.cn/s/blog_e1f67b6c0102wype.html)

【案例分析】合作的意愿来自于共赢，这也是谈判的基础，合作剩余的分配过程，就是商务谈判的核心内容。

2.2 公平理论与商务谈判

公平就是人们所要依据的一个重要原则，公平理论对谈判有重要指导意义。成功的谈判，必须遵守公平原则，按一定的规章行事。

2.2.1 公平理论概述

公平理论是美国心理学家亚当斯在 1965 年提出来的，并在人们的社会实践中产生了深刻的影响。这一理论主要讨论报酬的公平性对人们工作积极性的影响。该理论认为员工的激励程度来源于对自己和参照对象的报酬以及投入的比例的主观比较感觉。因为人们总会自觉或不自觉地将自己付出的劳动代价及其所得到的报酬与他人进行比较，并对公平与否做出判断。他们以对工作的付出，如努力程度、工作经验、教育程度及能力水平等为根据，比较其所得，如薪金、晋升、认可等因素，比较的内容不仅包括绝对报酬，还包括相对报酬，比较的结果将直接影响其今后工作的积极性。

亚当斯根据人们认知公平的基本要素，确立了这些要素相互间的函数关系，从而归纳出衡量人们分配公平感的公式，即

$$O_p/I_p=O_r/I_r$$

其中，O 指结果，即分配中的所获，包括物质的、精神的或当事人认为值得计较的任何事物；I 指投入，即人们所付出的贡献，也包括精神的、物质的和相关的任何要素；p 代表感受公正或不公正的当事人；r 代表比较中的参照对象，可以是具体的他人或群体的平均状态，也可以是当事人自身过去经历过的或未来所设想的状态。

相应的，O_p 指当事人对自己所获报酬的感觉；I_p 指当事人对自己所做投入的感觉；O_r 指当事人对参照对象所获报酬的感觉；I_r 指当事人对参照对象所做投入的感觉。

调查和试验的结果表明，不公平感的产生，绝大多数是由于经过比较认为自己目前的报酬过低而产生的；但在少数情况下，也会由于经过比较认为自己的报酬过高而产生。当事人 p 在与被比较对象 r 比较后，感觉到公平时等式成立，感到不公平时，就会出现两种不等式：

(1) $O_p/I_p<O_r/I_r$

这个结果让当事人觉得吃亏，这时，他可能要求增加自己的收入或减小自己今后的努力程度，以便使左边增大，趋于相等；也可能要求组织减少比较对象的收入或者让其今后增大努力程度以便使右边减小，趋于相等。此外，他还可能另外找人作为比较对象，以便达到心理上的平衡。

(2) $O_p/I_p>O_r/I_r$

这个结果让当事人觉得占了便宜或有愧疚感，他可能要求减少自己的报酬或在开始时自动多做些工作，但久而久之，他会重新估计自己的技术和工作情况，终于觉得他确实应当得到那么高的待遇，于是工作情况便又会回到过去的水平。

2.2.2 消除不公平感的可行性措施

当人们感到吃了亏而产生不公平感的时候，就会心存不满或产生怨恨，进而影响到整个情绪与行为，后果是极其消极的。为了恢复公平感，就需要消除产生不公平感的根源，一般采取以下几种调整措施。

1. 从实际上扩大自己所得

要求增加自己的收入或减小自己今后的努力程度，以便使上述公式左方增大，趋于相等；或要求组织减少比较对象的收入，或者让其今后增大努力程度，以便使右方减小，趋于相等。但实际上除了减少自己的付出外，其他三种情况都是不能自我控制的，所以，恢复公平的主要方式是减少自己的贡献。例如，一个积极工作的职工，如果他在领取报酬时，没有拿到他期望得到的奖金，而是和其他人一样，那么，他就会产生不公平感。他既不能左右老板给他加工资，也不能影响别人的工作干劲，但他能够指挥自己消极怠工，敷衍了事。由于不公平感主要是由人们的自我认知形成的，因此，人们的行为也在很大程度上取决于认知水平，比较常见的有自我安慰、角色转换等。

2. 另外找人作为比较对象，以便达到心理上的平衡

改变参照对象，可以很快消除人们的不公平感。有句老话，叫做“比上不足，比下有余”，就是指改变参照对象后人们的心理状态。例如，有的大学毕业生，当和他同届毕业的有成就的同学相比时，就会产生不公平感，抱怨自己的机遇不好，上帝不公平，感叹自己怀才不遇。但如果他改变了对比对象，与没考上大学的同学比，他又会感到自己很幸运，生活、工作也很不错，不满意感就会随即消失。

3. 退出比较，以恢复平衡

人们调整不公平感心态的方式，还有一种比较常见的就是退出比较，以求平衡。在现实生活中，人们不公平感的产生多是在参照物的比较下形成的，所以，消除不公平感最简单的办法，就是退出比较。当比照物消失后，不公平感也随之消失。这种事例在现实中比比皆是，不胜枚举。

综上所述，人们不公平感的形成，在很大程度上是人们的一种内心感觉，而且参照物十分重要，要消除不公平感也应从这些方面入手。

谈判活动具有极大的不确定性，谈判双方在接触过程中，会从各方面对双方谈判人员的心理产生微妙的影响。诸如，在签订协议时，谈判中的一方只做出了很小的让步，另一方虽做出了很大的牺牲，但却觉得很平衡。怎样消除谈判一方的不公平感，防止由此带来的消极作用，是十分重要的。一个高明的谈判者必须熟悉各种谈判技巧，及时觉察谈判对手心理上的微妙变化，使谈判各方处于有助于达成协议的积极的心理状态。

在实际情况中，人们往往会采取各种措施来消除不公平感。那么，关于公平有没有一个大致的判定标准呢？或者说，人们根据什么来确定分配是否公平呢？其实，公平有多重评判标准，下面以一个穷人和一个富人如何公正地分配400美元为例进行说明。

方案一：以心理承受的公平为标准，按 300：100 的比例分配，富人拿多的一份。因为在心理上，100 美元对穷人来说是个大数目，穷人失去 100 美元相当于富人失去 300 美元。以这种心理承受为标准的划分也有一定的道理。例如，一些社会团体的赈灾救助活动，经常是按人们收入的多少进行募捐的。

方案二：以实际需要的补偿原则为标准，还是按上述比例分配，但是让穷人拿多的一份，这种分配对于双方的实际需要来说是合理的，因为穷人需要的多，即对弱者实行补偿原则。例如，联合国及一些国际组织对世界不发达国家和地区的援助、投资等均属此例。

方案三：以平均分配为标准，即 200：200 的比例分配，穷人与富人各得 400 美元的一半。这种分配从表面看也很公正，但由于富人的税率比穷人高，富人拿到这 200 美元后，缴税后的剩余要比穷人少，所以，有人也指责这种分配不公平。但在现实中，这种方法简便易行，是最为常见的分配方法。

方案四：以实际所得平等为标准，按 252：148 的比率分配，富人在拿到 252 美元之后需纳税 104 美元，最后实际所得 148 美元，与穷人不够纳税的 148 美元正好相等。

从以上四种分配方案可以看出，根据不同的标准进行分配，会导致不同的分配比例和结果，而且这些结果均被人们认为是相对公平的。显然，公平是有多重标准的。同样是上述分配的例子，人们还可以用年龄大小、地位高低、饥饿程度、先后次序、资历深浅等作为标准进行分配。问题的关键在于，参与分配的双方要对公平的标准事先达成共识和认可，这样分配的结果才会被认为是公平的。

2.2.3　公平理论在商务谈判中的运用

公平理论对于我们理解并处理谈判活动中的各种问题有重要的指导意义。我们看到，由于人们选择的角度与标准不同，人们对公正的看法及所采取的分配方式会有很大的差异，完全绝对的公正是不存在的。人们坐下来谈判就是要对合作中利益的公平分配的标准达成共识与认可。同时，公平感是一个支配人们行为的重要心理现象，如果人们产生不公平感，则会极大地影响人行动的积极性，而且人们会千方百计地消除不公平感，以求心理平衡。另外，无论是在什么样的公平分配方法中，心理因素的影响作用都越来越重要。因为在许多情况下，人们对公正的看法取决于心理因素。公平理论让我们在理解并处理商务谈判活动的各种问题时，要注意如下两点：

第一，在商务谈判中，必须要找到一个双方都能接受的公平标准。只有按这一标准来进行谈判，谈判结果对双方来讲才是可接受的、公平的；人们进行谈判就是要对合作利益的公平分配的标准达成共识。谈判成功后，人们之所以会对所获得的利益感到公平，关键在于参与分配的双方事先找到了一个共同认可的利益分配标准。

第二，公平不是绝对的，它很大程度上受人们主观感受的影响。所以在谈判中不应盲目地追求所谓的绝对公平，而是应该去寻找对双方都有利的感觉上的相对公平。例如，有时谈判一方做出了很小的让步，却觉得不公平；而有时一方做出了很大的牺牲，却觉得很公平。这主要是由他们感觉上的相对公平感所造成的。

总之，公平应始终贯穿于谈判过程之中，只有坚持公平原则，双方才有可能达成共识，最终促成双赢的谈判结果。

【案例 2-2】金属测试仪索赔事件

20 世纪 80 年代中期，我国几所高校向日本一家公司购买了 6 台金属测试仪。在到货安装完毕后，日方出示了该仪器在日本工厂的测试报告，表示仪器的精度完全合格，需要中方代表签字验收。中方代表坚持要按合同中规定的国际标准重新测试。测试结果表明，日方仪器的精确度达不到合同的要求。最后，以日方按每台仪器赔偿中方 4000 美元了结。

案例分析：在商务谈判中，为了解决谈判中的分歧意见，最好使用独立于谈判双方的国际公认的客观标准，来达成一致意见，这样双方都会感觉公平。

(资料来源：http://blog.sina.com.cn/s/blog_e1f67b6c0102wyuj.html)

【案例分析】商务谈判中，对有些复杂问题的处理，如能找到并运用大家公认的标准，事情会变得简单很多，商务谈判也容易成功。

延伸阅读：

通过扫描二维码或者登录网址，阅读《中信产业助三一重工收购同行，市场兼容成难题》，运用所学知识，分析此次收购谈判如何体现公平原理。

http://finance.sina.com.cn/stock/s/20120206/000211315674.shtml

分析提示：谈到该起并购，中信产业基金董事长刘乐飞曾表示，双方合并后，三一重工收购普茨迈斯特，将获得对方先进的技术和国际销售网络，而普茨迈斯特将获得三一重工的资金支持，有利于保持其技术和品牌领先的优势。这也是谈判公平理论的应用。

2.3　商务谈判需要理论

人们进行谈判的原因，是由于人们共同存在尚未满足的需要引起的，因为谈判的实质是双方都想得到自己的东西。为此，商务谈判要想取得成功，就必须了解谈判者是由哪些谈判需要引起的。商务谈判需要理论是指导商务谈判的重要理论。

2.3.1　谈判需要理论概述

谈判需要理论的代表人物是美国谈判学会会长、大律师杰勒德·I. 尼尔伦伯格。他通过大量的实例分析，对谈判动因、谈判形式、谈判控制等从“理论、方法、技巧”的角度进行了卓有成效的研究，并提出了具有实践指导意义的“谈判需要理论”。尼尔伦伯格的代表著作有《谈判的艺术》(*The Art of Negotiating*，1968)和《姿势会说话》(*How to Read a Person like a Book*，1971)。

1. 谈判需要

尼尔伦伯格将马斯洛的需求层次理论作为自己学说的基础，指出谈判的前提是谈判各方都有需求，都想从谈判中得到某种东西。人类不同层次的需要在谈判中会通过谈判者的追求表现出来。

2. 谈判层次

尼尔伦伯格将谈判划分为三个层次：个人与个人(P～P)之间的谈判、组织与组织(O～O)之间的谈判、国家与国家(G～G)之间的谈判。在任何一种非个人的谈判中，都有两种需要在同时起着作用：一个是该组织(国家)的需要，另一个是该谈判者的需要。谈判者应努力通过一定的方式和方法，去发现、诱导个人的需要，进而影响其立场、观点和看法，以使谈判向着有利于实现己方目的的方向发展。

3. 谈判的六种基本方法

尼尔伦伯格归纳出六种基本类型的谈判策略和方法，按照对谈判成功的控制力量的大小排列。尼尔伦伯格指出，谈判中要善于利用个体的需要来进行成功的、合作的谈判。如果把谈判策略的基点放在谈判双方各自需要的相互关系上，那么，便存在以下六种可能的选择。

(1) 谈判者顺从对方的需要。谈判者在谈判中要站在对方的立场上，顺从对方的需要，特别是针对对方尚未满足的最基本的需要，采取相应的策略满足，则谈判就容易成功。当然，这种“顺从”是建立在不损害自身利益的基础上的，它利用双方需要的必然联系，来满足双方的利益。

(2) 谈判者使对方服从其自身的需要。这是一种诱导策略，谈判者在谈判中使用各种策略说服对方满足己方的需要，所有的谈判活动都是从满足自身需要出发的，这种方法在谈判中比较常见。例如，推销员与顾客之间的“谈判”方式：推销员表面上用种种热情的方法满足顾客的需要，实际上是为了推销商品，从而实现自身的利益。

(3) 谈判者同时服从对方和自己的需要。这是一种容易导致双赢的方法，是指谈判双方从共同利益出发，为满足双方的共同需要进行的谈判。所有的谈判活动都是从满足双方需要出发的，所以这种方法比较容易成功，但难点在于如何寻找平衡双方需要的方案。

(4) 谈判者违背自己的需要。这是谈判者有时为了争取长远利益的需要，抛弃某些眼前利益或无关紧要的利益和需要的谈判策略。谈判者违背或者损害自己的需要似乎荒谬，但这并不是一种非理性的行为，而是经过深思熟虑，为了实现预定的目标而采取的一种有效的谈判手段。

(5) 谈判者损害对方的需要。谈判者只顾自己的利益，不顾他人的需要和利益，是一种你死我活的谈判方法。采用这一方法的谈判者往往凭借自身的强者地位，以强凌弱，这不仅违背了平等互利的谈判原则，而且会导致激烈的对抗，最终使谈判陷入僵局或破裂。通常在大企业兼并小企业时，强大的一方会采用这种方法。但这样做很容易导致谈判破裂，所以谈判者在谈判中对这种行为要慎重。

(6) 谈判者同时损害对方和自己的需要。这是一种损人不利己的做法，除非有特殊的目的，一般是不采用的。例如，在市场竞争中时有发生的竞相压价的现象，有时是小企业迫不得已，有时是大企业为了挤垮小企业的一种手段。

上述六种谈判策略都显示了谈判者如何满足自己的需要，但谈判控制力量的强弱程度是递减的，第一种最易控制，第六种最难控制；同时，谈判中的危机则逐渐加重。尼尔伦伯格的分析显示了这样一个结论，即正确引导双方需要的谈判策略是谈判成功的保证。在实际中，越是能从基本上抓住自己的需要，在谈判中获得成功的可能性就会越大。

2.3.2　需要理论在谈判中的运用

谈判需要理论在实际应用中，有两个关键的问题：一是探寻需要，二是引导和满足需要。这两个问题是制定谈判策略与战术的基础。尼尔伦伯格认为策略和战术是两个含义显然不同的概念。谈判策略是在谈判实际过程中采用的各种技巧的组合，战术是为实施策略而使用的手法。但在实际谈判中，某一特定行为究竟是策略性的还是战术性的，往往很难划分清楚。许多行为从其近期与远期目的上看，既有达到近期目的的战术性，又有为远期目的的实现创造条件的策略性。在谈判中运用需要理论，要注意做好以下几方面的工作。

1. 要为谈判者准备好必要的物质条件

在物质上要为对方创造一个良好的谈判环境。如居住、饮食、通信、谈判地点的选择都应使对方感到满意，使之具有安全感，满足其生理需要和安全需要。商务谈判是一种精神高度集中、体力和脑力消耗都很大的活动，谈判人员不管在客场谈判还是主场谈判，都要求吃得可口，穿戴整齐，住得舒服，出行方便。否则，就会极大地影响谈判者的精力、情绪，影响谈判效果。如果是作为东道主，也要十分注意给对方提供各种生活和工作上的方便，为双方建立一个友好、信任、合作的气氛。物质条件，从广义来说，还包括样品、合同文本、有关技术资料、谈判场地、通信设备等方面的条件，它们也是使谈判得以顺利进行的物质基础。安全需要在谈判中主要表现在谈判人员的人身安全、财产安全和地位安全上。谈判双方至少有一方会到一个陌生的地方谈判，既可能是对方也可能是本方。这时，由于不熟悉当地的风土人情和社会治安状况，因此在心理上便十分关心自身的安全，寻求一种心理上的保障。这时，作为东道主的一方，应该尽好职责，解除对方在这方面的担忧，使其能安心谈判。

2. 谈判人员之间要注意建立良好的人际关系

在交往过程中要注意礼仪、礼节，力求创造良好的谈判气氛。无论会内会外，在与对方接触中都要为人热情、坦率、友好，力戒以我为主、居高临下、盛气凌人。要注意与对方进行平等协商，在讨论利益问题时也不要忘了进行个人感情交流，即使达不成协议也不要做有损双方友谊的事，应满足其社交需要。谈判过程是双方利益交锋的过程，涉及利益，就难免会使双方处于一种紧张或对立的状态之中。但是，谈判人员并不是只讲物质利益的“经济动物”，而是一个有感情的人，他们也需要友谊与关爱。因此，努力创造一个友好合作的气氛往往是谈判成功的关键。同时，在谈判小组内部也要建立起互谅互让、团结协作的关系，满足谈判成员的归属需要。一个有凝聚力的谈判小组对于谈判目标的顺利实现往往有着十分重要的作用。

3．要注意尊重谈判对手

在谈判中，不要轻易否定对方的意见和建议。说话不要绝对，言谈举止要表现出对对方人格、能力的充分尊重，注意满足对方的自尊的需要。作为个人，每个人都需要受到他人的尊重，同时也要主动去尊重他人。获得尊重的需要在谈判中具体体现为：不仅要求在人格上得到尊重，而且在地位、身份、学识与能力上得到尊重和欣赏。某些国家和地区，等级观念是根深蒂固的。将身份、地位较低的人派出与对方身份、地位较高的人进行谈判，这是对对方的严重冒犯和不尊重，会严重影响双方的关系与谈判的结果，甚至导致谈判的破裂。反之，如果对方派出的谈判人员在职务与资历上较浅，而本方派出职务高、资历深的人员去商谈也不合适，给人以贬损自己的感觉。对学识与能力的尊重，就是不要有意或无意地指责或轻视对方。在谈判过程中，当对方有意无意地在某些概念上进行混淆，或者搅乱谈判的程序与思路时，不要直接或间接地指责对方学识浅薄、能力低下或胡搅蛮缠，只要将被其搞乱的事情进行澄清、理顺就行了。当在谈判中占到上风，或者得到较多利益时，应注意不要喜形于色，甚至讥讽对方的无能，要对对方的努力予以肯定。

4．适时地对对方所做的努力和工作成果表示赞赏

谈判人员有自我实现的需要，他们要追求谈判目标的实现，希望自己的工作富有成果，并得到别人承认。这种需要是人类最高层次的需要，也是最难满足的需要。因为对方谈判人员自我实现需要的满足，往往是以本方的利益损失为前提的，而与此同时，本方谈判人员自我实现的需要就会得不到满足。因此，在谈判中既要满足对方自我实现的需要，也要争取本方最大利益，兼顾满足本方的自我实现需要，这需要较高的艺术处理技巧。在谈判中，不要在细枝末节上与对方争论不休，有时在争论时也可以树立一种“弱者”形象，以满足对方在谈判中希望成为“强者”的心理需要，在不违背原则的条件下达成谈判的协议，满足其自我实现的需要。

掌握“需要理论”可以使我们找出与谈判双方都相联系的需要，并引导我们对对方的需要加以分析和重视。一般来说，人们的需要有次序先后，首先要满足生理和安全需要，其次才是满足其他需要，但不意味着一定要百分之百满足后，才可能产生下一层次的需要。人们的需要可以交叉出现，在同一时刻，大多数人的各种基本需要，都是部分得到满足，部分尚未得到满足，谈判人员不仅要重视己方需要，而且要注意到对方的需要。作为一名高明的谈判者，在寻求满足己方需要的同时，也要设法满足对方的需要，并努力使谈判顺利地通过需要的较低层次，到达较高层次的需要。只有在这种情况下，谈判才有成功的希望；否则，必然会使谈判在不和谐的气氛中草草收场。

【案例 2-3】关注谈判对手需要，促使谈判成功

某广告公司急需一名设计人员。登出广告数日后，一名各方面均符合要求的人员前来

找人事部门的领导，他提出了年薪 15 万元的要求，但按照公司的工资级别和他人的工资情况，只能给他 10 万元，而应征人员反复强调 15 万元是最低要求。如果就此讨论，很显然无法达成协议，谈判不会成功。那么，这个分歧差异就无法解决了吗？

不是的。人事部门讲明了 10 万元无法增加的前提下，又提出可以满足一些其他条件。经过坦率的协商，他们达成了协议。即公司付给他每年 10 万元的年薪，同时免费为他提供一套住房(仅享有居住权)，解决子女入学问题，让他担任广告总策划的职务，提供公费医疗。

虽然这位应征者最终拿到的年薪只有 10 万元，与他的要求相差 5 万元，也就是说他的这一需要没有得到满足，但公司给予的其他条件满足了他的住房、安全、社会、自尊及自我实现的需要。对其他需要的满足，在一定程度上弥补了应征者提出的工资待遇的不足，使谈判走向了成功。

(资料来源：http://blog.sina.com.cn/s/blog_e1f67b6c0102wyuk.html)

【案例分析】每个人都有自己的不同需要，商务谈判中，积极关注谈判者的需要，往往能事半功倍，促使谈判走向成功。

2.4 商务谈判实力理论

美国著名谈判学家约翰·温克勒长期从事谈判技巧的研究，并在此基础上进行理论升华，在《讨价还价的技巧》(*Bargaining for Results*)一书中比较系统地提出了“谈判实力理论”。商务谈判实力理论对开展商务谈判工作具有指导意义。

约翰·温克勒认为，谈判技巧运用的依据和成功的基础是谈判实力，技巧的运用与实力的消长有着极为密切的关系；建立并加强谈判实力的关键在于对谈判的充分准备和对对方的充分了解。通过恰当的语言和交往方式，在对手面前树立或加强关于己方的印象，探索彼此的力量对比，采取一切可能的措施增强己方谈判实力，是谈判成功的主要技巧。温克勒还极为强调谈判行为对谈判的影响，认为当事人在谈判过程中的行为举止、为人处世对谈判的成败有着至关重要的作用，谈判者在谈判中的行为将被看作他所代表的组织的素质中最有说服力的标志。

延伸阅读：

通过扫描二维码或者登录网址，阅读《实力才是王道——对未来谈判学科建设环境的展望》，运用所学知识，谈谈你对商务谈判中实力就是王道的理解。

http://blog.sina.com.cn/s/blog_594034670101pjw5.html

2.4.1 商务谈判实力的含义与特点

所谓商务谈判实力，是指商务谈判者在谈判中相对于谈判对手所拥有的综合性制约力量，它不仅包括商务谈判者所拥有的客观实力(如企业经济实力、科技水平、独特性、规模、信誉、品牌等)，更包括商务谈判者与对方相比所拥有的心理势能，而这是商务谈判策略和技巧运用的主要来源。谈判实力强于对手，就能在谈判中占据优势、掌握主动，取得对己方更有利的谈判结果。

商务谈判实力具有以下特点：

(1) 综合性。谈判实力来源于影响谈判结果的各种因素，既包括客观因素，也包括主观因素；既有外部因素，也有内部因素。它受到多种因素的影响和制约，决不能简单地将其等同于经济实力或固有实力。

(2) 相对性。谈判实力不是绝对力量，而是相对力量，它只有针对某一特定的谈判对手、谈判环境和谈判事项时才有意义，它是经谈判各方对比后所形成的相对力量，同时不存在不受环境和事物制约的谈判实力。

(3) 动态性。正因为谈判实力是一种相对力量，因此它是可变的。谈判者可能在此时实力强于对手，但在彼时实力又可能弱于对手；可能在此事上实力强于对手，但在另一件事上实力又可能弱于对手。由于谈判者的谈判技巧和行为举止对谈判实力影响甚大，而这些因素是微妙变化的，因此谈判实力也是微妙变化的。这种微妙性，不仅决定了谈判实力的可变性，也决定了谈判更多的是一种心理斗争。

(4) 隐蔽性。谈判实力一般不会轻易地暴露出来，它常常虚实结合地使用，构成谈判谋略的重要部分。因此，谈判者要懂得实力的展示方式和使用时机，而不可将自己的实力底细轻易泄露给对方。

2.4.2　影响谈判实力的主要因素

影响谈判实力的主要因素包括以下几项。

(1) 交易内容对双方的重要性。交易内容对一方越重要，说明该方的需求程度越高，其主动权就越差，因此谈判实力就越弱；反之，谈判实力就越强。

【案例 2-4】史密斯没能得到降价

著名谈判专家荷伯·科恩讲了一则故事：在一次谈判技巧研讨会上，史密斯先生告诉我，他最近打算买一套漂亮的房子，幸运的是他已看中了一处。

史密斯说：“是这样的，卖主要 15 万美元，我准备付 13 万美元，你看我怎样才能少付那两万美元呢？请给我介绍点谈判诀窍吧。”我问他：“如果你不买这所梦寐以求的房子又如何呢？”他答道：“那可不行，我想那样一来我的妻子就会悲伤，我的孩子也会离家出走！”我于是嘟囔道：“嗯……告诉我，你对你的妻儿好不好？”他答道：“啊，荷伯，我很爱他们，为了他们我可以做一切。但现在我必须使房子的要价降低。”

最后，史密斯还是花了 15 万美元，就他那种迫不及待的态度，他没付 16 万美元已够幸运。

(资料来源：网易微博，http://cwhan2008.blog.163.com/blog/static/69977092017929937516O6/)

【案例分析】看来态度在谈判中起重要作用。即使心里再着急，也只能放在心里，否则一旦对方知道了，就要成为对方谈判中要价的筹码，因此，必须重视。

(2) 交易条件对双方的满足程度。交易条件对一方的满足程度越高，说明交易条件对其越有利，其让步或回旋的余地越大，在谈判中就越主动，因此谈判实力就越强；反之，谈判实力就越弱。这就是为什么"出价要高、还价要低"的道理所在。

(3) 竞争对手的强弱。谈判者面临的竞争对手越多，实力越弱，其所承受的压力就越大，谈判的主动权和影响力就越差，显然，谈判实力就越弱；反之，谈判者面临的竞争对手越少，或优势越明显，或独特性越高，谈判实力就越强。

【案例 2-5】纽曼的失败

纽曼因为某种原因已失业一年多了，现在急需一份工作。他来到一家玩具公司，向主管经理递上了求职书和证明。经理扫了一眼他的材料，问了声："过去的一年里你干了哪些工作而使你在这个社会上不落伍呢？"

问题很尖锐，纽曼鼓足勇气回答道："干得不多，当过一阵家庭教师和顾问。"经理说了句："谢谢，我以后再找你。"纽曼听了这句话心里很不舒服，以致失去冷静，脱口说出："那么，什么时候？你能给我定个日子吗？"

就是这句话让经理看出来他确实需要这份工作，他现在没有选择的余地。经理呆板地说："将来由我们的办公室跟你联系。"纽曼显得无奈又无助："但是什么时候？"经理说："这有什么关系？反正你不会到别的地方去。"

确实，纽曼使自己置于没有选择的余地，他失去了谈判的权力。最终，他也没得到这份对他来说十分重要的工作。

(资料来源：网易博客，http://cwhan2008.blog.163.com/blog/static/699770920179299384647/)

【案例分析】纽曼的弱势地位使得自己在谈判中毫无话语权，因此，要想取得谈判的成功，就得事先多做些针对性的准备，否则，失败在所难免。

(4) 谈判者信誉的高低。谈判者的信誉包括资信状况、业绩记录、企业形象、知名度、美誉度、口碑、社会影响等因素，信誉越高，谈判实力就越强。在商务谈判中，信誉是谈判者最宝贵的资本，是构成谈判实力最重要的组成部分之一。

(5) 谈判者经济实力的大小。经济实力通常表现为谈判者的资金状况、规模、技术水平、经营状况、市场占有率等，经济实力越强，谈判者的承受力和影响力就越强，谈判实力自然越强。但需要再次指出的是，经济实力不等于谈判实力，它只是形成谈判实力的基础因素和潜在条件。

【谈判故事】奥莉小姐得到了贷款

奥莉小姐的公司面临严重的资金短缺。在这段萧条的日子里，缺钱的人太多了，银行不会主动敲她的门来提供这笔贷款的。但是还得去贷款，怎么去办呢？

是这样吗？经过多次犹豫不决，最后她鼓足勇气走进银行："请借给我一笔钱吧，我现在实在身无分文，帮我渡过难关，我以后会报答你们的。"

奥莉小姐才没这么蠢呢。她穿得比有钱时还阔绰，手上带着昂贵的金表，还挂着一把联谊会的钥匙，身后跟着两位衣冠楚楚的随员。她阔步走进银行，引起周围人的骚动，"嗨，这是那位女大亨啊！”

……奥莉小姐轻松地得到了货款。

(资料来源：网易微博，http://cwhan2008.blog.163.com/blog/static/6997709201792993945964/)

(6) 谈判时间耐力的强弱。时间是改变谈判实力对比的重要因素，谈判者对时间的耐力反映了需求的强度和迫切程度，时间耐力越强，谈判的承受力和主动性越强，谈判实力自然就越强。因此，谈判者在谈判中应有充分的时间余地和耐心。

【谈判故事】唯一卖主与唯一买主的谈判

在谈判技巧研讨会上，常有这么一个练习：一个人必须将一辆二手车设法卖给另一个人。汽车的卖主被告知，只有唯一的这么一个买主，而且汽车日渐破损，这将成为不利条件(但是，这一信息并没有告诉买主)。同样，买主也被告知，他必须买下这辆汽车，因为它是市场上这种款式的汽车中仅存的一辆(但是也没告诉卖主这一情况)。做买卖的双方必须尽可能把这笔交易做好。

最后的结果会怎样？好处总会跑到战斗得最顽强、最坚持的人那里去。谁经得起时间的考验，谁就可能得到更多的利益。

(资料来源：网易微博，http://cwhan2008.blog.163.com/blog/static/6997709201792994033234/)

(7) 谈判信息掌握程度。在谈判中，谁具有信息优势，谁就具有主动权。相关信息的多少、真伪、及时性等信息掌握程度与谈判实力息息相关，两者基本上成正比。

(8) 谈判人员的素质和行为举止。谈判人员的基本素质、谈判能力、谈判技巧及为人处事等，对谈判实力亦具有十分重要的影响，毕竟谈判是通过人来完成的。选择优秀的谈判人员，谈判人员的举止适当，是增强谈判实力的重要途径。

2.4.3　温克勒提出的商务谈判十大原则

1. 只有在非谈不可的情况下才去谈判

这句话有两重含义：一是没有必要谈判就不要谈判，如果不用谈判就可以解决问题，那自然是最理想的结果；二是不要轻易给对方讨价还价的余地，应努力使自己处于一种没有必要讨价还价的地位，即使要作让步，也要让对方感觉至多只能在枝节问题上交涉，核心问题是不可谈判的。

2. 一定要有所准备

通常，谈判开始的 15 分钟内就可明了谁占优势，尽管后面的谈判还长，但在此期间内，谈判的总体框架已确定下来了。因此，事先一定要充分准备，以捷足先登，在没有准备的情况下应尽量避免谈判。应尽一切可能了解对方，对方的需求如何，问题在哪里，谁是做决定的人，等等。那些进行了详尽的调查研究并做了充分准备的谈判人员，他们的亮相将分外有力，因为他们了解自己要达到的目标，也能确立对方的期望，就能更好地掌握谈判的主动。相反，仓促应战，或在自己没有意识的情况下就被卷入谈判，那么其谈判地位是非常脆弱的。

3. 要通过给予对方更多的心理满足来增强谈判的吸引力

谈判者一方面需要保持强硬的姿态，在主要问题上尽量坚持不作让步，或让对方先提出条件以保持主动；另一方面又需使对方保持对谈判的兴趣，增强其心理满足感，如给对方适当的称赞，让对方感觉所得来之不易，人家已做出了重大牺牲，也给自己下了台阶等。谈判的技巧来源于给对方心理上的更多满足，而不是实际利益上的更多满足。

【案例 2-6】不情愿的卖家

一位不动产投资商的事业非常成功，手下有众多不错的物业。其采用的策略非常简单：以适当的价格和条件购买适当的房产，然后持有一段时间，等物业升值后，再以一个更高的价格卖出去。许多小投资客户都找上门来，希望从他众多房产中买走一处。

他会认真读完对方的报价单，然后抬起头来，看着对方，一边挠着耳朵，一边说："你不知道，在我所有的产业当中，我对这一块有着特殊的感情。我想把它保留下来，留给我的女儿作为毕业礼物，所以除非你给的价格非常合适，否则我想我是不会出手的。你知道，这块产业对我来说有着特殊的意义。不过还是要感谢你的报价，为了公平起见，同时也为了不浪费双方的时间，我想请问，你最多可以出到什么价钱？"就这样，通过这种方式，他一次又一次地在几秒钟的时间里，从客户那里多赚了成千上万美元。

(资料来源：网易微博，http://cwhan2008.blog.163.com/blog/static/6997709201792994229622/)

【案例分析】站在对方的角度，替对方想想，让对方能有满足感，事情往往容易成功。生活是这样，谈判也是这样。

4. 使用你的力量，但开始时不宜操之过急

谈判者要善于使用力量来增强对对方的影响力，因此在谈判过程中应把己方相对于对方的力量关系盘算清楚，并决定是否有必要提高己方的力量。如可以通过让对方感到内疚、问心有愧，或邀请对方到你的办公室等方式，来提高你的力量。但使用力量时不宜过急或过于直露，这样会使对方加强防备，最好通过暗示或间接的方式来展示力量，如来自第三者的影响、舆论的压力、非正式渠道等。

【案例 2-7】表达实力不当

在某一次中美合作建厂的谈判中，美方代表对于中方提出的各项条件都十分满意，尤其是对于中方的厂长是一位踏实稳重又具有开拓冒险精神的人，这非常符合美方代表的要求。就是看中这一点，谈判才进展得非常顺利。就在谈判进入尾声，中方举行的酒会中，这位厂长可能出于显示自己厂子实力的目的，向美方代表说道，现在他领导的工厂员工已达到 2000 人，每年能为国家创收 600 万元。本来厂长的意图是想显示工厂的实力，争取美方的好感，赢得谈判。但是恰恰相反，本来顺利进行的谈判在这次酒会后被无限期地搁置，到底问题出在了什么地方呢？

原因就出在了酒会上。在美方看来，一个拥有 2000 人的工厂，每年的净营业额才 600

多万元，相当于不到 100 万美元，这与美方的要求还有很大一段距离，但厂长却把这当做炫耀的资本，这让美方大失所望，于是美方决定放弃此次合作计划，另谋他选。

(资料来源：网易微博，http://cwhan2008.blog.163.com/blog/static/699770920179299433950 9/)

【案例分析】如何利用谈判中的其他因素增强自己的谈判实力，既是科学，也是艺术，需要谈判者灵活掌握，合理运用。反之，不适宜的语言、行动，都有可能使谈判陷入被动，甚至失败。

5．让对手们去竞争

孤注一掷是谈判的大忌，谈判者的热情和兴趣都会使对方不肯让步，而过于急切则是一种虚弱的信号。不要这样做，要使对方为了得到你的注意而竞争，除了选择适当的时机，你还需要一个能成为对方势均力敌的对手的竞争者。无论何时，作为卖方，你总可以找到一个质量比你差而价格比你高的竞争者；而作为买方，你总可以找到一个出价比对方低而质量比对方好的竞争者。

6．给自己留有余地

当你获取时，应提出比你预想的目标还高些的要求(如你想要 20，那么先提出要 25)；当你付出时，应提出比你预想的目标要低些的要求(如你愿意给 10，那么先提出给 7)。总之，你做出的最后结果，应略好于对方最初的料想。给自己留有适当的余地，不仅可以增加谈判的主动权，还可以增强对方的满足感。一般情况下，决不可把自己的底牌一次亮给对方，或根本不给对方讨价还价的空间。

7．智圆行方

优秀的谈判者不会轻易地暴露自己能做到或愿意做到的是什么，也不会透彻地把自己需要什么及为什么需要等告诉对方，他们总是在十分必要的情况下，才会把自己的想法一点一滴地透露出来；同时，他们绝不会暴露出他们正在承受的压力。另外，谈判者也没有必要去做一个说谎的人，保持正直非常重要，他所说的话必须要让对方信得过，如果做了什么承诺，那就得遵守它；如果要放弃，则必须给自己留一条很好的退路。谈判者可以说是一种难对付(或有磨劲)的人，也可能很狡猾(但最好不要明显地让人感觉是这样)，不管怎样，他必须给人以信任感。谈判者的个人品质若能被对方所喜欢，会大大有利于谈判。

8．多听少说

谈判不等于演讲，也不同于推销，并非要滔滔不绝，口若悬河。恰恰相反，好的谈判者懂得多听、少说，这是因为要尽可能多地了解对方的情况，并通过问和听对双方的相互关系施加某种控制，不可过多地泄露己方的信息而失去主动。优秀的谈判者总是让对方先把他的情况透露出来，在说明自己的情况时说得不多不少，仅仅为了引起对方的兴趣足矣，且仅提必要的问题，并仔细倾听对方的回答。

9. 要与对方的期望保持接触

谈判中提出高要求是很值得的，但必须与对方的期望保持一定的接触，如果要求过高，使对方失去了谈判的兴趣，对方就会撤退。谈判中的高要求应该是可以浮动的，首先应用信号试探，以期设置好对方的谈判期望；同时你的要求和对方的要求之间距离越大，你必须发出的信号也应该越多，你必须做更多的事使对方靠近你，直到彼此均在对方的期望范围之内为止。

10. 让对方习惯于你的大目标

谈判者应努力追求所能得到的最大值而不能轻易地放弃。谈判者要懂得“降落伞”效应，即先把价格的降落伞在较高的空中打开并慢慢地向地飘落，直到进入对方的视线范围内为止。为了使对方习惯于你的大目标，使用信号是极为重要的技巧。所谓信号，是指通过非正式渠道让对方了解你的目标和要求。使用信号的好处在于，一方面它表明了你所追求的高度，对对方产生某种心理影响和心理适应；另一方面，它不是正式和具体的承诺，而具有相当的灵活性。

2.5 综合实训

【实训目的】

理论联系实际训练学生对商务谈判理论的正确认识，能够正确理解谈判理论并加以运用，培养学生理解问题的能力。

【实训主题】

加深学生对商务谈判理论的认识，运用有关谈判理论分析解决谈判问题。

【实训时间】

本章课堂教学内容结束后的双休日和课余时间，为期一周。或者指导教师另外指定时间。

【背景资料】

发达国家和发展中国家的争论

在《华盛顿邮报》1992年6月1日刊登的一篇题为《全球环保高管会议上，发展中国家意在让发达国家支付账单》的文章中，尤金·罗宾逊报道了发达国家和发展中国家在环保问题上产生的冲突。

乌干达代表杰西卡·欧卡亚拉科迪的观点代表了发展中国家的观点：“我们还没有建立大工业。我们远远地落后在后面，所以我们还谈不上工业污染的问题。”

马尼拉的代表马克西姆·卡楼补充说：“我们所要传达的信息就是：如果发达国家不帮助解决我们的债务，那就干脆忘记我们的森林环境保护，因为这对于我们来说是过于沉重的负担。”

许多发展中国家将发达国家为保护环境而采取的债务与环境的交换行动看作对其国家主权的一个潜在威胁，担心债务与环境的交换是企图把这些保护区域脱离主权国家管辖的范围。

与发展中国家的态度形成对照的是，发达国家认为发展中国家应当共同担负起人类共同的职责。例如，只生长在马达加斯加的一种名为玉鳊螺的粉色灌木丛可以被用来治疗儿童白血病和恶性淋巴肉芽瘤病，并且被证明疗效显著。在非洲发现的植物遗传基因可以用来增加小麦、玉米、稻子和西红柿的品种。由此可见，尽可能地保护生物多样性是十分必要的，而这一目标的实现需要加强对自然资源的保护。一些公司已经采取了援助行动。例如，美洲银行减免了拉丁美洲国家 600 万美元的债务，以换取负债国家承诺保护具有生态意义的热带雨林。

(资料来源：杨芳. 商务谈判实务. 上海：华东师范大学出版社，2011)

【实训过程设计】

(1) 指导教师布置学生课前预习阅读案例。

(2) 将全班同学平均分成小组，按每组 5～6 人进行讨论。

(3) 根据“背景资料”，讨论发展中国家和发达国家如何合作来解决环境问题。

(4) 根据“背景资料”，运用你学过的谈判理论，谈谈你对解决环境问题的建议。

(5) 各实训组对本次实训进行总结和点评，参照 11.2 节“商务谈判学生作业范例”撰写作为最终成果的《商务谈判礼仪规范化运作实训报告》。优秀的实训报告在班级展出，并收入本课程教学资源库。

2.6　综 合 练 习

2.6.1　单项选择题

1. 谈判公平理论是由(　)提出。

A．亚当斯　　B．温克勒

C．马斯洛　　D．杰勒德·I. 尼尔伦伯格

2. 尼尔伦伯格将马斯洛的需求层次理论作为自己学说的基础，指出谈判的前提是(　)。

A．谈判各方地位平等　　B．谈判各方有共同的时间

C．谈判各方关系密切　　D．谈判各方都有需求

2.6.2　多项选择题

1. 建立在博弈基础上的合作谈判程序包括(　)。

A．建立风险价值　　B．确定合作剩余　　C．达成分享剩余的协议

D．划分谈判区间　　E．确定谈判时间

2. 商务谈判实力具有(　)特点。

A. 隐蔽性　　B. 动态性　　C. 保密性

D. 相对性　　E. 综合性

3. 在谈判中运用需要理论，要注意做好(　)工作。

A. 要为谈判者准备好必要的物质条件

B. 谈判人员之间要注意建立良好的人际关系

C. 要注意尊重谈判对手

D. 适时地对对方所做的努力和工作成果表示赞赏

E. 对对方提出的要求要尽量满足

2.6.3 简答题

1. 试述博弈论在商务谈判中的运用。
2. 试述公平理论在商务谈判中的运用。
3. 试述需要理论在商务谈判中的运用。
4. 试述温克勒关于商务谈判的十大原则。

2.6.4 案例分析

【背景资料】

某房客在租用房东房子期间，发现房东提供的电暖气坏了。按租约的规定，室内原有设备如果不是故意损坏的，由房东负责修理、更换。但现在房东说没有钱买新的设备。拖了一段时间后，房东仍不肯让步。最后，房客找到房东说："我今天来通知你，我准备下星期就搬出你这儿，你必须在下周一前，把我预交的三年租金如数退回。如果你下周一前不退钱，我将采取其他方式迫使你退钱。"房东心想，预收的房租已经用来盖楼房了，退不了租金就要被告到法庭上去。最终房东做了让步，电暖气得到更换，问题得到解决。

问题：

(1) 这场谈判中问题得到解决的原因什么？房东和房客的共同利益和冲突利益有哪些？

(2) 你从这场谈判中得到什么启发？

【分析要求】

1. 过程要求。学生分析案例提出的问题，分别拟定《案例分析提纲》；小组讨论，形成小组《商务谈判案例分析报告》；班级交流并修订小组《商务谈判案例分析报告》，教师对经过交流和修改的各小组《商务谈判案例分析报告》进行点评；在班级展出附有"教师点评"的小组优秀《商务谈判案例分析报告》，并将其纳入本校该课程的教学资源库。

2. 成果性要求。

(1) 案例作业要求：以经过班级交流和教师点评的《商务谈判案例分析报告》为最终成果。

(2) 作业的结构、格式与体例要求：参照 11.2.1"商务谈判案例分析报告"。

第 3 章

商务谈判的心理

【学习目标】

- 掌握商务谈判心理的内涵
- 掌握商务谈判需要与动机
- 掌握商务谈判中的个性利用
- 掌握商务谈判心理的运用

【引导案例】

教的拍卖会

在一个有几十位经理学习的高层主管进修班课堂上，教授从口袋里掏出一张 10 元的钞票当众宣布：我要拍卖这张钞票，你们可以参加拍卖，也可以只看别人竞拍。愿意竞拍者，可以按 1 元的倍数叫价，直到没有人继续出价。这时候，出价最高者将支付自己报出的金额，赢得这 10 元钞票。本次拍卖，有一条规则，那就是出价第二的人必须支付自己所报出的金额，但那个人不能赢得这 10 元。比如说，张三出价 3 元，而李四出价 4 元，如果此时不再有人出价，我就付给李四 6 元(10 元减去 4 元)，而出价第二的张三则要付给我 3 元。

竞拍开始的时候，你会举手出价吗？

尽管课堂中聚集了高智力和有经验的经理们，但教授却总是能赚到钱。每次拍卖中，一开始竞价会很热烈，学员们跃跃欲试，竞相加入游戏，出价一旦达到 4～7 元，通常大家都会退出拍卖，只剩下两个继续出价者。此时，这两个竞价者开始感觉到陷阱的存在，设想其中一个人出价 5 元，而另一个人出价 6 元，出价 5 元的人必须出价到 7 元，否则就要遭受 5 元的损失，继续出价虽然前景未卜，但似乎比马上就要确定无疑的损失要有吸引力，于是他会继续出价。接下来，出价 6 元的人会出价到 8 元，竞价一路进行，直至分别达到 9 元和 10 元。此时，课堂上一片寂静，大家都注视着出 9 元的人，他是接受 9 元的损失，还是继续出价，指望队手认赔出局？当竞价超过 10 元时(总是会这样)，大家哄堂大笑。竞价通常会在 10 元到 60 元之间止步。在该教授主持的拍卖中，有 11 场突破 100 元大关，最高拍卖金额达到 204 元。

(资料来源：http://blog.sina.com.cn/s/blog_e1f67b6c0102wyun.html)

【启示】人的心理影响人的行为。风云变幻的商务谈判是人们彼此交换思想，展示谈判实力、心理和个性的一种活动。谈判桌上所陈述的意见、做出的提议、采取的策略、随机应变的反应和最终的决定，无一不是谈判者心理活动的结果。

商务谈判作为特定环境和条件下的经济活动，从一开始就体现着参与者的情感、情绪和心态，它直接影响着当事人的行为活动，也会影响商务谈判的进程及其成功与否，因而，商务谈判心理的研究是十分必要的。

3.1 商务谈判心理概述

人是具有心理活动的。人的心理活动一般包括感觉、知觉、记忆、想象、思维、情绪、情感、意志、个性等。人的心理是复杂多样的，人们在不同的专业活动中，会产生各种与不同活动相联系的心理。

商务谈判心理同样对商务谈判行为有着重要的影响。认识掌握商务谈判心理在商务谈判中的作用，对于培养良好的商务谈判心理意识，正确地运用商务谈判的心理技巧有着十分重要的意义。

3.1.1 商务谈判心理的概念

商务谈判心理是指在商务谈判活动中谈判者的各种心理活动。它是商务谈判者在谈判活动中对各种情况、条件等客观现实的主观能动的反应。例如，当谈判人员在商务谈判中第一次与谈判对手会晤时，对方彬彬有礼、态度诚恳、易于沟通，己方就会对对方有好的印象，对谈判取得成功抱有希望和信心。反之，如果谈判对手态度狂妄、盛气凌人，难以友好相处，谈判人员就会对其留下坏的印象，从而对谈判的顺利开展存有忧虑。

3.1.2 商务谈判心理的特点

与其他的心理活动一样，商务谈判心理有其心理活动的特点和规律性。一般来说，商务谈判心理具有内隐性、相对稳定性、个体差异性等特点。

(1) 商务谈判心理的内隐性。商务谈判心理的内隐性是指商务谈判心理是藏之于脑、存之于心，别人是无法直接观察到的。但尽管如此，由于人的心理会影响人的行为，行为与心理有密切的联系，因此，人的心理可以反过来从其外显行为加以推测。例如，在商务谈判中，对方作为购买方对所购买的商品在价格、质量、售后服务等方面的谈判协议条件都感到满意，那么在双方接触中，谈判对方会表现出温和、友好、礼貌、赞赏的态度反应和行为举止；如果很不满意，则会表现出冷漠、粗暴、不友好、怀疑甚至挑衅的态度反应和行为举止。掌握这其中的一定规律，就能较为充分地了解对方的心理状态。

(2) 商务谈判心理的相对稳定性。商务谈判心理的相对稳定性是指人的某种商务谈判心理现象，产生后往往具有一定的稳定性。例如，商务谈判人员的谈判能力会随着谈判经历的增多而有所提高，但在一段时间内却是相对稳定的。正是由于商务谈判心理具有相对稳定性，我们才可以通过观察和分析去认识它，而且可以运用一定的心理方法和手段去改变它，使其利于商务谈判的开展。

(3) 商务谈判心理的个体差异性。商务谈判心理的个体差异性是指因谈判者个体的主客观情况的不同，谈判者个体之间的心理状态存在着一定的差异。商务谈判心理的个体差异性，要求人们在研究商务谈判心理时，既要注重探索商务谈判心理的共同特点和规律，又要注意把握个体心理的独特之处，以便有效地为商务谈判服务。

3.1.3 商务谈判的心理机制

1. 文饰与投射

(1) 文饰。文饰是指一个人试图通过似乎合理的途径来使不可能接受的情境合理化。文饰是一种以隐瞒自己的真实动机或愿望，从而为自己寻求解脱以求内心安宁的心理防卫机制。当个体的行为未达到所追求的目标，或不符合社会的价值标准时，为了减少和免除因挫折而产生的焦虑和痛苦，保护自尊，就以种种理由或借口来替自己辩护，这就是文饰。这些理由和借口未必是真实的，而且在别人看来往往是不合乎逻辑的，但其本人却能以此说服自己，并感到心安理得。其类似于平常人们所说的“阿 Q 精神”。文饰常有以下几种表现形式。

① 酸葡萄作用。这是指个体在追求某一目标失败时，为了冲淡自己内心的不安，常将目标贬低，说其“不值得”追求，以此来安慰自己。它取自《伊索寓言》中的一个故事：有只狐狸看到一串甜熟的葡萄，馋涎欲滴，但因葡萄架太高，三跃而不得，为了维护自己的面子，它就对旁边的动物说：“这葡萄是酸的，我才不想吃它呢！”在日常生活中，人们常用这样的心理面对事情。如有的谈判人很想当主谈人，但由于个人努力不够，表现不佳而没能当上，就说：“当主谈人有什么好，我才不稀罕呢。”凡是得不到的东西就是坏的，达不到的目标便说是不喜欢或本来就没想达到等，都是酸葡萄作用的文饰心理。其特点是为了掩饰自己的无能，而否定原先设定的目标。

② 甜柠檬作用。所谓甜柠檬作用，是指不说自己原先想得到而得不到的东西好，却百般强调自己得到的东西的好处，借此减轻内心的失望与痛苦。它取自《伊索寓言》中的另一个故事：有只狐狸原想找些可口的食物，但怎么也找不着，只找到一只酸柠檬。这本是实在不得已而为的事，但它却说：“这只柠檬是甜的，正是我想吃的。”例如有这样的谈判人，本来在谈判之前就想好了要在开局时营造友好的气氛，但开始谈判后，对方却将谈判氛围引向紧张，他无力扭转，于是就说，这样挺好，可以公事公办。

③ 推诿。这是指将个人受挫的原因归咎于自身以外的原因，以摆脱内疚方式。例如，有的谈判人没有当上主谈人，就推说领导不识才；该做的事情没做成，该谈下来的条款没有谈下来，就说“谋事在人，成事在天”。

④ 援例。所谓援例，是指引用某些事实为据，试图使自己不合理的行为合理化，不合

法的行为合法化，以解脱面临的困境，减轻自己因过失产生的内心焦虑和负疚感。例如，某个业务员违反了经济纪律，当被追究时，他就说：是因为看见别人都这样做，他才跟着做的。援例主要是把自己的行为同别人比较，进而强调既然别人可以这样做，自己也可以这样做，至于别人的行为是否构成过失，则不去深究。

心理学实践证明，文饰只是一种表面化的处理方式，造成一种为生活所需要的所谓的心理平衡，以对抗舆论的压力，其实心中仍不免耿耿于怀，而且如果这种心理方式成为习惯化的反应方式，就可能增长其惰性，成为其进步的障碍，如果是谈判人，则他的谈判水平始终不能提高。例如，一个人用对自己最有利的方式去解释一件事情，他就是在“文饰”。有时，面对不如意的谈判结果，或为了消除令人不愉快的感受，谈判人员找理由为自己辩护，使谈判结果在文饰后符合自己内心的想法，从而宣泄自己的感情，提高自己的地位。他们常常把在谈判中做得不够合理的事情，解释得合理合情，甚至不惜歪曲事实，做出符合自己需要的解释。一场谈判结束之后，尤其当谈判失败之后，为了自我安慰，掩饰失败感，谈判人员可能会找些对自己最有利的理由去解释，为谈判结果文饰一番，说：“我们根本就不想同他做生意。”“那个人太不懂行了！”这是失败后最常见的反应。又如，在谈判遭受挫折又受到同行白眼的人，极可能因文饰心理，而力争在下一次谈判中获得意外的成功，在“让他们瞧瞧看”的心理驱使下所做的行为，也属于文饰心理支配下的行为，这是文饰的另一种表现形式。

(2) 投射。投射是指一个人试图把自己的动机归于他人，不自觉地把自己的过失或不为社会认可的欲念加诸他人，借以减轻内心的焦虑，掩饰自己冲动的根源。也就是说，把自己的失当行为、工作失误或内心存在的不良动机和思想观念，转移到别人身上，说别人有这样的动机和行为，以此来减轻自己的内疚和焦虑，逃避心理上的不安。

投射是移情的一种内在心理机制，也是一种最基本的心理过程。移情是指求助者把对他人(过去生活中某个重要人物，通常是父母，也可以是兄弟姐妹、配偶等)的情感、态度和属性转移到另外的人或事上，并相应地对其他人或事做出反应的过程，分正移情和负移情。当某人出现移情，对另外的人或事物表露出特殊的感情，把另外的人或事物当做热爱的对象，如上帝，称为正移情；或当做憎恨的对象，如魔鬼，称为负移情。实际上，移情现象是无处不在的，广义地说，人类的所有情感都起源于移情，透过移情可以更好地认识对方。

投射是人们理解外部事物的最普通的方式之一。投射者由于个性不同，对自己的影响也不同，他们常常给外部世界涂上主观的色彩，且又加以歪曲。有意思的是，他们自己不知道，这种涂抹过程是在不知不觉中完成的。例如，有的人素来待人吝啬，而吝啬又被公认为不好的品质，如果他认为自己是一个吝啬的人，那连他自己也会讨厌自己，当然也就丧失了自尊。但如果他相信周围的人都是吝啬的，那么即使自己待他们吝啬一点，也就不觉得自己错了。这样把自己的缺点转移到他人身上，在无意识中就可以减轻自己的内疚，也就维护了自己的尊严和安全感。这也就是人们平常所说的“以小人之心，度君子之腹”。

投射作用是客观存在的，又常常是无意识的。例如，疑心邻居偷自己家里东西的人，总觉得邻居处处都像小偷；一个对领导有成见的人，会到处散布说领导对他有成见。这些思想和行为，往往是在无意识中表现的，是一种将自己坏的人格特质排除于自身之外，并加诸其他人身上的潜意识倾向。美国的一项实验研究发现，请大学生联谊会的每一个成员评价其他成员的吝啬、固执、散漫等品质，同时每个成员也要对自己进行评价。结果表明，大家公认身上有这些不好的品质而且特别突出的那些学生，却未意识到自己具有这样的品质，他们反而倾向于把这些令人讨厌的品质加到别人身上。

在商务谈判中，有的人自己谈判能力很低，却往往大谈对手如何无能；在谈判中以权谋私的人，却认为从来就没有克己奉公的人；谈判人自己内心深处有贪污的动机，却常常宣扬某某收受贿赂。例如，为了赚钱而参与商务谈判，由此，就把赚钱的动机移植给对方，强加于任何一个参加谈判的人。倘若遇到谈判对手不是把赚钱看得高于一切，而是把自己的商业信誉和尊严看得比赚钱更重要，若此时仍然怀着人人都想赚钱的想法去谈判，显然就不合适了。虽说大家都知道不要“以小人之心，度君子之腹”，但有些人生活中的行为却大相径庭，会经常同他人大吵大闹，甚至动手打人，折腾得天翻地覆。人们常常对不相干的人或事物发泄怒气，如采取攻击行为，这就是典型的心理学上的“移置作用”。作为谈判人员，应该注意到谈判中对手出现的莫名其妙、平白无故的情绪变化，语调升高，不阴不阳的脸面，都可能是因为“移置作用”引起的。

2．反向行为与理性行为

(1) 反向行为。反向行为的表现是压抑心中最强烈，甚至最不为社会容纳的欲望，而做出与这种欲望相反的行为，或说相反的话。人有不少的欲望和冲动，由于自身和社会的约束，需要深深地压抑，可是这种欲望和冲动始终存在，而且具有极大动力，会找机会显现。这种内在的冲突，会造成人行为反向。行为反向有多种表现方式，有的人内心憎恶某人，但生活中却会对此人爱护备至；有的人非常不喜欢某件事，可表现出来的是对这件事的过分热衷。如反假冒伪劣产品，市场上那个叫喊得最凶和发誓发得最厉害的人，有可能正是希望把最坏的货物推销出去的人。在商务谈判中，应该善于区别个人的行为是否为反向行为。

(2) 理性行为。理性行为是指按理性规范而行动的行为方式。如果一个人能考虑到他可以采取的每一项行动方案可能带来的不同后果，如果他能明辨这些不同后果的轻重优劣，如果他能根据自己的预测选择有可能导致理想结果的行动方案，那么就可把他看作一个有理性的人；反之，他的行动就是非理性的。

有时在谈判中，在你看来，你的对手会“非理性”地勃然大怒，但是，在这背后也许正隐藏着他的一种理性策略，他勃然大怒是做给你看的，好让你相信他真得是在进行威胁。

由于看不透人们“非理性”的表现背后隐藏着的理性策略，而把他们的行动称为非理性的，这完全是一种人为的障碍。我们要冷静地分析，区别对手的理性行为和非理性行为，不要被对手的策略所左右。

3．自我意象和角色扮演

(1) 自我意象。自我意象是指一个人关于自身的综合看法。每个人都会从个人经验、期望和别人对他的评价中，总结出自我意象。人们许多关于自己的决断，都是为了维护或加强这种自我意象。因此，假如知道了一个人的全部历史、思想轨迹，就可以推断他做某件事的动机和他对未来事件的反应。然而，在一场谈判中，不大可能将一个人的自我意象完全暴露出来，这样，我们就需要了解他过去的行为和经历，以便比较清楚地了解他的自我意象。

(2) 角色扮演。角色扮演是一个人试图通过某种有意识的扮演角色的行为，来表现自我意象的一种行为方式。这种有意识的行为，即扮演角色的行为，其在很大程度上是根据个人过去的生活经验。例如，当一个人在扮演父亲的角色来惩罚他的孩子时，他的行为方式往往会仿照当年自己的父亲，或恰恰相反。这主要取决于他在孩提时形成的对于惩罚的看法。一般来说，人们会构想出一个自己满意的角色来扮演，他的许多行为都可以从“角色扮演”找到出处。在谈判中了解了这一点有利于把握对手的行动。

有心理学家说，当甲、乙两人进行商谈时，实际上有六个具有不同人格的角色穿插其中。甲有三重人格：第一种是甲真正的人格，第二种是甲自我想象的人格，第三种是甲表现出来的人格。乙同样也具有这三重人格，三加三等于六。不管这六种人格是否都显现出来，谈判中有这种认识是有益的。每一个人何时扮演何种角色，这要配合当时的情况和目的来分析。常常每一个人不只扮演一种角色。因此，在谈判中，只要能理解角色扮演这种行为方式，就比较容易控制多种人格出现的场合。

【案例 3-1】作家愤怒，百度遗憾，谈判破裂，双方都说“已尽力”

2011 年 3 月 24 日晚 7 点，百度文库与国内出版界代表为解决侵权而进行的正式谈判宣告破裂。会后，一位参与谈判的百度方代表向记者表示了“遗憾”，并称百度为此次谈判做出了巨大努力，但版权方提出的条件过于“苛刻”。

但在由磨铁图书总裁沈浩波、万榕书业总经理路金波、读客图书董事长华楠等组成的出版界谈判代表看来，百度公司并未体现出应有的诚意，“以儿戏待之”。路金波在会后表示，双方在对于百度文库侵权的事实、逻辑、法律与解决之道等诸多关键点上存在不可弥合的差异，终致无功而返。例如，百度提出的解决方案是应用其开发的新技术系统清除文库中网友已经上传的侵权作品；版权方则认为这是对权利人的“绑架”，应先赔偿已被侵权的版权费用，而后以“先审核、后使用”的原则运营百度文库。对此，双方无法达成一致。

根据出版界代表此前透露的打算，一旦谈判破裂，中国文字著作权协会将寻求更有社会影响力的人士来继续维权，并同时组织网络作家和律师组成维权团队。沈浩波则隔空向百度总裁李彦宏“喊话”。

破裂结果传出后，百度公关公司在回复记者的邮件中重申百度的企业宗旨不会改变：“未来，百度仍然会坚持我们的理念，帮助人们便捷地获取信息，找到所求。”一位百度高层人士在接受本报记者采访时的话透露出玄机：“我们只是与路金波、沈浩波谈崩了，他们并不能代表中国所有的作家和写作人，我们会与其他版权方保持良好的沟通与运作。”

(资料来源：网易微博，http://cwhan2008.blog.163.com/blog/static/6997709201792994456773/)

【案例分析】商务谈判中，双方给予自己的利益诉求，在不同的情感、心理支配下进行谈判。在本案例中，遗憾、愤怒等字眼显然是商务谈判者对谈判结果悲观，对对方不满和己方需求得不到满足而产生的一种消极情绪。显然，这种情绪对商务谈判具有破坏性，往往会导致商务谈判陷入僵局，甚至使得双方关系破裂。

3.2 商务谈判的需要与动机

需要引发动机，动机驱动行为。商务谈判需要是商务谈判行为的心理基础。商务谈判人员，必须抓住“需要—动机—行为”这一联系去对商务谈判活动进行分析，从而准确地把握商务谈判活动的脉搏。

3.2.1 商务谈判需要

商务谈判人员在商务谈判中存在着一定的商务谈判需要。商务谈判需要是一种较为特殊的需要，它对商务谈判存在着决定性的影响，必须加以重视。

1. 什么是商务谈判需要

需要是人缺乏某种东西时产生的一种主观状态，是人对一定客观事物需要的反映，也是人的自然和社会的客观需求在人脑中的反映。所谓客观需要，可以是人体的生理需要，如一个人长时间在酷热的阳光下活动，出汗过多、体内水分失调、口干舌燥，这会通过神经传达到大脑，使人产生喝水的需要。客观需要也可以是外部的社会需要，一个从事某个方面专业活动的人，如果缺乏必备的专业知识，其活动就难以顺利开展。只有补充了必备的专业知识，他才能顺利地开展活动，这就是一种社会需要。这种社会需要一旦被这个人所接受，就会转化为对专业知识学习的需要。

需要有一定的事物对象，它或者表现为追求某种东西的意念，或者表现为避开某种事物、停止某种活动而获得新的情境的意念。需要有周而复始的周期性，需要随着社会历史的进步，一般由低级到高级、简单到复杂、物质到精神、单一到多样而不断地发展。

有了以上的认识，就可以对商务谈判需要的含义做出概括。所谓商务谈判需要，就是商务谈判人员的谈判客观需要在其头脑中的反映。

2. 商务谈判需要的类型

(1) 马斯洛的需求层次理论。人的需要是多种多样的，一般有自然性需要、社会性需要、物质性需要和精神性需要等。

【案例 3-2】阳光刺眼

有时候，在和谈判对手你来我往之间，常常会感到自己置身于不利的环境中，一时又说不出为什么。明知是对手故意设计的，用来干扰和削弱我方的谈判力。例如，座位阳光刺眼，看不清对手的表情；会议室纷乱嘈杂，常有干扰和噪声；疲劳战术，连续谈判；在我方疲劳和困倦的时候提出一些细小的但比较关键的改动，让我方难以察觉。更有甚者，是利用外部环境形成压力。例如，我国知识产权代表团首次赴美谈判时，纽约好几家中资公司都“碰巧”关门，忙于应付所谓的反倾销活动，美方企图以此对我国代表团造成一定的心理压力。

遭遇“阳光刺眼”策略时，我们本应该立即提出拉上窗帘或者更换座位。但我们经常会碍于面子，默默忍受，没有及时出击。

(资料来源：道客巴巴，2012-11-07，http://www.doc88.com/p-995956684835.html)

【案例分析】不善待对手的做法不符合马斯洛需求理论中生理需求的一点，即谈判对手没有得到基本的良好的工作环境。虐待对手的做法尽管不符合谈判的伦理，可是做得微妙时，对方很难觉察到。但对任何事情都应该把握一个度。

根据美国人本主义心理学家马斯洛需求层次论的观点，人有五大层次的需要：

① 生理需要。生理需要是人类为维持和发展生命的最原始、最基本的需要，如呼吸空气、饮食、穿衣取暖、休息睡眠等。

② 安全需要。安全需要是人类希望保护自身的肉体和精神不受威胁，保证安全的欲望，是人们为降低生活不确定性，对安全、稳定和秩序的心理欲求。它表现为希望生命不受伤害、职业得到保障、健康得到保护、财产不受损失和免受不公正待遇等方面。

③ 社交需要。社交需要是追求社会交往中人际关系的需要。它表现为两方面的内容：一个内容是爱的需要，也就是希望得到和给予友谊、关怀、忠诚和爱护，希望得到爱并给予别人爱；另一个内容是归属的需要，也就是人有一种要求归属于团体的愿望，希望成为其中的一员，得到关怀和照顾，增强力量感和信心。社交需要是一种较为细腻而微妙的需要，其具体的需要一般与人的个性、心理特性、经历、文化教养、生活习惯、宗教信仰等都有关系。

④ 尊重的需要。尊重的需要包括受人尊重和自尊两个方面。受人尊重是指人希望有地位、有威望，得到别人的好评、尊敬和信赖；自尊是指人希望在各种不同的情境中，有胜任自身角色的能力，有自信心。

⑤ 自我实现的需要。自我实现的需要是指人充分发挥其潜能，实现个人的理想与抱负的需要。

马斯洛认为，以上五种需要是有高低之分的，并按照从低到高的次序逐级发展，每一时期都有一种需要占主导地位。

(2) 商务谈判需要的类型。商务谈判的物质性需要是指对资金、资产、物质、资料等方面的需要；精神性需要是指对尊重、公正、成就感等方面的需要。与谈判对手进行谈判，应注意对方物质方面的需要，但同时也不能忽视对方对尊重、独立自主、平等方面的需要。

与马斯洛需求层次论的需要类型相一致，商务谈判需要也有各种相应的需要表现：

① 商务谈判人员有较强的安全需要。出于信用安全的考虑，谈判人员通常乐意与老客户打交道。在与新客户打交道时往往会心存顾忌，对其主体资格、财产、资金、信誉等状况会较为关注。

② 谈判人员一般都有很强的尊重需要。谈判人员得不到应有的尊重往往是导致谈判破裂的原因。有着强烈尊重需要的人，当自尊心受到伤害而感觉到没面子时，在心理防卫机制的作用下，很可能会出现攻击性的敌意行为，或者是不愿意继续合作，这会给谈判带来很大的障碍。

此外，商务谈判人员也有社交、自我实现等方面的需要。

延伸阅读：

亚伯拉罕·马斯洛是美国著名的社会心理学家，第三代心理学的开创者，提出了融合精神分析心理学和行为主义心理学的人本主义心理学，于其中融合了其美学思想。他的主要成就包括提出了人本主义心理学和马斯洛需求层次理论，代表作品有《动机和人格》《存在心理学探索》《人性能达到的境界》等。

通过扫描二维码或者登录网址，阅读《马斯洛》，更多地了解其主要理论和贡献。

https://baike.baidu.com/item/%E9%A9%AC%E6%96%AF%E6%B4%9B/342885?fr=aladdin

值得注意的是，商务谈判需要不仅表现为谈判人员个人的需要，也表现为谈判群体或组织的需要。这是商务谈判需要表现得较为特殊的地方。例如，一个参加谈判的企业，也有其自身的高低层次的需要。为了企业的生存，企业必须维持起码的原材料、劳动力，这是最低层次的需要；企业也追求安全保障，在交易活动中树立良好信誉与形象，赢得信任、尊重、好感，努力实现企业的理想宏图，并赢得认可、赞誉等。

由上述可知，谈判人员作为社会的一个特定群体，其需要有其特殊之处。在许多场合，谈判人员不是代表个人，而是代表组织参加谈判，其在寻找个人需要满足的同时，还要寻求群体或组织需要的满足。这样，谈判需要可以说是谈判人员个人需要与群体、组织需要的集合。在许多情况下，谈判人员所代表的群体、组织需要的满足应摆在优先的地位。作为一个组织的谈判代表，从职业道德来看，应当经过自己的努力，尽力实现群体、组织需要的满足，而不应寻求从对手那里满足不正当的个人私欲。

(3) 商务谈判需要的影响因素。人的需要引发人的行为动机，从而驱动人的行为。商务谈判人员在商务谈判中注重研究谈判对手的需要、动机心理，把握其行为的规律性，就会掌握谈判的主动权。

一个有经验的谈判人员，在谈判交锋之前，不仅应对自己一方的需要有深入的了解，还应对谈判对方的需要进行认真的分析揣摩。

通常，谈判者当前的主导需要、需要急切程度、需要满足的可替代性等因素，都影响着谈判者的行为。分析谈判者需要(特别是对手需要)时，要考虑到这些因素，需根据其具体情况采取相应的谈判对策。

① 主导需要因素。任何人或组织，在某一时期一般都会有某一种或几种需要是占主导地位的需要，即主导需要。在商务谈判中，要注意分析对手在不同时期、不同条件下存在的主导需要，据此采取灵活的反应和对策。

了解谈判对手的主导需要，可以根据其主导需要采取相应的策略，刺激其欲望，激发其动机，诱导其谈判心理。可据此设计报价或还价，使报价或还价在照顾我方利益的同时仍具有有效满足对方主导需要的吸引力、诱惑力，使对方始终保持谈判的热情和积极性。

了解谈判对手的主导需要，在必要的时候，可针对对方的需要采取适当的措施，让其需要得到一定的满足，使谈判能有效地减少或排除障碍，适时地推进。例如，考虑到谈判对手的主导需要是交易上的安全需要，作为卖方可向买方显示产品的可靠性，做出有关销售和服务方面的承诺；作为买方要提供信用证明和采用适当措施确保货款支付等信用的履行，想办法解除对手这方面的心理顾虑，取得他们的信任。

② 需要急切程度因素。了解对方的需要，要进一步了解其需要的急切程度。一方的需要越迫切，就越想达成谈判协议。当某种需要对象对需要者来说非常有价值而急需得到时，需要者往往会不惜代价得到它。例如，谈判对方如果在短期内迫切需要原材料、货源或设备来组织生产经营，优先考虑的是能不能确保尽快地获得这些东西，非常关注的是供货状况、交货期，而不是价格的高低，在价格方面，略高的价格也可接受。低层次的物质性需要在较大程度未得到满足的谈判者，与此类需要已得到较大程度满足、并较注重高层次的精神需要追求的谈判者的行为表现相比，往往有很大程度的不同。“饥者不择食”，人或组织在谈判中的行为也存在着类似的情况。

③ 需要满足可替代性因素。如果谈判一方只能选取一种需要对象(如谈判标的物)满足需要，同时受制于唯一的谈判对手，仅此一家，别无选择，需要满足的可替代性较弱，则成交的可能性就大。需要满足的可替代性较强，可以“货比三家”，有较好的需要替代对象，与某一谈判方达成谈判协议的确定性就小。

3．商务谈判需要的发现

所有谈判都是在人与人之间进行的。无论两个人为一笔小生意谈价钱，大企业为一份合同谈条件，还是国与国之间为签订一项条约而谈判，都是如此。在上述每一种场合，都是个人与个人直接打交道。问题的关键是弄清楚他们有哪些需要，包括他们个人的需要和他所代表的某个团体的需要。

要了解对方在想什么，在谋求什么，就必须运用各种方法和技巧，去发现他的需要，即如何彼此沟通。对此，美国谈判专家尼尔伦伯格的《彼此沟通》一书，可作为一份有效的指南。精明老练的谈判家，总是十分注意捕捉对方思想过程的蛛丝马迹，以追踪揭示对方动机的线索。他们仔细倾听对方的发言，注意观察对方的每一个细微动作。对方的仪态举止、神情姿势、重复语句，以及说话语气等，这些都是反映其思想、愿望和隐蔽的需要的线索。

(1) 适时提问。获得信息的一种手段就是提问。提问是表达思想的窗口。在适当的场合可以向对方提问，例如，你希望通过这次谈判得到什么，你期待的是什么，你想要达到什么目的等问题。通过这种直截了当的试探，除了能得到相关信息，还能发现对方的需要，知道对方追求的是什么，并能以此来主导以后的谈判。在谈判中适当地进行提问，是发现需要的一种手段。但在提问中应该注意三点，即提出什么问题，如何表达问题，何时提出问题。此外，这些问题在对方身上引起什么反应，也是一个重要的考虑因素。

审时度势地提问，容易立即引起对方的注意。保持双方对讨论中的议题的兴趣，并按照你的意愿主导谈判的方向。通过提问题使对方做出你所期望的回答，发现对方的需要。在商务谈判中提问要注意两个要点。一是通情达理，说明理由。在提出问题之前，先要把理由说透，使对方知道你提问的意图，可避免造成麻烦和不愉快的后果。二是要充分考虑提问的方式，掌握提问的技巧。提问要简明扼要，具体明确，不能含糊其辞、隐隐约约，使对方无法回答。这些在后面的章节中会详细讲解。

(2) 恰当叙述。巧妙的提问，能够揭示某种激起强烈反应的隐蔽的假设。在这种情况下，最好是简短地说一句“我理解你的感受”。这种陈述可以避免对抗。因为这是在告诉对方，你已经注意到了他的意见，理解了他的观点，并认为他的看法是有道理的。而且这也是告诉对方，你已经洞察了他的心思，因此你允许他也来揣摩你的意图。

恰当的陈述，不仅能控制谈判的进展，而且能把你想让对方知道的信息传递出去。不管怎样陈述，都要力求完全控制情绪。当然，不用忌讳有感情因素的陈述，但一定要使这种陈述有力地推动谈判，而不是中断谈判。美国谈判专家马基雅弗利有一句忠告：“以我所见，一个老谋深算的人应该对任何人都不说威胁之词，威胁会使他更加谨慎，辱骂会使他更加恨你，并使他更加耿耿于怀地设法伤害你。”

在谈判处于僵持不下的境况时，最好直截了当地说一句“在目前情况下，我们最多只能做到这一步了。”这一陈述表明对对方的认识和理解，促使他重新考虑眼前的情况。在这种情况下你也可以说：“我认为，如果我们能妥善解决那个问题，那么这个问题也不会有多大的麻烦。”这一陈述明确表示愿意就第二个问题做出让步，这有利于谈判的进展。这种陈述心照不宣地传递了信息，既维护了自己的立场，又暗示了适当变通的可能。另一种陈述也可以说：“如果您愿意把要求稍微降低一点，我将尽一切可能去说服我的合伙人。”然而，如果对方不能做出任何让步和调整，那么这种陈述很可能导致谈判的破裂。

正确的陈述，选词、造句和文法上都要十分讲究。要在言出之前，再三思考，每句话都要深思熟虑，审慎斟酌，千万不能信口开河。陈述之前要知己知彼，陈述时要明了概括、措辞得当。

(3) 悉心聆听。除了提问和陈述，发现需要的另一个方法是悉心聆听对方吐露的每个字，注意他的措辞、选择的表达方式、他的语气、他的声调。所有这些都能为你提供线索，去发现对方一言一行背后隐蔽的需要。

对于聆听，必须注意人与人之间的谈话或谈判可以在不同层次的意义上进行。弗洛伊德假设，梦可以在三个不同层次上加以解释。同样，一个人的谈话或陈述，在许多情况下也都具有多层次的意义。例如，对方做出一项陈述，在第一个层次上可以表明，他想要交换意见。在第二个层次上可以根据他的表达方式和措辞，推知某些信息。在第三个层次上，可以根据他探讨问题的方式，得知他的意思。

听和讲一样，是一种引导的方法，在谈判中，听在一定程度上占有相当重要的位置。任何一个谈判者都应该在善于听和乐于听两方面下功夫。俗话说：“听其言而观其行。”这是分析对方、了解对方、洞察对方心理活动的好方法。一个善于听和乐于听的、富有经验的谈判老手，也一定是能全面了解情况、驾驭谈判形势的人。

我们常常听到这样的说法：“顺便提一下……”说话的人试图给人一种印象，似乎他要说的事情是刚巧想起来的。但实际上他要说的事情恰恰是非常重要的。先说这么一句话显得漫不经心、轻描淡写，其实不过是故作姿态而已。当一个人用这样一些词句来提起话头，如“老实说”“坦率地说”“真诚地说”“说真的”等，可能正是此人既不坦率也不诚实的时候。这种词句，不过是一个掩饰而已。因此，只要对方有所言，你就应该留神听，随时注意从他那些似乎出于无意的重要词句中，发现隐蔽的动机和需要。

有时可以根据对方怎么说，而不是根据他说什么，去发现态度的变化。假定谈判一直顺利进行，气氛融洽，大家都相互直呼其名，却突然变为以姓氏相称呼，“琼斯先生”或“史密斯先生”等，这可能是气氛转为紧张的兆头，甚至意味着僵局的开始。

(4) 注意观察。为了了解对方的意愿和需要，不仅要注意聆听对方的言辞，而且要注意观察对方的举止。例如，在一次气氛友好的会谈中，如果突然有人往椅背上一靠，粗鲁地叉起双臂，你马上会意识到，麻烦发生了。举止非常重要，其传达着许多微妙的意思，有着种种心理上的含义和暗示。要注意观察对方的举止，从中发现其思路，掌握谈判的脉络。

“举止”一词就其广泛的意义而言，不只是指一般的身体动作，咳嗽、脸部表情、手势、眨眼等，也能为你提供无言的信息。

从脸部表情上看，脸红、面部肌肉绷紧、烦躁不安、过分专注、强笑、冷笑，或者只是默默地凝视，所有这些都反映出他的情绪紧张。当然，有时也会碰到那种毫无表情的“扑克面孔”。这种极其缺乏表情的神态告诉我们，此人一点儿也不愿意让别人知道他的感情。然而尽管有这张假面具，我们还是可以千方百计地觉察到他的意图。

眨眼，是一种使眼膜湿润、排除落入眼内的细小灰尘的保护性反应。然而研究表明，人们在发怒或激动的时候，眨眼的频率就会提高。正常的眨眼几乎不为人所觉察，但在其成为一种特别的举动时，频繁而又急速的眨眼就会引起人们的注意。人们发现这种反常的举止，总是和内疚或恐惧的情感有关。眨眼常被用作一种掩饰的手段。

手势，当然可以有意识地代替语言，特别是在不允许用语言表达或语言本身不能表达的时候，更是如此。例如，律师想在陪审团面前表示对法官的异议，士兵想对顶头上司表明自己有不同的意见，都可以通过手势。但是，手势的表达有时过于外露，其泄露的内容，也许会超出你本身想要表达的意思。警察们声称，他们能在聚会中，根据大家的手势对某人流露出来的极度尊敬，找出这伙人的首领。

咳嗽，常常也有其含义。有时它是紧张不安的表现，谈判人员借此稳定情绪，以使自己能继续讲下去。有时，它被用来掩饰谎话。有时，倘若有人自吹自擂，狂妄自负，听的人会以此来表示怀疑或惊讶。

总之，老练的谈判家始终不会让对方逃过自己的眼睛和耳朵。如果充分注意谈判中的姿势和举动带来的信息，在谈判中获得成功的可能性也就越大。如果对方采用一项相关的策略，那你就还之以一种更基本的需要，这样就能增加获得谈判成功的机会。需要理论犹如一条主线，贯穿于一切谈判之中。只有善于发现需要、利用需要，才能成为一名老练的谈判者。

4．针对谈判需要制定商务谈判策略

美国谈判学会会长杰勒德·I. 尼尔伦伯格也提出了“谈判的需要理论”。他认为，任何谈判都是在人与人之间发生的，他们之所以要进行谈判，都是为了满足人的某一种或几种“需要”。这些“需要”决定了谈判的发生、进展和结局。他把谈判行为中的人的需要、人的动机和人的主观作用，作为理论的核心，指出“需要”和对“需要”的满足是谈判的共同基础，要是不存在尚未满足的需要，人们就不会进行谈判。谈判的前提是“谈判双方都要求得到某种东西，否则，他们就会彼此对另一方的要求充耳不闻，双方也就不会有什么讨价还价发生了。双方都为各自的‘需要’所策动，才会进行一场谈判”。例如，两个人为买卖一宗地产讲价钱，工会和资方为签订一项新合同争得失等，这些都是为了满足需要。尼尔伦伯格在《谈判的艺术》一书中把各种谈判分为三个层次：①个人间—— 个人与个人的谈判；②组织间——组织与组织的谈判；③国家间——国家与国家的谈判。

他指出在组织间或国家间的谈判中，都有两种需要在同时起作用：一个是该组织(或国家)的需要，另一个是谈判者个人的需要。谈判者个人在特定情况下，将成为群体的一部分，一定程度上将失去他作为自然人的“人”的特征，使得群体的需要在表面上高于他个人的需要，这就是自居作用(自居作用是心理学术语，指个人以自认为理想的对象——个人、群体自居，以此掩饰自身弱点的一种自我防御机制)。但是，当这种自居作用出现时，并不意味个人的需要不会再起作用了。正因为如此，谈判者应千方百计地通过一定的方式方法，努力去发现个人的需要，善于诱导个人的需要，进而影响对方的看法、观点甚至立场，以使谈判向有利于己方的方向发展。同时，他还指出，要善于利用人类的需要来进行成功的谈判。他把谈判者的基本需要理论用于实际，归纳出六种类型的谈判策略或方法。按照使谈判成功的控制力量的大小排列，这六种策略如下所述。

(1) 谈判者顺从对方的需要。谈判者在谈判中站在对方的立场上，设身处地替对方着想，从而使谈判成功。这种方法最易导致谈判成功。需要的层次越高，谈判成功的难度就越大，谈判者对谈判能否成功的控制力也越小。如果谈判者只为谈判对方的重要需要着想，对方为使自己生存下去必然对谈判欣然许诺，一拍即合。如果谈判者为对方高层次的需要着想，那么由于谈判对方对高层次需要的迫切性小于生理需要的迫切性，谈判成功的难度就会增加。

(2) 谈判者使对方服从其自身的需要。这种类型策略的谈判，双方都得到利益，每一方都是胜者。例如，商店营业员普遍对顾客使用这种策略，采取种种办法，满足顾客需要，从而更好地推销商品。

(3) 谈判者同时服从对方和自己的需要。这是指谈判双方从彼此共同利益出发，为满足双方的共同需要进行谈判，采取符合双方需要与共同利益的策略。这种策略在商务谈判中被普遍用于建立各种联盟，共同控制生产或流通。例如，美国四家企业为了确保其电气设备的高额利益，他们缔结秘密协议，固定产品价格，操纵市场，控制竞争，即属于此类。又如，甲乙双方的贸易谈判，甲方要求将交货日期、品质、数量、规格、价值写入合同之中，而乙方则要求合同签订后交付 20%的预订金等。尽管双方曾进行过多次贸易，但双方这样做都是出于安全和保障的需要。

【案例 3-3】双方退让，求“双赢”

20 世纪 40 年代中期，霍华·休斯制作了一部电影，名为《不法之徒》，请美国电影明星珍·拉塞尔担任主演，并签订了一份一年 100 万美元的合约。12 个月后，拉塞尔找到休斯：“我想依照合约规定得到我的钱。”而休斯却说，他现在没有现金，只能拿不动产做抵押。拉塞尔根本不听休斯的任何借口，她只要属于自己的钱。休斯一再对她说明目前资金短缺，要她再等一等。而拉塞尔则一直指出合约上清楚地说明一年后付款，她的要求合理合法。双方的要求无法和解，争执越来越大。于是在一种咄咄逼人的敌对状况下，各自找来了律师，看来似乎只有诉诸公堂才能解决问题。但是后来拉塞尔改变了主意，她对休斯说:“你我是不同的人，有不同的奋斗目标，让我们看看能不能在互相信任的气氛下分享信息、情感和需要呢？”休斯表示同意这一提议。双方彼此合作，创造性地提出了一个能满足双方需要的方案。他们将原来的合约改为以20年为期，每年付款5万美元。合约上的总金额不变，但付款的时间变了，结果是休斯解决了资金周转困难的问题，并获得了本金的利息。拉塞尔的所得税逐年分期交纳，减轻了税额，因而也获利。双方不仅保住了面子，而且也摆脱了诉讼纠纷。真可谓双方合作，满足了不同的利益，都是大赢家。

(资料来源：周忠兴. 商务谈判原理与实务. 南京：东南大学出版社，2012)

【案例分析】谈判双方都有需求，这是谈判的前提。一个谈判的成功，就必须是双方需求满足的过程。而需求的满足程度就是谈判的结果。只有满足了对方的需求，己方的需求也才能得到满足，这就是谈判过程中的合作。

(4) 谈判者违背自己的需要。这是指谈判者为了争取长远利益的需要，抛弃某些眼前的或无关紧要的利益和需要而采取的一种谈判策略。谈判者为了达到某种目的而不惜损害自己的需要，这并不是一种非理性行为，而是出于深思熟虑的实现预期目标的有效谈判手段。例如，某些商业企业有意识地违背自身收入增长的需要，采取薄利多销的经营手段吸引顾客，扩大影响，从而为自己争取长期更大利益做准备。

(5) 谈判者损害对方的需要。这是指谈判者只顾自己的需要和利益，不顾他人的需要和利益、尔虞我诈、你死我活的一种谈判策略。在谈判中采用这种策略的一方往往处于强者的主动地位，但更多的情况是导致谈判破裂。

(6) 谈判者同时损害对方和自己的需要。这是谈判者为了达到某种特殊目的，抛弃谈判双方利益需要的办法，这也是一种双方“自杀”的办法。例如，商品交易中，竞争双方展开价格战，双方都甘愿冒破产的危险，竞相压低价格，以求打败对手，此类场合采取的就是这种策略。

上述6种策略，都显示了谈判者如何满足自己的需要。从第1种到第6种，谈判的控制力量逐渐减弱，谈判中的危机逐渐加重。

尼尔伦伯格把3种谈判层次与人的7种基本需求、6种谈判策略联系在一起，得出126种可能的谈判策略，即个人间谈判、组织间谈判、国家间谈判3种层次各有42种谈判策略。

尼尔伦伯格的“谈判需要理论”只是为我们研究和制定谈判策略提供了总体结构。从总体上看，谈判者抓住的需要越是基本，成功的可能性就越大。但是，这种需要顺序绝非一成不变，在具体问题上更不是对所有人都适用。同时，满足基本需要也并不意味着都是以生理需要、安全需要为起点。因为人的价值观念、受教育程度、理想抱负等因素会能动地调节人的需要层次。由此看来，制定谈判策略，一方面要通过满足对方的“基本需要”来获得对方相应的让步，另一方面要制定出尽可能多而彼此又可相互替代的谈判策略，要防止和克服凭经验办事，或反复使用某几种策略的弊病。在谈判策略中，应当特别注重灵活性、创造性，唯有如此才能取得成功。

3.2.2　商务谈判动机

动机，是促使人去满足需要的行为驱动力，或者说是推动一个活动进行的内部原动力。它是引起和维持一个活动，并将活动导向某一目标，以满足个体某种需要的念头、愿望、理想等。

1．商务谈判动机的含义

商务谈判动机，是促使谈判人员去满足需要的谈判行为的驱动力。

动机的产生取决于两个因素：内在因素和外在因素。内在因素是指需要，即因个体对某些东西的缺乏而引起的内部紧张状态和不舒服感，产生需要欲望和驱动力，引起活动。外在因素包括个体之外的各种刺激，即物质环境因素的刺激和社会环境因素的刺激，如商品的外观造型、优雅的环境、对话者的言语、神态表情等对人的刺激。

动机与需要既相互联系，又有区别。需要是人的行为的基础和根源，动机是推动人们活动的直接原因。当人的需要具有某种特定目标时，需要才能转化为动机。一般来说，当人产生某种需要而又未得到满足时，会产生一种紧张不安的心理状态，在遇到能够满足需要的目标时，紧张的心理状态就会转化动机，推动人们去从事某种活动，向目标前进。当人达到目标时，紧张的心理状态就会消除，需要得到满足。这时，人又会产生新的需要，如图 3.1 所示。

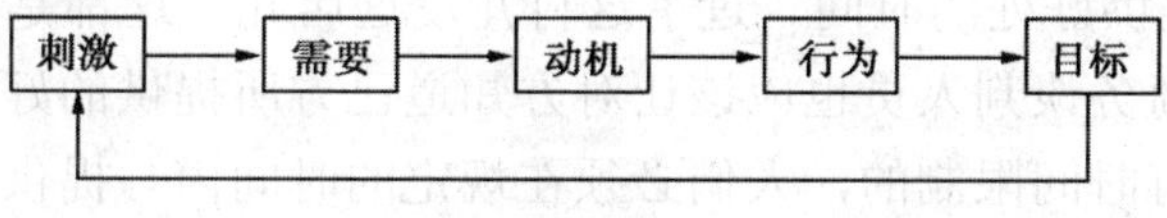

图 3.1　刺激、需要、动机、行为与目标的关系

动机的表现形式是多种多样的，可以表现为意图、信念、理想等形式。

2．商务谈判动机的类型

动机有生理性动机、社会性动机等种类。商务谈判的具体动机类型有：

(1) 经济型动机。此类动机是指谈判者对成交价格等经济因素很敏感，十分看重经济利益，谈判行为主要受经济利益所驱使。

(2) 冲动型动机。此类动机是指谈判者在谈判决策上表现出冲动，谈判决策行为受情感等刺激所诱发。

(3) 疑虑型动机。此类动机是指谈判者的谈判行为受疑心和忧虑的影响，由此引发谨小慎微的谈判行为。

(4) 冒险型动机。此类动机是指谈判者喜欢冒风险去追求较为完美的谈判成果而形成的谈判动机。

3．商务谈判动机的激发

在谈判中为了增加自己一方的谈判力，或者为了削弱对方的谈判力，人们可以使用各种方法来激发对方的愿望，其中最常用的方法有诱导谈判对手或对手的支持者，向对方展示己方所提供方案的诱人之处，获取第三方对所提供的具有诱惑力的方案的支持，限定获得所提供好处的时间。

(1) 诱导谈判对手或对手的支持者。诱导对方或对方的支持者的目的是通过给对方一些诱人的条件或利益等好处，引起对方的注意和激发对方的兴趣，并借此来说服对方与己方就感兴趣的内容进行谈判。例如，在商品促销活动中，商家常用的诱导消费者的方式有降价、打折、买一送一等。精明的促销者总能想出各种各样的办法以吸引潜在消费者的注意并激发他们的兴趣。

(2) 向对方展示己方所提供方案的诱人之处。通过向对方展示己方的方案的诱人之处或“卖点”，使对方知道并相信己方所提供的方案的确具有吸引力。这一步是第一步的继续，己方可以借此说服对方接受己方的方案并最终达到目的。

(3) 获取第三方对己方所提供的具有诱惑力的方案的支持。当有第三方表示支持己方的方案时，第三方的支持会提高己方的信用度，并可通过第三方做榜样带动其他人效仿。人们一般更信任他们的朋友、同事和他们所熟悉的人，或者即便陌生人，但如果他们属于同一群体也会产生信任感。广告中经常使用的说服技巧即用消费者现身说法，从消费者的角度说明某种产品的好处。一些制药商用患者本人的例子说明某种药物的疗效，患者服用该药后效果如何显著，以此来说服其他病人，这些都是第三方支持的例证。公众人物，如著名的歌星、演员、运动员等都扮演过第三方的角色。

(4) 限定获得所提供好处的时间。过了这村儿没这店儿，这都是俗话，提醒人们好处不可能一直存在着。商务谈判人员也应该让对方知道己方所提供的好处不是永远存在的，也就是说那些好处是有时间限制的，人们必须在规定的时间内与提供利益的一方谈判，否则将过期作废。时间限定或最后期限好似一个助推器，可以起到督促人们立刻采取行动的作用，因为如果没有时间限定，人们等待观望的态度最终会使他们的热情消失殆尽。精明的商家往往在促销价格提示的后面加上日期限定，因为消费者的热情一般是即时的和短期的，随着时间的推移，看到诱人条件时所产生的冲动也会消逝。一般来说，时间越短，效果越佳。

延伸阅读：

通过扫描二维码或者登录网址，阅读《万科股权之争始末》，查阅网上资源，收集更多资料，了解万科股权之争的参与方如何开展心理战的。

http://www.sohu.com/a/124309278_424434

3.3 商务谈判中的个性利用

个性也称为人格，是表现在人身上的经常的、稳定的心理特征的总和。个性是由多层次、多侧面的心理特征结合构成的整体。这些层次特征包括气质特征、性格特征、能力特征等。

个性是人的心理面貌的反映。世界上没有两片完全一样的树叶，同样，世界上也不存在两个绝对相同的人。每个人都具有自身独特的风格、心理面貌，而与别人有所不同。

商务谈判人员是商务谈判的主要参与者，商务谈判人员的个性对商务谈判的方式、风格、成效都有着较大的影响。对商务谈判个性心理的研究和掌握，可以提高对商务谈判的适应性，有利于开创性地开展谈判和争取上佳的谈判成果。

3.3.1 气质

1. 气质的概念

这里所说的气质与人们在日常生活中所指的“某人很有气质”的气质含义是不同的，后者所指的气质是指一个人的风格、风度及职业特点等，而前者指的是人生来就具有的稳定的心理特征。人的这种具有先天性的气质是具有个体差异的，其差异是由人的神经类型的差异造成的。

具体一点说，气质是指人的心理的动力方面特征的总和。它决定着人的心理活动进行的速度、强度、指向性等方面。

2. 气质的类型

人有许多不同的气质特征，这些特征并不是有规则地相互联系的，从而构成代表一定组织结构的气质类型。根据研究，古希腊、罗马的医学家曾把气质划分为四种基本类型，即胆汁质、多血质、黏液质和抑郁质。纯粹属于这四种典型气质类型的人很少，大多都是混合型。

(1) 胆汁质。这一类型的基本特征是直率、热情、精力旺盛、情绪易于冲动，心境变换剧烈等。它是高级神经活动的“强而不平衡的灵活的兴奋型”在人的行为和情绪等方面的表现。

属于这种类型的人，在情绪反应上，他们的情绪发生得很迅速、很猛烈，常有突然爆发的性质，脾气急躁，容易发火。在行为表现上，他们的动作发生得也很强烈，说话很快，声音很大，对自己的行为常感到难以控制，因而往往会表现出一些粗暴无礼的举动。在性格倾向上，他们胆大心不细，做事很勇敢，情感外露明显，面部表情丰富。

(2) 多血质。这一类型的基本特征是活泼、好动、敏感、反应迅速、喜欢与人交往、注意力容易转移、兴趣容易变换等。它是高级神经活动的“强而平衡的灵活的活泼型”在人的行为和情绪等方面的表现。

属于这种类型的人，在情绪反应上，他们的情绪发生得很迅速，但不那么强烈，他们精力充沛，精神愉快。在行为表现上，他们的动作发生得也很迅速，富有朝气，活泼好动，灵活多变。在性格倾向上，他们适应性强，善于交际，待人亲切；面部表情生动，从其脸上很容易猜出他的心境如何，对人对物的态度怎样。

(3) 黏液质。这一类型的基本特征是安静、稳重、反应缓慢、沉默寡言、情绪不易外露、注意力稳定但又难于转移、善于忍耐等。它是高级神经活动的“强而平衡的不灵活的安静型”在人的行为和情绪等方面的表现。

属于这种类型的人，在情绪反应上，他们的情绪发生得缓慢微弱，心境平稳，不易激动，很少发脾气。在行为表现上，他们的动作迟缓，态度安详，容易抑制，无论做什么事，总是不慌不忙。在性格倾向上，他们自制力强，循规蹈矩，富有耐心；面部表情单一，常常沉默寡言。

(4) 抑郁质。这一类型的基本特征是孤僻多疑、行动迟缓、体验深刻、善于观察别人不易觉察到的细微事物等。它是高级神经活动的“弱的抑制型”在人的行为和情绪等方面的表现。

属于这种类型的人，在情绪反应上，他们的情感发生得缓慢而持久，常常由于一点小事而感到委屈，表现出情绪不佳、意志消沉。在行为表现上，他们的动作迟缓、呆滞、无力，说话慢吞吞，做事没精神。在性格倾向上，他们缺乏自信心，常会疑神疑鬼，易于惊慌失措；情感不大外露，对事无动于衷，与人在一起，常会局促不安。

3．不同气质谈判者的行为

不同气质类型的谈判人员在与客户谈判过程中所表现出的行为活动是不同的。根据不同气质类型的特点，分析人们的心理活动和行为表现，据此采取恰当的谈判策略和技巧，促进谈判的顺利进行，从而实现与客户谈判的目标。

(1) 胆汁质谈判者的行为。高级神经活动强而不平衡的兴奋型是胆汁质的生理基础。这种气质类型的谈判者在谈判过程中，常常表现得干脆利落，从不拖泥带水。对于满足自己需要的条件，反应特别强烈，这类谈判者常常很容易做成交易。但是一旦发生问题，则容易发怒，易与其他人发生冲突。

如果谈判对手属于这种气质类型，谈判人员就应该针对其特点，做出正确的反应。

(2) 多血质谈判者的行为。高级神经活动强而平衡的灵活型和活泼型是多血质的生理基础。这种气质类型的谈判者对人彬彬有礼、亲切而且随和。推销人员如果和他们进行谈判会发现他们有敏锐的观察力，但观察时不太细致。此外，这种气质类型的人思维非常敏捷，但是思考问题时容易片面，而且还容易感情用事。他们在谈判过程中一般表现得很友好，但其目的容易转移。

对于这种气质类型的谈判者，谈判人员就应该以主动、热情、积极的态度抓住他们某一阶段的兴趣，趁热打铁，不要拖拖拉拉。

(3) 黏液质谈判者的行为。高级神经活动强而平衡的迟缓型也称安静型，是黏液质的生理基础。这种气质类型的谈判者，每一步行动都表现得很谨慎，比如选择谈判对手、明确谈判目标、确定谈判方案时，要经过很长时间的认真思考，仔细分析和比较，做任何决定前都十分小心，绝不轻易签约。

谈判人员遇到这类谈判对手时，也要十分谨慎，不要过分表现自己及产品。因为这类谈判者在谈判以前已经对你的产品及条件有了较多的了解，他们参加谈判是为了更进一步、更全面地证实一下自己的调查，一旦符合他们的要求，他们就会做出决定，反之则放弃谈判，另觅谈判对象。

(4) 抑郁质谈判者的行为。高级神经活动弱是抑郁质的生理基础。这种气质类型的谈判者在谈判过程中，对谈判的各项条件考查都非常细致，处处小心，很少发表意见，但对别人的意见十分注意，而且十分敏感，容易受伤害。

对于这种气质的谈判者，谈判人员就应当以礼相待，让其处于平和、愉悦的气氛当中，用语言加以引导，帮助其做出决定。

出于谈判的需要，要根据谈判人员的气质特征、气质类型来选择谈判人员和采取相应的谈判策略。如果谈判对手属于胆汁质，这类人急躁、外向，对外界富有挑战，但却往往缺乏耐力，一旦扼制住其突如其来的气势，其气势就会很快丧失。对付的办法可以采取马拉松式的战术，避其锐气，攻击弱点，以柔克刚。

3.3.2　性格

性格是指人对客观现实的态度和行为方式中经常表现出来的稳定倾向。它是个性中最重要的和显著的心理特征。

1．人的性格倾向

一个人对某些事物的态度，在其生活经验中巩固起来，形成习惯性的反应和习惯了的行为方式，这就构成了他的性格特征。例如，有的人懦弱，有的人刚强；有的人咄咄逼人，有的人深藏不露。

人的习惯化的行为方式，取决于人的认识、情绪和意志这些心理过程的不同特点。在认识方面，有的人易于接受抽象的事物，有的人则易于接受形象的事物；有的人注重事物的个别部分，有的人则注重事物的整体关系。在情绪方面，有的人易冲动，有的人控制力强；有的人较平稳，有的人较波动。在意志方面，有的人勇敢、果断，有的人胆怯、优柔寡断；有的人独立性强，有的人依赖性强。

谈判人员往往各有其性格特点。有的人精明、反应灵敏，有的人固执、呆板；有的人沉稳冷静，而有的人兴奋冲动；有的人喜欢直言，有的人则幽默而善于旁敲侧击。此外，谈判人员按其性格类型可分为进取型、关系型和权力型等。

对于商务谈判，每一种性格倾向都可能有其长处和不足。急性子人虽不拖泥带水，但易急于求成，急中容易出现差错，被人钻其毛躁的空子；慢性子人，在谈判中反应慢，但把性格的弱点藏在其个性特征中，可显得像老练的谈判者一样。性格温善的人，待人以善意，但用在谈判桌上，就显得幼稚、单纯，易轻信于人，缺乏辨识别人的本领，往往经不起对方的谎言或做戏的攻击；性格泼辣的人，外露、勇于争辩，但他们往往言语尖刻，不给人面子，也不给自己留有退路。谈判不仅取决于谈判方所处的优势谈判地位，而且取决于谈判人员的个性和魅力。在谈判过程中，善于发挥每个人性格的优势作用，掩盖其弱点，是争取谈判成功的关键之一。

2．针对性格的策略

谈判对手的性格类型不同，要采用相应的策略、办法与之周旋。

对于进取型的谈判对手，可以针对他们对成功期望高而对关系期望低，急于求得谈判利益的特点，要制订一个较详尽的谈判计划来积极应对。应注意策略地控制谈判进程，以求谈判能取得成果。在谈判中，考虑到对手参与的热情高，应适当尊重其意见，让其适当实现谈判目标，使其有获胜的心理满足，但不能轻易让步；同时，也利用其追求成果的心理争取让其做出让步。

对于关系型的谈判对手，可以考虑他们对关系的期望高，而对权力的期望较低的特点，对对方不过分苛求，应积极主动地进攻，控制谈判的程序和局势。同时，对其热情的态度不能掉以轻心，以防掉入人际关系的“陷阱”里去。

对于权力型的谈判对手，可以利用他们对成功和关系的期望一般而对权力的期望高，希望能够影响他人的特点，让其参加谈判程序的准备，让其先陈述，使他觉得自己获得了某种特权，以满足其对权力的需求；不要企图控制他、支配他，不要提出过于苛刻的条件，但不能屈服于其压力，要运用机会和条件争取他的让步。

3.3.3 能力

能力是人们顺利完成各种活动必须具备的个性心理特征。为了能顺利地开展谈判活动，商务谈判人员必须具备一定的谈判能力。

1. 谈判能力的含义

能力可以分为一般能力和特殊能力两大类：一般能力又称智力，是指多种活动所必需的能力，记忆能力、观察能力、想象能力、思维能力等都属一般能力，通常用智力商数来测量；特殊能力是指在专业活动中所需要的能力，如数学能力、专业鉴赏能力、谈判沟通能力、组织管理能力等。

2. 商务谈判人员应具备的能力

商务谈判是谈判双方为了各自的需要而在一定的主客观条件基础上所进行的“讨价还价”的活动。这种“讨价还价”的活动，包含一定的心理较量，特别是智力、能力的较量。这就要求谈判人员具有一定的能力水平，能适应较量的要求。通常，谈判人员应具备以下能力。

(1) 观察能力。观察是人的有目的、有计划、系统的、比较持久的知觉。观察力是能够随时而又敏锐地注意到有关事物的各种极不显著但却重要的细节或特征的能力。敏锐的观察力有助于很好地洞察事物的本来面貌，通过捕捉与事物本质相联系的某些“蛛丝马迹”，去洞察人们的心理状态和意图。

作为一名谈判人员，在云谲波诡的商务谈判中，必须具备良好的观察力，才能在商务谈判的独立作战或群体作战中明察秋毫，审时度势，避开险阻，探索行动的方向和途径，寻求突破。

(2) 决断能力。谈判是一项相当独立的现场工作。很多事务的决断需要在谈判现场做出，这就需要谈判人员具备良好的对事务的判断和决策能力。

决断能力，表现在谈判人员可以通过对事物现象的观察分析，能够由此及彼、由表及里，去粗取精、去伪存真，排除各种假象的干扰，了解事物的本质，以做出正确的判断；表现在能及早地洞察存在的问题或关键所在，准确地预见事物发展的方向和结果；表现在综合运用各种方法、手段，对不同条件、不同形势下的问题，及时做出正确的行为反应和行动选择。谈判人员的决断能力同了解和掌握科学的判断与决策的相关知识方法有关，同一定的专业实践经验的积累有关，谈判人员应注意在学习和实践两个方面下功夫，提高自身的决断能力。

(3) 语言表达能力。谈判，主要借助语言形式进行。语言作为谈判和交际的手段，谈判人员必须熟练地掌握它，必须提高自身的语言表达能力。语言有口头语言和文字语言，谈判人员都应该学好、用好它们。

语言表达能力的提高，一要注意语言表达的规范，要增强语言的逻辑性；二要注意语言表达的准确性，必须语音纯正、措辞准确、言简意赅；三要讲究语言的艺术性，表现出语言表达的灵活性、创造性和情境适用性。

语言是沟通的主要工具，要提高沟通的能力，就必须有效地克服语言沟通的障碍。提高语言表达技巧，要注重无声语言、暗示性语言、模糊语言、幽默语言、情感语言的运用。谈判人员不仅要熟练地运用本国语言(包括某些主要地区的方言)，还应当精通一两种外语。除此以外，谈判人员还应善于运用和理解身体语言，以增强谈判的沟通能力和理解能力。

(4) 应变能力。商务活动的一个重要的特点就是带有较大的不确定性。这种不确定性就要求从事商务活动的人员有应付不确定性的准备和方法，具有临场应变能力。所谓应变能力，是指人对异常情况的适应和应付的能力。

商务谈判中，经常会发生各种令人意想不到的异常情况。当这些异常事件、情况出现时，一旦谈判人员缺乏处理异常情况的临场应变能力，就可能使谈判招致失败或不利的后果。处变不惊，应是一个优秀的谈判人员具备的品质。面对复杂多变的情况，谈判者要善于根据谈判情势的变化修订自己的目标和策略，冷静而沉着地处理各种可能出现的问题。

应变能力需要创造力的配合。例如，购货方担心采用信用证方式交易会出现售货方取得货款而货物不对致使自己遭受损失时，售货方为使生意达成协议，可以创造性地提出一些可以预防以上问题发生的办法来促成交易，提出由购货方指定一个中立的第三者作为检查员，在货物即将发运之前到售货人的工厂对货物进行检查，货物检查合格后，再按照信用证规定付款的做法而使购货方得到保护。

延伸阅读：

通过扫描二维码或者登录网址，阅读《雅虎收购方案三选一，马云权衡“性价比”》，查阅网上资源，收集更多资料，分析资本市场如何开展心理战的。

http://www.donews.com/net/201101/1691934.shtm?mobile

3.4　其他商务谈判心理的运用

商务谈判心理是影响商务谈判的重要因素。高明的谈判人员，往往善于利用商务谈判心理，讲究谈判技巧。

3.4.1 如何利用谈判期望心理

谈判活动与谈判方的谈判期望密切相关。谈判期望对谈判方谈判的积极性和谈判的策略选择均具有一定的指导意义，为此谈判人员应掌握谈判期望心理的分析技巧。

1．谈判期望的含义

谈判期望是指商务谈判者根据以往的经验在一定时间内希望达到一定的谈判目标或满足谈判需要的心理活动。

人的需要多种多样，由于主客观条件的限制，因此人的某些需要并不能立即获得满足。但即使如此，人的需要也不会因此消失。一旦发现可以满足自己需要的目标时，就会受需要的驱使在心中产生一种期望。

期望心理活动与人的需要相联系。期望产生于需要，这是对实现需要的期待。期望是有方向和目标的，期望的强弱与目标价值的高低有密切的联系。谈判期望是谈判者根据自己以往经验对达到目标的可能性进行分析与判断后形成的。达到目标的可能性越大，期望越大。例如，某个大型商务采购团公开招标采购商品的消息公布之后，不少企业希望参与投标。有的企业认为自己可能中标，对投标抱有很大的期望；有的企业则认为中标较为困难，抱较小的期望。

2．谈判期望的分析和利用

谈判期望的分析，对于商务谈判有一定的利用价值。

(1) 谈判期望水平的分析利用。谈判期望有水平的高低。期望目标水准高的称为期望水平高，期望目标水准低的称为期望水平低。期望水平受到人的能力、经验、抱负、自我估价等多方面因素的影响。期望水平反映人的自我评价的高低。

期望水平影响期望者潜能的发挥。期望水平高，对期望者的潜能激发程度也高，成功可能性就高。有专家做过研究，期望水平高的人，所取得的成就往往会更大。期望水平高的人，往往会为取得较优异的成绩付出较大的主观努力和耐心，不会轻易放弃自己定下的标准；而期望水平低的人，对追求的目标往往缺乏充分的信心和主观努力，所取得的成绩就会不理想。

遵循这一心理机能，考虑到调动我方谈判人员的积极性，事先所设的谈判最优期望目标可高些，以激发人员想象力、创造力并充分挖掘其潜能。同时，对对手的谈判最优期望目标、一般期望目标和最低限度目标要进行预测和研究分析，使谈判能争取主动，灵活而有策略。

期望水平有其两面性。期望水平的高低，要根据实际情况来决定，要考虑人的能力、经验、实际条件和心理素质。期望水平过高，而自身能力、经验欠缺，心理素质低，到时候不仅会因为实现期望的可能性小而造成积极性降低，而且会因为期望目标不能如愿实现而造成心理挫折，这样反而不利于谈判。

在谈判过程中，为了防止对手对我方谈判策略实行反制措施，谈判人员的期望目标及其水平一般不宜过早暴露，需要事先加以掩饰，以转移对方的注意力。例如，我方作为买方，重视的是对方货物的价格，而对方的兴趣在我方订货的数量和交货期，在这种情况下，为了掩饰我方心理，在谈判中可先将双方讨论的问题引到货款支付方式、包装运输上，以分散对方的注意力。

考虑到人的需要不断发展变化的特点和期望心理满足方面的机能作用，不要轻易许诺，一旦许诺就必须兑现。

(2) 效价的分析利用。在商务谈判中，利用效价和期望值对谈判行为动机的影响，巧妙地运用谈判策略诱导对方，并刺激和维持对方参与谈判的积极性。

在谈判双方眼里，同样的东西其价值可能是不一样的。这牵涉期望目标的效价问题。

商务谈判必须注重研究目标对象对双方的效价，并且在谈判协商中根据效价去解决双方谈判中的利益分配问题，使商务谈判的双方共同受益，达到双赢的结果。

在谈判中，作为一个成功的商务谈判人员，要善于判断哪一种目标是对方最关心、最期望的，哪些是对方不那么看重的。在讨价还价中，结合商务情况和期望心理来决定自己的报价与反报价。

与对方期望目标或期望水平偏差太大的报价，不仅刺激不了谈判的欲望，反而容易导致谈判的流产。还价也不能让对方过于失望，要讲究让步方式和幅度，不要诱发对方过高的期望。否则，在以后的谈判中如果做出的让步小了，会造成与对方的期望相距太远，形成“期望越大，失望越大”的心理落差而导致心理挫折，不利于谈判的顺利进行。

一般情况下，效价高的目标对象总是比效价低的目标对象容易受到谈判者的欢迎。谈判要结合双方的情况，找出那些对对方是重要的而对我方是不重要的东西来做出让步，以满足对方的期望。当我方所提出的目标对对方缺乏效价吸引力时，可以提出另外一个对对方具有效价的目标，激发对方的谈判动机。如果谈判对手所提出的谈判条件我方不能做出让步，为了防止对方产生挫折感而做出对我方不利的行动，我方可以主动提出另外一些对方认为有价值的东西，改变其期望目标，使谈判能够顺利过渡。此外，由于效价往往是个主观判断，为了让对方对我方所做出的让步感到有价值，认为我方所做出的是重大让步，在一开始我方就应做出十分重视的姿态，以诱导对方。

在价格谈判上，如果卖方能通过谈判说服对方，使对方能提高对目标对象的效价评价，价格谈判就容易取得成功。

3.4.2　正确运用商务谈判的感觉和知觉

人对客观现实的反映是从感觉和知觉开始的，正确运用商务谈判的感觉和知觉，对于从事商务谈判具有一定意义。

1. 商务谈判中的感觉和知觉

感觉和知觉是具有密切关联的心理现象。感觉和知觉都是外界事物作用于人的感觉器官所产生的反映。

感觉是人的大脑凭借感官对事物个别属性(如颜色、气味、温度)的反映，是人对客观事物认识的最简单形式，但却是一切复杂心理活动的基础。人们通过感觉，获得对客观事物的有关信息。人们运用这些信息，经过复杂的心理活动，进而取得对客观事物的更深入的认识。为此，商务谈判人员必须注重运用自己的感觉器官去获取有关的信息，如食品的色、香、味，谈判对手的一颦一笑等。

知觉则是人对事物各种属性所构成的整体的反映。例如，我们感觉到梨的颜色、滋味、平滑、软硬度、温度、大小和形状，在综合这些方面的基础上构成了对“梨”的整体的印象，这就是我们对梨的知觉。

2. 知觉的选择性

知觉作为感性认识，对客观事物的反映不是消极的和被动的，而是一种积极能动的认识过程。这种知觉的能动性的主要表现是知觉的选择性。在同一时间，有许多客观事物同时作用于人的感官，人不能同时反映这些事物，而只对其中的某些事物有清晰的知觉，这就是知觉的选择性。

(1) 影响知觉的选择性的因素。人的知觉的选择性既受客观因素的影响，也受人本身主观因素的影响。客观因素主要是知觉对象的特点和与背景的差别等。主观因素是知觉者的兴趣、需要、个性特征和过去的经验。

(2) 知觉的个别差异。知觉的选择性使得不同的人对同一事物往往会产生不同的知觉，表现出个别差异。人们对自己喜欢的事物容易形成注意，对自己讨厌和不喜欢的事物则易产生回避，这就形成了知觉的差异。不同神经类型的人，知觉的广度和深度有个别差异。多血质的人知觉速度快，但不稳定、不细致；黏液质的人知觉速度慢，但相对稳定和细致。对某一事物有经验和无经验，知觉也有较大的差别，人们常说的“内行看门道，外行看热闹”就是这个意思。

3. 知觉习惯

人的知觉中包括社会知觉，其中又包括对别人的知觉、对人际的知觉和对自我的知觉。人的社会知觉有一些习惯，如第一印象、晕轮效应等。这些知觉习惯有助于提高人们知觉的效率，但也会引发对人的各种偏见，为此，在对人的知觉上要注意防范人的知觉习惯的不良影响，以实现对人的正确知觉。

(1) 第一印象。在对人的知觉过程中，会存在对某人的第一印象。第一印象往往比较鲜明、深刻，会影响到人们对某个人的评价和对其行为的解释。在许多情况下，人们对某人的看法、见解、情感、态度，往往产生于第一印象。如果对某人第一印象好，就可能对其形成肯定的态度；若第一印象不好，就可能对其形成否定的态度。第一印象是人们认识人的过程中出现的一种常见的现象，它有助于人们对人的知觉，但又可能由于对人的知觉不全面、停留在表面而不深入，形成一些影响对人正确知觉的偏见。第一印象的形成主要取决于人的外表、着装、言谈和举止。在正常情况下，仪表端庄、言谈得体、举止大方的人较易获得良好的第一印象，获得人们的好感。

第一印象有较大的影响作用，商务谈判者必须重视谈判双方的初次接触。要努力在初次接触中给对方留下好的印象，赢得对方的好感和信任；同时，也要注意在初次接触后对对方多做些了解。

(2) 晕轮效应。晕轮效应也叫“以点概面效应”，是指人们在观察某个人时，对于他的某个品质特征有清晰明显的知觉，这一从观察者看来非常突出的品质、特征，妨碍了观察者对这个人其他品质、特征的知觉。也就是说，这一突出的品质、特征起到一种类似晕轮的作用，使观察者看不到他的其他品质、特征，从而仅从一点就做出对这个人整个面貌的判断。

晕轮效应在谈判中的作用有正面的，也有负面的。如果谈判一方给另一方留下某个方面的良好的、深刻的看法或印象，那么他提出的要求、建议往往容易引起对方积极的响应，要求条件也常能得到满足；一旦能引起对方的尊敬或崇拜，就易掌握谈判的主动权。如果某方面给对方的看法或印象特别不好，则提出的有利于双方的建议也会受到怀疑，得不到信任和赞同。

(3) 先入为主。先入为主是指人们最先所得到的关于事物的看法、观点等信息对人存在着强烈的影响，影响人的知觉和判断。例如，当人们在未认识某一个人时，就听到有关此人的一些传言，当见到此人时，就很可能根据传言对此人的某些言行做出相应的理解和解释。

先入为主的存在是由于人们惯于接受日常生活经验、定向思维和习惯的影响，这些影响造成了人们对新的信息的排斥。

人们最先获得的信息，有准确的和不准确的，凭据这些信息对事物做出判断，也有正确和错误两种结果。先入为主的一个重要问题，是它往往妨碍和影响人们对事物的进一步的了解和认识，使判断带有主观性。先入为主的影响，在谈判中通常表现为主观武断地猜测对方的心理活动，诸如对方的意图、对方关注的焦点问题、对方的心理期望等。这些主观猜测一旦失误，就会直接或间接地影响谈判的进程和结果。

由于存在先入为主的心理知觉，所以在谈判中对人们的先入为主的知觉规律要予以注意。在商务谈判的前几分钟，谈判双方的交流对谈判气氛会产生重要的影响，会产生“先入为主”的效应。这时，在言谈举止方面要谨慎，一般在寒暄之后选择有共同兴趣的中性话题为宜，对于令人不愉快的话题尽可能不谈，也不要一见面就开门见山地直奔正题。

因为人们对谈判有“漫天要价，就地还钱”的先入为主的认识，所以对商务谈判对手(除长期的交易伙伴外)最初的开价都有不实的感觉，必定会讨价还价。受此认识的影响，反过来，出价人也会出于经济动机和考虑到人们讨价还价的习惯，最初报价也比实价偏高，做出了应对讨价还价的心理准备。

(4) 刻板。人的知觉有刻板的习惯，会存在着对某类人的固定印象。这是其在过去有限经验基础上对他人先做结论的结果。最常见的刻板，是在看到某个人时就把他划归到某一群体之中。但通过改变知觉者的兴趣、注意力，给知觉者增加更多的感知信息，就有可能改变这一刻板的印记。

认识感觉和知觉的规律性，有助于谈判中的观察和判断。在商务谈判中，谈判对手是不会轻易让你了解商业秘密或某些事实的真实情况的，而且还会故意制造一些假象来迷惑你。为此，就需要“眼观六路，耳听八方”，注意观察他的言行举止中偶尔流露出来的真实自我和信息，运用敏锐的洞察力，透过现象看本质，弄清对方的真实状况和意图。

3.4.3 商务谈判情绪及调控

商务谈判情况复杂多变，谈判双方的情绪也随之波动，任情绪在谈判场上像脱缰的野马一样随意狂奔，会使谈判过于情绪化，无益于谈判的进行。作为谈判的一方，为使商务谈判能按预期的方向发展，就需要运用相应的措施，对双方的商务谈判情绪进行有效的调控。

1．商务谈判情绪

情绪是人脑对客观事物与人的需要之间关系的反映。它是人在认识客观事物的基础上，对客观事物能否满足自己的需要而产生的一定态度体验。人的情绪对人的活动有着相当重要的影响。能够敏锐地感知他人情绪、善于控制自己情绪、巧于处理人际关系的人，才更容易取得事业活动的成功。

商务谈判情绪是参与商务谈判各方人员的情绪表现。在谈判活动中，谈判双方的需要和期望满足的情况会千变万化，谈判者的情绪心理也往往会随之波澜起伏。在错综复杂的商务谈判中，免不了会出现各种情绪的变化和波动。当异常的情绪波动出现时，要善于采用适当的策略办法对情绪进行控制，而不能让情绪对谈判产生负面影响。在谈判桌上，过激的情绪应尽量避免。当有损谈判气氛、谈判利益的情绪出现时，应尽量缓和、平息或回避，防止出现有害的僵局而导致谈判的流产。

2．商务谈判情绪的调控

一般情况下，谈判人员不仅对自己的情绪要加以调整，对谈判对手的情绪也应做好相应的防范和引导。商务谈判人员个人的情绪要服从商务谈判的利益，要进行情绪的调控，不能让它随意宣泄。谈判人员要有良好的意志力，对自身的情绪要有自控能力，不管谈判是处于顺境还是处于逆境，都能很好地控制自己的理智和情绪，而不是被谈判对手所控制。当然，这并不是说什么时候都要表现出谦恭和温顺，而是要在保持头脑冷静、清醒的情况下灵活地调控自己，把握分寸，适当地表现强硬、灵活、友好或妥协。当年赫鲁晓夫在联合国大会上用皮鞋敲桌子“示怒”，实际上并不是真正到了怒不可遏的地步，只不过是想借此来加强其发言的效果，提醒别国注意前苏联的立场。

(1) 情绪策略。在商务谈判过程中，谈判对手可能会有意地运用攻心术或红白脸策略来扰乱我方的情绪，牵制我方并干扰我方的策略思考，对此必须有所防范。

① 攻心术。攻心术是谈判一方利用对方心理上的不舒服(如使其有负罪感)或感情上的软化来使对方妥协退让的策略。常见的形式有以下几种：

- 以愤怒、指责的情绪态度使谈判对方感到强大的心理压力，在对方惶惑之际迫使其做出让步。
- 以人身攻击来激怒对手，严重破坏谈判对方的情绪和理智，扰乱其思路，引诱对方陷入圈套。
- 以眼泪或可怜相等软化方式引诱谈判对方同情、怜悯而做出让步。
- 谄媚讨好谈判对方，使对方在意乱情迷之中忘乎所以地做出施舍。

② 红白脸策略。红脸、白脸的运用是心理策略的一种具体形式。白脸通常表现出温和友好、通情达理的谈判态度，以换取对方的让步；红脸通常喜欢吹毛求疵与争辩，提出苛刻的条件纠缠对方，极力从对方手中争夺利益。

(2) 情绪调控的原则。由于谈判是随时都可能需要应对对手的心理战，谈判人员在参加谈判时，要做好以下的调控心理情绪的思想准备。

① 注意保持冷静、清醒的头脑。保持清醒的头脑就是保持自己敏锐的观察力、理智的思辨能力和言语行为的调控能力。当发现自己心绪不宁、思路不清、反应迟钝时，应设法暂停谈判，通过短暂休息、内部相互交换意见等办法使自己得以恢复良好的状态。

② 要始终保持正确的谈判动机。商务谈判是追求谈判的商务利益目标的，而不是追求虚荣心的满足或个人的其他需要，绝不能因为对手的挖苦、讽刺或恭维而迷失方向。

③ 将人与事分开。处理问题遵循实事求是的客观标准，避免被谈判对手真真假假、虚虚实实的手腕所迷惑而对谈判事务失去应有的判断力。

(3) 调控情绪的技巧。处理谈判问题要注意运用调控情绪的技巧。在与谈判对手的交往中，要做到有礼貌、通情达理，并将谈判的问题与人分开。在阐述问题时，侧重实际情况的阐述，少指责或避免指责对方，切忌意气用事而把对问题的不满发泄到谈判对手个人身上，对谈判对手个人进行指责、抱怨，甚至充满敌意。当谈判双方关系出现不协调、紧张时，要及时运用社交手段表示同情、尊重，弥合紧张关系，清除敌意。

在谈判中考虑到人的尊重需要，要注意尊重对方。尊重对方是指态度、言语和行为举止上要有礼貌，且使对方感到受尊重。尊重就是要注意自己言谈举止的风度和分寸。谈判时见面不打招呼或懒得致意，脸红脖子粗地争吵、拍桌子，当众摔东西或闭起眼睛、跷起二郎腿不理不睬对方，这些行为都会伤害对方的感情，甚至使对方感觉受到侮辱，从而不利于谈判。考虑到对手的尊重需要，即使在某些谈判问题上占了上风，也不要显出“我赢了你输了”的神情，并在适当的时候给对手台阶下。然而，尊重对方并不是屈从或任由对方侮辱，对于对方的无礼的态度、侮辱的言行也应适当地反击。但这种反击不是“以牙还牙”的方式，而是以富有修养的针对性的批评、反驳，以严肃的表情来表明自己的态度和观点。

在谈判过程中提出我方与对方不同的意见和主张时，为了防止对方情绪的抵触或对抗，可在一致的方面或无关紧要的问题上对对方的意见先予以肯定，表现得通情达理，缓和对方的不满情绪，使其容易接受我方的看法。当对方人员的情绪出现异常时，我方应适当地加以劝说、安慰、体谅或回避，使其缓和或平息。情绪调控要注意防止出现心理挫折，如果出现心理挫折，则要按照心理挫折调控方法进行调控。

精明的谈判人员，都有一种小心调控自我情绪的习惯，能对别人谈话中自相矛盾和过火的言谈举止表现出极大的忍耐性，并能恰当地表达自己的意见。他们常用“据我了解”“是否可以这样”“我个人认为”等委婉的说法来阐述自己的真实意图。这样的态度会使本来相互提防的谈判变得气氛融洽、情绪愉快。

延伸阅读：

厨房辩论指的是 1959 年 7 月 24 日在莫斯科举行的美国国家博览会(American National Exhibition)开幕式上，时任美国副总统理查德·尼克松和时任前苏联部长会议主席尼基塔·赫鲁晓夫之间展开的一场关于东西方意识形态和核战争的论战(两人之间的辩论均通过了他们的口译员传达)。辩论是在厨房用具展台前进行的，故称“厨房辩论”。

通过扫描二维码或者登录网址，阅读《1959 年 7 月 24 日赫鲁晓夫和尼克松展开厨房辩论》，运用所学知识，讨论赫鲁晓夫是如何运用情绪手段进行谈判的。

http://news.sohu.com/20080724/n258337640.shtml

对谈判对手有意运用的情绪策略，则要有所防范和有相应的调控反制对策。针对对手的情绪策略，可以采取相应的策略与情绪反应，如表 3.1 所示。

表 3.1　谈判的情绪对策与反应

对手情绪策略表现	相应的策略与情绪反应
谈判对手实施硬式攻心术和红脸策略时	① 重述所有事实，保持冷静并避免情绪化的语言和被拖入口舌之战；坚定地重述你的立场，表明恐吓、威逼、侮辱和攻击都不能改变你的立场； ② 当对手提出无理要求和进行无理指责时，在保持冷静而不鲁莽的同时，可采取一些机智的办法对付； ③ 以合理的言辞作答复以消除对手的纠缠和攻击； ④ 用幽默的语言来化解对方的人身攻击，以防止挑起我方愤怒的情绪； ⑤ 提议休会暂避火气，促使对方保持冷静； ⑥ 以红脸对红脸
谈判对手采用软式攻心术和白脸策略时	① 小心别掉入对方设置的流眼泪、装可怜、以礼挟人等博取同情的情感陷阱，在不了解对方动机、意图时，静观其变，以求了解其真实意图； ② 在成员中进行预警，确定每个人可接受的立场，明确策略，防止产生分歧；表明立场时给自己留有充分的余地以便灵活应对，被迫做出让步时要有附加条件； ③ 以白脸对白脸

3.4.4　商务谈判中心理挫折的防范与应对

商务谈判人员应做好防范谈判心理挫折的心理准备，对所出现的心理挫折应能够有效地化解。

1. 商务谈判中的心理挫折

人们需要的存在会引发动机。动机一旦产生便引导人们的行为指向目标。受各种主客观原因的影响，行为活动有的达到目标，有的受到阻碍。行为活动受到阻碍达不到目标，这就是挫折。

(1) 心理挫折的含义。心理挫折是人在追求实现目标的过程中，遇到自己感到无法克服的障碍、干扰而产生的一种焦虑、紧张、愤懑或沮丧、失意的情绪心理状态。在商务谈判中，心理挫折造成的人的情绪上的沮丧、愤怒，会引发与对手的对立和对对手的敌意，容易导致谈判的破裂。

(2) 心理挫折的行为表现。当人遭受心理挫折时，会产生紧张不安的情绪和引发行为上的异常。

① 攻击。攻击是人在遭受挫折时最易表现出来的行为，即将受挫折时产生的生气、愤怒的情绪向人(或物)发泄。攻击行为可能直接指向阻碍人们达到目标的人或物，也可能指向其他的替代物。

② 退化。退化是指人在遭受挫折时所表现出来的与自己年龄不相称的幼稚行为。例如，情绪上失控，出现孩子似的无理智行为。

③ 病态的固执。病态的固执是指一个人明知从事某种行为不能取得预期的效果，但仍不断重复这种行为表现。病态的固执往往受人的逆反心理的影响。在人遭受挫折后，为了减轻心理上所承受的压力，或想证实自己行为的正确，以逃避指责，在逆反心理的作用下，往往无视行为的结果仍不断地重复某种无效的行为。

④ 畏缩。畏缩是指人受挫折后失去自信，消极悲观，孤僻不合群，易受暗示，盲目顺从的行为表现。

2．心理挫折的预防和应对

商务谈判是一项艰辛而困难重重的工作。谈判所遇到的困难很多，困难多就易遭遇失败，有失败就有挫折。心理挫折会引发谈判人员的情绪上的沮丧，从而产生对谈判对手的敌意，容易导致谈判的破裂。为此，商务谈判人员对商务谈判中客观的挫折应有心理上的准备，应做好对心理挫折的防范，对自己所出现的心理挫折采取有效的办法及时地加以化解，并对谈判对手出现挫折而影响谈判顺利进行的问题有较好的应对办法。

(1) 心理挫折的预防。

① 消除引起客观挫折的原因。人的心理挫折是伴随客观挫折的产生而产生的。如果能减少引起客观挫折的原因，人的心理挫折就可以减少。

② 提高心理素质。一个人遭受客观挫折时是否体验到挫折，与他对客观挫折的容忍力有关，容忍力较弱者比容忍力较强者易受到挫折。人对挫折的容忍力又与人的意志品质、承受挫折的经历，以及个人对挫折的主观判断的影响有关。有着坚强意志品质的人能承受较大的挫折，有较多承受挫折的经历的人对挫折有较高的承受力。

为了预防心理挫折的产生，从主观方面来说，就要尽力提高谈判人员意志的品质，提高对挫折的容忍力。

(2) 心理挫折的应对。在商务谈判中，不管是我方人员还是谈判对方人员产生心理挫折，都不利于谈判的顺利开展。为了使谈判能顺利进行，对心理挫折应积极应对。

① 要勇于面对挫折。常言道“人生不如意事十有八九”，这对于商务谈判来说也是一样，商务谈判往往要经过曲折的谈判过程，通过艰苦的努力才能达到成功的彼岸。商务谈判人员对于谈判所遇到的困难甚至失败要有充分的心理准备，以提高对挫折打击的承受力，并能在挫折打击下从容应对新的变化的环境情况，做好下一步的工作。

② 摆脱挫折情境。相对于勇敢地面对挫折而言，这是一种被动地应对挫折的办法。遭受挫折后，当商务谈判人员再无法面对挫折情境时，通过脱离挫折的环境情境、人际情境

或转移注意力等方式，可让情绪得到修补，使之能以新的精神状态迎接新的挑战。美国著名成人教育学家、心理学家戴尔·卡耐基曾建议，人们在受到挫折时用忙碌来摆脱挫折情境，以驱除焦虑的心理。

③ 情绪宣泄。情绪宣泄是一种利用合适的途径、手段将挫折的消极情绪释放排泄出去的办法。其目的是把因挫折引起的一系列生理变化产生的能量发泄出去，消除紧张状态。情绪宣泄有助于维持人的身心健康，形成对挫折的积极适应，并获得应对挫折的适当办法和力量。

情绪宣泄有直接宣泄和间接宣泄两种办法。直接宣泄有流泪、痛哭、怨气发泄等形式，间接宣泄有活动释放、诉说等形式。

有专家认为，面对谈判对方的愤怒、沮丧和反感，一个好的办法是给对方一个能够发泄情绪的机会，让对方把心中郁闷的情绪和不满发泄出来，让他把话说完，这样他在心理上就不再留下什么会破坏谈判的忧患。让对方发泄情绪，可借此了解对方心理等状况，以便有针对性地开展说服性的工作。

【案例 3-4】戴维营和平协议

著名的戴维营和平协议是一个由于美国前总统卡特的耐心而促成谈判成功的经典案例。为了促成埃及和以色列的和平谈判，卡特精心地将谈判地点选择在戴维营，尽管那里环境幽静、风景优美、生活设施配套完善，但卡特总统仅为谈判者安排了两辆自行车的娱乐设备。晚上休息时，住宿的人可以选择三部乏味的电影中的任何一部看。住到第 6 天，每个人都把这三部电影看过两遍了，他们厌烦得近乎发疯。但是接下来的每天早上 8 点钟，埃及总统萨达特和以色列总理贝京都还准时听到卡特的敲门声和那句熟悉而单调的话语："您好！我是卡特，再把那个乏味的题目讨论上一天吧。"正是由于卡特总统的耐心，到第 13 天，萨达特和贝京都忍耐不住了，再也不想因为谈判中的一些问题争论不休了，这就有了著名的戴维营和平协议。

(资料来源：http://blog.sina.com.cn/s/blog_e1f67b6c0102wywb.html)

【案例分析】商务谈判中，及时分析和利用谈判者的心理，会收到较好的谈判效果。

3.4.5 正确理解身体语言

身体语言又称肢体语言或体态语言。与人的口头语言一样，人的体态、行为举止也有一定的言语表达功能。通过人的体态、行为举止表达出来的语言称为身体语言。俗话说"言为心声"，由于人的行为举止与人的思想、心理状态相联系，所以解读人的身体语言，可以了解人的心理状态。

身体语言与人的生理反应、天性本能和文化习俗有关。例如，悔恨时捶胸顿足，高兴时喜笑颜开，痛苦时双手抱头，愤怒时摩拳擦掌，主要与人的生理和本能有关；打 V 字手势庆贺胜利，握手表示有礼，则主要源于文化习俗。虽然身体语言会因地域和文化的不同而有所不同，但由于人的生理反应及人的本能的类似性和文化的传播，因此人的身体语言在一定程度上是相通的。

人的心理状态，会在不经意间通过他的行为举止反映出来。拿情绪方面来讲，人是有情绪的，人的喜怒哀乐是与人的需要心理有关的，人的情绪倾向是与对事物的认知和态度相联系的。了解人的情绪，可以推测出人的态度、心理动机、行为倾向。虽然人有情绪体验，有经验的人可以有意地进行某种程度的调控，但人在情绪状态下所出现的生理变化和某些下意识的动作，却是当事人难以控制的。例如，人在愤怒时，言语动作会变得冲动难以控制，会产生攻击行为，人的语气声调往往高亢、急促、具有爆炸性，呼吸每分钟可达四五十次，而正常情况下每分钟仅二十次左右，此时还会伴随着心跳加速、血压升高、唾液停止分泌、口干舌燥等生理反应。显然，人的心理状态会通过人的表情、身体动作等自觉或不自觉地反映出来。

作为谈判人员，如果掌握人的身体语言的有关知识，在谈判过程中留意观察谈判对手的一颦一笑、一举一动，就有可能通过其身体语言窥视谈判对手的心理世界，把握谈判的情势，掌握谈判获胜的主动权。

1. 面部表情

面部表情的主要表现部位是眼睛、脸色和嘴巴。与谈判对手谈判，要注意观察对方谈判人员的面部表情的变化。

(1) 眼睛。在谈判进行的过程中，谈判组成员往往要用身体语言与其搭档进行信息的交流。特别是当谈判取得重要进展时，谈判组成员之间可能会相互使眼色。这样，谈判人员就必须注意观察和利用眼睛传递信息。

在人的身体语言中，眼睛是最能传达人的心理信息的。俗话说“眼睛是心灵的窗口”，眼睛里表露出来的信息往往不是刻意就能掩饰的。人的瞳孔是根据人的情感、情绪和态度自动发生变化的。眼睛传达心理信息的方式与含义有：

① 眼睛直视，表示关注和坦白。在商务谈判中，谈判者可以利用眼睛中诚挚、友善的目光，直视对方的眼睛，传达友好合作的信号，以求达到良好的沟通。如果对方的目光直视你，眼中略呈湿润，面部表情轻松，表明对方对你的话感兴趣或表示欣赏。但直视时间过长，则带有攻击的意味，这一点要注意。

② 在听取发言时眨眨眼睛，是表示赞同，或眼帘略为低垂无语，是表示默认。

③ 沉默中眼睛时而开合，表明他对你的话语已不感兴趣，甚至厌倦。

④ 若目光左顾右盼，表明他已对你的话语心不在焉；如斜眼视人，则可能存在消极的思维，并有藐视之意；在听对方说话时，未听完就看旁的东西，则表明不完全同意对方所说的话。

⑤ 若对方说话时望着我方，表明他对自己所说的话有把握；如果不望着我方而望着别的地方，目光闪烁不定，表明他有隐匿的成分。“顾左右而言他”当然会让人觉得没有诚意。

(2) 脸色。一般情况下，大多数人会不自觉地把情绪反映在脸上，对此要细心观察。

① 对方谈判人员面红耳赤往往是激动的表现，脸色苍白可能是过度激动或身体不适，脸色铁青是生气或愤怒。

② 谈判人员用笔在空白的纸上随意乱写乱画，眼皮不抬，脸上若无其事的样子，表示厌倦。

(3) 嘴巴。嘴巴也是反映人的心理的一个重要的部位。观察嘴巴要注意嘴的张合、嘴角的挪动，与眼睛、面部肌肉一起综合观察判断则更准确。

① 嘴唇肌肉紧张表明其态度上拒绝，或有防备、抗御的心理。

② 嘴巴微微张开，嘴角朝两边拉开，脸部肌肉放松的微笑，是友好、近人情的表现。

③ 嘴巴呈小圆形张开，脸部肌肉略为紧张，有吃惊、喜悦或渴望之意。

④ 嘴巴后拉、嘴唇呈椭圆形的笑是狞笑，有奸诈之意潜藏于后。

2．身体姿态

身体姿态的主要表现部位是手、腿和脚。

(1) 手。

① 一般情况下，摊开双手手掌表示真诚，给人一种胸怀坦诚、说实话的感觉。双手把放松的手掌自然摊开，表示对对方有信任，不设防，愿意开诚布公，乐于听取对方的意见。

② 除非双方是亲密的朋友，不然，与对方保持一定的距离。双手交叉于胸前，是具有设防的心理；若交谈一段时间后，仍出现这样的手势和姿态，则表明已对对方的意见持否定态度，这时如果同时攥紧拳头，那么否定的态度更强烈。

③ 用手抚摸下巴、捋胡子等动作姿态，往往表明对提出的问题、材料感兴趣并进行认真的思考。

④ 两手的手指顶端对贴在一起，掌心分开，表示高傲自负和踌躇满志，或显示自己的地位高尚。

⑤ 身体后仰，两手交叉托住后脑勺，显示的是如释重负的自得心态。谈判者感到自己在谈判中处于支配地位、驾驭谈判局面时，往往会做出这样的姿态。

⑥ 在谈判中自觉或不自觉地把手扭来扭去，或将手指放在嘴前轻声吹口哨，意味着心理状态的紧张、不安。

(2) 腿和脚。腿和脚的动作较易为人们所忽视。其实腿和脚是人较容易泄密的部位，也正因此，人们在谈判或演讲时总是要用桌子和讲台来掩遮腿和脚的位置。

① 人们在感到恐惧或紧张时，双腿会不自觉地夹紧。双脚不住地上下颠动或左右晃动，是紧张不安的表现。

② 表面专注听讲的人，而双腿却在不住地变换姿势或用一只脚的脚尖去摩擦另一只腿的小肚子，那就表明他其实已经很不耐烦了。

(3) 其他。

① 从容而谨慎的言谈显示说话者充满自信、舒展自如。勉强的笑容、快速的说话或支支吾吾的语言，表明说话者紧张。犹豫、坐立不安表示缺乏自信。

② 0.5～1.2m 是个人空间，0～0.5m 是亲密空间。在交谈中判断距离恰当不恰当，要看你谈话时在距离上是不是感到舒服。假如他往后退，说明离他太近；假如他向前倾，说明距离远了。

③ 把笔套收好，整理衣服和发饰，表明做好结束会谈的准备。

3.5 综合实训

3.5.1 情景实训一

【实训目的】

(1) 通过测试，让测试者明白自己的性格类型，以便于商务谈判中合理运用谈判心理。

(2) 根据你的性格类型，分析自己作为谈判者应注意哪些问题。

【实训主题】

通过个性测试，测出性格类型。

【实训时间】

课堂 20 分钟。

【背景资料】

仔细阅读下面的内容，并选择 A 或 B。在答题表(表 3.2)里标出你的答案。

下面 30 个选择，说明在不同的情况下，人们可能做出的行为反应。在每一个句子中，选择你认为最代表你的行为特点的 A 或者 B。在不少情况下，你可能认为 A 或者 B 都不是你的典型行为，不过没有关系，请选择最接近你行为的情况。

1．A 有时我让别人担负解决问题的责任。

B 与其与对方谈我们之间的不同点，不如努力强调我们双方都同意的方面。

2．A 我努力寻找一个折中的解决方案。

B 我试图解决自己和别人所关心的全部问题。

3．A 我在追求自己的目标时通常很坚定。

B 我也许会安抚他人的情绪，并维护我们的关系。

4．A 我努力寻找一个折中的解决方案。

B 我有时为了别人的愿望而牺牲自己的愿望。

5．A 在规划一个方案时，我不断寻求他人的帮助。

B 我采取必要的措施以避免不必要的紧张气氛。

6．A 我试图避免为自己制造不愉快。

B 我试图坚持自己的立场。

7．A 我尽力推迟某件事，直到我有时间仔细考虑它。

B 我为获取其他的获利而放弃一些获利。

8．A 我在追求自己的目标时通常很坚定。

B 我试图在公开场合将所有我关心的问题和事件立即说出来。

9．A 我认为总是担心分歧不值得。

B 我为到达目标而做些努力。

10．A 我在追求自己的目标时很坚定。

B 我努力寻求一个折中的解决方案。

11．A 我试图在公开的场合将所有我关心的问题和事件立即说出来。

B 我也许会安抚他人的情绪，并维护我们的关系。

12．A 我有时避免采取会产生矛盾的立场。

B 我会让对方保持某些他的立场，如果他让我保持我的某些立场的话。

13．A 我建议走中间路线。

B 我采取高压手段获取自己的利益。

14．A 我告诉对方我的想法并征求他的意见。

B 我试图向对方说明我的立场的逻辑性和获益之处。

15．A 我也许会安抚他人的情绪，并维护我们的关系。

B 我采取必要措施以避免紧张气氛。

16．A 我尽力不伤害对方的感情。

B 我尽力使对方相信我的立场的正确性。

17．A 我通常坚定地追求自己的目标。

B 我采取必要的措施以避免不必要的紧张气氛。

18．A 如果能使对方高兴，我可能会让他保留自己的观点。

B 我会让对方保持某些他的立场，如果他让我保持我的某些立场的话。

19．A 我试图在公开的场合将所有我关心的问题和事件立即说出来。

B 我尽力推迟某件事，直到我有时间仔细考虑它。

20．A 我试图立即解决我们的分歧。

B 我尽力为我们双方找到一个公平的利益得失组合方案。

21．A 在谈判中，我尽力考虑对方的愿望。

B 我总是倾向于直接讨论问题。

22．A 我尽力寻找处于对方和我中间的立场。

B 我公开提出自己的愿望。

23．A 我常常考虑实现我所有的愿望。

B 有时我让别人担负起解决问题的责任。

24．A 如果对方的立场看起来对他十分重要，我一般会尽力满足他的愿望。

B 我尽力使对方满足妥协。

25．A 我试图向对方说明我的立场的逻辑性或获益之处。

B 在谈判中，我尽力考虑对方的愿望。

26．A 我建议采取中间立场。

B 我几乎总是考虑实现我们所有的愿望。

27．A 我有时采取避免矛盾发生的立场。

B 如果能使对方高兴，我可能会让他保留自己的观点。

28．A 我通常坚定地追求自己的目标。

B 我在制定一个方案时通常寻求他人的帮助。

29．A 我建议采取中间立场。

B 我认为总是担心分歧不值得。

30．A 我尽力不伤害对方的感情。

B 我总是与他人分担困难，以便我们能解决问题。

答题表如表 3.2 所示，根据自己的答题情况，对照表中的类型。

表 3.2　答题表

	1 竞争型	2 合作型	3 折中型	4 回避型	5 迎合型
1				A	B
2		B	A		
3	A				B
4			A		B
5		A		B	
6	B			A	
7			B	A	
8	A	B			
9	B			A	
10	A		B		
11		A			B
12			B	A	
13	B		A		
14	B	A			
15				B	A
16	B				A
17	A			B	
18			B		A
19		A		B	
20		A	B		
21		B			A
22	B		A		
23		A		B	
24			B		A
25	A				B
26		B	A		
27				A	B
28	A	B			
29			A	B	
30		B			A

说明：在完成所有的选择后，记录自己从第一栏到第五栏有几个选择(包括 A 和 B)。每一栏代表一种性格类型。你选择最多的那一栏是你的第一性格类型，第二多(或者同多)的一栏是你的备用类型。

(资料来源：陈文汉．商务谈判实务．北京：人民邮电出版社，2011)

【实训过程设计】

(1) 教师给学生 15 分钟的时间阅读材料进行选择。

(2) 随后在每一种性格类别的学生中选两人，就自己的性格类型在谈判中应注意的问题进行班级交流。

(3) 各实训组对本次实训进行总结和点评，参照 11.2 节“商务谈判学生作业范例”撰写作为最终成果的《商务谈判实训报告》。优秀的实训报告在班级展出，并收入本课程教学资源库。

3.5.2 情景实训二

【实训目的】

(1) 通过模拟实训，了解和掌握商务谈判中肢体语言的运用。

(2) 加深学生对商务谈判心理的认识并学会运用这些原则，使学生意识到商务谈判中心理活动对商务谈判的影响。

【实训主题】

商务谈判中肢体语言的运用。

【实训时间】

本章课堂教学内容结束后的双休日和课余时间，为期一周。或者指导教师另外指定时间。

【背景资料】

元旦快要到了，学校学生会准备组织一次大型的文艺沙龙活动，活动费用大概 16 000 元，校学生会准备拟邀请移动公司、联通公司、电信公司、发烧友音乐吧进行赞助。以宿舍为单位，分别扮演校学生会、移动公司、联通公司、电信公司、发烧友音乐吧进行谈判。在谈判中，双方侧重于面部表情、手势等肢体语言的运用。

【实训过程设计】

(1) 指导教师布置学生开展实训，以宿舍为单位进行分组。

(2) 实训组各选择一个角色进行讨论和设计方案。

(3) 根据角色分工，抽签进行谈判。

(4) 各实训组对本次实训进行总结和点评，参照 11.2 节“商务谈判学生作业范例”撰写作为最终成果的《商务谈判礼仪规范化运作实训报告》。优秀的实训报告在班级展出，并收入本课程教学资源库。

3.6　综合练习

3.6.1　单项选择题

1．在过去有限经验基础上对他人做结论，这种现象是(　)。

A．晕轮效应　　B．刻板　　C．先入为主　　D．第一印象

2．对付(　)气质谈判对手的办法可以采取马拉松式的战术，避其锐气，攻击弱点，以柔克刚。

A．多血质　　B．黏液质　　C．胆汁质　　D．抑郁质

3．一个人明知从事某种行为不能取得预期效果，但仍不断重复这种行为的表现是(　)。

A．攻击　　B．退化　　C．病态的固执　　D．刻板

4．个人空间的距离是(　)米。

A．1.8　　B．0.8～1.5　　C．1～2　　D．0.5～1.2

3.6.2　多项选择题

1．马斯洛认为，人的需求理论包括(　)。

A．生理需要　　B．安全需要　　C．社交需要

D．尊重需要　　E．自我实现需要

2．眼睛直视，表示(　)。

A．不高兴　　B．愤怒　　C．关注

D．坦白　　E．不关心

3．文饰常有的表现形式有(　)。

A．甜柠檬作用　　B．酸葡萄作用　　C．推诿

D．援例　　E．投射

3.6.3　简答题

1．什么叫需要？人有哪五个层次的需要？谈判者这五个层次方面的需要通常有哪些具体表现？

2．试述商务谈判的心理机制。

3．如何发现商务谈判中的谈判者需要？

4．试述如何激发商务谈判者的动机。

5．你认为如何预防和应对心理挫折(可结合自身经历)?

6．试述不同气质的谈判者在商务谈判中的行为表现。

3.6.4 案例分析

一场斗智斗勇的较量

谈判背景

甲方：中国甲厂

乙方：美国乙公司

中国甲厂因为扩大生产的需要，决定向美国乙公司购进6台卷簧机、4台测试仪、2台双面磨床，想借此提高自身的产品质量，打入美国市场。因为该笔订单较大，美方也非常想做成这笔生意。

第一轮谈判

某年 11 月中旬，中国甲厂的徐厂长到美国乙公司考察，双方经过讨价还价，最后与乙公司谈定以520万美元购得6台卷簧机、4台测试仪、2台双面磨床设备，并相约年底由乙公司派代表到中国甲厂签订正式的合同。

第二轮谈判

当甲厂的徐厂长回国后，经过更为详细的调研和专家的论证，认为花520万美元引进这12台设备价格确实有点偏高。但由于引进这批设备双方已经敲定价格，估计难以变动，甲厂徐厂长决定在第二轮谈判中要从增加设备方面入手，以弥补可能的利益损失。

12 月 17 日，美方乙公司的总经理史密斯先生和助手麦克尔如约来到甲厂，与徐厂长开始了紧张的第二轮谈判。徐厂长鉴于上次的教训，这次做了充足的准备工作，除了对国际市场行情做了更为充分的调研之外，还对乙公司和史密斯总经理的情况和谈判特点做了相应的了解。

谈判刚开始、经验丰富、老练精明的史密斯总经理立刻表示："谢谢主人对我们的欢迎，我们这次来到贵厂，完全是带着诚意而来，我们信守以前谈定的意向，希望马上签订合同，我们已买好明早起飞的机票，希望此事能够尽快办好，好让我们赶回去过圣诞节。这是我们根据上次谈定的意向拟订的合同文本，请徐厂长过目，如无异议，请签字。"史密斯总经理一开始便吹响决战的号角，气势逼人，他的目的就是速战速决，尽快签合同，以保住前面的既得利益。

徐厂长对此状况早有准备，他接过合同文本，并不急于翻看，而是把它放在一边，不慌不忙地说："史密斯总经理，离圣诞节还有一个多星期呢，这么急着回去干吗？作为主人，我们还没尽地主之谊呢！我们很乐意陪同客人到处看看，了解了解我们的国家。至于合同，我看还是谈得更细一点好，现在匆忙签字，将来出现纠纷反而不好。在正式签订合同之前，有关设备项目应该再商议一下，你看如何？"史密斯先生碰了个软钉子，他意识到似乎马上签字是不太可能的了。

徐厂长这时才慢慢翻阅着合同文本，笑容满面地说："史密斯总经理，在贵方的合同文本中，对于我厂向贵公司购买的设备项目中，怎么连工艺装备都没写清楚，那到底是否包括工艺装备呢？"

“当然不包括。”史密斯总经理连连否认。

“是吗？史密斯总经理，我们购买设备是使用的，不是放着看的。一般人买台电视机，都包括天线、插头、导线等装备。你们这么做好像不大符合商业习惯吧！”

史密斯总经理一想，自觉有点理亏，说：“好吧，那就写上。”他想，不能因小失大，反正这些没有多少钱，只要徐厂长签字，这点最后的甜头还是要给对方的。

谁料到，对于徐厂长来说，他的策略才刚刚开始。徐厂长接着又说：“我方购买 4 台测试仪，怎么没有配套的专业电子计算机呢？”

史密斯总经理一听急了，一台专业配套的计算机价值上万美元，如果答应的话，利益就要受损很多。他赶紧连连摆手，“不，不，徐厂长，如果这样，我们无法接受。”于是推磨式的谈判开始了，直到中午时，史密斯总经理终于让步了，他希望下午能够签字。

午饭后，徐厂长亮出了底牌，抛出了一系列新的条件。他说：“我希望史密斯总经理能够谅解，照这样的合同条件，我还是无法签字。”他顿了顿又说：“我们购买的这套设备，现在只能生产一般的弹簧，我们希望它也能够生产专用的弹簧，这需要贵方能免费提供相关的技术资料。除此之外，我们还希望引进设备投产后，在 5 年内每年能够返销 60 万美元的产品到贵国的市场；我们还希望贵公司在完成设备安装后，提够返销所需的弹簧钢丝；此外，贵方应该再增加两台双面磨床。”

史密斯总经理听后，脸涨得通红，连说：“不！这不可能！徐厂长，这种条件，我们根本无法签订合同了。”他的助手麦克尔也随声附和说：“十分遗憾，没想到我们的诚意未被贵方理解。”两人便欲起身告辞。

徐厂长及时展开心理战，“坦率地说，你们也知道，我们和另外一家厂商也有过接触，他们近期已许诺按极优惠的价格提供这些设备，但我们中国人是看重老朋友的，希望与你们做成这笔生意。当然，如果贵方实在觉得不行，也不必勉强，我相信，我们还会有别的合作机会的。”说着，徐厂长也站起身来。

史密斯总经理有点紧张，焦急地说：“好吧，那我们再谈谈看。”谈判一直拖延到下午 6 点，双方仍未达成协议，关键是那两台总价值 32 万美元的双面磨床，史密斯总经理是无论如何也不愿做出让步。

晚饭过后，晚上 8 点，双方在客人下榻的饭店继续谈判，你来我往地争论，一直到次日凌晨 3 点，谈判仍然在僵局之中。徐厂长起身告辞，说：“今天就谈到这儿吧。明天大家还有工作，我们的客人也该休息了。如果实在谈不成，明早送你们上飞机。”他留下助手便告辞了。

次日早晨，史密斯总经理终于憋不住了，让麦克尔来敲徐厂长助手的房门说：“我们希望上午再谈一次。”“不是今早的飞机吗？你们有时间吗？”“不，是晚上 7 点。”徐厂长听到这个消息，十分兴奋，这说明史密斯先生不愿意放弃这生意，谈判应坚持住自己的立场，寸步不让。在上午的谈判中，史密斯总经理只答应增加一台双面磨床，但徐厂长仍坚持自己的立场，谈判仍然没有结果。午饭时，史密斯先生和麦克尔只是闷头喝酒，行李已搬到汽车上了。徐厂长与客人握手告别，送他们上汽车。这时，他的助手心里十分紧张，悄悄拉了一下徐厂长的胳膊，因为他知道，如果不签这个合同，项目申请下来的拨款资金就要不算数了。徐厂长表面仍然泰然自若，对客人微笑着说：“再见！”

就在汽车引擎发动的那一瞬间，史密斯先生突然说：“徐厂长，您如果能够上车送我们去机场，也许我们还可以再谈谈。”

徐厂长不动声色地说：“如果您真想谈，就请下车。去机场的时间还来得及。”史密斯总经理无可奈何地下了车，不到两个小时，双方就在合同上按照徐厂长的要求签了字。就这样，徐厂长得到了原来意向中并没有提及的利益。

(资料来源：郭秀君. 商务谈判(第2版). 北京：北京大学出版社，2011)

问题：

(1) 中方徐厂长是如何在此次商务谈判中捕捉对方的心理的？

(2) 谈判人员的心理素质是如何在该谈判中表现出来的？谈判人员应该从该谈判中吸取哪些经验？

(3) 根据谈判所提供的资料，如果你是谈判人员，你将从哪些方面改进？

【分析要求】

1. 过程要求。学生分析案例提出的问题，分别拟定《案例分析提纲》；小组讨论，形成小组《商务谈判案例分析报告》；班级交流并修订小组《商务谈判案例分析报告》，教师对经过交流和修改的各小组《商务谈判案例分析报告》进行点评；在班级展出附有“教师点评”的小组优秀《商务谈判案例分析报告》，并将其纳入本校该课程的教学资源库。

2. 成果性要求。

(1) 案例作业要求：以经过班级交流和教师点评的《商务谈判案例分析报告》为最终成果。

(2) 作业的结构、格式与体例要求：参照11.2.1“商务谈判案例分析报告”。

第 4 章

国际商务谈判

【学习目标】

- 掌握国际商务谈判的特征和基本要求
- 掌握文化差异对国际商务谈判的影响
- 掌握跨文化谈判成功的基本要求
- 掌握其他国家、地区商人及中国人的商务谈判风格
- 能运用适当的谈判风格与不同地区的谈判对手进行谈判

【引导案例】

戴姆勒—克莱斯勒事件

1998 年 11 月，德国戴姆勒—奔驰公司并购美国三大汽车公司之一的克莱斯勒公司，被全球舆论界誉为“天堂里的婚姻”。戴姆勒—奔驰公司是德国实力最强的企业，是扬名世界的“梅塞德斯”品牌的所有者；克莱斯勒则是美国三大汽车制造商中赢利能力最强、效率最高的公司。人们认为，这宗跨越大西洋的强强联合，定会造就一个驰骋世界汽车市场、所向无敌的巨无霸。然而谁会想到，这桩“婚姻”似乎并不美满。并购后并没有实现公司预期的目标，到 2001 年，公司的亏损额达到 20 亿美元，股价也一路下滑，并且裁减员工，公司的发展一直都很艰难。业内人士认为，大西洋两岸不同文化差异的冲突是这场婚姻危机的根本原因。戴姆勒—奔驰公司的 CEO 施伦普一开始没有意识到两家企业无论在组织结构、薪酬制度，还是企业文化上都相差非常大，他却采取德国的完全控制方式把克莱斯勒当成一个部门来看待，在公司管理制度上，董事会结构成员都是以德国为主。但是，他却在媒体上说：“这是一次平等的合并”，这使克莱斯勒美国员工无所适从。再加上，施伦普在企业合并不久就解雇了作为并购整合经理的克莱斯勒总裁，导致克莱斯勒员工产生敌对情绪，许多优秀的美国设计师、高级管理人员纷纷离职投奔了福特、通用汽车等竞争对手。这样，也就不难理解为什么这次开始被称为“天造的合并”最后如此失败。

(资料来源：作者整理)

【启示】在这个案例中，我们认识到不同国家、不同民族间的文化存在着明显的差异。在当初合并的时候，戴姆勒—奔驰公司的 CEO 施伦普低估了文化的因素，在谈判时没有考虑两家企业之间的文化差异，更没有分析德国和美国之间的国家文化差异对谈判以及合

并后整合的影响，使得公司在合并这么多年之后发展都比较艰难，并且无法实现其期望的目标。

国际商务谈判是国内商务谈判的延伸和扩展。随着中国加入 WTO 以及“一带一路”战略的实施，中国企业海外合作和商务活动日益增多，中国要在世界经济发展过程中发挥力量，贡献中国智慧，很显然，参与国际商务活动，开展国际商务谈判就成为必然选择。

4.1 国际商务谈判的特点和基本要求

4.1.1 国际商务谈判的含义

国际商务谈判，是指在商务活动中，处于不同国家或不同地区的商务活动当事人为了达成某笔交易，彼此通过信息交流，就交易的各项要件进行协商的行为过程。

国际商务谈判与国内商务谈判相比，既有基本相同的一面，又有不同的特征。

(1) 国际商务谈判涉及面广，更具复杂性。国际商务谈判中的谈判议题要比国内谈判广泛，合同的履行也比国内困难。国际商务谈判要涉及谈判人员的出入境，谈判的时间和费用都比国内谈判复杂，谈判中的所有议题都要求高效率地达成共识。因此，没有充分的准备，就会使谈判难上加难。

(2) 国际商务谈判的交易各方在社会、经济和法律上具有差异性。由于不同的国家之间在法律、贸易政策、商业习惯以及度量衡制度等方面存在着差异，因此，在谈判之前，谈判人员必须了解对方国家有关的法律和贸易政策，并熟悉国际上通行的有关的法律和惯例，在谈判中要准确理解其提出的问题及其态度，这样才能减少谈判障碍。

(3) 国际商务谈判的风险因素较多。在国际商务谈判中，除了要考虑运输风险、价格风险、商业信用风险以外，还要考虑政治风险和外汇风险等。因此，在对外谈判的准备和谈判过程中，都要注意摸清对方的资信情况和经营能力，密切注意有关市场变化情况、外汇市场的走势以及国际风云的变幻，并综合考虑到对方国家对我国的政治态度和两国政府之间的经贸关系，以便在谈判过程中正确决策，避免失误。

(4) 国际商务谈判涉及不同的社会经济制度和社会文化背景，使交易各方在谈判过程中的合作与交流更为困难。因此，在谈判之前，应当努力了解和熟悉对方的习惯和办事方法，克服偏见，尊重对方，注重礼节，尤其要重视语言在对外谈判中的特殊作用。目前，国际通行的商业语言是英语，但德语、法语、西班牙语在一些国家和地区(如东欧、北欧、中西非、中南美洲)还比较盛行。而我国目前国家政策允许进行直接对外贸易的大多数工商企业中，中高级管理人员和业务人员精通外语的为数并不多，在国际商务谈判中必须借助翻译人员来完成双方的信息交流。因此，翻译的水平和语言表达能力的高低对谈判的结果有着重要的影响。

4.1.2　国际商务谈判的基本要求

为了做好国际商务谈判工作，除了要掌握商务谈判的基本原理外，还必须注意以下几个基本要求。

1．树立正确的国际商务谈判意识

国际商务谈判意识是促使谈判走向成功的灵魂。谈判者的意识正确与否，将直接影响到谈判方针的确定、谈判策略的选择，影响到谈判的行为准则。正确的国际商务谈判意识主要包括：谈判是协商，要争取双赢；谈判中既存在利益关系，又存在人际关系，要注意平衡二者之间的人际关系；国际商务谈判既要着眼于当前的交易谈判又要放眼未来，考虑今后的交易往来。

2．做好国际商务谈判的准备工作

国际商务谈判的复杂性和风险性要求谈判者在正式谈判之前，必须做好相关的调查和准备工作。要充分分析和了解潜在的谈判对手，明确对方企业和可能的谈判者的个人情况，分析政府介入的可能性，还要对谈判的各方面环境进行详尽调查，并在此基础上合理制定谈判计划，选择合适的谈判策略，拟定各种防范风险的措施，反复分析论证，准备多种谈判方案，应对各种突变情况。

3．正确认识并对待文化差异

国际商务谈判的跨文化性要求谈判者必须正确认识和对待文化差异。不同的文化之间没有高低贵贱之分，尊重对方的文化是对国际商务谈判者最起码的要求。正所谓“入乡随俗，入国问禁”。切记不要在国际商务谈判中，以自己熟悉的文化的“优点”去评判对方文化的“缺点”，这是谈判的一大禁忌。

4．熟悉国家政策、国际公约和国际惯例

国际商务谈判的政策性要求谈判者必须熟悉双方国家的有关政策，尤其是外交政策和对外经济贸易政策；同时还应该了解有关国际公约和国际惯例，如《联合国国际货物买卖合同公约》《2010 年国际贸易术语解释通则》《跟单信用证统一惯例》等。

5．具备良好的外语技能

语言是交流磋商必不可少的工具。良好的外语技能有利于谈判双方的交流效率，避免沟通过程中的障碍和误解。而且语言本身是文化的重要组成部分，学好外语也能更好地了解对方的文化，能够使谈判者在国际商务谈判中准确表达自己的观点和意见，完整地了解对方的观点和意见，不失时机地抓住机会，实现谈判目标。

【案例 4-1】广岛、长崎的原子弹

第二次世界大战后期，1945 年 7 月 26 日中美英三国发表《波茨坦公告》，要求日本无条件投降。日本首相铃木宣布他的政府愿意“默杀”《波茨坦公告》，该词既有“蔑视或不

理睬”的意思，又有“高明老练地不做反应”的意思。根据战后“太平洋战争研讨会”的看法，当时铃木持的是后一种意思，即没有拒绝《波茨坦公告》。但是英文里没有与“默杀”完全相对应的词，日本对外广播通讯社的译员选择了“蔑视或者不理睬”的意思译成英文。因而，该消息广播后，全世界都认为日本拒绝投降。这一误译使美国断定日本不愿意投降，于是在广岛和长崎投下了原子弹。为此，有的西方学者说，如果当时在翻译中选择另一个词，美国可能就不使用原子弹了。

(资料来源：莫林虎. 商务交流. 北京：中国人民大学出版社，2008)

【案例分析】语言文化的差异在世界各国是客观存在的，了解并利用语言文化差异，对促进商务交流、促成商务谈判的成功具有积极意义。

延伸阅读：

通过扫描二维码或者登录网址，观看中央电视台纪录频道(CCTV9) 2015 年纪录片《与全世界做生意》第 1 集《与世界的距离》，分析为什么中国人要和全世界做生意。

http://tv.cntv.cn/video/VSET100229673988/68b8a8f08ab547d8868b5ac7e6e0b045

4.2 国际商务谈判中的文化差异

由于不同文化的商务谈判风格差异很大，所以，在商务谈判时，要针对不同文化背景的商业伙伴，强化基于文化差异的商务谈判进行分析，并采取适当的策略，提高商务谈判的效率和成功率。

4.2.1 商务谈判与文化

商务谈判作为人际交往中的特殊形式，必然会涉及不同地域、民族、社会文化的谈判主体的交往与接触，从而导致跨文化谈判问题。在国际商务谈判中，由于各国历史传统、政治制度、经济状况、文化背景、风俗习惯以及价值观念存在明显差别，谈判活动常常会表现出显著的文化差异与强烈的文化冲突。一个合格的谈判人员必须熟悉各国文化差异，研究跨文化谈判的规律，具体了解谈判对手的价值观、思维方式、行为方式和心理特征，并能巧妙地加以利用，从而掌握谈判的主动权，维护己方的谈判利益乃至国家利益。

【案例 4-2】联合国秘书长的不成功“妥协”

1980 年年初，联合国秘书长瓦尔德海姆飞抵伊朗谈判如何解决美伊人质危机。当抵达机场的时候，他发表了讲话，宣称：“我来这里是以中间人的身份寻求某种妥协的。”伊朗国家广播电台、国家电视台迅速播放了他的讲话。然而在他的讲话播出不到一小时，他尚未正式开始的努力就遭到了严重的挫败。他的讲话不仅使他在以后的谈判桌上不受欢迎，而且很快使他的座车受到了包围，又遭到了伊朗人投掷石块的袭击。究其原因，有两点：一是波斯语中的“妥协”这个词并不具有英语 accommodation 中“双方都可接受的折中之道”的正面意义，而只有“美德折损”“人格折损”的负面意义；二是“中间人”这个词在波斯语中指“爱管闲事的人”。于是，误解就产生了。这种误解竟使这场美伊人质危机的谈判陷入了“危机”。

(资料来源：李昆益. 商务谈判技巧. 北京：对外经济贸易大学出版社，2007)

【案例分析】文化的差异会导致语言效果的极大差别。秘书长先生由于不了解波斯文化中“妥协”和“中间人”的含义，不恰当地加以运用，最终的不成功也就不奇怪了。可见，在商务谈判中，充分了解谈判对方的文化是非常重要的。

1．跨文化谈判与国内谈判的共性特征

跨文化谈判，即跨越国界的、分属于不同国家的商务活动主体，为实现各自的目的而相互间所进行的磋商过程。跨文化商务谈判作为国内商务谈判的延伸和发展，与国内商务谈判存在着十分密切的联系。

(1) 为特定目的与特定对手的磋商。国内商务谈判和跨文化商务谈判同样都是商务活动主体为实现其特定的目的而与特定对手之间进行的磋商。作为谈判，其过程都是一种双方或多方之间进行信息交流，“取”与“予”兼而有之的过程。谈判过程中所适用的大多数技巧并没有质的差异。

(2) 谈判的基本模式是一致的。与国内商务谈判相比，跨文化商务谈判中必须要考虑到各种各样的复杂环境因素，但谈判的基本模式仍是一致的。事实上，由于文化、政治、经济制度等多方面的差异，谈判过程中信息沟通方式、需要讨论的问题等都会有很大的不同。但与国内商务谈判一样，跨文化商务谈判也同样遵循从寻找谈判对象开始，到建立对应关系、提出交易条件、讨价还价、达成协议，直至履行协议结束这一基本模式。

(3) 国内、国际市场经营活动的协调。在经济活动的主体参与国际市场经营活动时，国内商务谈判和跨文化商务谈判是两个不可分割的组成部分。尽管国内谈判和跨文化谈判可能是由不同的人员负责进行，但由于企业必须保持其国内商务活动和国际商务活动的衔接，国内谈判与跨文化谈判之间就存在着密不可分的联系。在从事跨文化商务谈判时，必须要考虑到相关的结果或可能出现的状况，反之亦然。

2．跨文化谈判与国内谈判的区别

在认识到跨文化谈判与国内谈判的共性特征的同时，对于要取得跨文化商务谈判的成功而言，认识到这两种谈判之间的区别，并针对其区别而采取相应的措施是更为重要的。

跨文化谈判是跨越国界的谈判，其谈判活动与国内谈判的根本区别源于谈判者与谈判活动以及谈判协议履行的不同环境背景下的文化差异，如图 4.1 所示。

国内谈判通常拥有共同的文化背景，谈判双方生活于共同的政治、法律、经济、文化和社会环境之中。在国内谈判中，谈判者主要应考虑的是双方公司及谈判者个人之间的某些差异。而在跨文化商务谈判中，谈判双方来自不同的国家，拥有不同的文化背景，生活于不同的政治、法律、经济、文化和社会环境之中。这种差异不仅形成了人们在谈判过程中谈判行为的差异，而且还将会对未来谈判协议的履行产生十分重大的影响。比较而言，由于谈判者及谈判环境的文化背景差异，在跨文化谈判中，谈判者面临着许多在国内谈判中极少会出现的问题。

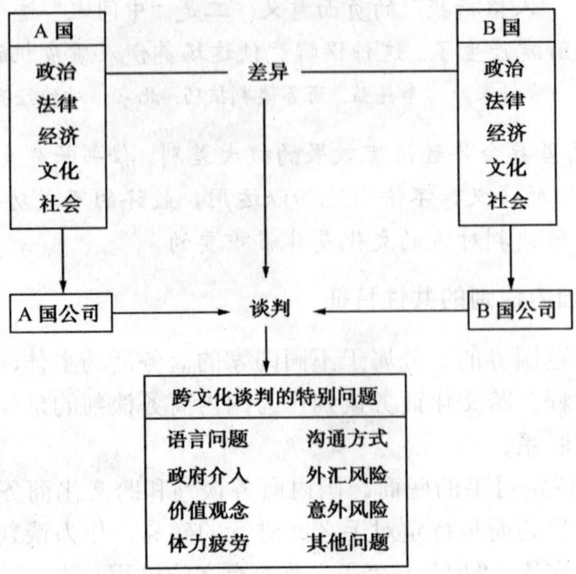

图 4.1　跨文化谈判与国内谈判的差异

4.2.2　文化差异对谈判的影响

1. 文化差异客观存在

文化是人类社会各种活动的综合产物，它包括诸如信仰、知识、艺术、习俗、道德等社会生活的各个方面，以及某区域内人们的价值观、特性或行为方式等内容。由于人们居住的地域，所属的民族，使用的语言，以及在气质、性格等心理因素上的差别，使得在不同国家、民族间，体现在价值观、传统文化、宗教信仰、语言、思维方式、行为准则、习惯等方面的文化差异客观存在。对于谈判行为的参与者来说，一种谈判风格在另一种文化中却可能到处碰壁，原因就在于忽视了文化间的差异。例如，联合航空公司在泛美太平洋航线上给每一位乘客送一束白色的康乃馨，而白色在东方常表示丧事；美国商人送给中国商人绿色的高尔夫帽子；等等。

2. 文化差异对谈判沟通过程的影响

国内谈判中，谈判双方不存在文化差异，从而也就不存在由于文化差异而导致的相互间信息沟通的障碍。在跨文化谈判中，谈判者来自不同的国家或地区，谈判者之间的沟通是跨文化的沟通，即不同文化背景下的人与人之间的沟通。在跨文化谈判沟通中，谈判者的思维方式、价值观念、语言、态度及行为都打上各自文化的烙印，从而导致谈判沟通的复杂化。谈判双方之间要进行较为深入的沟通，往往就会产生种种问题。

文化差异对谈判沟通过程的影响，首先表现在谈判语言沟通过程中。受文化因素的影响，谈判者语言的取向性，即对同一语句的理解是不同的。如在秘鲁，关于过去和将来的概念与中国汉语的含义正好相反。这种基于语言习惯而产生的语言取向性差异，给谈判者沟通过程制造了障碍。同样受文化因素的影响，导致语言的非对应性。即一种语言难以在另一种语言中找到准确的对应用语，或一种语言用语转换为另一种语言时，存在歧义的多种解释。语言的这种非对应性对谈判的语言沟通过程影响非常大，有时甚至导致谈判失败。

文化差异对谈判沟通过程的影响不仅表现在语言沟通过程中，还表现在非语言沟通过程中。文化的差异导致不同国家或地区的谈判者在表达过程中，形体语言、动作语言的运用上有着巨大的差异，甚至同样的动作语言传递着截然相反的信息。谈判者不同形体、动作语言的运用和双方认知的差异，同样给谈判中的沟通制造了障碍。

文化差异也导致谈判者沟通方式的差异。跨文化谈判中的谈判双方经常属于不同的文化圈，有各自习惯和偏好的特定沟通方式。习惯于不同沟通方式的双方之间要进行较为深入的沟通，往往就会产生各种各样的问题。在高内涵文化[①]国家，如中国、日本等，人们的表达通常较为委婉、间接；而在低内涵文化国家，直截了当的表达则较为常见。高内涵文化背景的谈判者比较注重发现和理解对方没有通过口头表现出的意思，而低内涵文化背景的谈判者则偏爱较多地运用口头表达，直接发出或接受明确的信息。来自这两种不同文化的谈判者在进行谈判时，很容易想象的结果是一方认为对方过于粗鲁，而另一方则可能认为对方缺乏谈判的诚意，或将对方的沉默误解为对其所提条件的认可。

3．文化差异对时间概念和空间概念的影响

大量研究表明，在不同国家或地区，人们的时间概念有着明显的差异。就谈判而言，有些国家和地区的谈判者时间概念很强，将严格遵守时间约定视为一种最起码的行为准则，是尊重他人的表现。如在美国，人们将遵守时间看成是商业活动及日常生活中的基本准则之一；比预定时间更早到达，则经常被视为急于成交的表示。但在一些拉丁美洲和阿拉伯国家，如果这样去理解对方在谈判桌上的行为，则很可能很难达成任何交易。那些地区或国家的谈判者有着不同的时间概念。

空间概念是与时间概念完全不同的问题。在不同的文化环境中，人们形成了不同的心理安全距离。在与一般人的交往中，如果对方突破这种距离，就会使自己产生心理不适。有关研究表明，在某些国家，如法国，在正常情况下人们相互之间的心理安全距离较短。而一般美国人的心理安全距离则较法国人长。如果谈判者对这一点缺乏足够的认识，就可能使双方都感到不适。

4．文化差异对决策结构与决策权限的影响

谈判的重要准则之一是要和拥有相当决策权限的人谈判，至少也必须是与能够积极影响有关决策的人员谈判。这就需要谈判者了解对方企业的决策结构与决策权限，了解能够对对方决策产生影响的各种因素。企业的决策结构、决策权限与受文化影响的国家政治经济体制、法律体制和企业制度有关。由于不同国家的政治经济体制、法律体制和企业制度

① 根据沟通风格的不同，世界上的文化可分为两大类：有些文化，绝大多数信息都可通过言辞来表达，而且很清楚；而有些文化则用言辞表达少，无声方式传递多，信息表达不明显。人类学家霍尔(Edward T. Hall)考察各国文化后，分别将这两类文化称为低内涵文化和高内涵文化。

等存在着很大的差异，商务活动中的决策结构也有着很大的不同。而同样是在企业拥有自主决策权的情况下，企业内部的决策权限分布在不同的国家和地区又会有很大差异。

在关注不同国家的企业决策结构差异时，尤其值得注意的是政府介入企业商务活动的程度和方式。商务活动涉及国家的政治利益时，政府介入的程度就可能更高。正是由于跨文化商务活动中可能面临决策结构差异和不同程度的政府介入，因而谈判可行性研究中的对手分析远比国内的商务谈判中的有关分析更复杂。在某些情况下，谈判者不仅要有与对方企业谈判的安排，而且要有与对方政府谈判的打算。

5. 文化差异对法律制度的影响

基于不同的社会哲学以及不同的社会发展的历史沿革等，不同国家的法律制度往往存在着很大的差异。要能保证谈判活动的正常进行，保证谈判协议能够得以顺利实施，正确认识法律制度的差异是不可忽视的。与此同时，一个值得注意的现象是，不仅不同国家的法律制度存在着明显的差异，而且不同国家法律制度得以遵照执行的程度也有很大不同。美国联邦沟通委员会前主席牛顿·米诺(Newton Minow)的一段戏言颇能帮助人们理解这一状况。根据他的看法，在德国，在法律之下，所有的事都是被禁止的；在前苏联，所有的事都是被禁止的，包括那些被许可的东西；在意大利，所有的事都是可行的，包括那些被禁止的。表面看来，这段话显得有些混乱，但其所表明的意思却是很容易理解的，即不同国家的法律制度及法律执行情况有着很大的差异。在跨文化商务谈判中，谈判者要遵守那些自己并不熟悉的法律制度，同时，还必须充分并深入地理解有关的法律制度，了解其执行情况，否则就很难使自身的利益得到切实的保护。

6. 文化差异对合作双方关系的影响

在商务谈判中，语言、习惯、价值等文化差异与冲突，使经营文化环境更加复杂。假如各方不能正确面对文化差异，不能找出问题的根源所在，必然影响相互之间的沟通，难以形成统一的谈判目标，最终可能会导致国际经营活动和商业合作的失败。在戴姆勒—克莱斯勒这个案例中，两公司之间巨大的文化差异，公司从高层管理人员直至普通员工沟通上的严重障碍，大大制约了总公司的整体运作。尽管这次合作还没有走到尽头，但至少弥合两种文化的缝隙实在不是件容易的事情。

7. 文化差异对谈判者行为的影响

谈判者在谈判中所表现出来的行为是其文化的反映。文化的差异导致在一种文化里被认为是合理的行为，在另外一种文化里却变成了不合理的行为。一般来说，西方的谈判者注重细节，喜欢从具体事实出发，习惯于开门见山、直截了当。而在东方一般是“先谈原则、后谈细节”，在做出任何决定之前是要考虑再三，注重和谐、求同。类似地，西方人认为时间是有价值的，在谈判中追求速度和效益，作风雷厉风行。相反，在阿拉伯、南美及某些亚洲国家，时间被认为是有弹性的，他们希望通过较长的时间来了解对方。而就个人与集体的关系而言，西方人普遍认为人应该追求自己的利益，而在东方人们强调集体主义和群体意识，就像在美国，人们会说：“会吱吱作响的轮子才能得到润滑油”，而在中国，人们则会说："枪打出头鸟"。另外，相比于中国谈判者的"单赢"策略，西方谈判者则更多地采用"双赢"的策略和主张"人事分开"的原则，并且喜欢用法律来保障自己的权利和履行自己的义务。

8．文化差异对谈判风格的影响

文化是由谈判人员带到谈判中来的，谈判人员的行为同时也反映了他们所具有的文化特征，而这种文化特征反映在商务谈判中，就形成了不同的谈判风格。例如，中国的谈判者在谈判中注重礼节，重人情，说话含蓄，不喜欢直截了当地表明自己的态度。"和为贵"的价值观使中国人把创造和谐的气氛作为谈判的重要手段，并且希望通过谈判建立一种长久和谐的关系。而日本商人除了注重礼节、看重人情关系之外，更具有强烈的集体意识，执着耐心，吃苦耐劳。他们同样是用迂回曲折的方式陈述自己的见解，据说在日语中大约有十六种避免说"不"的表达方式。而美国人说话就比较直接，注重效率，法律意识也比较强。法国人则偏爱横向谈判，坚持使用法语。德国商人则注重合同，守信用，等等。以上这些都是因为各国所具有的不同文化背景而形成的不同的谈判风格。

4.2.3　商务谈判中应对文化差异的策略

盖温·肯尼迪说："具有不同文化的人们有着不同的谈判风格。在该社会成员所参加的谈判中，你几乎被完全规定了谈判的内容和方法。"国际商务谈判中文化差异客观存在，了解掌握解决文化差异的策略和辩证地对待这些差异就显得十分必要。只有分析它，了解它，正视它，才能在国际商务谈判实践中对症下药，跨越文化差异引起的障碍，实现双赢共存。

1．正视文化差异

一棵树上找不到完全相同的两片树叶，属于同一文化的两个人也不一定完全相同。在国际商务谈判中，文化差异是客观存在的，所以谈判者要学着去适应出现的文化差异，正视文化差异，学会与不同文化、价值观、思维方式相融合。求同存异，承认文化的不同，超越排斥原则，对它采取积极、真挚的接受态度而不是简单的容忍或漠视，要尊重各国、各民族的礼节、习俗、禁忌，接纳不同的思想意识和哲学。

2．建立跨文化的谈判意识

法国的文化研究专家安卓·劳伦特(Andre Laurent)曾指出："我们自己的文化已经成为我们自身的一部分，以至于我们看不见我们自己的文化，使得我们总是认为别人的文化与我们的文化相类似。当受其他文化影响的人们的行为与我们的行为不一致时，我们经常会表现出吃惊甚至沮丧的情绪。"这深刻地揭示了国际商务谈判者们常常意识不到自己的行为方式是如何受文化习俗和价值观的影响，常在谈判中有意无意地用自己的标准去解释和判断其他民族的文化，假定其他人的行为方式和自己的相同。施伦普就是因为忽略了并购方员工的情绪和情感，用德国的方式来管理美国员工，从而形成阻力。因此，为了能更好地驾驭谈判进程，谈判人员必须加强跨文化谈判意识，认识到不同文化类型背景的谈判者在需求、动机、信念上的不同，学会了解、接受、尊重对方文化。

3．在谈判前应做好充足的准备工作

谈判的成功之路是“准备，准备，再准备”。人们只有在对手的拳头打出之前就做好准备，才能躲过攻击。准备工作在国内谈判中就已经很复杂了，当再加上多种多样的跨文化因素时，对谈判进行充分计划所要解决的问题和所要耗费的时间将呈现指数增长。许多外国谈判者，是以技术上和运作上都进行了很好准备的状态来到谈判桌前的，而且他们希望对手也是如此。像韩国商人，他们对谈判前的准备工作十分重视，如果他们坐在谈判桌前，那么说明他们已对对方有一定的了解，并做了充分的准备。因此在谈判前，谈判者要全面动态地了解对手的期望、对方的民族习性、对方的谈判手段和语言文化以及对方的实际决策者、实际决策者在组织中所处的位置和其职权范围，了解将要接触的文化所特有的谈判技巧。

4．选择一个真正的双文化翻译者

在不同的文化中，文字有着不同的意思。不同文化中的观点和概念也有明显的差异。如案例 4-2 中，联合国秘书长瓦尔德海姆为解决人质问题飞到伊朗，结果却因他的演讲中说了句“我来这里是以中间人的身份寻求某种妥协的”而以失败告终。可见这种因语言和文化禁忌而引起的文化差异，会成为谈判中令人生畏的拦路虎。有时候，即使你懂得某种语言，你也常常不能完全理解文化特有的细微差别及其蕴含的意义。一般而言，不同文化中是没有相同概念的，为了能完全理解，必须要有详尽的沟通、描绘、案例和解释。一个真正的双文化翻译者可以帮助谈判者用有恰当含义的句子做出回答，并能决定性地影响整个谈判进程。

每一种文化都确立了一种世界观，即一种观察现实的独一无二的视角，一种与众不同的思想、价值观和信仰。而国际商务谈判是一种复杂的跨国性、跨文化的经济活动。这种属于不同思维方式、感情方式及行为方式的谈判，比单一的文化环境下的谈判具有更大的挑战性。因此，为了培养敏锐的沟通技巧，谈判者必须学会通过某种与自己文化所不同的视角进行观察，始终注意彼此间的文化共性和差异，就会更好地理解别人，对这些独特的世界具有一定程度的了解，才能更好地推动商务活动的开展。

延伸阅读：

通过扫描二维码或者登录网址，观看中央电视台纪录频道(CCTV9)2015年纪录片《与全世界做生意》第 1 集《与世界的距离》，分析为什么要对玻利维亚的员工带来东莞进行培训呢？

http://tv.cntv.cn/video/VSET100229673988/68b8a8f08ab547d8868b5ac7e6e0b045

4.3 商务谈判风格的国别比较

4.3.1 日本商人的谈判风格

日本是个岛国，资源匮乏，人口密集，市场有限，民众有深厚的危机感。第二次世界大战后，日本通过引进高科技并发展外向型经济，创造了经济上的奇迹，从战后废墟中一跃而成为世界第二大经济强国。

日本与中国是一衣带水的近邻，同属于东方文化类型的国家。早在公元 7 世纪，中国的儒教文化传入日本。儒家思想中的等级观念、忠孝思想、宗法观念深深植根于日本人的内心深处，并在其行为方式中体现出来，形成富有特色的大和民族文化——个人、家庭、团体、政府信念一致，民族向心力强。然而，日本通过历代的社会变革，从明治维新开始，逐渐将传统的价值观念与崭新的现代观念结合起来，出色地完成了从传统的古老社会到现代社会的过渡。现代的日本人兼有东西方观念，具有鲜明的特点。他们讲究礼仪，注重人际关系；等级观念强，性格内向，不轻信人；工作态度认真、慎重，办事有耐心；精明自信，进取心强，勤奋刻苦。这些特征使日本人在商务活动中表现为事前工作充分、计划性强，注重长远利益，善于开拓新的市场。

1．等级观念根深蒂固

日本人的等级观念根深蒂固，他们非常重视尊卑秩序。日本企业都有尊老的倾向，一般能担任公司代表的人都是有 15～20 年工作经历的人。他们讲究资历，不愿与年轻的对手商谈，因为他们不相信对方年轻的代表会有真正的决策权。日本商人走出国门进行商务谈判时，总希望谈判对手的地位能与自己的地位相当。在日本谈判团内等级意识也很重。一般都是谈判小组成员奋力争取，讨价还价，最后由“头面人物”出面稍作让步，达到谈判目的。还应注意的一点是，日本妇女在社会中的地位较低，一般都不允许参与大公司的经营管理活动，日本人在一些重要场合也是不带女伴的。所以遇到正式谈判，一般不宜让妇女参加，否则他们可能会表示怀疑，甚至流露出不满。利用日本人这种尊老敬长的心理，与日方谈判时，派出场的人员最好是官阶、地位都比对方高一级，这样会有利于谈判的进行。

2．团队意识强烈

日本商人的团队精神或团体意识在世界上是首屈一指的。单个日本人与其他民族的人相比，在思维、能力、创新精神或心理素质方面往往都不见得出类拔萃。但是，日本人一旦结为一个团体，这个团体的力量就会十分强大。日本有许多家族式企业，它们使个人、家庭和企业紧密相连，使个人对集体产生强烈的依赖感、归属感和忠诚心，使企业组织内部有高度的统一性和协调性。在日本企业中，决策往往不是由最高领导层武断地做出的，而是要在公司内部反复磋商，凡有关人员都有发言权。企业高层领导通常派某人专门整理所需决策的情况，集中各方面意见，然后再做出决策。与此相适应，日本企业的谈判代表团多是由曾经共事的人员组成，彼此之间互相适应，有着良好的协作关系，团体倾向性强。谈判团内角色分工明确，但每个人都有一定的发言决策权，实行谈判共同负责制。在谈判过程中常常会遇到这样的情形：碰到日方谈判团事先没有准备过或内部没有协商过的问题，他们很少当场明确表态，拍板定论，而是要等到与同事们都协商过之后才表态。因此，同日本企业打交道，与担任中层领导的人员以及其他有权参加决定的成员之间建立和培养良好的关系，往往有助于交易谈判的展开。集体观念使得日本人不太欣赏个人主义和自我中心主义的人，他们往往率团前去谈判，同时也希望对方能率团参加，并且双方人数大致相等。如果对方没做到这一点，他们就会怀疑其能力、代表性及在公司中的人际关系，甚至会认为对方没把他们放在眼里，是极大的失礼。

3．重视人际关系和信誉

日本人很注重在交易谈判中建立和谐的人际关系。往往在商务谈判过程中，有相当一部分时间和精力是花在人际关系中。假如你与日本商人曾有过交往，那么在谈判之前就应尽力地回忆过去双方的交往与友谊，这对后面将要进行的谈判是很有好处的。他们不赞成也不习惯直接的、纯粹的商务活动。如果有人想开门见山地进入商务问题的谈判而不愿开展人际交往，那么他们就会处处碰壁，反而欲速则不达。有人认为，参加日本人的交易谈判就等于参加一场文化交流活动。如果初次同日本企业建立关系，或者商谈的内容十分重要，那么，在谈判开始的时候，本方地位较高的负责人拜会对方日本企业中同等地位的负责人是十分重要的。它会促使日本企业重视与你之间的交易关系。在拜会时，一般不谈重要的事项，也不涉及具体的实质性问题。

日本人重信誉而不重合同。如果你与他们成功建立了互相信赖的关系，几乎可以随便签订合同。对日本人来讲，大的交易项目的谈判有时会延长时间，那常常是为了建立互相信任的关系，而不是为了防止出现问题而确定法则。合同在日本人看来是人际关系的一种外在形式。当周围环境发生变化，使得情况有害于公司利益，这时如果外商坚持合同的惩罚条款，或者不愿意放宽已经签订了的合同条款，日本人就会感到极为不满。当然，一旦订立合同，他们都较重视合同的履行，履约效率高。

所以，在同从未打过交道的日本企业洽谈时，应当在谈判前先获得日方的信任。最好的办法就是取得某个日方认为可靠、信誉佳的企业的支持，这十分有益于谈判的成功。

4．忍耐坚毅，暧昧圆滑

日本商人在谈判时表现得彬彬有礼，富有耐心，实际上他们深藏不露，固执坚毅。日本商人在谈判中会显得殷勤谦恭，对长者或对某方面强于自己的人充满崇敬之情。在国外，他们恪守所在国的礼节和习惯，谈判时则常在说说笑笑中讨价还价，这反映了“礼貌在先，慢慢协商”的态度；使谈判在友好的气氛中进行，也会使对方逐渐放松警惕，便于他们杀价。欧美一些国家的商人称日本人的彬彬有礼是“带刀的礼貌”。要对付善于“以柔克刚”“微笑谈判”的日本对手，就必须牢记一条：商务谈判中友谊是有价的。如果遇到日方年长者大谈古典哲学、现代艺术以期在谈笑中兜售自己的观点和施加个体影响，或是遇到日方年轻者以尊敬亲近的态度请求关照、加深友谊，以灵活地刺探对手的信息时，都应警惕地想到：日本人那谦恭的外表之下隐藏着誓不屈服和绝不妥协的决心。

许多场合下，日本谈判人员在谈判中显得态度暧昧，婉转圆滑，即使同意对方的观点，也不直截了当表明，往往给人以模棱两可的印象。他们非常有耐性，一般不愿率先表明自己的意图，而是耐心等待，静观事态发展。他们善于搞蘑菇战。一方面，如果预案与事实不符，他们会故作镇静、掩盖事实和感情，并采用缓兵之计，迅速地研究出新的方案，部署新阵地；另一方面，他们会想方设法了解对方的意图，特别是对方签约的最后期限，是他们千方百计想打听的事项。如果对方急于求成，他们往往会拼命杀价或一声不吭，将对方折磨得精疲力竭，而在对方最后期限即将来临时突然拍板表态，让对方在毫无思想准备的情况下措手不及。面对日本人的顽强精明，最好的办法是以阵地战回应。首先要制定好方案，不论对手是安静沉默还是疾风骤雨的攻击，都要依然如故，不乱阵脚。如果预案与事实不符，也可以运用缓兵之计，迅速地研究出新方案，部署新阵地后再战。

日本人十分通晓“吃小亏占大便宜”和“放长线钓大鱼”的谈判哲理。无论在谈判桌前还是在会场外，他们都善于用小恩小惠或表面的小利去软化对手的谈判立场，从而获取更大的利益。例如，他们常用折扣手法来逢迎买方的心理，其实在主动提出打折之前他们早已抬高了价格，留足了余地。又如，他们喜欢采用出钱让几个人出国监造设备、监装货物或用请客送礼等办法软化对手。面对日方商人的这种做法，应注意避免舍本逐末，要求根本利益，而不要贪图表面的小利。许多日本商人在谈判战略上都能灵活处理眼前利益与长远利益的关系。例如，在整台机械设备上让利，达成交易，从而取得之后的专用零配件的供应权。因此，与日本人谈生意，要对交易利益长远考虑，通盘筹划。

日本人刻苦耐劳，他们在商务谈判中常常连续作战、废寝忘食。一旦谈判中发生细节变化，他们会主动整理，形成文字，不管这项工作多么繁重累人。这也是他们的一项重要谈判策略，通过整理文件所使用的词语的细微变化，他们会尽量使协议有利于自己。因此，对其整理好的文件应小心审查全部细节。而且在订立合同之后，虽然他们一般较重视合同的履行，履约率较高，但这并不排除在市场行情不利于他们时，他们会千方百计寻找合同漏洞来拒绝履约的情况。

5．注重礼仪，讲究面子

日本人待人接物非常讲究礼仪。他们在贸易活动中常有送礼的习惯。他们认为礼不在贵，但要有特色，有纪念意义，并对不同的人所送的礼物的档次要有所区别，以示尊卑有序。日本商人重视先根据对象不同行不同的鞠躬礼，同时双手递上自己的名片，然后以双手接对方的名片，在仔细看后微笑点头，两眼平视对方，说上一句“见到你很高兴”之类的客套话。对此，外商也需要理解和遵循，否则会被日本商人视为不懂规矩、没有礼貌。

日本人非常讲面子，他们不愿对任何事情说“不”字。他们认为直接的拒绝会使对方难堪，甚至恼怒，是极大的无礼。因此，在谈判过程中，他们即使对对方的提议有所保留，也很少直接予以反驳，一般是以迂回的方式陈述自己的观点。同样，在和日本商人谈判时语气要尽量平和委婉，切忌妄下最后通牒。有时对方仅仅说一声“不”，都会令他们无法接受，认为这个人不但没礼貌，而且无诚意。另外，不要把日本人礼节性的表示误认为是同意的表示。日本人在谈判中往往会不断点头并说：“哈依！”这样子常常是告诉对方他们在注意听，并不是表示“同意”。因此，在洽谈中，你必须善于察言观色，仔细体会，准确把握对方语言的真实内涵，以防日语中诸多的隐含意思所引起的误解。最好是找一名双方都信任的翻译，不仅可以帮你了解日方的想法，还可以避免双方因意见不一致而出现难以下台的局面，保住双方的面子。

6．通常不选择法律途径处理合同纠纷

只要有可能，日本谈判团里不会包括律师。日本人觉得每走一步都要同律师商量的人

是不值得信赖的，甚至认为带律师参加谈判，就是蓄意制造日后的法律纠纷，是不友好的行为。当合同双方发生争执时，日本人通常不选择诉诸法律这一途径。他们善于捕捉时机，签订含糊其辞的合同，以便将来形势变化时可以做出有利于他们的解释。

4.3.2 美国商人的谈判风格

美国是个年轻的国家。历史上大批拓荒者从欧洲来到北美，从美国东海岸进军西海岸，冒着极大的风险，开拓出一片片土地。这种开拓精神世代流传，现代的美国人仍具有强烈的进取精神。美国是个移民的国家，人口流动性大，开放程度较高，现代观念很强，传统的东方君主制和西方的贵族世袭制在这里找不到生存的根基，因此，美国人很少受权威和传统观念的支配，而是具有强烈的创新意识和竞争意识。

【案例 4-3】夏派罗的谈判

夏派罗是美国谈判大师和体育经纪人，他给客户的第一印象和谈判风格就是实在。有本专著叫《实在就是力量》，序言中讲了一个故事。

利普肯是美国著名棒球运动员。他第一次遇见夏派罗时，是一个十八岁的棒球新秀，许多经纪人都希望做他的经纪人。他们花了非常大的功夫进行拉拢，试图让利普肯相信他们或他们的经纪公司是最好的，是最具有竞争力的，能帮助他更快地进入大联盟，可以给他带来一份更丰厚的合同，可以更好地帮助他理财，拉到更多的赞助商。这些经纪人施展了各种各样巧妙手段，挖空心思来引诱他，这对年轻的利普肯很有吸引力。

有一天，利普肯接到夏派罗的电话，夏派罗一开始就明显不同于其他经纪人。他们在一种朴实的气氛中谈话。利普肯来到夏派罗的办公室，办公室十分简单，没有真皮沙发，墙上没有桃木镶板，也没有大理石地板。午饭时间，夏派罗也只拿来了三明治。

“这是我和夏派罗之间进行的第一场谈判。经过几次谈判之后，我最终选择了夏派罗做我的经纪人。为什么？因为他非常实在的作风让我明白他会为了我的利益着想。因为他问我想要什么，需要什么，并真正按我的要求去做，而不是告诉我他想怎么做，我们彼此很快获得了信任。现在，这么多赛季、全明星赛和接踵而来的合同让我觉得，我做了一个18岁的年轻人所能做的最好选择。”

利普肯后来见过各种各样的谈判者，但他永远选择夏派罗。对此，利普肯是这样解释的：“因为你可以建立很多关系，一笔交易会带来更多的交易。你不用犯错误就能与谈判对手一起获得更好的谈判结果。事实上，夏派罗已经教会了我怎样做一个更好的谈判手。十五年来，我见证了他那实在的力量。我的职业生涯以及其他许多事情都是谈判效果的证明。”

(资料来源：高建军. 商务谈判实务. 北京：北京航空航天大学出版社，2007)

【案例分析】“夏派罗风格”是夏派罗在谈判中表现出来的风格——实在，这也是很多美国商人的谈判风格。

1．坦率自信，风格幽默

从总体上讲，美国人的性格是外向、随意的。有些研究美国问题的专家，将美国人的性格特点归纳为：外露、坦率、诚挚、豪爽、热情、自信、说话滔滔不绝、不拘礼节、幽默诙谐、追求物质上的实际利益等。

美国谈判人员有着与生俱来的自信和优越感，他们总是十分有信心地步入谈判会场，不断发表自己的意见和提出自己的权益要求，往往不太顾及对方而显得气势上咄咄逼人，而且语言表达直率，喜欢开玩笑。这种心态常常会在谈判桌上形成一种优势，无论其年龄或资历如何，似乎不把对方放在眼里，实际上往往并非如此。他们坦率外露，善于直接向对方表露出真挚、热烈的感情，这种情绪也容易感染别人，对此应充分加以利用，并以相应的态度予以鼓励，以营造良好的谈判气氛，创造成功机会。

2．干脆利落，不兜圈子

美国人办事干脆利落，不兜圈子。在谈判桌上，他们精力充沛，头脑灵活，会在不知不觉中将一般性交谈迅速引向实质性谈判，并且一个事实接一个事实地讨论，直爽利落，不讲客套，并总是兴致勃勃，乐于以积极的态度来谋求自己的利益。为追求物质上的实际利益，他们善于使用策略，采用各种手法。正因为他们自己精于此道，所以他们十分欣赏那些说话直言快语、干净利落，又精于讨价还价，为取得经济利益而施展策略的人。正因为美国人具有这种干脆的态度，与美国人谈判，表达意见要直接，“是”与“否”必须清楚。如果美国谈判人员提出的条款、意见是无法接受的，就必须明确告诉他们不能接受，不得含糊其辞，使他们存有希望。有人认为，为了不失去继续洽谈的机会，应装出有意接受的样子而含糊作答，或者迟迟不答，这种做法实际上适得其反，不仅易给对方造成不良印象，还易导致纠纷的产生。

当双方发生纠纷时，美国谈判人员希望谈判对手的态度认真、诚恳，即使双方争论得面红耳赤，他们也不会介意。中国人在出现纠纷时往往喜欢赔笑脸，以为这样能使对方消除怒气。但如果以同样的做法处理与美国人的谈判纠纷，实际上会使美国人不满，因为在他们看来，出现纠纷而争论时，双方心情都很恶劣，笑容必定是装出来的，他们甚至可能认为面露笑容表示你已经认为理亏了。另外，在谈判过程中，要绝对避免指名批评，因为美国人谈到他人时，都会顾及避免贬损他人的人格。例如，不要指责客户公司中某人的缺点或竞争公司的缺点，这是美国人蔑视的行为。

3．重视效率，珍惜时间

美国谈判人员重视效率，喜欢速战速决。因为美国经济发达，生活、工作节奏极快，形成了美国人信守时间、尊重进度和谈判期限的习惯。美国有句谚语：“不可盗窃时间。”在美国人看来，时间就是金钱。如果不恰当地占用了他们的时间，就等于偷了他们的美元。美国人常以“分”为单位计算时间，在谈判过程中，他们舍不得浪费哪怕一分钟去进行毫无意义的谈话。美国人认为，最成功的谈判人员是能熟练地把一切事物用最简洁、最令人信服的语言迅速表达出来的人，因而美国谈判人员为自己规定的谈判最后期限往往较短。谈判中，他们十分重视办事效率，尽量缩短谈判时间，力争每一场谈判都能速战速决。如果谈判一旦突破其最后期限，谈判很可能破裂。除非特殊需要，同美国人谈判时间不宜过长。因为大多数美国公司每月或每季度都必须向董事会报告经营利润情况，如果谈判时间过长，就会对美国人失去吸引力。所以只要报价基本合适，就可以考虑抓住时机拍板成交。

4. 法律意识根深蒂固

美国人的法律意识根深蒂固，律师在谈判中扮演着重要的角色。因为生意场上普遍存在着不守诺言或欺诈等现象，美国谈判人员往往重防患于未然，凡遇商务谈判，特别是谈判地点在外国的，他们一定要带上自己的律师，并在谈判中会一再要求对方完全信守有关诺言。一旦发生争议和纠纷，最常用的办法就是诉诸法律，因为此时友好协商的可能性不大。美国谈判人员提出的合同条款大多是由公司法律顾问、董事会研究决定的，谈判人员一般对合同条款无修改权，对法律条款一般不轻易让步。美国人习惯于按合同条款逐项讨论，直至各项条款完全谈妥。

5. 喜欢搞全盘平衡的“一揽子交易”

美国人在谈判方案上喜欢搞全盘平衡的“一揽子交易”。所谓一揽子交易，主要是指美国商人在谈判某项目时，不是孤立地谈其生产或销售，而是将该项目从设计、开发、生产、工程、销售到价格等一起商谈，最终达成全盘方案。美国文化培养的谈判人员较注重大局，善于通盘筹划，他们虽讲实利，但在权衡利弊时更倾向于从全局入手。所以，美国谈判人员喜欢先总后分，先定下总的交易条件，再谈各项具体条件。他们这种一揽子交易手法，对于拓宽谈判思路、打破谈判僵局有一定的积极意义，然而却显得居高临下，咄咄逼人。我们相应的策略是，从具体分析入手。首先，基于我国的国情，谈判的项目不同，决定权不同，有的可由地方决定，有的需由中央批准，只有协调后才可以进行一揽子交易。因此可以以协调各部门为借口，处理一些对我方不利的问题。其次，一揽子交易中若有许多关键细节不明确，双方实际利益不平衡，那么谈判就会像竹篮打水，所得不多，可将这些细节条件作为敲定全盘的前提。最后，一揽子交易是由大及小的策略，可用逆向思维去应付，即由小及大的方法，用局部思维将其细化，以看透其中计谋。上司参与一揽子谈判，应在谈判人员进行局部谈判之后，坚持由下及上、由分到总的原则。

美国商人既重视商品质量，又重视商品包装。商品的外观设计和包装，体现一国的消费水平和文化状况，也是刺激消费者购买欲望、提高消费质量的重要因素。美国人不仅对自己生产的产品不遗余力地追求内在品质和包装水平，而且对于购买的外国商品也有很高的要求。

虽然美国谈判人员普遍具有上面所说的共同特点，但是由于美国地域广阔，种族众多，不同地域的美国人的处事方式和商业习惯有或多或少的差异，因此在商务谈判实践中，有必要具体研究，才能在谈判中得心应手。

4.3.3 欧洲商人的谈判风格

欧洲历史文化悠久，幅员辽阔，经济总体上较为先进，工商业发达，社会发展总体水平较高。但是，欧洲内部各地区文化存在一定差异性，经济水平与社会进步也不一致，各国商人的谈判风格常常表现出不同的特点。

1. 英国商人的谈判风格

英国是世界上资本主义发展最早的国家。历史上，英国一度在世界上建立起经济、政治和军事霸权。但自 19 世纪以来，英国的经济地位一步步削弱。近年来，英国的经济增长速度不快，经济实力和水平不如美国、日本和德国。虽然如此，英国人“曾经称霸世界”的大国意识很强烈，总是表现出一副悠然自得的样子。而且，英国人依然保留着岛国民族的特性，比较保守和怕羞，对新事物裹足不前，并且高傲、矜持，给人难以接近的印象。

(1) 冷静持重，充满自信。英国人一般比较冷静和持重。英国商人在谈判初期，尤其在初次接触时，通常与谈判对手保持一定的距离，绝不轻易表露感情。随着时间的推移，他们才与对手慢慢地接近，熟悉起来，并且你会逐渐发现，他们精明灵活，善于应变，长于交际，待人和善，容易相处。他们常常在开场陈述时十分坦率，愿意让对方了解他们的有关立场和观点，同时也常常考虑对方的立场和行动，他们对于建设性意见反应积极。英国商界赞同一句话：“不要说‘这种商品我们公司没有’，应该说‘只要您需要，我们尽量替您想办法’。”这一点，不仅反映了英国商人的灵活态度，也表现了他们十足的自信心。他们的自信心强，还特别表现在讨价还价阶段，如果出现分歧，他们往往固执己见，不肯轻易让步，以显示其大国风范，让人们觉得他们持有一种非此即彼、不允许讨价还价的谈判态度。

(2) 注重礼仪，崇尚绅士风度。英国商人十分注意礼仪，崇尚绅士风度。他们谈吐不俗，举止高雅，遵守社会公德，很有礼让精神。无论在谈判场所内外，英国谈判人员都很注重个人修养，尊重谈判业务规律，不会没有分寸地追逼对方。同时，他们也很关注对方的修养和风度，如果你能在谈判中显示出良好的教养和风度，就会很快赢得他们的尊重，为谈判成功打下良好的基础。由于古老的等级传统使英国人的等级观念变得非常严格而深厚，他们颇为看重与自己身份对等的人谈问题。因此洽谈生意时，在对谈判人的等级上，诸如官衔、年龄、文化教育、社会地位上都应尽可能对等，以示平等和尊重。这对于推进对话，加强讨价还价的力量有一定的作用。英国商人的绅士风度还表现在他们谈判时不易动怒，也不易放下架子，喜欢有很强的程序性的谈判，一招一式恪守规定。谈判条件既定后不愿改动，注意钻研理论并注重逻辑性，喜用逻辑推理表明自己的想法。他们听取意见时随和，采纳意见时却不痛快，处理复杂问题比较冷静。这种外交色彩浓厚的谈判风格，常使谈判节奏受到一定制约。采用简单、直截了当又不失礼貌的谈判手法，会使他们为证明自己并不拖拉而配合你，从而加快节奏。绅士风度常使英国谈判人员受到自我形象定位的约束，甚至成为他们的心理压力，对此应加以充分利用。在谈判中以确凿的论据、有理有力的论证施加压力，就会促使英国谈判人员因担心丢面子而放弃其不合理的立场，从而取得良好的谈判效果。

(3) 行动按部就班。英国商人行动按部就班。在商务活动中，招待客人时间往往较长。当受到英国商人款待后，一定要写信表示感谢，否则会被视为不懂礼貌。与英国人约会时，若是过去不曾谋面的，一定要先写信告之面谈的目的，然后再去约时间。一旦确定约会，就必须排除万难，按时赴约。因为英国人做生意颇讲信用，凡事应规规矩矩，不懂礼貌或不重诺守约，以后办事就难以顺利进行。

英国商人在商务活动中有一些明显的不足。例如，他们经常不遵守交货时间，造成迟延，引起直接的经济损失。这使他们在谈判中比较被动，外国谈判者会利用这一点预先迫使他们接受一些苛刻的交易条件，如索赔条款等。另外，英国商人在商务活动中一般不善于从事日常的业务访问。并且，英国商人都以使用英语为自豪，即使他们会讲第二外语，他们也不愿在谈判中使用。因此，与他们做生意要尽可能地讲英语。

(4) 忌谈政治，宜谈天气。英国的全称是大不列颠及北爱尔兰联合王国，由英格兰、威尔士、苏格兰、北爱尔兰四部分组成。虽然是统一的君主制国家，但是四个民族在处理事物上有许多微妙之处。我们提到"英格兰"时，一般是指整个联合王国，但在正式场合使用就显得不妥，因为这样会不自觉地漠视了其他三个民族。所以，在正式场合不宜把英国人叫做英格兰人，涉及女王时要说"女王"或正规地说"大不列颠及北爱尔兰联合王国女王"，而不应说"英格兰女王"。在和英国人交谈时，话题尽量不要涉及爱尔兰的前途、共和制和君主制的优劣以及大英帝国的崩溃原因等政治色彩较浓的问题。比较安全的话题是天气、旅游和英国的继承制度等。

英国人生活比较优裕舒适，每年夏冬两季有三周至四周的假期，他们利用这段时间出国旅游。因此，他们较少在夏季和圣诞节至元旦期间做生意。英格兰从 1 月 2 日开始恢复商业活动，在苏格兰则要等到 4 月以后。在这些节假日应尽量避免与英国人洽谈生意。

2．德国商人的谈判风格

1990 年，联邦德国与民主德国合并为统一的德国。从整个民族特点来看，德国人具有自信、谨慎、保守、刻板、严谨的个性，以及办事富有计划性，注重工作效率，追求完美的特征。简而言之，就是做事雷厉风行，有军旅作风。德国谈判人员身上所具有的这种日耳曼民族的性格特征会在谈判桌上得到充分的展现。

(1) 谈判准备工作充分周到。德国商人严谨保守的特点使他们在谈判前就做好充分周到的准备工作。他们会想方设法掌握翔实的第一手资料，他们不仅要调查研究对方要购买或销售的产品，还要仔细研究对方的公司，以确定对方能否成为可靠的商业伙伴。只有在对谈判的议题、日程、标的物的品质和价格，对方公司的经营、资信情况，谈判中可能出现的问题及对应策略做了详尽研究、周密安排之后，他们才会坐到谈判桌前。这样他们先立足于坚实的基础之上，就能处于十分有利的境地。德国人对谈判对方的资信非常重视，因为他们保守，不愿冒风险。因此，如果与德国人做生意，一定要在谈判前做好充分的准备，以便回答关于你的公司和你的建议等详细问题。

(2) 非常讲究效率。德国商人非常讲究效率，并且他们的思维富于系统性和逻辑性。德国人认为那些"研究研究""考虑考虑""过段时间再说"等拖拖拉拉的行为，对一个商人来说简直是耻辱。他们的座右铭是"马上解决"。他们觉得判断一个谈判人员是否有能力，只需看其办公桌上的文件是否快速有效地处理了。如果文件堆积如山，多是"待讨论""待研究"的一拖再拖的事情，那就可以断定该工作人员是不称职的。因此，德国商人在谈判桌上会表现出果断、不拖泥带水的特征。他们喜欢直接表明所希望达成的交易，准确确定交易方式，详细列出谈判议题，提出内容详细的报价表，清楚、坚决地陈述问题。他们善于明确表达思想，准备的方案清晰易懂。如果双方讨论列出问题清单，德国商人一定会要求在问题的排序上体现各问题间的内在逻辑关系，否则就认为逻辑不清，不便讨论。并且他们认为每场讨论应明确议题，如果讨论了一上午却不涉及主要议题，他们会抱怨组织无效率。因此，在与德国商人谈判时，进行充分的准备、严密的组织、清晰的表达、主题鲜明的论述，可以有效利用时间，减少双方误解，改善谈判的效率，促进双方富有成效地进行合作。

(3) 自信而固执。德国商人自信而固执。他们对本国产品极有信心，在谈判中常会以本国的产品为衡量标准。德国企业的技术标准相当严格，对于出售或购买的产品他们都要求很高的质量，因此要让德国商人相信你公司的产品能够满足交易规定的高标准，他们才会与你做生意。德国商人的自信与固执，还表现在他们不太热衷于在谈判中采取让步的方式。他们考虑问题周到系统，缺乏灵活性和妥协性。他们总是强调自己方案的可行性，千方百计迫使对方让步，常常在签订合同之前的最后时刻还在争取使对方让步。鉴于日耳曼民族这种倔强的个性特点，应尽量避免采取针锋相对的讨论方法，而要“以柔克刚”“以理服人”。常言道：“有理不在声高”，要以灵活的态度选择进攻点，体现分歧，表明立场，同时始终保持友好和礼貌的态度以扭转其僵硬的态度，不要激起对方的“犟脾气”。大多数德国人虽然固执，但还是很重理性的。只要把握住这一点，本着合理、公正的精神就能软化其僵硬立场。

(4) 崇尚契约，严守信用。德国人素有“契约之民”的雅称。他们崇尚契约，严守信用，权利与义务的意识很强。在商务谈判中，他们坚持己见，权利与义务划分得清清楚楚。涉及合同的任何条款，他们都非常细心，对所有细节认真推敲，要求合同中每个字、每句话都准确无误，然后才同意签约。德国商人对交货期限要求严格，一般都会坚持严厉的违约惩罚性条款。外国客商要保证成功地同德国人打交道，就得严格遵守交货日期，而且可能还要同意严格的索赔条款。德国人受宗教、法律等因素影响，比较注意严格遵守各种社会规范和纪律。在商务往来中，他们尊重合同，一旦签约他们就会努力按合同条款一丝不苟地去执行，不论发生什么问题都不会轻易毁约；而且签约后他们对于交货期、付款期等条款的更改要求一般都不予理会。他们注重发展长久的贸易伙伴关系，求稳心理强。

(5) 时间观念强。德国人非常守时，不论工作还是干其他事情，都是有板有眼，一本正经。因此与他们打交道，不仅谈判时不应迟到，一般的社交活动也不应随便迟到。对于迟到的谈判人员，德国商人对之不信任的反感心理会无情地流露出来，破坏谈判气氛，令对方处于尴尬的境地。另外，在德国，谈判时间不宜定在晚上，除非特别重要。虽然德国人工作起来废寝忘食，但他们都认为晚上是家人团聚、共享天伦之乐的时间，而且他们会认为你也有相同的想法。所以，冒昧地请德国人在晚上谈论商务或在晚上对他们进行礼节性拜访，会让他们觉得你不知趣。

3. 法国商人的谈判风格

在近代世界史上，法兰西民族在社会科学、文学、科学技术方面有着卓越成就。法国商人具有浓厚的国家意识和强烈的民族、文化自豪感。他们性格开朗、眼界豁达，对事物比较敏感，为人友善，处事时而固执、时而随和。

(1) 对本民族的历史、文化和语言充满自豪。法国人对本民族的灿烂文化和悠久历史感到无比骄傲，他们时常把祖国的光荣历史挂在嘴边上。重视历史的习惯使法国谈判人员也很注重商业与外交的历史关系和交易的历史状况，即过去的交易谈判情况。传统友好国家的谈判者会为双方外交关系的历史所鼓舞或制约，利用其尊重历史的观念可以排除一定的现实干扰，比如现实中可能出现第三者的干扰。

法国人为自己的语言而自豪，他们认为法语是世界上最高贵、最优美的语言，因此在进行商务谈判时，他们往往习惯于要求对方同意以法语为谈判语言。即使他们的英语讲得很好也是如此，除非他们是在国外或在生意上对对方有所求。所以要与法国人长期做生意，最好学些法语，或在谈判时选择一名好的法语翻译。

(2) 富于人情味，珍惜人际关系。法国人很有人情味，他们非常珍惜人际关系。法国商人很重视交易过程中的人际关系，一般来说，在尚未结为朋友之前，他们是不会轻易与人做大宗生意的；而一旦建立起友好关系，他们又会乐于遵循互惠互利、平等共事的原则。因此，与法国人做生意，必须善于和他们建立起友好关系，这不是件十分容易的事，需要做出长时间的努力。在社会交往中，家庭宴会常被视为最隆重的款待。但无论家庭宴会还是午餐招待，法国人都将之看做人际交往和发展友谊的时刻，而不认为是交易的延伸。因此，如果法国商人发现对方设宴招待是抱有想利用交际来促进商业交易更为顺利的意图，他们会很不高兴，甚至断然拒绝参加。

与法国商人洽谈生意时，不应只顾谈生意上的细节，这样做很容易被法国对手视为“此人太枯燥无味，没情趣”。要注意，法国商人大多性格开朗、十分健谈，他们喜欢在谈判过程中谈些新闻趣事，以创造一种宽松的气氛。据说，在法国就连杂货店的女老板都能轻松自如、滔滔不绝地谈论政治、文化和艺术。所以，在谈判中除非到了最后决定拍板阶段可以一本正经地只谈生意，其他时间可谈一些关于社会新闻和文化艺术等方面的话题来活跃谈判气氛。另外，要引起注意的是，法国商人在谈判中讲究幽默与和谐，但他们不愿过多提及个人和家庭问题，与他们谈话时应尽量避免此类话题。

(3) 偏爱横向谈判方式，对细节问题不很重视。与美国人对议题逐个磋商的方式不同，法国商人在谈判方式上偏爱横向谈判方式，即先为协议勾画出一个轮廓，然后达成原则协议，最后再确认谈判协议各方面的具体内容。法国商人不如德国商人那么严谨，但法国商人却很喜欢追求谈判结果，不论什么会谈、谈判，在不同的阶段，他们都希望有文字记录，而且名目繁多，诸如“纪要”“备忘录”“协议书”“议定书”等，用以记载已谈的内容，对以后的谈判起到实质性影响。与法国商人谈判，对于频繁产生的文件应予以警惕，慎重从事。对己有利的内容，可同意建立文件；对己不利的内容，难以推却的情况下，可仅建立初级的纯记录性质的文件。要注意各种不同类型文件的法律效力，严格区别“达成的协议点”“分歧点”“专论点”“论及点”等具体问题，否则产生的文件会变得含糊不清，成为日后产生纠纷的隐患。另外，法国商人习惯于集中精力磋商主要条款，对细节问题不很重视。并且在主要条款谈成之后，便急于求成，要求签订合同，而后又常常会在细节问题上改变主意，要求修改合同，这一点往往令人十分为难。因此，签约时要小心从事，用书面文字加以确认，保证最终的文件具有法律约束力，以防止他们不严格遵守，在市场行情不太好的时候撕毁协议。

(4) 思维灵活，手法多样。法国商人谈判时思路灵活，手法多样。为促成交易，他们常会借助行政、外交的手段或让名人、有关的第三者介入谈判。这种承认并欢迎外力的心理和做法可以为我所用。例如，有些交易中常会遇到进出口许可证问题，往往需要政府出面才能解决问题。而当交易项目涉及政府的某些外交政策时，其政治色彩就很浓厚，为达成交易，政府可以从税收、信贷等方面予以支持，从而改善交易条件，提高谈判的成功率。

(5) 注重依靠个人力量达成交易。法国商人大多注重靠自身力量达成交易。法国人喜欢个人拥有较大的办事权限，在进行商务谈判时，多由一个人承担并负责决策，很少有集体决策的情况，谈判效率较高。这是因为法国企业组织机构明确，个人权力很大。但在法国中小企业中，也有许多法国人是不熟悉国际贸易业务的，与他们做生意时，应尽量把每个细节都商定清楚。

法国商人对商品的质量要求十分严格，条件比较苛刻。同时他们也十分重视商品的美感，要求包装精美。法国人从来都认为法国是精品商品的世界潮流领导者。巴黎的时装和香水就是典型代表。因此，他们在穿戴上都极为讲究。在他们看来，衣着可以代表一个人的修养与身份。所以在谈判时，稳重考究的着装会带来好的效果。

(6) 时间观念不强。法国人的时间观念不强，他们在商业往来或社会交际中经常迟到或单方面改变时间，而且总会找一大堆冠冕堂皇的理由。在法国还有一种非正式的习俗，即在正式场合，主客身份越高，来得越迟。所以，要与他们做生意，就需学会忍耐。但法国人对于别人的迟到往往不予原谅，对于迟到者，他们都会很冷淡地接待。因此，如果你有求于他们，千万别迟到。

法国全国在 8 月份都会放假，很多法国人都度假去了，任何劝诱都难以让他们放弃或推迟假期去做生意，甚至在 7 月底和 9 月初，他们的心思都还放在度假和休息上。所以千万注意尽量避免在这一时期与法国人谈生意。

4．意大利商人的谈判风格

意大利人的国家意识淡薄，他们不习惯提国名，而愿意提故乡的名字。意大利人文化素质高，既有德国人的精明能干，又有法国人的健谈。

(1) 时间观念不强。与法国人相似，意大利人常常不遵守约会时间，赴宴经常迟到，而且习以为常，这是他们明显的缺点。有时候甚至不打招呼就不赴约，或单方面推迟会期。他们工作时有点松松垮垮，不讲效率。但是，他们在做生意时是绝对不会马虎的。

(2) 情绪多变，喜好争论。意大利人性格外向，善于社交，但情绪多变。说话时手势较多，表情富于变化，易情绪激动。意大利人喜好争论，常常会为很小的事情而大声争吵，互不相让。如果允许的话，他们会整天争论不休。意大利人比德国人少了一些刻板，比英国人多了一些热情，但在谈判合同、做出决策时不会感情冲动，一般不愿仓促表态。与日本等国家的谈判人员不同的是，他们并非要与同事协商，只是因为比较慎重。如果对方给他们一个做出决策的最后期限，他们往往会眼都不眨一下而迅速拍板决定。这说明他们办事多是胸有成竹，而且有较强的处理紧急情况的能力。

(3) 重视个人力量。意大利人与法国人有许多共同之处，都非常重视个人的作风。意大利的商业交往大部分是公司之间的交往，在商务谈判时往往是出面谈判的人决定一切。

意大利人在交往活动中比其他任何国家的人都更有自主权，个人权利较大。所以，和意大利谈判对手相处的好坏是谈判成功与否的重要影响因素。

(4) 注重节约。意大利人有节约的习惯，对于合同条款的注重明显不同于德国人，而接近于法国人。谈判时，他们对商品的质量、性能、交货日期等方面比较灵活，但特别看重商品的价格，在价格方面显得寸步不让。他们力争节约，不愿多花钱追求高品质，而德国人却宁可多付款来换取高质量产品和准确的交货日期。

(5) 崇尚时髦。意大利人追求时髦，衣冠楚楚，潇洒自如。他们的办公地点一般都设施讲究，比较现代化，并且他们对生活的舒适也十分注重。与他们谈判时，着装时尚潇洒会给他们留下好的印象。

意大利的商贸比较发达，意大利人与外商做交易的热情不高，他们更愿意与国内企业打交道。由于历史和传统的原因，意大利人不太注重外部世界，不主动向外国观念和国际惯例看齐。他们信赖国内企业，认为国内企业生产的产品一般质量较高，而且国内企业与他们存在共同性。所以，与意大利人做生意要有耐心，要让他们相信你的产品比他们国内生产的产品更为物美价廉。还有一点应注意的是：在意大利从事商务活动，必须充分考虑其政治因素，了解对方的政治背景，以防政局变动而蒙受经济损失。

5．北欧商人的谈判风格

北欧在一般意义上是指位于日德兰半岛、斯堪的纳维亚半岛上的芬兰、挪威、瑞典、丹麦、冰岛五国。它们有着相似的历史背景和文化传统，都信奉基督教，历史上为防御别国的侵扰而互相结盟或宣布中立以求和平。现代的北欧，国家政局稳定，人民生活水平较高。由于其宗教信仰、民族地位及历史文化，北欧人形成了心地善良、为人朴素、谦恭稳重、和蔼可亲的性格特点。

(1) 按部就班，沉着冷静。北欧人是务实型的，工作计划性很强，没有丝毫浮躁的样子，凡事按部就班，规规矩矩。与其他国家商人相比，北欧人在谈判中显得沉着冷静。他们喜欢有条不紊地按议程顺序逐一进行，谈判节奏较为舒缓，但这种平稳从容的态度与他们的机敏反应并不矛盾，他们善于发现和把握达成交易的最佳时机并及时做出成交的决定。

(2) 谦恭、坦诚、固执、保守。北欧商人在谈判中态度谦恭，非常讲究文明礼貌，不易激动，善于同外国客商搞好关系。同时，他们的谈判风格坦诚，不隐藏自己的观点，善于提出各种建设性方案。他们喜欢追求和谐的气氛，但这并不意味着他们会一味地顺应对方的要求。实际上，北欧商人在自以为正确时，具有相当的顽固性和自主性，这也是一种自尊心强的表现。

与北欧商人谈判时，更多的时候应考虑如何与其配合。首先，以坦诚态度对待来自北欧的谈判人员较好。这可以使谈判双方感情融合、交流顺畅，形成互相信任的气氛，以推进谈判。其次，要以理性的方式对付北欧人顽固的态度。北欧人看问题比较固执，这种固执与他们抱有的建设性的积极意愿相呼应。然而，伴随着积极的行动之后，一般是消极的固守。此时，外国商人不能太着急。为了不让北欧商人使性子，应充分注意论述的理由。不论理由的分量如何，均需有理可说。最后，利用北欧商人愿意追求和谐稳定的心理和善于提建设性方案的长处，可以为谋取较大的利益而有意制造僵局、激化矛盾，让他们提出方案，从中得利。但这样做必须注意火候，一般应在对方刻意追求解决的问题上，或与之关系重大的条件上制造危机。否则，你就可能达不到目的了。

另外，北欧商人性格较为保守，他们更倾向于尽力保护他们现在拥有的东西。因此，他们在谈判中更多地把注意力集中在怎样做出让步才能保住合同，而不是着手准备其他方案以防做出最大让步也保不住合同的情况。

(3) 不喜欢无休无止的讨价还价。北欧商人不喜欢无休止的讨价还价。他们希望对方的公司在市场上是优秀的，希望对方提出的建议是他们所能得到的最好的建议。如果他们看到对方的建议中有明显的漏洞，他们就会重新评估对方的职业作风和业务能力，甚至会改变对对方企业水平的看法，进而转向别处去做生意，而不愿与对方争论那些他们认为对方一开始就应该解决的琐碎问题。

北欧人为保证其竞争力，总是大规模地投资于现代技术，他们的出口商品往往是高质量、高附加值的产品，而他们进口的商品也多半是自己需要而在国内难以买到的高品质产品。北欧人有着强大的市场购买力，在谈判中，对于高档次、高质量、款式新奇的消费品，他们会表现出很大的兴趣，千方百计想达成交易；而对一般性商品则不屑一顾，常以种种苛刻条件让对方知难而退。

(4) 代理商的地位很高。在北欧，代理商地位很高。尤其在瑞典和挪威，没有代理商的介入，许多谈判活动就难以顺利进行。因此，与北欧人做生意，必须时刻牢记这些代理商和中间商。

(5) 在商业交往中不太守时。北欧人特别是瑞典人在商业交际中往往不太准时，但他们在其他社交场合中非常守时。遇到他们迟到的情况，只要没有造成什么严重后果，就不要太计较，许多时候，用一笑置之来展示自己的洒脱是明智的做法。

(6) 生活朴实有特色。北欧人较为朴实，工作之余的交际较少。晚间的招待一定在家里进行，不到外面餐馆去用餐。如果白天有聚餐，一般是在大饭店里预订好座位吃饭，这种宴会也不铺张浪费；如果是私下聚会，则往往只有咖啡和三明治。北欧人力戒铺张，他们把简朴的招待视为对朋友的友好表示，即使对待老主顾也如此。

北欧人将蒸汽浴视为日常生活中必不可少的一部分。大多数北欧国家的宾馆里都设有蒸汽浴室。在北欧，谈判之后去洗蒸汽浴，不要以为是很荒唐，这充分说明了对方是很受欢迎的，因为洗蒸汽浴是受到最好招待的明显标志。到北欧洽谈生意的外国客商也应不失时机地发出邀请或接受邀请，以增加双方接触的机会，增进友谊。

北欧人普遍喜欢饮酒，为了公众利益，北欧国家都制定了严厉的饮酒法。因此，这些国家的酒价十分昂贵。北欧人特别喜欢别人送如苏格兰威士忌酒之类的礼物，如果在商务谈判中以酒作为馈赠礼品，他们会十分高兴的。

北欧国家所处纬度较高，冬季时间长，所以北欧人特别珍惜阳光。夏天和冬天分别有三周与一周的假期。这段时间，几乎所有公司的业务都处于停顿状态，人们都休假去了。因此，做交易应尽量避开这段时间。当然，也可以利用假期将至为由催促对方赶快成交。

6. 俄罗斯商人的谈判风格

1991 年 12 月，前苏联解体，分裂为十几个国家。其中，俄罗斯是面积最大、人口最多、经济实力最强的国家。由于从统一的前苏联中分离出来，俄罗斯的社会生活发生了极大的改变，人们的社会地位、生活方式、价值观念也有显著的变化。俄罗斯商人一般显得忧虑、自信心不足，进取心差，而且无政府主义蔓延，虽然待人谦恭，却缺乏信任。他们求成心切，求利心切，喜欢谈大金额合同，对交易条件要求苛刻，缺乏灵活性。

(1) 节奏缓慢，效率低下。由于受前苏联官僚主义办事拖拉作风的影响，俄罗斯人办事断断续续，效率很低。他们绝不会让自己的工作节奏适应外商的时间安排。除非外商提供的商品正是他们急切想要的，否则，他们的办事人员绝不会急急忙忙奔回办公室，立即向上级呈递一份有关谈判的详细报告。在谈判过程中，如果外商向他们发信或打电话征求意见，根本没什么意义，他们不会回答，即使回答了，外商也认为已完全没必要了。而且俄罗斯商人谈判，往往喜欢带上各种专家，这样不可避免地扩大了谈判队伍，各专家意见不一也延长了谈判时间，减慢了谈判节奏。因此，与俄罗斯商人谈判时，切勿急躁，要耐心等待。

(2) 喜欢讨价还价。俄罗斯商人深深承袭了古老的商业交易之道，在谈判桌前显得非常精明。他们很看重价格，会千方百计地迫使对方降价，不论对方的报价多么低，他们都不会接受对方的首轮报价。他们的压价手法多种多样，软硬兼施。例如，他们会以日后提供源源不断的新订单引诱对方降价，一旦对方降低了价格，他们就会永远将价钱压在低水平上。另外，他们会“欲擒故纵”，告诉对手“你的开价实在太高，你的竞争者们的报价都相当低，如果跟他们做生意，现在都快达成协议了。”再不然，他们就使出“虚张声势”的强硬招数，比如大声喊叫“太不公平了”，或是敲桌子以示不满，甚至拂袖而去。这时，你最好坚守阵地，不为所动。更为灵活的做法是，事先为他们准备好一份标准报价表，所有价格都有适当的溢价，为后面的洽谈减价留下后路，迎合俄罗斯人的心理。

(3) 注重文化传统，文明程度较高。俄罗斯商人对于研究过俄罗斯文化艺术的外商有着特别的尊重，这会给商务谈判带来友善的气氛。传统上俄罗斯人有四大爱好：喝酒、吸烟、跳舞和运动。俄罗斯人不论男女，几乎没有不喝酒的，而且大多爱喝烈性酒，如伏特加之类。俄罗斯人吸烟也很普遍，而且爱抽烈性烟。跳舞是俄罗斯人的传统，一般每周末都有舞会。过去人们主要跳民族舞蹈，但现在的年轻人更愿意跳交谊舞，他们常在花园中的空地上或马路边的小广场上，在手风琴或吉他的伴奏下翩翩起舞。俄罗斯人重视体育运动，许多人都有一两项专长。

俄罗斯人文明程度较高，不仅家中比较整洁，而且注意公共卫生。另外，俄罗斯人很重视仪表，喜欢打扮；在公共场合注重言行举止，比如他们不将手插在口袋里或袖子里，即使在热天也不轻易脱下外套。在商务谈判中，他们也注意对方的举止，如果对方仪表不俗，他们会比较欣赏；相反，如果对方不修边幅就坐到谈判桌前，他们会很反感。

7. 东欧商人的谈判风格

东欧诸国一般是指波兰、匈牙利、罗马尼亚、保加利亚等。它们与我国的交往比较密切。这些国家的政治体制改革和经济体制改革对社会文化的影响很大，国家制度的变化给这些国家人民的思想带来了很大冲击。它们的谈判人员在此背景下显得作风散漫，待人谦恭，缺乏自信。在谈判中，他们显得急于求成，注重实利，虽然顾及历史关系，但对现实利益紧抓不放。

东欧商人言行随便，谈判准备工作懈怠，信誉较差。对此，应在谈判之前就约法三章，在谈判时按章行事，对于无诚意的对方应尽早结束谈判，不要再耗费时间和精力。

东欧商人特别看重别人的尊重。所以与他们谈判时，应以尊重为前提，以敬换情，通过一系列尊敬对方的言行举止感动对方，换取信任，来促进思想的沟通和信息交流，以使谈判顺利进行。

东欧商人更为注重现实利益。因此，谈判时，对于各种交易条件，都要权衡利弊，以利换利。对已获得口头承诺的利益，应立即用严格的书面形式明确，确保利益的实现。

4.3.4 阿拉伯商人的谈判风格

阿拉伯国家主要分布在西亚的阿拉伯半岛和北非。它们经济单一，绝大多数国家盛产石油，靠石油及石油制品的出口维持国民经济，进口商品主要是粮食、肉类、纺织品，以及运输工具、机器设备等。

由于受地理、宗教、民族等问题的影响，阿拉伯人以宗教划派，以部族为群。他们家庭观念较强，性情固执而保守，脾气也很倔强，重朋友义气，热情好客，却不轻易相信别人。他们喜欢做手势，以形体语言表达思想。尽管不同的阿拉伯国家在观念、习惯和经济力量方面存在较大差异，作为整个阿拉伯民族来讲却有较强的凝聚力。

在阿拉伯国家，伊斯兰教一向被奉为国教，是除阿拉伯语以外阿拉伯民族的又一重要凝聚力量。阿拉伯人非常反感别人用贬损或开玩笑的口气来谈论他们的信仰和习惯，嘲弄或漠视他们的风俗。

1．重信义，讲交情

在阿拉伯人看来，信誉是最重要的。谈生意的人必须首先赢得他们的好感和信任。与他们建立亲近关系的方法有：由回族人或信仰伊斯兰教或讲阿拉伯语的同宗、同族的人引见；以重礼相待，如破格接待；在礼仪和实际待遇上均予以照顾，使其既有面子又得实惠。阿拉伯人好客知礼的传统使他们对亲友邻居敞开的大门对外国客商同样是敞开的。对远道而来并亲自登门拜访的外国客人，他们十分尊重。如果他们问及拜访的原因，最好是说，来拜访他是想得到他的帮助。因为阿拉伯人不一定想变得更加富有，但却不会拒绝“帮助”某个已逐渐赢得他的尊重的人。当合同开始生效时，拜访次数可以减少，但定期重温、巩固和加深已有的良好关系仍非常重要。给他们留下一个重信义、重交情的印象，会让客商在以后的谈判中获得意外回报。另外，崇尚兄弟情谊的阿拉伯人不会因为商务缠身而冷落了自己的阿拉伯兄弟。常与他们打交道的外商经常会遇到这样的情况：谈判正在紧张进行，阿拉伯一方的亲友突然到访，他们会被请进屋内边喝茶边聊天，外商则被冷落一旁，直到亲友离去谈判才会继续。在阿拉伯人看来，这不是失礼的行为。对此，你只能表示理解和宽容。

2．谈判节奏较慢

阿拉伯人的谈判节奏较缓慢。他们不喜欢通过电话来谈生意。从某种意义上说，阿拉伯人的一次谈判只是同他们进行磋商的一部分，因为他们往往要很长时间才能做出谈判的最终决策。如果外商为寻找合作伙伴前往拜访阿拉伯人，第一次很可能不但得不到自己期望出现的结果，还会被他们的健谈所迷惑，有时甚至第二次乃至第三次都接触不到实质性的话题。遇到这种情况，要显得镇静而有耐心。一般来说，阿拉伯人看了某项建议后，会去证实是否可行，如果可行，他们会在适当的时候安排由专家主持的会谈。如果这时你显得很急躁，不断催促，往往欲速则不达。因为闲散的阿拉伯人一旦感到你把他挤进了繁忙的日程中，他很可能把你挤出他的日程。

阿拉伯人特别重视谈判的早期阶段。在这个阶段，他们会下很大工夫打破沉默局面，制造气氛。经过长时间的、广泛的、友好的会谈，在彼此敬意不断增加的同时，他们其实已就谈判中的一些问题进行了试探和摸底，并间接地进行了讨论。应注意的是，谈话时的话题要把握分寸，不要涉及中东政治，不要谈论国际石油政策以及宗教上的敏感问题。同时，在交谈时不能架起腿，更不能将鞋底对着谈话者，否则阿拉伯人会认为你不诚实可信。这种社交式的、内容泛泛但气氛友好的会谈，可以使正式谈判取得成功的可能性大大增加。随之而来的结果可能是，在突然之间，协议便达成了。

3. 重视中下级人员的意见和建议

在阿拉伯国家中，谈判决策由上层人员负责，但中下级谈判人员向上司提供的意见或建议却得到高度重视，他们在谈判中起着重要作用。阿拉伯人等级观念强烈，其工商企业的总经理和政府部长们往往自视为战略家和总监，不愿处理日常的文书工作及其他琐事。许多富有的阿拉伯人是靠金钱和家庭关系获得决策者的地位的，而不是依靠自己的能力。因此，他们的实际业务经验少得可怜，有的甚至对公司有关方面的运转情况一无所知，不得不依靠自己的助手和下级工作人员。所以，外商在谈判中往往要同时与两种人打交道，首先是决策者，他们只对宏观问题感兴趣；其次是专家以及技术人员，他们希望对方尽可能提供一些结构严谨、内容翔实的资料以便仔细加以论证。与阿拉伯人做生意时千万别忽视了后者的作用。

4. 当地代理商在商业活动中起重要作用

在阿拉伯商界还有一个阶层，那就是代理商。几乎所有阿拉伯国家的政府都坚持，无论外商的生意伙伴是个人还是政府部门，其商业活动都必须通过阿拉伯代理商来开展。此举为阿拉伯国民开辟了生财之道，提供了一个理想职业。如果没有合适的代理商，很难想象外商能在生意中进展顺利。一个好的代理商，会为外商提供便利，对业务的开展大有裨益。例如，他可以帮助雇主同政府有关部门尽早取得联系，促使其尽快做出决定；快速完成日常的文书工作，加速通过繁复的文件壁垒；帮助安排货款回收、劳务使用、物货运输、仓储乃至膳食等事宜。

5. 喜爱讨价还价

阿拉伯人极爱讨价还价。无论商店大小均可讨价还价。标价只是卖主的“报价”。更有甚者，不还价即买走东西的人，还不如讨价还价后什么也不买的人更受卖主的尊重。阿拉伯人的逻辑是：前者小看他，后者尊重他。市场上常出现的情景是，摆摊卖货的商人会认真看待和处理与他讨价还价的人，即使生意不成也仅是耸耸肩、手一摊表示无能为力。因此，为适应阿拉伯人讨价还价的习惯，外商应确立起见价必还的意识；凡对方提出交易条件，必须准备讨价还价的方案。高明的讨价还价要有智慧，即找准理由，令人信服，在形式上要尽可能把讨价还价做得轰轰烈烈。

6. 不欣赏抽象的介绍说明

阿拉伯人不欣赏抽象的介绍说明，不愿花钱买原始材料和统计数据。因此在谈判中可以采用多种形式，采取数字、图形、文字和实际产品相结合的方式，形象地向他们说明有关情况。要注意的是，对于确实需要提供的材料，必须请一流的翻译并按照阿拉伯人的语言习惯进行精细的解译，千万别为了节省成本而随便找人翻译。否则，翻译的失误可能造成灾难性的后果。另外，材料中所附图片也应以从右向左的顺序排列，并且图片内容不得冒犯阿拉伯人的风俗习惯。

阿拉伯人在商业交往中，习惯使用 IBM。这里的 IBM 不是指“IBM 公司”，而是指阿拉伯语中分别以 I、B、M 开头的三个词语。I 是指“因夏利”，即“神的意志”；B 是指“波库拉”，即“明天再谈”；M 是指“马列修”，即“不要介意”。他们常以这几个词作为武器，保护自己，以抵挡对方的“进攻”。例如，双方已订好合同，后来情况发生变化，阿拉伯商人想取消合同，就会名正言顺地说：“神的意志”。而在谈判中当形势对外商有利时，他们却耸耸肩说：“明天再谈吧”，等到明天一切又要从头再来。当外商因阿拉伯人的上述行为或其他不愉快的事而烦恼不已时，他们又会拍着外商的肩膀，轻松地说：“不要介意”。所以，与阿拉伯人做生意，要记住他们的 IBM 的做法，配合对方悠闲的步伐，慢慢推进才是上策。

4.3.5　中国商人的谈判风格

中华民族历史悠久，儒家文化的影响根深蒂固。中国人待人注意礼节，重人情，讲关系，素有“礼仪之邦”的美称。中国人吃苦耐劳，具有很强的韧性，谈吐含蓄，不轻易直接表露真实思想，工作节奏总体不快，比较保守，不轻易冒险，工于心计，足智多谋。中国内地的谈判人员多具有奉献精神，而港澳台地区的谈判人员多注重实利，包括个人利益。

1. 注重礼节

中国人接待客人非常殷勤和慷慨，几乎每一个去中国访问的外商都会感受到温暖。中国商人在谈判时，习惯于以礼相待。在洽谈生意时，中国商人常常要求在本国进行谈判，以控制议事日程，掌握谈判进展；并在此过程中仔细观察对方，让客人相信他们的诚意，期待着建立起信任和友谊。与中国人谈判，无论其年纪大小，均要注意礼节，不可因小失大，以免造成最后的被动。中国人认为，作为谈判代表，他代表的是一个集体，在一定意义上甚至代表的是一个国家和民族，而不是一个单一的个人。对其个人可以有失礼之处，但绝不可以轻视他身后的集体组织和社会背景与文化传承。对于讲究面子的中国人来说，礼节常与威信和尊严联系在一起。在商务谈判中，中国人常给对方留有余地，很少直截了当地拒绝对方的建议，同时他们也需要对方给自己留有余地。如果你能帮助他们，你就会得到许多；反之，任何当众侮辱或轻蔑的行为，即使无意的，仍会造成很大损失。因此，不论对待年龄大小还是地位高低的谈判人员，都应该始终注意自己言行中的礼仪。

中国商人习惯于“先礼后兵”，在以礼相待之时，也会考虑使用强硬手法，尤其是在被逼之时。因此，谈判中的论述，各种条件的进退，利益的取舍，绝不可以让他们感到“以势压人”“过于利用优势”。这种感觉只会给谈判带来障碍。过分的言行会伤害对方的自尊心，过分的表现得到的会是“报复”。他们会教训你的过分，然后给你更困难的条件，为难你。所以，即使某些分歧非说不可，不妨先打个招呼，使对方有个心理准备。例如“我这个问题可能提得不恰当，但先说出来让贵方听听，以便我们分析一下。”或者说：“我先打个招呼，不论贵方同意不同意，这仅代表我方的一种认识，我们愿意听取贵方的指教。”只有先缓和一下气氛，做事别太过分，对方才会心平气和地认真考虑你的条件。

2．重视人际关系

中国人重视人际关系。在做东道主时，他们并不急于谈判，而是耐心地认识和熟悉对方，并尽可能地建立起一种长久而牢固的关系。他们对于老朋友、老关系，或朋友的朋友、间接的关系，均会予以重视，在力所能及的情况下尽可能予以照顾。因此，在与中国商人谈判时，充分利用各种人际关系，可以避免不必要的感情障碍，从而改变谈判气氛，影响谈判结果。不过，中国人的人际关系广泛而错综复杂，因此要针对具体的交易，为达到某一具体目的和效果而将有力的人际关系运用到点子上。

3．工作节奏不快

中国人吃苦耐劳，但工作节奏不快。谈判时，中国人往往会派出为数众多的洽谈人员，但人多常常会延长谈判时间。与中国人谈判可将日程安排紧凑，争取更多的工作时间，对这一点，中国人往往会予以满足。紧凑的日程增加了交换意见的机会，在某种意义上也增加了成功的机会。

4．比较含蓄

中国人比较含蓄，不喜欢直截了当地表明自己的态度。在谈判的初始阶段，中国人很少提出自己对产品的要求和建议。他们总是要求对方介绍产品的性能，认真倾听对方关于交易的想法、观点和建议。在谈判中，他们常有技术专家参与进来，用竞争者的产品特点来探求对方产品、技术方面的资料。谈判时，若对方提出的问题、条件超出中方代表的决定权限或令其难以解答，他们常常在向上级请示或讨论后有了确切把握时，才予以答复。所以，面对中国人，一时难以抓住他们的真实想法时，千万要沉住气，不必过早地表白自己，更不必在没有摸清对手意向的情况下，盲目改变自己的谈判立场。

5．善于把握原则性和灵活性

中国人对问题的原则性和灵活性把握得很有分寸。他们在谈判时注重利益均衡。当谈判进入实质性阶段，中国商人往往会要求首先以意向书的形式达成一个原则框架，然后才洽谈具体细节。中国商人在原则问题上寸步不让，表现得非常固执。谈判中如果发现原则框架中的某条原则受到了挑战，或谈判内容不符合长期目标，或提出的建议与计划不适合，中国人的态度就会严肃起来并表现出不屈不挠的决心。同时，在具体事务上，他们则表现出极大的灵活性。由于中国商人追求“平等”与“平衡”，所以在谈判中无论什么条件均应比较一下得与失。与中国人做交易，谈判各种性质的交易条件都应有一本明细账。这样，在进退之中可以随时进行准确评估，减少混乱之中的失衡，减少不必要的谈判弯路且避免无谓的谈判危机。

中国香港、澳门、台湾地区的商人受中国传统文化和世界各国文化的影响，一方面他们具有中国人勤劳智慧的特点，另一方面这些地区的商业气息极强。这些地区的商人在商业交易中，善于与对方拉关系、套近乎；也擅长施以小恩小惠。他们报价灵活，水分很大，常常一降再降给对方造成错觉，使对方感到他们已做了最大让步，其实成交价往往仍高于基本价。因此，与他们谈判前，应充分了解产品的市场行情。港澳台地区的商人做生意时，惯于放长线钓大鱼，常常表示愿赠送一些设备如复印机、电子音响、汽车和其他个人礼品，或表示愿意提供无息贷款或提供考察费用等。

延伸阅读：

通过扫描二维码或者登录网址，观看中央电视台纪录频道(CCTV9)2015年纪录片《与全世界做生意》第 4 集《时间就是金钱》，看看意大利人的时间观念和我们有何不同？荷兰人乃至欧洲人是如何做生意的？

http://tv.cntv.cn/video/VSET100229673988/239e225c89f14bde8509a6f261f9e7ab

4.4 综合实训

【实训目的】

(1) 理论联系实际训练学生对商务谈判中文化差异的正确认识，能够正确理解和运用各地区文化差异知识，培养学生理解问题的能力。

(2) 加深学生对商务谈判文化差异、礼仪的理解并学会运用，使学生形成各种商务谈判活动的规范化运作。

【实训主题】

商务谈判中的文化差异及其商务谈判礼仪的规范化运用。

【实训时间】

本章课堂教学内容结束后的双休日和课余时间，为期一周。或者指导教师另外指定时间。

【背景资料】

根据下列材料，请运用所学的知识，展开实训。

资料 1：美国一家软饮料公司由于将几个六角形引入商标而大大激怒了阿拉伯消费者，虽然公司一再解释说这些六角形不过是一种简单的装饰，但阿拉伯人却认为它反映了这家公司支持以色列的情感，必须被替代。

资料 2：沙特阿拉伯对一家采用“普通的”报纸打广告的航空公司给以小小的制裁——禁止营业。因为广告上的画面是一位颇具魅力的空中小姐正在向飞机中的男女乘客分发香槟。

资料 3：以宿舍为单位组成谈判小组，分别为对方举行一个欢迎仪式、酒会。

【实训过程设计】

(1) 指导教师布置学生课前预习阅读案例。

(2) 将全班同学平均分成小组，按每组 5～6 人进行讨论。实训组各选择一个资料进行讨论和设计方案。

(3) 根据“背景资料 1”，讨论还有哪些图形或颜色是阿拉伯人忌讳的。

(4) 根据“背景资料 2”，讨论这家公司的广告设计有哪些违反了伊斯兰教的教规。

(5) 根据“背景资料 3”，进行活动模拟。

(6) 各实训组对本次实训进行总结和点评，参照 11.2 节“商务谈判学生作业范例”撰写作为最终成果的《商务谈判礼仪规范化运作实训报告》。优秀的实训报告在班级展出，并收入本课程教学资源库。

4.5 综合练习

4.5.1 单项选择题

1. 在商务谈判活动中，握手的时间以(　)秒为佳。
   A．10　　B．20　　C．3～5　　D．10～15
2. 在商务谈判活动中偏向横向谈判方式的是(　)。
   A．美国商人　　B．英国商人　　C．法国商人　　D．日本商人
3. 不喜欢无休止的讨价还价的是(　)。
   A．东欧商人　　B．英国商人　　C．俄罗斯商人　　D．日本商人
4. 下列关于各国商人谈判风格的描述正确的是(　)。
   A．德国商人崇尚契约，严守信用
   B．法国商人注重效率，时间观念强
   C．俄罗斯商人不喜欢讨价还价
   D．日本商人行动按部就班

4.5.2 多项选择题

1. 下列关于跨文化谈判的描述正确的是(　)。
   A．跨文化谈判是跨越国界的谈判

B．跨文化谈判与国内谈判存在密切的联系

C．跨文化谈判与国内谈判存在质的区别

D．跨文化谈判的谈判主体间存在一定的文化差异与文化冲突

E．跨文化谈判是一种时间的穿越

2．文化差异对谈判的影响是(　)。

A．影响谈判者语言的取向性

B．不会对非语言沟通造成障碍

C．会导致谈判主体间的法律冲突

D．相同文化背景的谈判者的谈判风格有着明显的趋同性

E．高内涵文化国家的人表达通常较委婉

3．美国商人的谈判风格是(　)。

A．高傲矜持，坦率自信

B．注重效率，珍惜时间

C．喜欢搞“一揽子交易”

D．通常不愿选择法律途径处理争议与纠纷

E．讲究面子

4．在商务谈判活动中，(　)商人时间观念不强。

A．美国　B．意大利　C．日本　D．英国　E．阿拉伯

4.5.3　简答题

1．什么是跨文化谈判？跨文化谈判与国内谈判之间有哪些共性特征？

2．文化差异对商务谈判会产生哪些重要影响？

3．要取得跨文化谈判的成功应特别注意哪些问题？

4．美国商人有哪些谈判风格？

5．英国商人有哪些谈判风格？

6．德国商人有哪些谈判风格？

7．法国商人有哪些谈判风格？

8．俄罗斯商人有哪些谈判风格？

9．日本商人有哪些谈判风格？

10．阿拉伯商人有哪些谈判风格？

11．你要向联邦德国一家公司出售劳保手套，该公司也同意签订合同，但是你在签订合同之前，他们告诉你价格必须削减10%，否则不能签约。你应该怎样做？

(1) 不同意。

(2) 同意。

(3) 在三年批量订货的条件下，同意减价，否则不同意减价。

12．你正在进行一项谈判，从英国制造商那里买一批推进器系统。最难达成协议的事情可能是什么？

(1) 价格。

(2) 支付方式。

(3) 交货方式。

(4) 质量。

13．你和当地一位重要的阿拉伯代理商会面，在花了几个小时进行社交活动和喝咖啡以后，还没有论及任何生意问题，你急着要讨论你的建议，那么，你应该怎样做？

(1) 在谈话中插空提起这件事。

(2) 等着东道主提起这件事。

(3) 你决定等着让东道主提起这件事，但你离开的时间又到了，那么你该怎样做？

A．问他你什么时候可以再来看他。

B．留下一套关于你的产品的材料。

C．请他定下一个确切的会面日期，再讨论生意问题。

14．某日本商社邀请你们到东京商谈订购农产品事宜。当你抵达羽田机场时，该社社长率手下的公关部科长已在迎候你们。在送你们前往饭店的途中，该社长交代其科长为你们安排回程机票的订位事宜，并热情要求你们将机票交给该科长，一切由他代为办理。在这种情况下你该怎么办？

(1) 多谢社长的一番盛情，将机票交出，并将回程的各项细节交代给公关科长，请他代为办理。

(2) 多谢社长的一番盛情，告诉对方机票没有划定回程座位，而且你才刚刚抵达东京，还有很多的时间可以利用，因此不急于考虑回程机票的订位事宜。

4.5.4 案例分析

【背景资料】

日本航空公司决定从美国麦道公司引进10架新型麦道客机，指定由常务董事任领队，财务经理为主谈人，技术部经理为助谈人，组成谈判小组去美国洽谈购买事宜。

日航代表飞抵美国稍事休息，麦道公司立即来电，约定明日在公司会议室开谈。第二天，3位日本绅士仿佛还未消除旅途的疲劳，行动迟缓地走进会议室，只见麦道公司的一群谈判代表已经端坐一边。谈判开始，日航代表慢吞吞地吸着咖啡，好像还在缓解时差所带来的不适。精明狡猾而又讲究实效的麦道主谈人，把客人的疲惫视为可乘之机，在开门见山地重申双方购销意向之后，迅速把谈判转入主题。

从早上9点到11点30分，3架放映机相继打开，字幕、图表、数据、电脑图案、辅助资料和航行图表应有尽有，欲使对方仿佛置身于迪士尼乐园的神奇之中，会不由自主地相信麦道飞机性能及其定价都是无可挑剔的。孰料日方3位谈判代表自始至终默默地坐着，一语不发。

麦道的领队大惑不解地问："你们难道不明白？你们不明白什么？"

日航领队笑了笑，回答："这一切。"

麦道主谈人急切地追问："这一切是什么意思？请具体说明你们什么时候开始不明白的？"

日航主谈人随意地说："对不起，从拉上窗帘的那一刻起。"日方助谈人随之咧咧嘴，用点头来赞许同伴的说法。

“笨蛋!”麦道领队差一点脱口骂出声来，泄气地倚在门边，松了松领带后气馁地呻吟道：“那么你们希望我们再做些什么呢？”日航领队歉意地笑笑说：“你们可以重放一次吗？”别无选择，只得照办。当麦道公司谈判代表开始重复那两个半小时的介绍时，他们已经失去了最初的热忱和信心。是日本人开了美国人的玩笑吗？不是，他们只是不想在谈判开始阶段就表明自己的理解力，不想用买方一上来就合作这种方式使卖方产生误解，以为买方在迎合、讨好卖方。谈判风格素来以具体、干脆、明确而著称的美国人哪会想到日本人有这一层心思呢？更不知道自己在谈判开始已输了一盘。

谈判进入交锋阶段，老谋深算的日航代表忽然显得听觉不敏，反应迟钝。连日来麦道方已被搅得烦躁不安，只想尽快结束这场与笨人打交道的灾难，于是直截了当把皮球踢向对方：“我方的飞机的性能是最佳的，报价也是合情合理的，你们有什么异议吗？”

此时，日航谈判代表似乎由于紧张，忽然出现语言障碍。他结结巴巴地说：“第……第……第……”“请慢慢说。”麦道主谈人虽然嘴上是这样劝着心中却不由得又恨又痒。“第……第……第……”“是第一点吗？”麦道主谈人忍不住地问。日航主谈人点头称是。“好吧，第一点是什么？”麦道主谈人急切地问。“价……价……价……”“是价钱吗？”麦道主谈人问。日航主谈人又点了点头。“好，这一点可以商量。第二点是什么？”麦道主谈人焦急地问。“性……性……性……”“你是说性能吗？只要日航方面提出书面改进要求，我方一定满足。”麦道主谈人脱口而出。

至此，日航一方说了什么呢？什么也没说。麦道一方做了什么呢？在帮助日方跟自己交锋。他们先是帮日方把想说而没有说出来的话解释清楚，接着还未问明对方后面的话，就不假思索地匆忙做出许诺，结果把谈判的主动权拱手交给了对方。

麦道轻率地许诺让步，日航就想得寸进尺地捞好处。这是一笔价值数亿美元的大宗贸易，还价应按国际惯例取适当幅度。日航的助谈人却故意装着全然不知，一开口就要求削价 20%。麦道主谈人听了不禁大吃一惊，再看看对方是认真的，不像是开玩笑，心想既然已经许诺让价，为表示诚意就爽快地让吧，于是便说：“我方可以削价 5%。”

双方差距甚大，都竭力为自己的报价陈述大堆理由，第一轮交锋在激烈的争辩中结束。经过短暂的沉默，日方第二次报价削减 18%，麦道还价是 6%，于是又唇枪舌剑，辩驳对方，尽管已经口干舌燥，可谁也没有说服谁。麦道公司的主谈人此刻对成交已不抱太大希望，开始失去耐心，提出休会：“我们双方在价格上距离很大，有必要为成交寻找新的方法。你们如果同意，两天以后双方再谈一次。”

休会原是谈判陷于僵局时采取的一种正常策略，但麦道公司却注入了“最后通牒”的意味，“即价钱太低，宁可不卖”。日航谈判代表将不得不慎重地权衡得失，价钱还可以争取削低一点，但不能削得太多，否则将触怒美国人，那不仅丧失主动权，而且连到手的 6% 让价也捞不到，倘若空手回日本怎么向公司交代呢？他们决定适可而止。

重新开始谈判，日航一下子降了 6%，要求削价 12%；麦道公司增加 1%，只同意削价 7%，谈判又形成僵局。沉默，长时间的沉默。麦道公司的主谈人决定终止交易，开始收拾文件。恰在此时，口吃了几天的日航主谈人突然消除了语言障碍，十分流利地说道：“你们对新型飞机的介绍和推销使我方难以抵抗，如果同意削价 8%，我方现在就起草购销 11 架飞机的合同。”(这增加的一架几乎是削价得来的)说完他笑吟吟地站起身，把手伸给麦道公司的主谈人。“同意!”麦道的谈判代表们也笑着起身和3位日本绅士握手：“祝贺你们用最低的价钱买到了世界最先进的飞机。”的确，日航代表把麦道飞机压到了前所未有的低价位。

日本航空公司以最低的价格购进了世界上最先进的飞机，这由于他们的谈判代表在谈判中充分利用了美国人率直的谈判方式和谈判风格。而相反的是，美国麦道公司的失利则主要是因为他们没有充分了解日本人的谈判方式和谈判风格。其实这种不同的谈判方式和谈判风格正是来自于他们之间的文化差异。

(资料来源：冯砚，丁立．商务谈判．北京：中国商务出版社，2010)

根据以上案例所提供的资料，试分析：

(1) 美、日两国商人的谈判风格有何不同?

(2) 日本商人是如何赢得胜利的?

(3) 在与美日两国商人进行谈判时应注意哪些问题?

【分析要求】

1. 过程要求。学生分析案例提出的问题，分别拟定《案例分析提纲》；小组讨论，形成小组《商务谈判案例分析报告》；班级交流并修订小组《商务谈判案例分析报告》，教师对经过交流和修改的各小组《商务谈判案例分析报告》进行点评；在班级展出附有“教师点评”的小组优秀《商务谈判案例分析报告》，并将其纳入本校该课程的教学资源库。

2. 成果性要求。

(1) 案例作业要求：以经过班级交流和教师点评的《商务谈判案例分析报告》为最终成果。

(2) 作业的结构、格式与体例要求：参照11.2.1“商务谈判案例分析报告”。

第 5 章

商务谈判准备

【学习目标】

- 掌握商务谈判信息的概念、作用和搜集
- 掌握商务谈判的组织准备、时间和地点的选择以及商务谈判方案的制定
- 掌握商务谈判的会务准备和现场布置
- 模拟谈判的内容与方式
- 能运用适当的手段和方法进行谈判背景的调查研究
- 能够根据拟定的谈判目标制定相应的谈判方案

【引导案例】

参与非洲某国政府采购招标的投标谈判

非洲某国两年前开始对其国家某政府部门大批成套设备进行选择性招标采购，金额达几千万美元，投标方涉及英国、德国、南非及中国的十几个大公司，各大公司各有优势。其中一些国家与该国家还有一定渊源。如德国以技术过硬、态度严谨、产品质量高著称；而该非洲国家以前曾是英国的殖民地，历史渊源更深；南非公司与当地印巴人关系较好，而印巴人在政府中有一定的势力 。在这种情况下，中国 A 公司准备参与竞争并积极作准备。

在正式谈判前，A 公司首先仔细分析了该国的历史背景和社会环境以及谈判对手的特点。非洲国家历史上多为英属或法属殖民地，其法律程序较为完善，尤其是原英属殖民地国家，其法律属英美法系，条款细致而成熟，政府工作程序延续英国管理条例，部门分工很细，并相互牵制且配置一系列监察部门，监督各部门工作。

但非洲国家又有自己的一些特点，即当地有势力的部族与上层社会、政府部门有千丝万缕的关系，并熟悉当地法律、法规习惯做法与禁忌，影响着政府部门的各利益集团的决策。如果能有效利用当地有势力的部族为中方的工作服务，可以四两拨千斤，是达到目的的有效途径。另外，该国存在不同的民族，信仰不同的宗教，在谈判前一定要搞清其宗教派系，避讳其禁忌的话题和其他禁忌。

在分析谈判对手方后，A 公司决定一方面组织国内人员按正常程序准备投标文件、联系工厂并报价，一方面派出团组到当地进行商务谈判。

人员配置：公司领导(副董事长)1 人、主谈判手 1 人、翻译 1 人、当地公司负责联络此事的代表 1 人。

此次派团组首先面见项目决策者，其最主要目的，一是建立正面的联系，二是探询对方意图并尽可能多地掌握各方面情况，以便为下一步工作指明方向。到达该国后，A公司通过正常渠道拜会了项目决策者。

A公司出席人员为公司领导、主谈判手和翻译，对方出席人员为决策者、副手和秘书。见面后，公司领导说了开场白，回顾了中国与该非洲国家的传统友谊，追忆中国政治上支持其独立及经济上对其长期援助的历史，表明中方的态度：我们是一家人，要互相扶持，共同向前迈进，力图创造良好气氛以便提出要求。

接着主谈判手开始跟项目决策者及其副手谈A公司对于此项目的兴趣、A公司的实力、产品的质量及价格优势。对方是非洲上层社会的人，受过良好的教育，语速适中、声音平和，英文良好而且很注重礼仪，即便在40℃的高温下，他们见客人都是西装革履。对方的态度很友好，但语气很含糊，只说会按程序办事，应允会把中国公司作为有资格中标的公司之一来考虑。

派团组的拜会，结果是积极的，首先接触的目的基本达到，建立了正面的联系，了解到一些情况。但显然，光正面接触是不够的，需侧面做一些工作。领导向国内做了汇报，决定拨出一定的资金，给予谈判手一定的时间及便利来促成这件事。领导安排好公关相关事宜后，留下其他人员继续工作，自己先行回国。

其他人员依计划工作期间，领导不再露面，但并不是不再关注此事，逢该国重大节日以及对方人事的变动，领导都会发传真祝贺，通过贺电也向对方传递一些中国经济形式的信息，如国内人民币升值压力有可能导致价格的变动，从而造成我们价格优势减弱的可能性，以敦促对方尽快推进此事进程等。

而A公司当地的联系人不断将谈判对方以及竞争者的消息传递给A公司，以便A公司及时掌握对方的第一手资料。A公司留在该国继续工作的人员及当地联系人通过消息灵通人士了解到某部族酋长在当地很有势力，与政府部门上下关系很密切，且长袖善舞，于是就花了一段不短的时间与之接触并建立了基于互相信任的良好私人关系。A公司从开始和他做一些小生意，逐渐过渡到几百万美元的生意。由于给他的利润很丰厚，且A公司对他的承诺都能按时兑现，让他体会到A公司是可以信赖的朋友，然后再逐渐让他了解A公司的想法，即A公司希望得到这个项目，委托他作为这个项目的代理，利益共享，使其有主人的感觉，觉得是一起在完成一项有挑战性的工作。因为项目很大，设备使用部门、合同签订部门，以及资金划拨部门互相牵制，而政府部门也有自己的派别和利益分割，互相不会妥协，这时往往是那些没有政府身份而有相当影响力的人扮演了协调者的角色，由他们出面说服相关部门的官员接受条件，从而达成共识、形成合力，促使合同签订部门推进合同进程。A公司给其代理报价，由他确定最终报价及佣金分配，从而给了他很大的活动空间。而所有游说活动A公司并不出面，以免授人以柄，但代理人创造条件，以非正式会面的形式，使A公司的主谈判手与相关部门的工作人员接触，并就产品的性能、特点等技术问题交换意见。

通过一次次与相关部门的接触和侧面的工作，A公司逐渐浮出水面。这期间有的竞争者采取报低价，并从预计差价中划出一部分利润以现金或贵重礼物的形式拉拢某些人为其暗中做工作，这些活动虽给A公司的工作进程造成了一定的影响，甚至阶段性阻滞，但另一方面的问题很快就出现了：不同的利益集团与派别，相互之间斗争在所难免，收受贿赂的官员在另一势力的揭发下有的被当地监察部门调查，调离了工作岗位，使上述公司所托非人；有的官员因为分赃不均，不停地索要礼物，使行贿公司不堪重负。这对 A 公司很有利。

A 公司眼看时机成熟了，就通过代理穿针引线，顺利地获得选择招标的订单，并获得对方政府的正式邀请与其公开正式就合用细节问题展开谈判。此时，公司领导再次出访与对方直接面谈，最终获得了此项目。

(资料来源：http://www.chinavalue.net/Biz/Blog/2015-1-17/1151403.aspx)

【启示】本案系投标过程中的谈判，除了投标标书的制作技巧外，贯穿其中的谈判准备工作也十分重要。谈判前知己知彼，不打无准备之战；谈判组的各成员充分演好自己的角色；注意保密；重视当地习俗；等等。准备得越充分，谈判中越主动。

俗话说得好，不打无准备之仗。商务谈判是一种综合性很强的活动，其准备工作也是内容庞杂、范围广泛。谈判前的准备工作做得如何，将决定着谈判能否顺利进行，以及能否达成有利于己方的协议。因此，谈判前的准备是整个谈判方案的重要组成部分。

5.1 商务谈判的信息准备

商务谈判是人们运用资料和信息获取所需利益的一种活动。信息准备是商务谈判准备的重要一环。掌握充分适用的有关信息资料，是取得谈判成功的重要保证。

商务谈判信息是指反映与商务谈判相联系的各种情况及其特征的有关资料。商务谈判信息资料同其他领域的信息资料相比较，有其不同特点。首先，无论资料的来源还是资料的构成都比较复杂和广泛，在有些资料的取得和识别上具有相当难度。其次，商务谈判资料是在特定的谈判圈及特定的当事人中流动，谈判者对谈判资料的敏感程度，是其在谈判中获取优胜的关键。最后，商务谈判涉及己方和谈判对手的资金、信用、经营状况、成交价格等具有极强的保密性。

不同的商务谈判信息对谈判的影响作用是不同的，有的起着直接作用，有的起着间接作用。谈判资料和信息是制定谈判计划和战略的依据，是谈判双方相互沟通的纽带，是控制谈判过程的手段。因此，商务谈判中必须注重商务谈判信息的准备。

【案例 5-1】总经理的“黄昏症”

有位著名律师曾代表一家公司参加了一次商务谈判，对方公司由其总经理任主谈。在谈判前，该名律师从自己的信息库里找到了一些关于对方公司总经理的材料，其中有这样一则笑话：总经理有个毛病，每天一到下午四五点，就会心烦意乱，坐立不安，并戏称为“黄昏症”。这则笑话使该名律师顿生感悟，他利用总经理的“黄昏症”，制定了谈判策略，把每天需要谈判的关键内容拖在下午四五点进行。此举果然取得了谈判的成功。

(资料来源：徐文，谷泓. 商务谈判. 北京：中国人民大学出版社，2008)

【案例分析】看来在商务谈判中，搜集、整理对方的信息并利用这些信息，采用有针对性的谈判策略对商务谈判的成功非常重要。只有了解、掌握对手信息，有的放矢才能使谈判赢得主动，获得成功。

5.1.1 商务谈判信息准备的内容

一般来说，商务谈判的商务调研信息准备应包括对以下各类资料的搜集和分析研究。

1. 对方资料

谈判对手的信息资料是商务谈判所应具备的最有价值的资料。对谈判对手应侧重掌握下列资料：

(1) 对方的运营状况与资信。在尽可能掌握对方企业的性质、对方的资金状况及注册资金等有关资料情况下，还应侧重了解两个问题：一是对方的运营状况。因为即使对方是一个注册资本很大的公司，但如果运营状况不好，就会负债累累，而公司一旦破产，己方很可能收不回全部债权。二是对方的履约信用情况。应对交易对象在资格信誉等方面进行深入细致的了解，避免客户不能履约，防止货款两空，造成严重的经济损失。

应坚持在不掌握对方信用情况、不熟知对手底细或有关问题未搞清的情况下，不举行任何形式的商务谈判。

在掌握对方运营状况和资信情况下，才能确定交易的可能规模及与对方建立交易往来时间的长短，也才能做出正确的谈判决策和给予对方恰当的优惠程度。

(2) 对方的真正需求。应尽可能摸清对方本次谈判的目的，对方谈判要求达到的目标以及对我方的特殊需求，当前面临的问题或困难，对方可能接受的最低界限等方面。

摸清对方的真正需求，必须透过表面现象去辨别、发现。只有认真了解对方的需求，才能有针对性地激发其成交的动机。在商务谈判中，越是有针对性地围绕需求谈判，交易就越有可能取得成功。

【案例 5-2】掌握历史情报，逼出谈判底牌

我国某厂与美国某公司谈判设备购买生意时，美商报价 218 万美元，我方不同意，美方降至 128 万美元，我方仍不同意。美方诈怒，扬言再降 10 万美元，118 万美元不成交就回国。我方谈判代表因为掌握了美商交易的历史情报，所以不为美方的威胁所动，坚持再降。第二天，美商果真回国，我方毫不吃惊。果然，几天后美方代表又回到中国继续谈判。我方代表亮出在国外获取的情报——美方在两年前以 98 万美元将同样设备卖给一匈牙利客商。情报出示后，美方以物价上涨等理由狡辩了一番后将价格降至合理。

(资料来源：网易微博，http://cwhan2008.blog.163.com/blog/static/6997709201792995442816/)

【案例分析】 从某种意义上讲，谈判中的价格竞争也是情报竞争，把握对手的精确情报就能在谈判的价格竞争中取胜。

(3) 对方参加谈判人员权限。应尽可能多地掌握对方谈判人员的身份、分工。如果是代理商，必须弄清代理商其代理的权限范围及对方公司的经营范围。绝大多数国家规定，如果代理人越权或未经本人授权而代本人行事，代理人的行为就对本人无约束力，除非本人事后追认，否则本人不负任何责任。同样，如果代理人订立的合同越出了公司章程中所规定的目标或经营范围，即属于越权行为。对属于越权行为的合同，除非事后经董事会研究予以追认，否则公司将不负任何责任。

在谈判中，同一个没有任何决定权的人谈判是浪费时间的，甚至会错过最佳交易时机；弄清代理商的代理权限范围和对方公司的经营范围，才能避免日后发生纠纷和损失。

(4) 对方谈判的最后期限。必须设法了解对方的谈判期限。任何谈判都有一定的期限。最后期限的压力常常迫使人们不得不采取快速行动，立即做出决定。

了解对方的谈判期限，以便针对对方的期限，控制谈判的进程，并针对对方的最后期限，施加压力，促使对方接受有利于己方的交易条件。

(5) 对方的谈判作风和个人情况。谈判作风指的是在反复、多次谈判中所表现出来的一贯风格。了解对手的谈判作风可以更好地采取相应的对策，以适应对方的谈判风格，尽力促使谈判成功。

另外，还要尽可能了解谈判对手的个人情况，包括品格、业务能力、经验、情绪等方面。

2. 市场资料

市场资料是商务谈判可行性研究的重要内容。与谈判有关的市场信息资料主要有：

(1) 交易商品市场需求量、供给量及发展前景。

(2) 交易商品的流通渠道和习惯性销售渠道。

(3) 交易商品市场分布的地理位置、运输条件、政治和经济条件等。

(4) 交易商品的交易价格、优惠措施及效果等方面。

市场情况对企业的商务谈判活动产生重大影响，谈判者要密切注视市场的变化，根据市场的供求运动规律，选择有利的市场，并在谈判中注意对方的要价及采取的措施。

3. 交易条件资料

交易条件资料是商务谈判准备的必要内容。交易品资料一般包括商品名称、品质、数量、包装、装运、保险、检验、价格、支付等方面的资料。

4. 竞争对手资料

竞争对手资料是谈判双方力量对比中一个重要的“砝码”，会影响谈判天平的倾斜度。竞争对手资料主要包括：

(1) 现有竞争对手的产品因素，如数量、品种、质量、性能、包装方面的优缺点。

(2) 现有竞争对手的定价因素，如价格策略、让价策略、分期付款等方面。

(3) 现有竞争对手的销售渠道因素，如有关分销、储运的实力对比等方面。

(4) 现有竞争对手的信用状况，如企业的成长史、履约、企业素质等方面。

(5) 现有竞争对手的促销因素，如推销力量、广告宣传、营业推广、服务项目等方面。

了解竞争者是较困难的，但如果是卖方，至少应该知道一个销售价格高于自己，而质量比自己差的竞争对手的详细情况。作为买方，则应掌握有关供货者的类似情报。

通过对以上情况的了解分析，找出主要竞争对手及其对本企业商品交易的影响，认清本企业在竞争中所处的地位，并制定相应的竞争策略，掌握谈判的主动权。

5. 相关的环境资料

在商务谈判中，不同的社会背景对具体的谈判项目的成立，对谈判进程和谈判的结果会起到相当重要的影响。因此，在谈判准备阶段必须认真搜集分析以下资料。

(1) 政治状况。政治状况关系到谈判项目是否成立和谈判协议履行的结果。因此，必须了解对方国家的政治制度和政府的政策倾向、政治体制、政策的稳定性，以及非政府机构对政策的影响程度。特别是要了解对方国家和地区的政局稳定性，判断政治风险的大小。政治风险一般来源于：政府首脑机构的更替，政治改变，社会的动荡或爆发战争，政府的经济政策突然变化，国家间关系的重大变化等。若在合同履行期内发生重大的政治风险，将使有关的企业蒙受沉重的经济损失，这是应该尽力避免的。

(2) 法律制度。这主要是为了解与商贸谈判活动有关的法规。除了要熟知我国现有的法律外，还要认真了解当事各国的法规及一些国际法规，如联合国国际货物销售合同公约、联合国国际贸易委员会仲裁规则等。

(3) 商业习惯。商业习惯不同会使商贸谈判在语言使用、礼貌和效率，以及接触报价、谈判重点等方面存在极大的差异。商业习惯在国际贸易谈判中显得更为重要，因为几乎每一个国家乃至地区的做法都有自己的特色，而且差别很大，如果不切实了解其商业习惯就会误入陷阱，或使谈判破裂。例如，法国商人往往在谈妥合同的重要条件后就会在合同上签字，签字后又常常要求修改。因此，同法国人谈成的协议必须以书面形式互相确认。

(4) 社会文化。社会文化主要包括文化教育、宗教信仰、生活方式和社会习俗等。跟外国商人谈判，特别要注意对宗教信仰和社会习俗的了解，了解这些情况，不仅可避免不必要的冲突和误会，而且可以更快更好地理解对方的谈判行为，促使谈判的成功。

(5) 财政金融。应随时了解各种主要货币的汇兑率及其浮动现状和变化趋势，了解国家的财税金融政策，以及银行对开证、承兑、托收等方面的有关规定等情况。

6. 有关货单、样品资料

这主要包括货单、样品，双方交换过的函电抄本、附件，谈判用的价格目录表、商品目录、说明书等资料。货单必须做到具体、正确，每个谈判人员对此必须心中有数。谈判样品必须准备齐全，特别是注意样品必须与今后交货相符。

5.1.2 信息资料的搜集与整理

1. 资料搜集的方法和途径

(1) 检索调研法。检索调研法是根据现有的资料和数据进行调查、分类、比较、研究的信息资料准备方法。检索调研法的资料搜集的途径很广，主要的有以下方面：

① 统计资料。主要包括我国、对方国家及国际组织的各类统计月刊或统计年鉴，以及各国有关地方政策的各类年鉴或月刊。

② 报纸杂志，专业书籍。如我国的《国际商务研究》《国际经贸消息》《外贸调研》等杂志都刊登有与贸易谈判活动有关的资料。

③ 各专门机构的资料。如政府机关、金融机构、市场信息咨询中心、对外贸易机构等提供的资料。

④ 谈判对方公司的资料。如经对方专任会计师签字的资产负债表、经营项目、报价单、

公司预算财务计划、公司出版物和报告、新闻发布稿、商品目录与商品说明书、证券交易委员会或政府机关的报告书、官员的公开谈话与公开声明等。

(2) 直接观察法。直接观察法是调查者在调查现场对被调查事物及被调查者的行为与特点进行观察测度的一种信息资料准备方法。直接观察法的形式主要有以下几种：

① 参观对方生产的经营场地。如参观对方的公司、工厂等，以明了对方实情。

② 安排非正式的初步洽谈。通过各种预备性的接触，创造机会，当面了解对方的态度，观察对方的意图。

③ 购买对方的产品进行研究。将对方的产品拆开后进行检验，分析其结构、工艺等以确定其生产成本。

④ 搜集对方关于设计、生产、计划、销售等资料。

(3) 专题询问法。专题询问法是以某一项命题向被调查者征询意见，以搜集资料的一种信息准备方法。专题询问法的方式运用灵活，其途径主要有：

① 向对方企业内部知情人了解。如对方现在或过去的雇员、对方领导部门的工作人员、对方内部受排挤人员等。

② 向与对方有过贸易往来的人了解。如对方的客户、对方的供货商。

③ 向对方的有关人员了解。如在会议或社交场合通过与对方的重要助手或顾问的交往探取情报，通过银行账户了解对方的财政状况等。

2．信息资料的加工整理

信息资料整理一般分为下面几个阶段：

(1) 筛选阶段。筛选就是检查资料的适用性，这是一个去粗取精的过程。

(2) 审查阶段。审查就是识别资料的真实性、合理性，这是一个去伪存真的过程。

(3) 分类阶段。分类就是按一定的标志对资料进行分门别类，使之条理化。

(4) 评价阶段。评价就是对资料做比较、分析、判断，得出结论，提供谈判活动参考。

5.1.3　信息资料的传递与保密

谈判信息资料的搜集整理与谈判信息资料的传递与保密是紧密相连的有机统一，谈判者在做好信息资料的搜集整理的基础上，还需要十分注意谈判信息资料的传递与保密工作。

1．资料的传递

商务谈判信息资料的传递是指谈判人员同己方企业的联系。在外地谈判情况下，为了保持联系，进行有效的控制调节，上下级间应有信息资料的传递。例如，在国外的谈判小组因为需要听取有关专家意见或请示总部决策，就有必要同国内取得联系，而国内的管理部门因为需要及时了解国外谈判进程，必须同在国外的谈判小组联系。为此，应事先规定好联络方式和制度，并明确联络程序、责任人，以便迅速顺利地汇报谈判情况，请示下一步行动，避免推诿以致丢失商机。

2．资料的保密

对谈判所涉及内容、文件及双方各自有关重要观点等资料应做好保密工作。如果不严格保密，将造成不应有的损失。例如，国外在重要的生意谈判中，有的不惜花重金聘请“商业间谍”摸对方的底。因此，应加强谈判信息资料的保密工作。

谈判信息资料保密的一般措施有：

(1) 不要给对方造成窃密机会，如文件调阅、保管、复印、打字等。

(2) 不要随便托人代发电报、电信等。

(3) 不要随意乱放文件。

(4) 不要在公共场所，如餐厅、机舱、车厢、过道等地方谈论有关谈判业务问题。

(5) 不要过分信任临时代理人或服务人员。

(6) 最后的底牌只能让关键人物知道。

(7) 在谈判达成协议前，不应对外公布。

(8) 必要时使用暗语。

延伸阅读：

通过扫描二维码或者登录网址，观看中央电视台纪录频道(CCTV9) 2015 年纪录片《与全世界做生意》第 6 集《看不见的博弈》5 分 38 秒～6 分 54 秒，分析为什么说拥有版权就有话语权。

http://tv.cntv.cn/video/VSET100229673988/419d14a3b22f41e088f3b9f188f2a58b

5.2 商务谈判的组织准备

在现代社会中，一场商务谈判往往比较复杂，涉及的范围较广。就涉及的知识而言，包括产品、技术、市场、金融、运输、保险和法律等许多方面。若是国际间的商务谈判，还涉及海关条例、外语等知识。这些知识绝非个人的精力、知识、能力所能胜任。所以，商务谈判除了一对一的单人谈判外，更多情况下是在谈判团体、谈判小组之间进行。这个谈判团体或小组就是商务谈判组织，它是指为实现一定的谈判目标，依照某种方式结合的集体。商务谈判组织放大了个人力量，并且形成一种新的力量，这种新的力量同个体的力量有着本质的差别。它是组织的总体效应，仅仅依附于组织的存在。组织力量的来源，一方面是组织成员的个人素质和能力，另一方面是组织成员之间的协作能力。

商务谈判组织准备工作主要包括：确定组织成员的结构和规模以及选定谈判小组负责人及其成员。

5.2.1 谈判小组的结构和规模

1．谈判小组的结构

(1) 谈判小组的人员构成的原则。

① 知识具有互补性。知识互补包含两层意思：一是谈判人员各自具备自己专长的知识，都是处理不同问题的专家，在知识方面互相补充，形成整体的优势。二是谈判人员书

本知识与工作经验的知识互补。谈判队伍中既有高学历的青年知识学者，也有身经百战具有丰富实践经验的谈判老手。高学历学者专家可以发挥理论知识和专业技术特长，有实践经验的人可以发挥见多识广、成熟老练的优势，这样知识与经验互补，才能提高谈判队伍整体战斗力。

② 性格具有互补性。谈判队伍中的谈判人员性格要互补协调，将不同性格的优势发挥出来，互相弥补其不足，才能发挥出整体队伍的最大优势。性格活泼开朗的人，善于表达、反应敏捷、处事果断，但是性情可能比较急躁，看问题也可能不够深刻，甚至会疏忽大意。性格稳重沉静的人，办事认真细致，说话比较谨慎，原则性强，看问题比较深刻，善于观察和思考，理性思维比较明显，但是他们不够热情，不善于表达，反应相对比较迟钝，处理问题不够果断，灵活性较差。如果这两种性格的人组合在一起，分别担任不同的角色，就可以发挥出各自的性格特长，优势互补，协调合作。

③ 分工明确。谈判班子每一个人都要有明确的分工，担任不同的角色。每个人都有自己特殊的任务，不能工作越位，角色混淆。遇到争论不能七嘴八舌地发言，该谁讲就谁讲，要有主角和配角之分，要有中心和外围之分，要有台上和台下之分。谈判队伍要分工明确、纪律严明。当然，分工明确的同时要注意大家都要为一个共同的目标而通力合作，协同作战。

(2) 谈判小组的人员构成。这是一个如何搭配班子的问题。要使谈判小组高效率地工作，一方面，参加谈判的人员都应具有良好的专业基础知识，并且能够迅速有效地解决随时可能出现的各种问题；另一方面，参加谈判的人员必须关系融洽，能求同存异。谈判小组的人员应专家齐备，否则将影响谈判的质量。谈判小组应由以下人员构成：

① 商务人员。由熟悉商业贸易、市场行情、价格形势的贸易专家担任。商务人员要负责合同价格条件的谈判，帮助谈判方整理出合同文本，负责经济贸易的对外联络工作。

② 技术人员。由熟悉生产技术、产品标准和科学发展动态的工程师担任。技术人员在谈判中负责对有关生产技术、产品性能、质量标准、产品验收、技术服务等问题的谈判，也可为商务谈判中的价格决策做技术顾问。

③ 财务人员。由熟悉财务会计业务和金融知识，具有较强的财务核算能力的财务人员担任。其主要职责是对谈判中的价格核算、支付条件、支付方式、结算货币等与财务相关的问题把关。

④ 法律人员。由精通经济贸易各种法律条款，以及法律执行事宜的专职律师、法律顾问或本企业熟悉法律的人员担任。其职责是做好合同条款的合法性、完整性、严谨性的把关工作，也负责涉及法律方面的谈判。

⑤ 翻译人员。由精通外语、熟悉业务的专职或兼职翻译担任，主要负责口头与文字翻译工作，沟通双方意图，配合谈判运用语言策略。在涉外商务谈判中翻译人员的翻译水平将直接影响到谈判双方的有效沟通和磋商。

除了以上几类人员之外，还可配备其他一些辅助人员，但是人员数量要适当，要与谈判规模、谈判内容相适应，尽量避免不必要的人员设置。

2. 谈判小组的规模

从实践经验来看，由于商务谈判涉及内容较多，所以大多数较为重要的设备谈判均由多人组成。一个谈判小组的理想规模以 4 人左右为宜。这是因为：

(1) 4 人左右谈判小组的工作效率最高。一个集体能够高效率工作的前提是内部必须进行严密的分工和协作，而且要保持信息交流的畅通。如果人数过多，成员之间的交流和沟通就会发生障碍，需耗费更多的精力统一意见，从而降低工作效率。从大多数谈判情况看，4 人左右时工作效率是较高的。

(2) 4 人左右是最佳的管理幅度和跨度。管理学研究表明，一个领导能够有效地管理其下属的人数是有限的，即存在有效管理幅度。管理幅度的宽窄与管理工作的性质和内容有关。在一般性的管理工作中，管理幅度以 4～7 人为宜，但对于商务谈判这种紧张、复杂、多变的工作，既需要其充分发挥个人独创性和独立应付事变的能力，又需要其内部协调统一、一致对外，故其领导者的有效管理幅度在 4 人左右才是最佳的。超越这个幅度，内部的协调和控制就会发生困难。

(3) 4 人左右能满足一般谈判所需的知识范围。多数商务谈判涉及的业务知识领域大致是下列四个方面：第一，商务谈判，如确定价格、交货风险等；第二，技术方面，如确定质量、规格、程序和工艺等；第三，法律方面，如起草合同文本、合同中各项条款的法律解释等；第四，金融方面，如确定支付方式、信用保证、证券与资金担保等。参加谈判的人员主要是这四个方面的人员，如每个人是某一方面的专家，恰恰是 4 人左右。

(4) 4 人左右便于小组成员调换。参加谈判的人员不是一成不变的，随着谈判的不断深入，所需专业人员也有所不同。如在洽谈的摸底阶段，生产和技术方面的专家作用大些；而在谈判的签约阶段，法律方面的专家则起关键性作用。这样，随着谈判的进行，小组成员可以随时调换。因此，谈判小组保持 4 人的规模是比较合理的。

上述谈判小组 4 人的规模，只是就一般情况而言，并且只是一种经验之谈。有些大型的谈判，领导和各部门负责人都可能参与，再加上工作人员如秘书等，队伍可能达 20 人左右。在这种情况下，可以进行合理的分工，可大致由 4 人组成正式谈判代表，与对方展开磋商，其余人只在谈判桌外向其提供建议和服务。

5.2.2 确定谈判小组负责人和谈判小组成员

1. 谈判小组负责人应具备的条件

谈判小组负责人应当根据谈判的具体内容、参与谈判人员的数量和级别，从企业内部有关部门挑选，可以是某一部门的主管，也可以是企业最高领导。谈判小组负责人并不一定是己方主谈人员，但他是直接领导和管理谈判队伍的人。谈判小组负责人应具备以下条件。

(1) 具备较全面的知识。谈判小组负责人本身除应具有较高的思想政治素质和业务素质之外，还必须掌握整个谈判涉及的多方面知识。只有这样才能针对谈判中出现的问题提出正确的见解，制定正确的策略，使谈判朝着正确的方向发展。

(2) 具备果断的决策能力。当谈判遇到机遇或遇到障碍时，负责人能够敏锐地利用机遇，解决问题，做出果断的判断和正确的决策。

(3) 具备较强的管理能力。谈判小组负责人必须要具备授权能力、用人能力、协调能力、激励能力、总结能力，使谈判小组成为具备高度凝聚力和战斗力的集体。

(4) 具备一定的权威地位。谈判小组负责人要具备权威性，有较大的权力，如决策权、用人权、否定权、签字权等；要有丰富的管理经验和领导威信，能胜任对谈判小组的管理。谈判小组负责人一般由高层管理人员或某方面的专家担任，最好与对方谈判小组负责人具有相对应的地位。

2．谈判小组负责人的职责

(1) 负责挑选谈判人员，组建谈判小组，并就谈判过程中的人员变动与上层领导取得协调。

(2) 负责管理谈判小组，协调谈判队伍各成员的心理状态和精神状态，处理好成员间的人际关系，增强队伍凝聚力，团结一致，共同努力，实现谈判目标。

(3) 负责组织制定谈判执行计划，确定谈判各阶段目标和战略策略，并根据谈判过程中的实际情况灵活调整。

(4) 负责己方谈判策略的实施，对具体的让步时间和幅度，谈判节奏的掌握，决策的时机和方案做出决策安排。

(5) 负责落实交易磋商的记录工作。

(6) 负责向上级或有关的利益各方汇报谈判进展情况，获得上级的指示，贯彻执行上级的决策方案，圆满完成谈判使命。

3．确定谈判小组成员

由于人的素质的差别，决定了不同的人组成的谈判小组其工作效率和谈判结果大不相同。为此，就必须精心挑选谈判小组成员，保证其高质量。

(1) 谈判小组成员选择应根据谈判内容和重要性而定。每一项谈判都有其特定的内容，其重要程度也各异。因此，在选择谈判小组成员时，一方面要充分考虑谈判内容涉及的业务知识面，使得谈判小组的知识结构满足谈判内容的需要；另一方面，如果谈判对企业至关重要，谈判小组的负责人应由企业决策层中有经验的谈判高手担任。

(2) 谈判成员的选择还应考虑谈判的连续性。如果某些成员已与对方打过交道，并且双方关系处理良好，则这项谈判还应选派这些人员参加。由此，可以增加对方的了解和赢得对方的信任，大大缩短双方的距离和谈判的时间。

(3) 谈判成员在素质上要形成群体优势。谈判小组成员的组合，在性格、气质、能力及知识方面应优势互补，形成群体优势。

(4) 谈判成员之间应形成一体化气氛。要想赢得谈判的成功，在组成高质量的谈判小组的基础上，最重要的工作就是小组内通力合作，关系融洽，形成合力。否则，内耗必将导致谈判的失败。因此，选择谈判小组成员应避免曾经或正在闹矛盾或冲突的人选。

【案例 5-3】谈判人员的配备

某县一饮料厂欲购买意大利固体橘汁饮料生产技术和设备。派往意大利的谈判小组包括以下四名核心人员：该厂厂长、该县分管工业的副县长、县经委主任和县财办主任。

(资料来源：作者整理)

【思考】如此谈判人员的安排说明中国人的谈判带有何种色彩？这样安排的后果会怎么样？如何调整谈判人员？调整的依据是什么？

延伸阅读：

通过扫描二维码或者登录网址，阅读《WTO 的谈判集团》，运用所学知识，分析大型商务谈判是如何进行人员分工的。

http://tradeinservices.mofcom.gov.cn/article/zhishi/jichuzs/201705/20887.html

5.3 商务谈判方案的制定

在正式谈判前，必须制定具体的谈判方案。制定周密、细致的谈判方案，可使谈判人员各负其责，协调工作，有计划、有步骤地展开谈判。它是保证谈判顺利进行的必要条件，也是取得谈判成功的基础。所以任何一方都不应忽视谈判方案的制定，而必须认真对待，做到严谨、周密、明确、具体。

5.3.1 商务谈判方案制定的要求

1. 商务谈判方案的概念

商务谈判方案是在谈判开始前对谈判目标、谈判议程、谈判策略预先所做的安排。谈判方案是指导谈判人员行动的纲领，在整个谈判过程中起着非常重要的作用。

【案例 5-4】中美知识产权中方谈判方案

中美关于知识产权谈判的主要目的，除了解决关于两国知识产权领域的问题之外，更重要的是，这次谈判在中国加入世界贸易组织过程中，关于中美双边的谈判结果有关键影响。同时，造成美方在知识产权问题谈判上强硬的背后，实质上是中美贸易的不平衡问题。因而，此次谈判是关于两国知识产权问题的谈判。但是在谈判本身的背后，实质上是中美贸易的不平衡问题。

在此背景下，我方在既定的谈判目标、谈判原则和对策的基础上，制定了三个方案。

方案一：主动出击，谋求双赢。

谈判主题：以适当条件就中美知识产权问题达成协议。

谈判策略：积极主动约见对方，表明我方立场，阐述双方合作利益前景。

谈判目标：

① 最优目标——在维持现状条件下达成协议，扩大美国市场，顺利加入世界贸易组织。

② 可接受目标——我方同意扩大美国商品的市场准入，加强政府工作的透明度，承诺严厉打击侵犯知识产权的行为，并进一步制定扩大内需的相关政策，以缓解两国意见上的

不平衡。我方在以上两项工作上的努力，必须换来美方在我方加入世界贸易组织问题上的支持和配合。

③ 最低目标——解决贸易报复问题，避免贸易战的发生。

谈判原则：

① 把握我方立场，积极而有诚意地解决问题。

② 在保护自身利益的前提下，考虑对方利益，力争达到真正意义上的双赢。

③ 在焦点和重点问题上，求同存异地解决问题，对一时难以解决的问题从长计议，不可以为了达成协议而损失我方的利益。对于双方都认同的问题，要抓住时机，加快解决问题。

谈判程序：

① 阐述我国为改善知识产权保护所做的努力，反驳其指责我方侵权的不客观性。

② 在维持我国知识产权保护现状的情况下，提出希望美方支持我国加入世界贸易组织的目标。

谈判时间：

① 2 月 10 日～2 月 15 日：第一阶段

② 2 月 18 日～2 月 25 日：第二阶段

如若陷入谈判僵局，2 月 16 日和 17 日进入休会阶段。

方案二：以退为进，见机行事。

谈判主题：以适当条件就中美知识产权问题达成协议。

谈判策略：先让对方提出要求和条件，针对对方提出的要求和条件制定我方相应的对策。

谈判目标：

① 最优目标——在不做出妥协即维持现状条件下，双方达成协议，扩大美国市场，加入世界贸易组织。

② 可接受目标——以加强知识产权保护向美方进一步开放市场为条件，换取美方支持中国加入世界贸易组织。

③ 最低目标——解决贸易报复问题，避免贸易战的发生。

谈判原则：

① 等待对方提出问题，根据对方的态度和实际进展来解决问题。

② 力争达到真正意义上的双赢。但对于对方提出的我方无法接受的条件，绝不接受。

③ 避免在焦点问题上做过多的纠缠，对一时难以解决的而对方又咄咄逼人的问题，坚持我方立场。不可以为了达成协议而损失我方利益。

谈判程序：

① 听取美方关于我方侵犯知识产权申述和提出的要求。

② 应对美方提出的要求和条件，原则问题上不妥协，运用迂回等谈判战术，积极维护我方利益，争取做出最小的牺牲。

谈判时间：

① 2 月 10 日～2 月 15 日：第一阶段

② 2 月 18 日～2 月 25 日：第二阶段

如若陷入谈判僵局，2月16日和17日进入休会阶段。

方案三：终止谈判，以静制动。

谈判主题：以适当条件就中美知识产权问题达成协议。

谈判策略：在谈判无法取得实质性进展或美方咄咄逼人的情况下，我方选择终止谈判，并且不再主动提出谈判。

谈判目标：

① 最优目标——在不做出妥协即维持现状条件下，双方达成协议，扩大美国市场，加入世界贸易组织。

② 可接受目标——以加强知识产权保护向美方进一步开放市场为条件，换取美国支持中国加入世界贸易组织。

③ 最低目标——解决贸易报复问题，避免贸易战的发生。

谈判程序：

① 听取美方关于我方侵犯知识产权申述和提出的要求。

② 应对美方提出的要求和条件，原则问题上不妥协，运用迂回等谈判战术，积极维护我方利益，争取做出最小的牺牲。

谈判时间：

① 2月10日～2月15日：第一阶段

② 2月18日～2月25日：第二阶段

如若陷入谈判僵局，2月16日和17日进入休会阶段。

(资料来源：高建军. 商务谈判实务. 北京：北京航空航天大学出版社，2007)

2. 商务谈判方案制定的要求

由于商务谈判的规模、重要程度不同，商务谈判内容有所差别。内容可多可少，要视具体情况而定。尽管内容不同，但其要求都是一样的。一个好的谈判方案要求做到以下几点。

(1) 简明扼要。所谓简明，就是要尽量使谈判人员很容易记住其主要内容与基本原则，使他们能根据方案的要求与对方周旋。

(2) 明确、具体。谈判方案要求简明、扼要，也必须与谈判的具体内容相结合，以谈判具体内容为基础，否则，会使谈判方案显得空洞和含糊。因此，谈判方案的制定也要求明确、具体。

(3) 富有弹性。谈判过程中各种情况都有可能发生突然变化，要使谈判人员在复杂多变的形势中取得比较理想的结果，就必须使谈判方案具有一定的弹性。谈判人员在不违背根本原则情况下，根据情况的变化，在权限允许的范围内灵活处理有关问题，取得较为有利的谈判结果。谈判方案的弹性表现在：谈判目标有几个可供选择的目标；策略方案根据实际情况可选择某一种方案；指标有上下浮动的余地；还要把可能发生的情况考虑在计划中，如果情况变动较大，原计划不适合，可以实施第二套备选方案。

5.3.2　商务谈判方案制定的内容

商务谈判方案主要包括谈判目标、谈判策略、谈判议程，以及谈判人员的分工职责、谈判地点等内容。其中，比较重要的是谈判目标的确定、谈判策略的制定和谈判议程的安排等内容。

1．确定谈判目标

谈判目标是指谈判要达到的具体目标，它指明谈判的方向和要求达到的目的、企业对本次谈判的期望水平。商务谈判的目标主要是以满意的条件达成一笔交易，确定正确的谈判目标是保证谈判成功的基础。谈判的目标可以分为以下三个层次。

(1) 最低目标。最低目标是谈判必须实现的最基本的目标，也是谈判的最低要求。若不能实现，宁愿谈判破裂，放弃商贸合作项目，也不愿接受比最低目标更低的条件。因此，也可以说最低目标是谈判者必须坚守的最后一道防线。

(2) 可以接受的目标。可以接受的目标是谈判人员根据各种主客观因素，经过对谈判对手的全面估价，对企业利益的全面考虑、科学论证后所确定的目标。这个目标是一个诚意或范围，即己方可努力争取或做出让步的范围。谈判中的讨价还价就是在争取实现可接受目标，所以可接受目标的实现，往往意味着谈判取得成功。

(3) 最高目标。最高目标，也叫期望目标。它是本方在商务谈判中所要追求的最高目标，也往往是对方所能忍受的最高程度，它也是一个难点。如果超过这个目标，往往要冒谈判破裂的危险。因此，谈判人员应充分发挥个人的才智，在最低目标和最高目标之间争取尽可能多的利益，但在这个目标难以实现时是可以放弃的。

值得注意的是，谈判中只有价格这样一个单一目标的情况是很少见的，一般的情况是存在着多个目标，这时就需考虑谈判目标的优先顺序。在谈判中存在着多重目标时，应根据其重要性加以排序，确定是否所有的目标都要达到，哪些目标可舍弃，哪些目标可以争取达到，哪些目标又是万万不能降低要求的。

2．制定商务谈判策略

制定商务谈判的策略，就是要选择能够达到和实现己方谈判目标的基本途径和方法。谈判不是一场讨价还价的简单的过程，实际上是双方在实力、能力、技巧等方面的较量。因此，制定商务谈判策略前应考虑如下影响因素：

(1) 对方的谈判实力和主谈人的性格特点。

(2) 对方和己方的优势所在。

(3) 交易本身的重要性。

(4) 谈判时间的长短。

(5) 是否有建立持久、友好关系的必要性。

通过对谈判双方实力及其以上影响因素的细致而认真的研究分析，谈判者可以确定己方的谈判地位，即处于优势、劣势或者均势，由此确定谈判的策略，如报价策略、还价策略、让步与迫使对方让步的策略、打破僵局的策略等。

3. 安排谈判议程

谈判议程的安排对谈判双方非常重要，议程本身就是一种谈判策略，必须高度重视这项工作。谈判议程一般要说明谈判时间的安排和谈判议题的确定。谈判议程可由一方准备，也可由双方协商确定。议程包括通则议程和细则议程，通则议程由谈判双方共同使用，细则议程供己方使用。

(1) 时间安排。时间的安排即确定在什么时间举行谈判、多长时间、各个阶段时间如何分配、议题出现的时间顺序等。谈判时间的安排是议程中的重要环节。如果时间安排得很仓促，准备不充分，匆忙上阵，心浮气躁，就很难沉着冷静地在谈判中实施各种策略；如果时间安排得很拖延，不仅会耗费大量的时间和精力，而且随着时间的推延，各种环境因素都会发生变化，还可能会错过一些重要的机遇。

(2) 确定谈判议题。所谓谈判议题，就是谈判双方提出和讨论的各种问题。确定谈判议题首先须明确己方要提出哪些问题，要讨论哪些问题。要把所有问题全盘进行比较和分析：哪些问题是主要议题，要列入重点讨论范围；哪些问题是非重点问题；哪些问题可以忽略。这些问题之间是什么关系，在逻辑上有什么联系；还要预测对方会提出什么问题，哪些问题是己方必须认真对待、全力以赴去解决的；哪些问题可以根据情况做出让步；哪些问题可以不予讨论。

(3) 拟定通则议程和细则议程。

① 通则议程。通则议程是谈判双方共同遵守使用的日程安排，一般要经过双方协商同意后方能正式生效。在通则议程中，通常应确定以下内容：

- 谈判总体时间及分段时间安排。
- 双方谈判讨论的中心议题，问题讨论的顺序。
- 谈判中各种人员的安排。
- 谈判地点及招待事宜。

② 细则议程。细则议程是己方参加谈判的策略的具体安排，只供己方人员使用，具有保密性。其内容一般包括以下几个方面：

- 谈判中统一口径，如发言的观点、文件资料的说明等。
- 对谈判过程中可能出现的各种情况的对策安排。
- 己方发言的策略，何时提出问题，提什么问题，向何人提问，谁来提出问题，谁来补充，谁来回答对方问题，谁来反驳对方提问，什么情况下要求暂时停止谈判等。
- 谈判人员更换的预先安排。
- 己方谈判时间的策略安排、谈判时间期限。

(4) 己方拟定谈判议程时应注意的几个问题。

① 谈判的议程安排要依据己方的具体情况，在程序安排上能扬长避短，也就是在谈判的程序安排上，保证己方的优势能得到充分的发挥。

② 议程的安排和布局要为自己出其不意地运用谈判策略埋下契机。对一个谈判老手来说，是决不会放过利用拟定谈判议程的机会来运筹谋略的。

③ 谈判议程内容要能够体现己方谈判的总体方案，统筹兼顾，引导或控制谈判的速度，以及己方让步的限度和步骤等。

④ 在议程的安排上，不要过分伤害对方的自尊和利益，以免导致谈判的过早破裂。

⑤ 不要将己方的谈判目标、特别是最终谈判目标通过议程和盘托出，使己方处于不利地位。

当然，议程由自己安排也有短处。己方准备的议程往往透露了自己的某些意图，对方可分析猜出，在谈判前拟定对策，使己方处于不利地位。同时，对方如果不在谈判前对议程提出异议而掩盖其真实意图，或者在谈判中提出修改某些议程，容易导致己方被动甚至谈判破裂。

(5) 对方拟定谈判议程时，己方应注意的几个方面。

① 未经详细考虑后果之前，不要轻易接受对方提出的议程。

② 在安排问题之前，要给自己充分的思考时间。

③ 详细研究对方所提出的议程，以便发现是否有什么问题被对方故意摒弃在议程之外，或者作为用来拟定对策的参考。

④ 千万不要显出你的要求是可以妥协的，应尽早表示你的决定。

⑤ 对议程不满意，要有勇气去修改，决不要被对方编排的议程束缚住手脚。

⑥ 要注意利用对方议程中可能暴露的对方谈判意图，后发制人。

谈判是一项技术性很强的工作。为了使谈判在不损害他人利益的基础上达成对己方更为有利的协议，可以随时卓有成效地运用谈判技巧，但又不为他人觉察。一个好的谈判议程，应该能够驾驭谈判，这就好像双方作战一样，成为己方纵马驰骋的缰绳。你可能被迫退却，你可能被击败，但是只要你能够左右敌人的行动，而不是听任敌人摆布，你就仍然在某种程度上占有优势。更重要的是，你的每个士兵和整个军队都将感到自己比对方高出一筹。

当然，议程只是一个事前计划，并不代表一个合同。如果任何一方在谈判开始之后对它的形式不满意，那么就必须有勇气去修改，否则双方都负担不起因为忽视议程而导致的损失。

【案例 5-5】商务谈判方案报告例文——关于引进 K 公司矿用汽车的谈判方案

5 年前我公司曾经接受 K 公司的矿用汽车，经试用，性能良好，为适应矿山技术改造的需要，打算通过谈判再次引进 K 公司矿用汽车及有关部件的生产技术。K 公司代表于 4 月 3 日应邀来京洽谈。

具体内容:

1. 谈判主题

以适当的价格谈成 29 台矿用汽车及有关部件生产的技术引进。

2. 目标设定

(1) 技术要求

① 矿用汽车车架运行 1500h 不准开裂。

② 在气温 40℃条件下，矿用汽车发动机停止运转 8h 以上，在接入 220V 电源后，发动机能在 30min 内启动。

③ 矿用汽车的出动率在 85%以上。

(2) 试用期考核指标

① 一台矿用汽车使用10个月(包括一个严寒的冬天)。

② 出动率达85%以上。

③ 车辆运行3750h，行程3125km。

④ 车辆装载达31 255m^3。

(3) 技术转让内容和技术转让深度

① 利用购买29台车为筹码，K公司无偿地(不作价)转让车架、厢斗、举升缸、总装调试等技术。

② 技术文件包括图纸、工艺卡片、技术标准、零件目录手册、专用工具、专用工装、维修手册等。

(4) 价格

① 19××年购买W公司矿用汽车，每台FOB单价为23美元；5年后的今天仍能以每台23美元成交，那么可定为价格下限。

② 5年时间按国际市场价格浮动10%计算，今年成交的可能性价格为25万美元，此价格为上限。

3. 谈判程序

第一阶段：就车架、厢斗、举升缸、总装调试等技术附件展开洽谈。

第二阶段：商讨合同条文。

第三阶段：价格洽谈。

4. 日程安排

第一阶段：4月5日上午9:00～12:00，下午3:00～6:00。

第二阶段：4月6日上午9:00～12:00。

第三阶段：4月6日晚上7:00～9:00。

5. 谈判地点

第一、第二阶段的谈判安排在公司12楼洽谈室。

第三阶段的谈判安排在××饭店2楼咖啡厅。

6. 谈判小组分工

主谈：张三为谈判小组总代表。

副主谈：李四为主谈提供建议，或伺机而谈。

翻译：叶某随时为主谈、副主谈担任翻译，还要留心对方的反映情况。

成员A：负责谈判记录和技术方面的条款。

成员B：负责分析动向、意图、财务及法律方面的条款。

(资料来源：陈文汉. 商务谈判实务(第2版). 北京：电子工业出版社，2009)

5.4 商务谈判物质条件的准备

商务谈判物质条件的准备工作主要包括三个方面：谈判场所的选择、谈判会场的布置和食宿安排。从表面上看，这同谈判内容本身联系不大，但事实上不仅联系密切，而且关系到整个谈判的发展前途。

5.4.1　谈判场所的选择

谈判场所的选择包括两个方面：一是国家、地区的选择；二是谈判场所的选择。一般来说，前者应以通信方便、交通便利为首要条件；后者的选择要根据谈判性质而定，正式谈判应选择比较安静和方便的场所，非正式谈判则不受限制。

可供选择的谈判场所有三种类型：买方住地、卖方住地和中间地点。

对谈判人员来说，选择不同的场所会产生不同的影响。谈判专家认为，谈判地点不论设在哪一方都各有利弊。

如果谈判地点设在己方办公室、会计室，其优点是：可避免由于环境生疏带来的心理障碍等(这些障碍很可能会影响谈判的结果)，获得额外的收获。己方可借“天时、地利、人和”的有利条件，向对方展开攻势，以求对方让步；可以处理谈判以外的其他事情；便于谈判人员请示、汇报、沟通联系；节省旅途的时间和费用。因此，谈判地点在己方，有利于己方优势的自由发挥。就像体育比赛一样，在己方场地举行谈判活动，获胜的可能性就会更大些。一些谈判学家所做的研究也证明了这一点。美国专家泰勒尔的实验表明：多数人在自己家的客厅与人谈话，比在别人的客厅里更能说服对方。这是因为：人们一种常见的心理状态就是在自己的“所属领地”里能更好地释放能量与本领，所以成功的概率就高。这种情况也适用于谈判。

如果谈判地点设在对方，也有其优越性：

(1) 可以排除多种干扰，专心致志地进行谈判。

(2) 在某些情况下，可以借口资料不在身边，拒绝提供不便泄露的情报。

(3) 可以越级与对方的上级洽谈，获得意外收获。

(4) 对方需要负担准备场所等其他事务。

正是由于上述原因，在多轮谈判中，谈判场所往往是交替更换，这已是不成文的惯例。当然，谈判地点在哪一方还取决于许多其他客观因素，如考察生产过程、施工基地、投资所在地的地理环境等。

有时，中间地点也是谈判的合适地点。如果预料到谈判会紧张、激烈，分歧较大，或外界干扰太大，选择中间地点就是上策。总之，不同的谈判场所具有不同的利弊得失。在选择谈判地点时，通常要考虑谈判双方的力量对比、可选择地点的多少和特色、双方的关系因素等。

不论哪一方做东道主，都不应忽视对谈判具体地点的选择。在某种程度上，它直接影响谈判人员的情绪，影响谈判的效果。

选择环境优美、条件优越的具体谈判地点，并巧妙地布置会谈场所，使谈判者有一种安全舒适、温暖可亲的心理感受，不仅能显示出己方热情、友好的诚恳态度，也能使对方对你的诚恳“用心”深表谢意，这就为谈判营造出和谐的气氛，可促使谈判获得成功。一般来讲，谈判场所要环境幽静，不要过于嘈杂和喧闹，通信设施要完备，要具备一定的灯光、通风和隔音条件。最好在举行会谈的会议室旁边备有一两间小房间，以利谈判人员协商机密事情。医疗、卫生条件较好，安全防范工作要好。

主要谈判场所应当整洁、宽敞、光线充足，也可以配备一些专门的设施，供谈判人员挂些图表或进行计算。除非双方都同意，否则不要配有录音设备。经验证明，录音设备有时对双方都会起到副作用，使人难以畅所欲言。

【案例 5-6】心情好一切都好

1972 年，美国总统尼克松访华，中美双方将要开展一场具有重大历史意义的国际谈判。为了创造一种和谐融洽的谈判环境和氛围，中国方面在周恩来总理的亲自领导下，对谈判过程中的各种环境都做了精心而又周密的准备和安排，甚至对宴会上要演奏的中美二国民间乐曲都进行了精心地挑选。在欢迎尼克松一行的国宴上，当军乐队熟练地演奏起由周恩来亲自选定的《美丽的亚美利加》时，尼克松总统简直听呆了，他绝对没有想到能在中国听到他如此熟悉的乐曲，因为，这是他平生最喜爱的并指定在他的就职典礼上演奏的家乡乐曲。敬酒时，他特地到乐队前表示感谢，此时国宴达到了高潮，而一种融洽而热烈的气氛也同时感染了美国客人。一个小时的精心安排，赢得了和谐融洽的谈判气氛，这不能不说是一种高超的谈判艺术。

日本首相田中角荣在 20 世纪 70 年代为恢复中日邦交正常化到达北京，他怀着等待中日间最高首脑会谈的紧张心情，在迎宾馆休息。迎宾馆内气温舒适，田中角荣的心情也十分舒畅，与随从的陪同人员谈笑风生。他的秘书早坂茂三仔细地看了一下房间的温度，是 17.8℃。这一田中角荣习惯的温度使得他心情舒畅，也为谈判的顺利进行创造了条件。

(资料来源：作者整理)

【案例分析】无论《美丽的亚美利加》乐曲，还是房间的 17.8℃，都是人们针对特定的谈判对手，为了更好地实现谈判目标而进行的一场不起眼但看得见的谈判策略的运用。

5.4.2 谈判会场的布置

谈判会场的布置及座位的安排是否得当，是检验谈判人员素质的标准之一，甚至还可能影响谈判的成败。例如，一次较大型的谈判，如果谈判会场布置得马马虎虎、杂乱无章，就有可能给客方留下主人对本次谈判缺乏诚意、不重视的印象，从而给其后的谈判蒙上一层阴影。如果主方连座位都不会安排，就会使客方对主方的谈判素质产生怀疑，由此可使客方占尽心理优势。这时，有些商人就有可能故意设立关卡，甚至玩弄伎俩，从而人为地给谈判设置了障碍。严重时，还可能使主方被动，最终难免影响谈判的效益或成败。

一般来说，商务谈判时，双方应面对面而坐，各自的组员应坐在主谈者的两侧，以便互相交换意见，加强其团结的力量。商务谈判通常用长方形条桌，其座位安排通常如图 5.1 和图 5.2 所示。

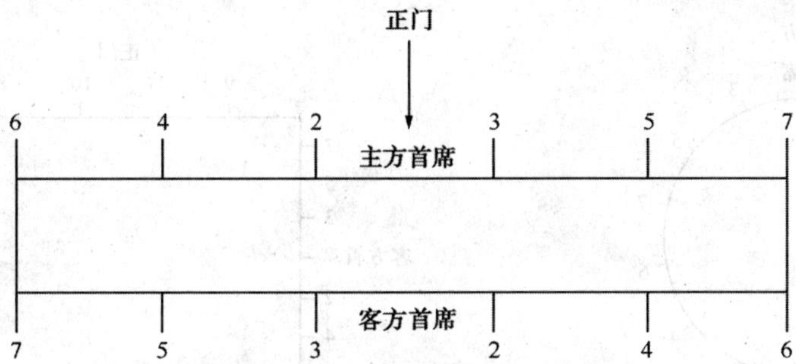

图 5.1　谈判座位安排

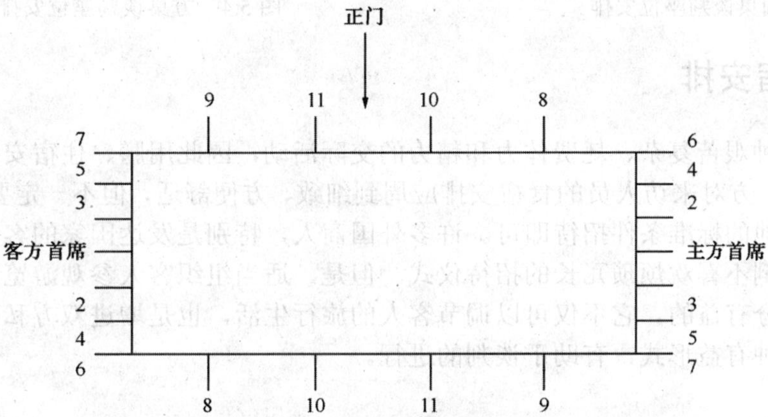

图 5.2　谈判主方、客方的座位安排

根据图 5.1 所示，若以正门为准，主人应坐背门一侧，客人则面向正门而坐，其中主谈人或负责人居中。我国及多数国家习惯把翻译员安排在主谈人的右侧即第二个席位上，但也有少数国家让翻译员坐在后面或左侧，这也是可以的。

根据图 5.2 所示，若谈判长桌一端向着正门，则以正门的方向为准，右为客方，左为主方。其座位号的安排也是以主谈者(即首席)的右边为偶数，左边为奇数，即所谓“左边为大”。

若没有条桌，也可用圆桌或方桌，其座位安排法分别如图 5.3 和图 5.4 所示。一般来讲，比较大型、重要的谈判，谈判桌可选择长方形的，双方代表各居一面。如果谈判规模较小，或双方人员比较熟悉，可以选择圆形谈判桌，以消除长桌那种正规、不太活泼的感觉。双方团团坐定，会形成一个双方关系融洽、共同合作的印象，而且彼此交谈容易，气氛随和。

还有一种排位方法是随意就座，适合于小规模的、双方都比较熟悉的谈判。有些谈判还可以不设谈判桌。

与谈判桌相配的是椅子。椅子要舒适，不舒适使人坐不住；但是，也不能过于舒适，太舒适使人易产生睡意，精神不振。此外，会议所需的其他设备和服务也应周到，如烟缸、纸篓、笔、记事本、文件夹、各种饮料等。

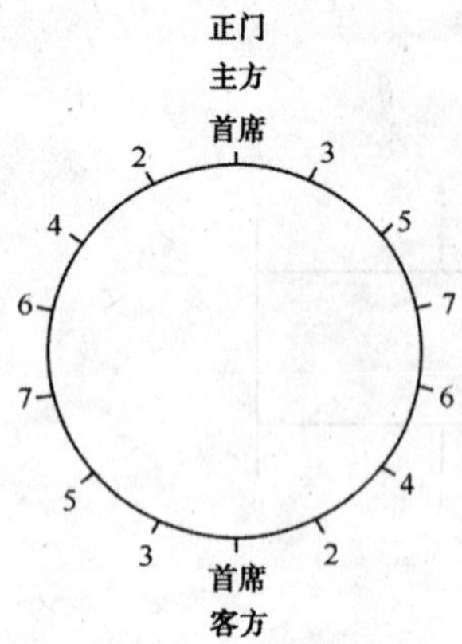

图 5.3　圆桌谈判座位安排

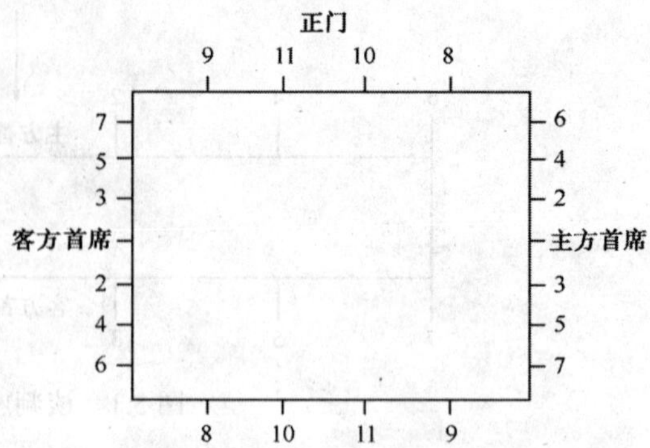

图 5.4　方桌谈判座位安排

5.4.3　食宿安排

谈判是一种艰苦复杂、耗费体力和精力的交际活动，因此用膳、住宿安排也是会谈的内容。东道主一方对来访人员的食宿安排应周到细致、方便舒适，但不一定要豪华、阔气，按照国内或当地的标准条件招待即可。许多外国商人，特别是发达国家的客商十分讲究时间、效率，反倒不喜欢烦琐冗长的招待仪式。但是，适当组织客人参观游览、参加文体娱乐活动也是十分有益的。它不仅可以调节客人的旅行生活，也是增进双方私下接触、融洽双方关系的一种有益形式，有助于谈判的进行。

5.5　模拟谈判

模拟谈判，也就是正式谈判前的“彩排”。它是商务谈判准备工作中的最后一项内容。它是从己方人员中选出某些人扮演谈判对手的角色，提出各种假设和臆测，从对手的谈判立场、观点、风格等出发，和己方主谈人员进行谈判的想象练习和实际表演。

【案例 5-7】谈判前做好演练

1954 年，我国派出代表团参加日内瓦会议。因为是新中国成立以来第一次与西方打交道，没有任何经验。在代表团出发前，进行了反复的模拟练习。由代表团的同志为一方，其他人分别扮演西方各国的新闻记者和谈判人员，提出各种问题“刁难”代表团的同志。在这种对抗中，及时发现问题，及时给予解决。经过充分的准备，我国代表团在日内瓦会议期间的表现获得了国际社会的一致好评。

(资料来源：作者整理)

【案例分析】我们经常说不打无准备之仗，做好谈判前的模拟，能极大地提高谈判的成功率。

5.5.1　模拟谈判的内容

模拟谈判的内容就是实际谈判中的内容。但为了更多地发现问题，模拟谈判的内容往往更具有针对性。模拟谈判的内容的选择与确定，不同类型的谈判也有所不同。如果这项谈判对企业很重要，谈判人员面对的又是一些新的问题，以前从未接触过对方谈判人员的风格特点，并且时间又允许，那么，模拟谈判的内容应尽量全面一些。相反，模拟谈判的内容也可少一些。

5.5.2　模拟谈判的方式

模拟谈判的方式主要有下列两种。

1．组成代表对手的谈判小组

如果时间允许，可以将自己的谈判人员分成两组，一组作为己方的谈判代表，一组作为对方的谈判代表；也可以从本企业内部的有关部门抽出一些职员，组成另一谈判小组。但是，无论用哪种办法，两个小组都应不断地互换角色。这是正规的模拟谈判，此方式可以全面检查谈判计划，并使谈判人员对每个环节和问题都有一个事先的了解。

2．让一位谈判成员扮演对手

如果时间、费用和人员等因素不允许安排一次较正式的模拟谈判，那么小组负责人也应坚持让一位人员来扮演对方，对本企业的交易条件进行磋商、盘问。这样做也有可能使谈判小组负责人意识到是否需要修改某些条件或者增加一部分论据等，而且也会使本企业人员提前认识到谈判中可能出现的问题。

5.5.3　模拟谈判的方法

1．全景模拟法

这是指在想象谈判全过程的前提下，企业有关人员扮成不同的角色所进行的实战性排练。这是最复杂、耗资最大，但往往也是最有效的模拟谈判方法。这种方法一般使用于大型的、复杂的、关系到企业重大利益的谈判。在采用全景模拟法时，应掌握以下技巧。

(1) 合理地想象谈判全过程。要求谈判人员按照假设的谈判顺序展开充分的想象，不只是想想事情的发生结果，更重要的是事物发展的全过程，想象在谈判中双方可能发生的一切情形。并依照想象的情况和条件，演绎双方交锋时可能出现的一切局面，如谈判的气氛、对方可能提出的问题、我方的答复、双方的策略和技巧等问题。合理的想象有助于谈判的准备更充分、更准确。所以，这是全景模拟法的基础。

(2) 尽可能扮演谈判中所有会出现的人物。这有两层含义：一方面是指对谈判中可能会出现的人物都有所考虑，要指派合适的人员对这些人物的行为和作用加以模仿；另一方面是指主谈人员(或其他在谈判中起重要作用的人员)应扮演一下谈判中的每一个角色，包括自己、己方的顾问、对手和他的顾问。这种对人物行为、决策、思考方法的模仿，能使我们对谈判中可能遇到的问题、人物有所预见；同时，处在别人的角度上进行思考，有助于我方指定更完善的策略。

2．讨论会模拟法

这种方法类似于“头脑风暴法”。它分为两步：第一步，企业组织参加谈判的人员和一些其他相关人员召开讨论会，请他们根据自己的经验，对企业在本次谈判中谋求的利益、对方的基本目标、对方可能采取的策略、我方的对策等问题畅所欲言。不管这些观点、见解如何标新立异，都不会被人指责，有关人员只是忠实地记录，再把会议情况上报领导，作为决策的参考。第二步，则是请人对谈判中各种可能发生的情况、对方可能提出的问题等提出疑问，由谈判小组成员一一解答。

讨论会模拟法非常欢迎反对意见，这些意见有助于谈判小组重新审核你定的谈判方案，从多种角度和多重标准来评价方案的科学性和可行性，不断完善准备的内容，提高成功的概率。

3．列表模拟法

这是最简单的模拟方法，一般适用于小型的、常规性的谈判。具体操作是通过表格的形式，在表格的一方列出己方经济、科技、人员、策略等方面的优缺点和对方的目标与策略，在另一方则罗列出己方针对这些问题在谈判中所应采取的措施。这种模拟方法最大的缺陷在于它实际上还是谈判人员的主观产物，它只是尽可能搜寻问题并列出对策，至于这些问题是否真的会在谈判中发生，这一对策是否能起到确切的作用，由于没有通过实践的检验，因此，不能百分之百地讲，这一对策是完全可行的，对于一般商务谈判，只能达到八九成的胜算就可以了。

延伸阅读：

通过扫描二维码或者登录网址，阅读《“绿屋会议”频现坎昆　抗议者质疑“不透明”》，查找资料了解什么是绿屋会议及其起源，运用所学知识，分析其在商务谈判中的作用。

http://jingji.cntv.cn/20101210/103524.shtml

5.6 综合实训

【实训目的】

(1) 理论联系实际训练学生对商务谈判准备的正确认识，能够正确理解商务谈判准备的必要性，培养学生认识问题的能力。

(2) 通过训练使学生充分贴近经济生活，提升学生的综合素质。

【实训内容】

商务谈判准备的相关工作。

【实训时间】

本章课堂教学内容结束后的双休日和课余时间，为期一周。或者指导教师另外指定时间。

【背景资料】

20 世纪 60 年代初期，我国大庆油田的情况在国内外尚未公开。日本人只是有所耳闻，但始终未闻底细。后来，在 1964 年 4 月 26 日的《人民日报》上看到“大庆精神大庆人”的字句，于是日本人判断，中国的大庆确有其事，但他们仍然弄不清大庆在什么地方。他们从 1966 年的《中国画报》上看到一张大庆工人艰苦创业的照片，根据照片上人物的衣着，他们断定大庆油田在冬季为零下 30℃的中国东北地区，大致在哈尔滨与齐齐哈尔之间。1966 年 10 月，他们又从《人民日报》和其他杂志上看到有介绍王铁人的文章，提到马家窑的地名，并提到钻井机是用人拉、肩扛弄到现场的。日本人据此断定油田离车站不远，从地图上找到了马家窑的确切位置，并以此推测出大庆油田的确切范围。进而，日本人又从一篇报道王铁人 1959 年国庆节在天安门观礼的消息中分析出，1959 年 8 月王铁人还在玉门，以后便消失了音讯，这表明大庆油田的开发时间自 1959 年 9 月起。1966 年 7 月，日本人又从《中国画报》上刊登的一张炼油厂的照片推断出大庆的年产原油量。照片上既没有人也没有尺寸，但有一个扶手栏杆，依照常规，扶手栏杆高一米左右，日本人推断出炼油厂炼油塔的外径，并换算出小内径 5 米，判断出日炼油能力和每天的原油加工能力，依此算出了大庆的年产原油量。

日方就是利用了公开的新闻资料中的一句话、一条消息，加以综合分析，完成了对我国大庆油田的调查，为商务谈判提供了可靠的依据。因而在向我国销售成套炼油设备的谈判时，日方谈判人员介绍只有他们的设备适合大庆油田的实际情况，从而获得较大的主动权，而我方采购谈判人员因无别的选择只好向日方购货。

(资料来源：陈文汉. 商务谈判实务(第 2 版). 北京：电子工业出版社，2009)

【实训过程设计】

(1) 指导教师布置学生课前预习阅读案例。

(2) 将全班同学平均分成小组，按每组 5～6 人进行讨论。实训组根据资料进行讨论和设计方案。

(3) 根据“背景资料”分析日方为什么能获得谈判的主动权。

(4) 根据“背景资料”讨论日方是如何揭开大庆油田的秘密的。

(5) 根据“背景资料”分析信息准备工作的重要性是如何体现的。

(6) 根据“背景资料”分析本案例对开展商务谈判调查有何启示。

(7) 各实训组对本次实训进行总结和点评，参照 11.2 节“商务谈判学生作业范例”撰写作为最终成果的《商务谈判礼仪规范化运作实训报告》。优秀的实训报告在班级展出，并收入本课程教学资源库。

5.7 综合练习

5.7.1 单项选择题

1. 商务谈判小组成员一般以(　)人为宜。

A. 3　　B. 4　　C. 5　　D. 6

2．(　)是商务谈判人员必须坚守的最后一道防线。

A．基本目标　B．可接受的目标　C．最高目标　D．期望目标

3．只供己方使用，具有保密性的是(　)。

A．通则议程　B．细则议程　C．谈判时间安排　D．都不是

5.7.2　多项选择题

1．商务谈判的组织准备工作主要包括(　)。

A．组织成员的结构　B．组织成员的规模

C．组织成员的性别　D．组织成员的学历　E．组织成员的籍贯

2．商务谈判小组最好包括(　)。

A．商务人员　B．技术人员　C．财务人员

D．法律人员　E．翻译人员

3．商务谈判方案的制定，应该(　)。

A．简明扼要　B．明确　C．具体

D．富有弹性　E．及时

5.7.3　简答题

1．谈判信息在商务谈判中的作用有哪些？

2．如何搜集谈判对手的信息资料？

3．如何做好商务谈判信息传递和保密工作？

4．谈判小组的人员构成应遵循哪些原则？谈判小组负责人应具备哪些条件？

5．如何确定谈判目标？选择谈判时间的长短应考虑哪些因素？

6．你是如何认识模拟谈判的必要性的？模拟谈判方式有哪些？

5.7.4　案例分析

材料 1：日本的钢铁和煤炭资源短缺，而澳大利亚则盛产煤、铁。日本渴望购买澳大利亚的煤和铁，而在国际贸易中澳大利亚一方不愁找不到买主。按理来说，日本人的谈判地位低于澳大利亚，澳大利亚一方在谈判桌上占据主动权。可是，日本人把澳大利亚的谈判者请到日本去谈判。澳大利亚人到了日本，一般都比较谨慎，讲究礼仪，以不过分侵犯东道主的权益，因而日本和澳大利亚在谈判桌上的相互地位就发生了显著的变化。澳大利亚人过惯了富裕的舒畅生活，到了日本几天后，就急于想回到故乡别墅的游泳池、海滨和妻子儿女身边去，所以在谈判桌上常常表现急躁的情绪。作为东道主的日本谈判代表，却可以不慌不忙地讨价还价，掌握了谈判桌上的主动权。结果日本方面仅仅花费少量的款待费作为“鱼饵”，就钓到了“大鱼”，取得了大量谈判桌上难以获得的东西。

(资料来源：陈文汉. 商务谈判实务(第 2 版). 北京：电子工业出版社，2009)

问题：

(1) 日本人为什么能够取得谈判的有利地位？

(2) 本案例对开展商务谈判的地点选择有何启示？

材料 2： 财产继承人

眼下，你哥哥、姐姐和你要继承你住在广州的舅舅的遗产。你们三个都很爱舅舅。尽管你们都住在一个城市，但由于工作和家庭的关系，近几年都没联系过。你舅舅的遗嘱上说，只要你们能谈妥，怎么分配财产都行，条件是必须在他去世后 30 天内解决，否则财产就捐给慈善机构。舅舅的财产包括：(1)320 万元现金和存款；(2)一部 2004 年的林肯车；(3)两栋房子，共 88.5 万元；(4)房子里的所有家具；(5)一件艺术收藏品，价值 425 万元；(6)广州塔俱乐部的季票；(7)一大盒家庭照片和幻灯片。你们三人决定六天后会面商谈。

(资料来源：陈文汉. 商务谈判实务(第 2 版). 北京：电子工业出版社，2009)

问题：

(1) 认识到做好准备是一周后谈判胜利的关键，准备中要包括找出几方都可能感兴趣的可量化问题和不可量化问题，然后对问题进行排序。你会怎样做准备？

(2) 你会不会建议先定好基本原则再谈判，原则包括哪些？你们会不会仔细考虑“谁”的问题——配偶、小孩要不要参与？以及在哪儿会面或者座位的安排？

(3) 谈判的初次接触会影响谈判风格和结果，你们的初次接触会是怎样的？

(4) 预想一些你的哥哥姐姐会摆出的姿态。虽然你们相处很好，但现在毕竟有一大笔财产展现在面前。你会怎样回应？

(5) 确定你们是单个问题谈判还是多个问题谈判，并选择恰当的策略。你们需要考虑第三方干预吗？

【分析要求】

1. 过程要求。学生分析案例提出的问题，分别拟定《案例分析提纲》；小组讨论，形成小组《商务谈判案例分析报告》；班级交流并修订小组《商务谈判案例分析报告》，教师对经过交流和修改的各小组《商务谈判案例分析报告》进行点评；在班级展出附有“教师点评”的小组优秀《商务谈判案例分析报告》，并将其纳入本校该课程的教学资源库。

2. 成果性要求。

(1) 案例作业要求：以经过班级交流和教师点评的《商务谈判案例分析报告》为最终成果。

(2) 作业的结构、格式与体例要求：参照 11.2.1“商务谈判案例分析报告”。

第 6 章

商务谈判开局与报价

【学习目标】

- 掌握谈判开局阶段及开局目标
- 掌握营造谈判开局气氛的重要性
- 掌握开局目标的设计、表达与实现
- 掌握高调气氛、低调气氛与自然气氛的不同表现
- 掌握营造不同谈判气氛的具体条件
- 掌握营造高调气氛和低调气氛的方法
- 掌握报价原则与方法
- 能根据商务谈判任务进行谈判开局的设计
- 能根据商务谈判任务进行谈判报价的设计

【引导案例】

书记的坦诚式开局策略

北京某区一位党委书记在同外商谈判时，发现对方对自己的身份持有强烈的戒备心理，这种状态妨碍了谈判的进行。于是，这位党委书记当机立断，站起来对对方说道："我是党委书记，但也懂经济、搞经济，并且拥有决策权。我们摊子小，并且实力不大，但人实在，愿意真诚与贵方合作。咱们谈得成也好，谈不成也好，至少你这个外来的'洋'先生可以交一个我这样的'土'朋友。"

寥寥几句肺腑之言，打消了对方的疑惑，使谈判顺利地向纵深发展。案例分析：坦诚式开局策略是指以开诚布公的方式向谈判对手陈述自己的观点或想法，从而为谈判打开局面。坦诚式开局策略比较适合于有长期的合作关系的双方，以往的合作双方都比较满意，双方彼此比较了解，不用太多的客套，减少了很多外交辞令，节省时间，直接坦率地提出自己的观点、要求，反而更能使对方对己方产生信任感。采用这种策略时，要综合考虑多种因素，例如：自己的身份、与对方的关系、当时的谈判形势等。

(资料来源：http://www.wenku1.com/news/B444A3FB08080E7C.html)

【启示】坦诚式开局策略有时也可用于谈判力弱的一方。当我方的谈判力明显不如对方，并为双方所共知时，坦率地表明己方的弱点，让对方加以考虑，更表明己方对谈判的真诚，

同时也表明对谈判的信心和能力。可见谈判开局的气氛如何，对整个谈判进程的发展起着重要作用。

6.1 谈判开局的目标——谈判气氛

商务谈判的开局，是指谈判双方第一次见面后，在讨论具体、实质性的谈判内容之前，相互介绍、寒暄以及就谈判具体内容以外的话题进行交谈的阶段。谈判开局是双方刚开始接触的阶段，是实质性谈判的序幕。

6.1.1 商务谈判开局的作用及其影响因素

1. 商务谈判开局的作用

谈判开局往往显示双方谈判的诚意和积极性，其好坏将直接左右整个谈判的格局和前景。首先，开局阶段谈判人员的精力最为充沛，注意力也最为集中，所有人都在专心倾听别人的发言，全神贯注地理解讲话的内容。其次，谈判各方均需要阐明自己的立场，表明各自的重要观点，谈判双方阵容中的个人地位及所承担的角色基本显露出来，各方都将从对方的言行、举止、神态中观察对方的态度及特点，从而确定自己的行为方式。再次，谈判的总体格局基本上在开局后的几分钟内确定，它对所要解决的问题及解决问题的方式将产生直接影响，而且一经确定就很难改变。最后，开局的成败将直接关系到谈判一方能否在整个谈判进程中掌握谈判主动权和控制权，取得谈判优势地位，以最大限度谋取谈判利益，从而最终影响谈判结果。

开局阶段所占用的时间较短，讨论的内容除去阐明议题与有关程序外，大多与谈判的主题关系不大或根本无关。但是，这个阶段却很重要。“良好的开端是成功的一半。”开局阶段是为整个谈判奠定基础的阶段。经验表明，这个阶段所创造的特定的谈判气氛会对整个谈判过程产生重要的影响和制约作用。因此，谈判者在开局阶段的基本目标和任务就是为谈判创造一个合适的谈判气氛，为后续的谈判工作打下良好的基础。有经验的谈判人员，都会充分重视和利用谈判开局，创造对己方有利的理想的谈判气氛，从而引导整个谈判的发展方向和左右整个谈判的格局，最终实现己方的谈判目的。

谈判气氛，是谈判双方参与人员之间相互影响、相互作用所共同形成的人际氛围。不同的谈判活动，会表现出不同的谈判气氛。特定的谈判气氛会影响谈判人员的心理、情绪、感觉和态度，从而引发相应的行为反应。如果不加以调整和改变，这一氛围就会不断强化，从而最终影响谈判的成功或失败。特定的谈判气氛还会影响谈判的发展方向。一种特定的谈判气氛可以在不知不觉中将谈判活动推向某一方向。如热烈、积极、合作的谈判气氛会把商务谈判朝达成一致协议的方向推进；而冷淡、对立、紧张的谈判气氛，则会把商务谈判推向严峻的境地，甚至导致谈判失败。同样的谈判议题，在不同的谈判气氛中，谈判结果可能大相径庭。

2. 影响谈判气氛的因素

影响谈判气氛的因素是多种多样的。在谈判过程中，这些因素会随着整个谈判形势的变化而变化。但是，形成谈判气氛的关键时间却是十分短暂的，这个关键时机就是双方谈判接触的短暂瞬间。谈判者从与对方的接触中，获得有关各方在这个谈判过程中对对方的评价。而谈判各方对对方的印象和评价将在很大程度上决定谈判气氛。在谈判开局阶段，双方一经接触，谈判气氛就开始形成，并引导整个谈判进程的整体谈判气氛的变化与发展。是热情还是冷漠，是友好还是猜忌，是轻松活泼还是严肃紧张都已基本确定。甚至整个谈判的进展，如谁主谈、怎样谈、双方的策略、双方的态势也都受到了很大的影响。因此，开局谈判气氛对整体谈判气氛的形成和发展具有关键性作用。当然，这并不是说双方最初的谈判开局接触是决定谈判气氛的唯一时刻。谈判双方在洽谈以前的非正式见面以及洽谈过程中的交锋都会对谈判气氛产生影响，只是开局瞬间的接触最为重要而已。例如，在正式谈判前，双方可能有一定的非正式接触机会(指非正式会谈)，如欢迎宴会、礼节性拜访等。利用此类机会，也可充分影响对方人员对谈判的态度，有助于在正式谈判时建立良好的谈判气氛。但是，开局接触所形成的看法要比以前非正式见面的印象强烈得多，而且会很快取代以前的印象。有时，随着洽谈的进行，气氛会有所发展或变化。例如，即使洽谈开始时双方有明显的分歧，但开局的紧张对立气氛经过共同努力也可能转化为新的洽谈气氛。而相反情况下，开局时双方轻松友好的气氛也可能会恶化。因此，虽然洽谈之初建立起来的气氛不是唯一的和绝对的，但开局谈判气氛却是最为重要的，它奠定了整个谈判的基调。此后，谈判气氛的波动比较有限。因此，谈判人员应对开局瞬间给予高度重视，认真设计和努力实现对己方有利的谈判开局气氛，并在整个谈判进程中采取有效的策略措施，积极维护已经形成的谈判氛围。

6.1.2　开局目标的设计

开局目标是一种与谈判的终极目标紧密相连而又相互区别的初级目标。开局阶段工作的好坏会引导整个谈判发展的方向，谈判人员对开局目标的设计、表达与实现会对谈判终极目标的最终实现发挥深远的影响。在谈判的开局阶段，谈判人员的基本目标是创造特定的谈判气氛，使谈判各方在开谈之初就密切配合，并且心平气和地来阐述各自的基本立场和观点，从而为谋求一致，达到各自的谈判终极目标利益奠定良好的基础。因此，对各种各样的谈判气氛的设想、选择，就是对开局目标的设计。

1. 开局目标的设计及意义

在商务谈判的开局阶段，谈判者初次接触，一开始往往存在相互提防与戒备的心理，谈判气氛呈现不活跃的消极状态。另一方面，在整个谈判过程中，谈判人员往往对于表示热情、友好与诚恳、合作的谈判意愿是欢迎的，而对于那些表现出攻击迹象或对抗态度的谈判意愿非常敏感和警惕，并随时准备自卫和反击。所以，客观上要求谈判双方人员在开局之初就做出共同的、积极的努力，创造出一种有利于谈判进展的建设性的谈判气氛。因此，通常情况下，谈判者都把力求实现双方坦诚合作、互谅互让，积极创造和维护融洽的谈判气氛作为谈判开局目标设计的方向。总的来说，这一热烈、友好与积极、建设性的谈判气氛通常表现出诚挚、合作、轻松和认真的特点。所谓诚挚，就是有要达成交易的迫切愿望，有同对方做成生意的诚意；合作，就是双方为实现各自的目标，相互配合，相互支持；轻松，就是双方谈判者处于不拘谨、不对立、应对自如的状态；认真，就是以严肃负责的态度，积极主动地搞好商务谈判，力争交易实现。

当然，客观上由于谈判双方经济实力和谈判人员能力的不同，以及谈判双方的要求和态度的不同等多种原因，都将可能导致谈判各方对各自开局目标设计的差异性。例如，谈判双方的经济实力和谈判能力相当，各自又都抱有良好的主观愿望，态度认真坦诚，表现出求大同存小异的意向和态度，彼此都以大局为重，决心共同实现各自的差异化的需要，这就应把创造和谐的谈判气氛作为谈判开局的目标。但是，如果双方经济实力、谈判能力悬殊，且对方企图先发制人，以强凌弱，那么作为弱者的谈判一方就应把平等对话、平等协商的谈判气氛作为谈判开局的目标。

在谈判活动的客观实践中，谈判气氛的类型与特点多种多样，不同的谈判氛围适用于不同的谈判环境。谈判人员应根据实现谈判终极目标利益的需要，结合现实谈判环境条件针对性地设计谈判开局目标，设定有利于实现己方谈判利益的特定的谈判开局气氛，谋取谈判的主动权和控制权，从而引导整个谈判活动朝有利于己方目标和利益的方向发展，最终获得谈判的成功。

2. 开局目标设计的策略方法

从特定的谈判终极目标和具体的谈判环境条件出发，可以采取以下三种策略方法设计谈判开局目标。

(1) 优势定位法。优势定位法是商务谈判的一方在谈判开局阶段把创造平等坦诚、互谅互让的谈判气氛作为己方的开局目标的策略方法。

采取优势定位法的条件是：商务谈判双方的实力对比悬殊；双方谈判的主谈人的谈判能力存在明显差异；我方为强方，在经济实力、政治背景、协作关系等方面占有较大优势；对方为弱方，企业实力、谈判能力较弱，且多为外来客户；双方本次交易的需求愿望不对等，对方有较急迫的利益要求；同时，在谈判的开局阶段，已觉察到作为弱者的对方，对我方的态度的弱而不卑，等等。

优势定位法设法营造的平等坦诚、互谅互让、轻松愉快的谈判气氛，是一种理想的谈判气氛。为此，谈判人员在开局阶段要做到：

① 在热烈友好氛围下交往，谈判的东道主应有主人的风度。

② 态度平和、诚恳、真挚，作为强者的己方不以势压人、倚强凌弱。

③ 在商谈中心议题前交流思想，双方努力适应彼此需要。

④ 建立认真工作的气氛，交谈的内容稍带事务性。

运用优势定位法应注意以下事项：

① 主动地创造积极的谈判气氛。开局之初常常出现的困难是冷场。在这种情况下，会谈的东道主应有主人的风度，当仁不让，以热情友好的言语先讲话；要是客人主动发言，

则再好不过了。我方应有意识地同对方产生共鸣，创造一种和谐、活跃的谈判气氛。

② 在行为举止上要尽量表现出豁达大度。由于我方为强方，在主场谈判情况下，为形成积极的谈判气氛，要表现出我方的豁达、宽容，与对方的感情交流要真情流露，对对方的谈判人员要平等相待，双方的发言要平分秋色，切忌出现独霸江山、不可一世的局面。

③ 引导对方按我方设定的目标思维并采取行动。优势定位法的谈判开局目标的设定在开谈之初只是我方一方的意愿，要努力使之成为谈判双方的共识。我方必须发挥在开局目标设定上的主导作用，引导对方向我方设定的目标靠拢，争取创造出良好的谈判气氛。

④ 密切注意对方的策略定位，谨防对方“反向行动”给我方造成的不利。切忌大意失利，恶化开局阶段的谈判气氛。

(2) 均势定位法。均势定位法是商务谈判的双方在谈判开局阶段把创造和谐的洽谈气氛作为双方的开局目标的策略方法。

采用均势定位法的条件是：商务谈判双方的经济实力相当，双方谈判的主谈人的谈判能力差别不大，双方呈均势状态；谈判双方各自又都有良好的主观愿望，谈判的态度认真坦诚；同时，在谈判的开局阶段，双方已表现出初步的求大同存小异的意向或承诺，决心适应彼此需要，坚持不让小事、枝节问题改变根本决策或破坏大局等。这些都为双方把创造和谐的气氛作为开局目标打下良好基础。

应该认识到，均势定位法主要源于谈判双方均势状态下所存在的共同利益。一项成功的商业交易，其目标并不是要置谈判对手于死地。谈判的目标应该是双方达成协议，而不是一方独得胜利。交易双方都必须感到自己有所得，即使其中有一方不得不做出某些牺牲，整个格局也应该是双方各有所得。对于谈判双方存在的共同利益至少有下述几个方面：

① 双方都要求格局稳定，保持均势。

② 双方都希望达成彼此都大体满意的贸易协定。

③ 双方都期望维护良好的合作状态。

④ 双方都期望维护良好的、长期的关系。

因此，明确谈判双方的共同利益，保持谈判双方的均势状态，对采用均势定位法是至关重要的。

运用均势定位法应注意以下事项：

① 清醒认识并保持谈判双方的均势。均势格局是保持稳定的必要条件，没有均势就难有和谐。谈判双方实力平衡，谈判局势往往呈现稳定或相持的状态。对抗的发生是对平衡势态的打破。谈判双方实力失衡，谈判局势往往呈现恶化或动荡的状态。因此，在商务谈判中，必须通过双方或多方力量的牵制与制约，求得均衡之势，以避免对抗，布好开局。

② 努力为实现利益均沾的目标创造和谐气氛。均势定位法主要源于双方的共同利益。因此，应当把商务谈判当做一项合作的事业，双方认真权衡共同利益与各自的独立利益，为实现利益均沾的谈判目标，双方相互适应，彼此迁就，密切合作，形成和谐的谈判气氛。

③ 提防谈判一方打破平衡，恶化谈判气氛的企图。均势下和谐的谈判气氛的形成和维持是有难度的，因为谈判双方实力大体相当，任何一方都没有明显的优势。不排除其中一方企图打破均势，谋求谈判的有利态势。如果均势格局的平衡点被打破，双方的力量对比

发生倾斜，就可能破坏和谐的谈判气氛的形成和维持，这在开局目标设定时应特别警惕。

(3) 劣势定位法。劣势定位法是商务谈判的一方在开局阶段把先追求平等对话，后创造友好气氛作为己方的开局目标的策略方法。

采用劣势定位法的条件是：商务谈判双方的实力对比悬殊，我方为弱方，对方为强方，对方在经济实力、企业背景、谈判能力等方面均处于优势，我方处于劣势；常常对方为主场谈判，我方为客场谈判；双方需求不对等，我方需求愿望强烈，对方需求并不急迫；同时，在谈判的开局阶段，对方已表现出企图先发制人，以强凌弱的态势。在这种情形下，作为弱者的我方只能把先追求双方能平等对话，后创造友好谈判气氛作为己方的开局目标。

运用劣势定位法应注意以下事项：

① 理智地规范己方开局阶段的行为。由于我方处于劣势，为顺利开局，掌握好言行的分寸感十分重要。在行为方式上，应诚挚友好，坦然平和，不卑不亢，以礼相见。不要低三下四，曲意附和，更不能感情用事，只图一时痛快的“乱放炮”。

② 情、理、利“三管齐下”，追求双方平等对话。情、理、利，即感情、道理、利益或利害关系。在这三者间，情为前提，理为根基，利为关键。在我方处于劣势的情势下，围绕平等互利这一命题，动之以情，晓之以理，明之以利，三管齐下，争取说服对方，使对方从中感觉到却之违情，抗之悖理，背之不利，从而接受我方的开局目标。

③ 积极主动地调节对方的言行。由于对方处于谈判的有利地位，在言行上表现为傲慢、过分轻狂、自以为是、盛气凌人等是常见的。这时的谈判气氛往往也是紧张的、冷淡的、对立的。处于这种情况下的我方，应不予计较，以礼相待，以情感化，据理力争，积极影响、调节对方的过分言行，“化干戈为玉帛”，变消极因素为积极因素，推动谈判气氛向平等、友好、富于建设性的方向转化。

6.1.3 谈判开局的表达

在开局目标设定后，接踵而来的是谈判开局目标的表达。谈判开局的表达，即选择适当的方式对己方谈判开局的目标予以表露和传达，使己方的开局目标易于为对方理解并对对方的开局目标产生积极的影响。

1. 谈判开局的表达及意义

商务谈判各方应选择适当的开局目标的表达方式，并对己方谈判人员要有合乎开局目标要求的行为约束。在实际的商务谈判活动中，常见的谈判开局目标的表达方式有多种，一般可从两种角度划分：

(1) 按“直率”与“婉转”两种因素的组合，开局目标的表达方式分为直率对直率、直率对婉转、婉转对直率、婉转对婉转等方式。

(2) 按“刚”与“柔”两种因素的组合，开局目标的表达方式分为以刚对刚、以柔对柔、刚柔相兼、以柔克刚、以刚制柔等方式。

在商务谈判双方面对面的交谈过程中，开局目标的表达方式选择适当，就能使己方的开局目标容易为对方理解，并对对方开局目标产生积极的影响；如果对开局目标的表达方式选择失当，常会造成对方对我方开局目标的曲解、误会以至敌意，给对方的开局目标产生消极的影响。

2．谈判开局表达的策略方法

在谈判双方相互竞争与相互合作的矛盾中，可以选择以下三种策略方法表达开局目标。

(1) 协商表达法。协商表达法是指以婉转、友好、间接的交谈方式表达开局目标的策略方法。

从交际心理学的角度看，商务谈判人员虽然有着不同的身份地位、文化程度、社会经历、思想性格和心理情绪，但在谈判过程中，都有一种出于上述特定境况的心理上的亲和需求。例如，一般都有从属于团体组织的需要，被人尊重和理解的需要，获得支持与帮助的需要，取得合作与友谊的需要等。因此，我方在表达开局目标时，应注意从当时的背景环境、客观情势，以及谈判对手的年龄、地位、思维、性格、文化、心理等情况出发，力求使自己的表达从方式到内容都符合客观情势和对方心理上的主观需要，从而达到表达开局目标的预期目的。

协商表达法符合交际心理学的上述要求。协商表达法要求谈判的一方以相互商量、商谈的口吻，而不是以陈述甚至命令的口吻，婉转、友好地表达己方的开局目标，以至处理谈判后续阶段的种种分歧。通常这一方法容易为对方接受，促使对方点头称是，忘掉彼此间曾经有过的争执，并使双方在友好、愉快、轻松的气氛中将商务谈判引向深入，收到意想不到的良好效果。

采取协商表达法的条件是：商务谈判双方都有良好的谈判意愿，希望能促成眼前的交易；或谈判的一方明显地居于谈判劣势，试图以协商表达方式联络双方的感情，争得己方起码的、大致平等的谈判地位；或者谈判双方均为交易的老客户，彼此间对各自的经济实力、谈判能力都非常熟悉；等等。

【案例 6-1】协商开局法

甲乙双方在谈判刚开局时有以下一段简单的交谈：

甲方：“我们彼此介绍一下各自的生产、经营、财务和商品的情况，您看如何？”

乙方：“完全可以，如果时间、情况合适的话，我们可以达成一笔交易，您会同意吧？”

甲方：“完全同意。我们谈半天如何？”

乙方：“估计介绍情况一个小时足够了，其他时间谈交易条件，如果进展顺利，时间差不多，行。”

甲方：“那么，是贵方先谈，还是我先谈？”

乙方：“随便，就请您先谈吧。”

(资料来源：网易微博，http://cwhan2008.blog.163.com/blog/static/69977092017929107203O5/)

可见甲乙双方已就速度等方面达成一致意见。

运用协商表达法应注意以下事项：

① 注意表达的用语、语气，把握好语言的分寸感。在语言表达上，一般多用礼貌用语、寒暄用语、设问用语；同时，尽量做到发音清晰，语气适当，音量适中，音调高低快慢适

宜。例如，“我想先和您商量一下这次会谈的总的安排，您觉得怎样？”“我们先交流一下彼此的情况，您看好吗？”等。切忌使用命令的、冒犯的、冷淡的语言。

② 淡化表达语言的主观色彩。口口声声讲“我提出”“我认为”，自作鉴定，自我评论，即使其意不在排“他”扬“我”，这种表达语言也是不可取的。为此，要讲究语言表达技巧，或谈己不言己，或变抽象为具体，或引用他人之语等，以淡化表达语言的主观色彩，增强开局表达效果。

③ 努力培养谈判双方的认同感。在表达开局目标时，要以协商、婉转的口吻表达，争取建立和培养谈判双方的认同感。例如：“我们先确定会谈的议程，您是否觉得合适？”“您觉得合适，那是我先谈，还是贵方先谈好？”等。这些表面上无足轻重的问话，很容易让对方无所顾虑地给予肯定的回答，从而形成彼此一致的观点和意见，双方就能比较容易达成互惠的协议。

(2) 直陈表达法。直陈表达法是指以坦诚、直率的交谈方式表达开局目标的策略方法。

选用直陈表达法表达开局目标时，我方直截了当地陈述己方的开局目标，和盘托出己方的判断及意图；同时，还可以站在对方的立场上设想并提出己方的看法，推动对方回应我方的提议，争取双方形成共同的开局目标。一般情况下，坦诚、直率的表达方式，是获得对方理解和信赖的方法之一，人们往往对愿意表露真实意愿的人有安全感和亲切感；同时，坦诚、直率的表达方式还能满足听者的自我意识和充分的权威感，往往可能缩短与对方的心理距离。因此，直陈表达经常能达到理想的预期效果。

采取直陈表达法的条件是：商务谈判双方已有多次交易往来，双方谈判人员关系密切，对对方有较深的了解，说话无须拐弯抹角；双方谈判人员，包括主谈人的身份和资格大体相当，反差不大；或者在谈判的开局阶段，已发现对方对自己的身份及能力表示怀疑，或持有强烈的戒备心理，并且可能妨碍谈判的深入，而下决心姑且一试，以争取谈判的主动地位，并力争赢得对方的信赖和支持。

【案例 6-2】直陈开局法

一个经济实力较弱的小厂与一个经济实力强的大厂在谈判时，小厂的主谈人为了消除对方的疑虑，向对方表示道：“我们摊子小，实力不够强，但人实在，信誉好，产品质量符合贵方的要求，而且成本较其他厂家低。我们愿意真诚平等地与贵方合作。我们谈得成也好，谈不成也好，我们这个‘小弟弟’起码可以与你们这个‘大兄长’交个朋友，向贵方学习生产、经营及谈判的经验。”肺腑之言，不仅可以表明自己的开局意图，而且可以消除对方的戒心，赢得对方的好感和信赖，这无疑会有助于谈判的深入进行。

(资料来源：网易微博，http://cwhan2008.blog.163.com/blog/static/6997709201792910759870/)

运用直陈表达法应注意以下事项：

① 使用好直陈表达的方式。直陈表达在于直接诉诸理性。直陈表达的方式要有理有据，明确简洁，言简意赅，杜绝一切不实之词和无稽之谈。要用简单明了、提纲挈领、直截了当并且具有较强浓缩性的语言表达我方的开局目标，使对方明白无误地理解我方的思想。一般来说，表达的语言明确简洁，体现了谈判者的智力水平和表达能力，能使对方产生好感，并从心理上受到抑制。反之，表达的语言晦涩冗长，啰嗦重复，面面俱到，听来心烦，

不仅不利于对方理解我方的意图，而且低水平的语言表达也容易引起对方的轻视，甚至厌恶、鄙视。

② 把握好直陈表达的分寸。直陈表达中，说话的深浅，着力的大小，用词的轻重，表达的激缓，都是值得斟酌的。对对方直陈过激，对方容易反感，造成双方的紧张态势；对对方直陈过缓，又可能使对方感到我方的软弱，或认为我方缺少诚意，容易引起对方的怀疑。因此，直陈表达既要克服急躁情绪，又要避免给人以怠慢的感觉。

③ 控制好直陈表达的极限。直陈表达的内容与范围是有限度的，其限度在既不影响己方的开局目标，不损害己方的根本利益，又不致恶化谈判气氛，甚至导致双方谈判关系的破裂。因此，直陈表达不能把己方的一切和盘托出，尤其是关系己方根本利益的意图，在表达时必须保留。

(3) 冲击表达法。冲击表达法是指以突然、激烈、令谈判对方意外甚至受窘的交谈方式表达开局目标的策略方法。

冲击表达法不是一种常规的开局目标表达方法。这是在商务谈判开局时的某些特殊场合下采用的一种特别的表达方法。

在商务谈判中，绝大多数谈判者在谈判的全过程，尤其在开局阶段都是以尊重人、体谅人、理解人的方式交往，谈判一方在开局阶段就蛮横无理的情形是极个别的。但是有时确实出现了这种情况：商务谈判双方刚一接触，对方非常傲慢，以居高临下之势口出狂言，自命不凡，令人反感；或者对方在谈判一开始就对我方讽刺挖苦，百般刁难，伤害我方的感情。在此情势下，我方若谨言慎行，不厌其烦地述说己方的开局目标，只能助长对方的嚣张气焰。因此，可考虑选用冲击表达法，先是退避三舍，让对方充分表演，然后采用冲击度极强的表达方式，突然拍案而起，开门见山，旗帜鲜明地批驳对方的言行，亮出己方的关键论点。这一方法，常常会弄得对方手足无措，锐气大减。但由于利益所在，对方常会在窘态消失之后，坐下来开始进行真诚的平等的对话与谈判；我方也可借谈判气氛缓和之机，坦诚地表达己方开局目标。

【案例 6-3】冲击开局法

一位客商利用某企业急需求购原料且濒于停产之机，大肆抬高交易条件，并且出言不逊，伤害该企业谈判人员的感情，诋毁该企业的名誉。在这种情况下，如果该企业的谈判人员一味谦恭，诉说己方的困难处境，只会适得其反，助长对方气焰。该企业谈判人员在谦恭、退让之后，突然拍案而起，采用了冲击表达方法。他指责对方道："贵方如果缺乏诚意，可以请便。我们尚有一定的原料库存，并且早就做好了转产的准备，想必我们今后不会再有贸易往来，先生，请吧！"由于谈判双方已投入了一定的人力、财力，再加上利益所在和双方都有调和的意愿，这种冲击式的表达技巧，产生了应有的效果，促使双方终于坐下来开始了真诚的谈判。

(资料来源：网易微博，http://cwhan2008.blog.163.com/blog/static/6997709201792910837802/)

运用冲击表达法应注意以下事项：

① 冲击表达要有突然性和创意性。冲击表达应突然，令对方意外，以保持它应有的冲

击强度。同时，冲击表达要富于新意，不落俗套，具有振聋发聩的感染力量，能给对方以冲击、震动。切忌任何平淡无奇、软弱无力的陈词滥调。

② 不要视对方为敌，避免双方情绪对立。冲击表达有可能得到好的效果，但也可能产生负面效应。因此，在选用此法时，在指导思想上应不视对方为敌，并且要判断己方观点、态度的冲击力度，预测对方的可能反应及程度。必须尽力避免攻击对方的自尊心，以免产生谈判者最忌讳的情绪性对立。

③ 不要对对方的行为定性或批评其动机。对方可能在开局阶段会有过分言行，可以运用冲击表达法进行批驳。但最好是一带而过，尤其是不要对对方的行为定性或揭露其背后隐藏的动因。这样才能在冲击表达后，利用谈判气氛可能出现的缓和机会，积极创造扭转对立局面的条件，争取商务谈判后续各阶段的友好合作。

6.1.4　谈判开局的实现

开局目标设定和表达之后，还要选择适当的方法，最终实现或基本实现开局目标。同时，在商务谈判后续的各个阶段，还要通过双方的共同努力，努力维护和维持开局目标。

1. 谈判开局的实现及意义

谈判开局的实现，是谈判者通过运用一定的策略方法，最终形成或实现特定的、适合谈判开局目标要求的谈判开局气氛。任何商务谈判开始时，双方谈判人员的心态，可以说是在有保留的热诚到隐含敌意的幅度内变动。究竟是热诚还是敌意，双方刚一接触便形成的第一印象有重要的作用。在开局阶段，谈判人员在相互交往中，对对方的表情、目光、姿态等动作语言和口头语言做出初步评价，形成对对方的第一印象，它输入谈判人员的大脑，使之受到相应的刺激。这种刺激反过来又会形成不同的情绪，从而决定大脑兴奋的程度、思维活动的频率，并产生不同的心态和情绪。这些心态和情绪又会依其性质的不同反馈回来，使谈判人员在谈判中表现出或信心十足，富于安全感、成就感，或疑虑重重，保持戒备甚至怀有敌意。在一定环境中谈判人员究竟反映出何种情绪，表现出何种心态，完全取决于构成这一环境的各种因素所造成的刺激的性质及刺激信号的强弱。

2. 谈判开局实现的策略方法

在开局阶段，双方谈判人员从见面入座、开始交谈、到话题进入实质性内容之前，要创造出理想的、建设性的谈判气氛。通常选用的策略方法如下。

(1) 中性话题实施法。中性话题实施法是指以与谈判正题无关又无害的话题开场，促使谈判双方情感上的接近、融洽，实现开局目标的策略方法。

中性话题实施法适用于绝大多数的商务谈判场合。谈判开始，为什么适宜于选择中性话题开场？这是因为中性话题的谈论容易引起谈判双方感情的共鸣，给彼此间的续谈提供了方便，便于双方通过语言的交流迅速实现情感上的融洽。

商务谈判人员通常选用的中性话题有：

① 谈论气候、季节及适应性。

② 双方互聊个人状况、互致私人问候。

③ 会谈前旅途的经历或本次谈判后的游览计划。

④ 当前社会普遍关心的热门话题、名人轶事。

⑤ 双方个人的爱好和兴趣。

⑥ 体育新闻、文娱消息。

⑦ 家庭状况。

⑧ 双方都熟悉的人员及经历。

⑨ 曾有过的交往、以往的共同经历或过去成功的合作等。

⑩ 开些较轻松的玩笑。

运用中性话题实施法应注意以下事项：

① 选择积极的中性话题，设法避免令人沮丧的话题。中性话题有积极与消极之分。积极中性话题容易使对方向我方靠拢，对我方的意见持肯定看法，并表现出认同、接受的态度，从而将其引向我方所要达到的目标。消极的中性话题则使对方背离我方，对我方的意见持否定的看法，并表现出一种反感、排斥的态度，影响我方开局目标的实现。为了顺利地创造和谐的谈判气氛，应主动选择积极的中性话题，设法避免令人沮丧的话题。

② 积极主动入题，努力防止开局冷场。商务谈判双方，尤其是主场谈判的一方，应发扬主人的风度，先行入题，以产生共鸣。如果我方能从对方的角度引入中性话题，并为对方所接受，对方也加入交谈，整个谈判气氛就会活跃起来。在双方情感趋近的情势下，如果能照顾到对方希望多讲并企图显示其优越性的心理需求，交谈的效果会更好。

③ 互叙中性话题时间不可太长，应适可而止。避免过分闲聊，离题太远，浪费谈判时间。

④ 避免在开局阶段就中性话题所涉及的有关内容讨论彼此有分歧的看法。

(2) 坦诚实施法。坦诚实施法是指用坦白率直、开诚布公的态度与谈判对方交谈，向对方表露己方的真实意图，以取得对方的理解和尊重，赢得对方的通力合作，实现开局目标的策略方法。

商务谈判的成功，不仅取决于双方在谈判时所处的背景和形势，还取决于谈判者人为地制造的交往关系的密切程度。就一般的看法而言，谈判者之间不可能完全相互信任，总会存在猜疑。谈判老手的高明之处不在于企图消除这种猜疑，而是巧妙地利用人所共有的希望他人支持自己的观点、赞同自己的主张和言行能使他人产生共鸣的人际交往的心理，创造感情上的相互接近，取得对方的尊重和信任，使对方甘愿从友好的方面进行猜测。坦诚相待正是获得对方理解和尊重的好方法。在谈判双方实力与需求大体对等，或双方原来就有良好的合作关系，以及双方主谈人的性格气质大体相近的情况下，对开局目标的实现通常采用坦诚实施法。

运用坦诚实施法应注意以下事项：

① 肯于流露真实的感情和看法。人们往往对肯流露真情的人有亲切感。同时，真情的流露还能满足听者的自我意识和充分的权威感。所以，坦诚的真情流露经常能收到预期的效果。为此，要肯于表露自己真实的希望和担心，公开自己的立场和目标，用事实和行为使对方认为自己值得和可以信赖。

② 坦诚要适度，“度”的大小要视情况而定。在商务谈判中，坦诚是有限度的，并不是要把己方的一切和盘托出，特别是与谈判的底数有关的事项，绝不可以向对方坦诚交底。若谈判对方为不合作型的谈判对手，坦诚度要小，因为言多失密，对己方不利；若谈判对方为长期合作的老客户，坦诚度可放大一些，以增强合作意识，取得皆大欢喜的结果。

③ 谈判人员必须努力培养坦诚守信的素质。坦诚给对方以真实感，坦诚正直、守信用是赢得谈判对方真诚合作的先决条件。朝令夕改，出尔反尔，虚情假意，轻改诺言都不可能在谈判双方建立起信任感和创造出融洽的谈判气氛。

④ 注意坦诚可能带来的风险。要做好谈判对方利用你的坦白率直、开诚布公逼迫你退让的准备。遇到这种情况，要能审慎处理并且依然不失坦率的风度。

(3) 幽默实施法。幽默实施法是指借助形象生动的媒介、风趣诙谐的语言风格与对方交谈，以打破对方的戒备心理，引起对方的好感和共鸣，实现开局目标的策略方法。

恩格斯说：“幽默是具有智慧、教养和道德上优越感的表现。”幽默的谈吐是一个人的思想、学识、智慧和灵感在语言运用中的结晶，也是谈判交际语言的“味精”和“润滑剂”。在商务谈判的开局阶段以至其后各阶段采用幽默实施法，可以使谈判气氛轻松活跃，提高双方人员谈判或继续谈判的兴致，或者至少可以使谈判者紧张的情绪得到有效的缓解；可以使冷淡、对立、紧张、一触即发的谈判气氛变为热烈、积极、友好、和谐的谈判气氛；可以使对方不失体面地理解、接纳、叹服你的劝慰，接受你的观点；可以帮助在谈判中已经处于不利的一方巧妙地摆脱困境；可以促使对方形成对你的修养、学识和能力的认同，转变其固有的观念与态度，为进一步的谈判打下基础。

幽默包含有多种类别，主要有谑称的幽默，反语的幽默，灰色的幽默，病态的幽默，低级、黄色的幽默。幽默实施法多用谑称的幽默和反语的幽默。幽默实施法适用于多数的商务谈判场合。不过，谈判双方以前曾有过一定的接触，谈判双方人员，尤其是双方的主谈人的素质反差不大，运用这一方法更为适宜。

运用幽默实施法应注意以下事项：

① 运用幽默要合时宜，即要符合谈判的对象、环境、事项。幽默是客体的喜剧性与主体的幽默感的有机结合，需要幽默的氛围。在商务谈判的开局阶段，为形成良好的、建设性的谈判气氛，幽默应因人、因事、因时、因地而发。幽默要尽可能力求内容健康而不落俗套，寓意含蓄而不晦涩，语言风趣而不庸俗。

② 不要在幽默中加进嘲笑的成分。商务谈判中对幽默手法的运用，要围绕实现开局目标的要求，建立在对谈判对方尊重的思想基础上。幽默应该是善意的、友好的、发自内心的，幽默的运用更多是为了活跃谈判气氛，而不要含有对谈判对方嘲笑的成分。要做到调侃但不嘲弄，敏锐但不滑头，委婉但不悲观，尖锐但不刻薄。

③ 笑谈自己，以增加己方的吸引力。这实际上是一种漫画式的夸大其词。在笑谈自己时，对自己表面的、无大碍的某些缺陷、缺点进行夸大或缩小，使自身的某些本质特征鲜明地显露出来，既可以作为幽默的“笑料”调节了整个开局阶段的气氛，又表现了自己的大度胸怀，并在看似难堪的窘境中，以自我排解的方式实施了己方的开局目标。

④ 谈判双方人员要有必备的文化素质和相应的气质、修养、风度。由于幽默是语言、性格、情景等因素别开生面的巧妙组合，因此要求谈判人员要有高雅的情趣和乐观的信念、较强的观察能力和想象力、较高的文化素养和较强的驾驭语言的能力。只有双方的谈判人员具备大体相当的素养，才能借用幽默的方法激发形成融洽、活泼、建设性的谈判氛围。

6.2　营造谈判气氛

谈判开局气氛是由参与谈判的所有谈判人员的情绪、态度与行为共同影响、共同作用而形成的。每一次商务谈判都会表现出独特的谈判气氛。有的谈判气氛十分热烈、积极、友好，双方都抱着互谅互让、使彼此都能得到满足的态度来参加谈判，通过共同努力签订一份利益双赢的协议，使谈判变成一次轻松、愉快的合作。有的谈判气氛是冷淡、对立、紧张的，双方抱着寸土不让、寸利必争的态度来参加谈判，都想尽可能签订一份使己方利益最大化的协议，从而使谈判变成一场激烈的争夺和战争。有的谈判气氛是平静的、严肃的；有的谈判则松松垮垮、旷日持久。更多的谈判气氛则介于上述气氛之中，热烈之中包含紧张，对立之中存在友好，严肃之中有着轻松。实践中，谈判气氛的表现形态是丰富多样和错综复杂的。一般来说，理论上根据出现于谈判开局阶段的谈判气氛的表现状态和情势的高低，将谈判开局气氛分为三种情形，即高调气氛、低调气氛与自然气氛。

6.2.1　高调气氛

高调气氛是指谈判气氛比较热烈，谈判双方情绪积极、态度主动、愉快因素成为谈判情势主导因素的谈判开局气氛。高调气氛通常会对谈判的开局及谈判的顺利进展发挥积极的促进作用。在这种谈判气氛中，谈判对手往往只注意到他自己的有利方面，而且对谈判前景的看法也倾向于乐观，因此，高调气氛易于促进协议的达成。

1. 高调气氛的表现

高调气氛主要表现为热烈、积极、友好的谈判气氛。谈判双方态度诚恳、真挚，彼此主动适应对方的需要；见面时话题活跃，口气轻松；感情愉悦，常有幽默感。双方显得精力充沛，兴致勃勃；谈判人员服装整洁，举止大方，目光和善；见面热情友好、相互让座，欣然落座，相互问候，互敬烟茶等。双方对谈判的成功充满信心，把谈判成功看成友谊的象征。

2. 营造高调气氛的条件

在什么情况下营造高调气氛，应具体考虑谈判双方的实力对比、谈判双方企业之间的业务关系和双方谈判人员的个人关系以及谈判者的成交意愿等因素。通常，可以在以下几种情况下营造高调气氛。

(1) 己方占有较大优势。如果本方谈判实力明显强于对方，为了使对方清醒地意识到这一点，并且在谈判中不抱过高的期望值，从而产生威慑作用。同时，又不至于将对方吓跑，在开局阶段，在语言和姿态上，既要表现得礼貌友好，又要充分显示出本方自信的气势。

(2) 双方企业有过业务往来，关系很好。这种友好关系应该作为双方谈判的基础。在这种情况下，开局阶段的气氛应该是热烈的、友好的、真诚的、轻松愉快的。本方谈判人员在开局时，语言上应该是热情洋溢的；内容上可以畅叙双方过去的友好合作关系，或两企业之间的人员交往，也可以适当地称赞对方企业的发展和进步；姿态上应该比较自由、放松、亲切。在寒暄结束时，可以这样将话题引入实质性谈判：“过去我们双方合作得一直非常愉快，我想，这次我们依然会有一个皆大欢喜的结果，让我们一起开始努力吧！”

(3) 双方谈判人员个人之间的关系很好。谈判是人们相互之间交流思想的一种行为。个人感情会对交流的过程和效果产生很大的影响。如果双方谈判人员有过交往接触，并且还结下了一定的友谊，那么，在开局阶段应该畅谈友谊。可以回忆过去交往的情景，也可以讲述离别后的经历，还可以询问对方家庭的情况，以增进双方之间的感情。一旦双方谈判人员之间建立和发展了私人感情，那么，提出要求、做出让步、达成协议就不是一件太困难的事。

(4) 己方希望尽早与对方达成协议。由于己方的成交愿望强烈，希望把握时机，担心失去机会；或者对谈判成交前景判断乐观，希望提高谈判效率，迅速成交，因而全力投入，态度恳切，积极烘托热烈向上的谈判气氛。

3．高调气氛营造方法

营造高调气氛通常有以下几种方法。

(1) 感情攻击法。感情攻击法是指通过某一特殊事件来引发普遍存在于人们心中的感情因素，使这种感情迸发出来，从而达到营造热烈、积极的谈判气氛的目的。

【案例 6-4】营造浓厚感情氛围

江苏仪征化纤工程是世界上最大的化纤工程。1985 年 7 月，江苏仪征化纤工业公司总经理任传俊主持了一次和联邦德国吉玛公司的索赔谈判，对手是理扬·奈德总经理。由于引进的圆盘反应器有问题，中方提出了 1100 万马克的索赔要求，而德方只认可 300 万马克。这是一次马拉松式的谈判。在一次谈判开始前，任传俊提议陪理扬·奈德到扬州游览。

在花木扶疏、景色宜人的大明寺，任传俊对德方代表团介绍：“这里纪念的是一位为了信仰，六度扶桑，双目失明，终于达到理想境界的高僧鉴真和尚。今天，中日两国人民都没有忘记他。你们不是常常奇怪日本人对华投资为什么比较容易吗？那很重要的原因是日本人了解中国人的心理，知道中国人重感情、重友谊。”接着，他对理扬·奈德笑道：“你我是多年打交道的朋友，除了彼此经济上的利益外，就没有一点个人之间的感情吗？”

旅行车从扬州开回仪征，直接开到谈判室外，谈判继续进行。任传俊开门见山地说：“问题既然出在贵公司身上，为索赔花费太多的时间就是不必要的，反正要赔偿……”

理扬·奈德耸耸肩膀：“我公司在贵国中标，才花了 1 亿多美元，我无法赔偿过多，我总不能赔着本干……”

任传俊紧跟一句：“据我得到消息，正是因为贵公司在世界上最大的化纤基地中标，才得以连续在世界 15 次中标，这笔账怎么算呢？”理扬·奈德语塞。

任传俊诚恳地说：“我们是老朋友了，打开天窗说亮话，你究竟能赔多少？我们是重友谊的，总不能让你被董事长敲掉了饭碗，而你也要为我想想，中国是个穷国，我总得对这里 1 万多名建设者有个交代。”

谈判结束了，德方赔偿 800 万马克。

理扬·奈德事后说：“我付了钱，可我心里痛快，因为对方比我精明，比我更具备战略眼光。”

(资料来源：陈文汉. 商务谈判实务(第 2 版). 北京：电子工业出版社，2009)

(2) 称赞法。称赞法是指通过称赞对方来削弱对方的心理防线，从而激发出对方的谈判热情，调动对方的情绪，营造高调的气氛。

采用称赞法时应注意以下几点：

① 选择恰当的称赞目标。选择称赞目标的基本原则是：择其所好，即选择那些对方最引以为自豪的，并希望己方注意的目标。

② 选择恰当的称赞时机。如果时机选择得不好，称赞法往往适得其反。

③ 选择恰当的称赞方式。称赞方式一定要自然，不要让对方认为你是在刻意奉承他，否则会引起对方的反感。

(3) 幽默法。幽默法是指用幽默的方式来消除谈判对手的戒备心理，使其积极参与到谈判中来，从而营造高调的谈判气氛。

【案例 6-5】幽默消除戒备

1984 年夏，春城昆明决定引进部分外资，开发自然资源，发展旅游业。日本的客商闻风而来，负责接待他们的是昆明市一位年富力强的中年人。谈判的中心议题当然是资金、效益、合作方式。但实际上谈判一开始便打外围战，不是谈经济和贸易，而是政治和形势。日方代表不无隐忧地说：“我们同中国打交道，担心你们政局会变。”昆明代表表示理解地点点头说：“其实早几年我们也有过担心，不是担心政局会变，而是担心政策会变。看了几年，觉得中国的政策的确在变，不过是越变越活，越变越好了。”

日方代表又说：“这几个月，中国各大城市都在成立公司，犹如雨后的蘑菇纷纷出土，可是，蘑菇的寿命是不会长久的呀！”昆明代表不卑不亢地答道：“对这个问题我想说两点：第一，蘑菇纷纷出土，说明我们正在执行一条开放搞活的政策；第二，蘑菇出土的同时，松苗也会破土而出。蘑菇可能寿命短，但松苗却可以长成参天大树！”一席话说的日本人不住地点头。经过这番外围战，双方心里都有了底，后来经过几轮谈判，日方在旅游业方面下了很大一笔投资。

(资料来源：陈文汉. 商务谈判实务(第 2 版). 北京：电子工业出版社，2009)

采用幽默法时应注意以下几点：

① 选择恰当的时机。

② 采取适当的方式。

③ 要收发有度。

(4) 问题挑逗法。问题挑逗法是指提出一些尖锐问题诱使对方与自己争论，通过争论使对方逐渐进入谈判角色。这种方法通常是在对方谈判热情不高时采用，有些类似于“激将法”。但是，这种方法很难把握好火候，在使用时应慎重一些，要选择好退路。

【案例 6-6】拿捏激将法的“度”

美国金融大王摩根在商海奋斗的数十年里，常常在别人有求于他的时候，以非常苛刻的条件将别人的利益鲸吞殆尽，连美国总统也不放过。1894 年，美国出现黄金抢购大风潮，财政部被迫抛出库存黄金，但依然招架不住，于是求救于摩根财团。而摩根却趁火打劫，提出要由他组织的辛迪加承办政府的全部公债。由于这个条件太苛刻，国会和总统都不肯接受。可是，眼观六路，耳听八方的摩根竟大胆向总统进逼道：“总统先生，据我所知，国库存金只剩下 900 万美元，然而，某某先生手中还有 1200 万美元今天到期，如果他今天要兑现，那么一切都完了。”此时，总统已被各地的罢工浪潮搞得焦头烂额，如果国库再被挤兑一空，政府将信誉扫地。在实在走投无路的情况下，总统也不得不答应摩根提出的苛刻条件。协议达成后，摩根财团调出大量美元帮助财政部渡过了危机。但是，由于摩根垄断了全部的公债承办权，美国的市场价格已操纵在他的手里。这笔黄金公债，仅凭摩根向政府的承包价与市场价之差，就使摩根净赚了 1200 万美元。

(资料来源：陈文汉. 商务谈判实务(第 2 版). 北京：电子工业出版社，2009)

6.2.2 低调气氛

低调气氛是指谈判气氛十分严肃、低落，谈判一方情绪消极、态度冷淡，不快因素构成谈判情势的主导因素的谈判开局气氛。低调气氛会给谈判双方都造成较大的心理压力，在这种情况下，哪一方心理承受力弱，哪一方往往会妥协让步。

1. 低调气氛的表现

低调气氛通常表现为以下两种类型。

(1) 冷淡、对立、严肃紧张的谈判气氛。谈判双方见面不热情、彼此互不关心；目光不相遇，相见不抬头，相近不握手，企图在衣着、语言、表情、行为等方面以优势因素压倒对方；交谈时语带双关，甚至使用讥讽的口吻等。双方处于明显的戒备、不信任的心理状态和强烈的对立情绪之中，整个开局呈剑拔弩张的局面。这种谈判气氛给整个开局蒙上了一层阴影。这一类型的谈判气氛有时是在法院等第三方参与调解、双方利益严重对立的情况下产生。

(2) 松弛、缓慢、旷日持久的谈判气氛。商务谈判中不乏持续性、分阶段性的洽谈。这时，谈判双方人员对谈判已经感到厌倦。谈判人员进入谈判会场姗姗来迟、衣冠不整、精神不振。相见时握手例行公事、不紧不松；面部表情麻木、眼视他方；或入座时左顾右盼，显出一种可谈可不谈的无所谓的态度。对双方谈判的目标不表示信心，对对方的话题不认真倾听，甚至以轻视的口吻发问，双方谈判不断转换话题，处于一种打持久战的氛围之中。

2. 营造低调气氛的条件

在什么情况下营造低调气氛，应具体考虑谈判双方的实力对比和谈判双方之间的业务关系等因素。通常，可以在以下几种情况下营造低调气氛。

(1) 己方有讨价还价的砝码，但是并不是占有绝对优势。如果己方谈判实力相对弱于对方，为了不使对方在气势上占上风和轻视己方，谈判人员应做好充分的心理准备并要有较强的心理承受能力，始终显示一种内在的信心和展示一种顽强作战、不屈不挠的斗争精神，也可以向对方表示一定的合作姿态，同时要善于运用己方的砝码迫使对方让步。

(2) 双方企业有过业务往来，但本企业对对方企业的印象不佳。这时，开局气氛通常是严肃的、凝重的。己方谈判人员在开局时，语言上在注意礼貌的同时，应保持严谨，甚至可以带一点冷峻；内容上可以对过去双方业务关系表示不满、遗憾，以及希望通过本次交易磋商来改变这种状况，也可以谈谈途中见闻、体育比赛等中性话题；姿态上应该充满正气，注意与对方保持一定的距离。在寒暄结束时，可以这样将话题引入实质性谈判：“我们双方有过一段合作关系，但遗憾的是并不那么愉快，希望这一次能有令人愉快的合作。千里之行，始于足下。让我们从头开始吧！”

3. 低调气氛营造方法

营造低调气氛通常有以下几种方法。

(1) 感情攻击法。这里的感情攻击法与营造高调气氛的感情攻击法性质相同，即都是以情感诱发作为营造气氛的手段，但两者的作用方向相反。在营造高调气氛的感情攻击中，是激起对方产生积极的情感，使得谈判开局充满热烈的气氛。而在营造低调气氛时，是要诱发对方产生消极情感，致使一种低沉、严肃的气氛笼罩在谈判开始阶段。

【案例 6-7】营造低沉氛围，“置之死地而后生”

美国克莱斯勒公司总经理艾柯卡 1979 年在克莱斯勒公司濒临倒闭时临危受命，他上任后做的第一件大事就是请求美国政府同意为公司 15 亿美元的紧急贷款提供担保，以维持公司最低限度的生产活动。但是，此建议一出，立即在美国社会引起了一场轩然大波。在崇尚自由竞争的美国，公众几乎是众口一词：让克莱斯勒赶紧倒闭吧！大部分国会议员也不同意政府涉入私营企业的经营。10 月 18 日，艾柯卡第一次出席国会为此而举行的有相关政府机构、银行参加的听证会。在听证会上，艾柯卡一开始就明确地提出自己的开场白："我相信诸位都明白，我今天在这里绝不只是代表我一个人说话。我代表着成千上万依靠克莱斯勒公司为生的人们，事情就是那么简单。我们有 14 万职工和他们的家属，4700 家汽车商及所属的 15 万职工，1.9 万家供应商和其他雇用的 25 万人，还有这些人的全部家属。"为了让这些议员们认清后果，他又提出："如果克莱斯勒公司倒闭了，全国的失业率会在一夜之间暴长 0.5 个百分点，美国政府在第一年里就得为这高达几十万的失业人口花费 27 亿美元的保险金和福利金。各位可以自由选择，你们是想现在就付出 27 亿美元呢？还是将它的一半用来提供贷款担保，并可在日后全部收回呢？"他随后又指出，日本汽车正乘虚而入，如果克莱斯勒倒闭了，它的几十万职员就得成为日本的佣工。艾柯卡让这些议员彻底认清了拒绝克莱斯勒请愿案的后果，成功地转变了他们的态度，达到了自己期望的目标。最后，艾柯卡拿到了他所需要的 15 亿美元的贷款担保。

同样是在克莱斯勒破产风波中，虽然公司获得了政府的支持和贷款担保，但银行界却一直持否定态度。要想争取贷款给公司的 400 家银行同意延期收回 6.55 亿美元的到期债款，十分困难。公司董事会委托杰里·格林沃尔德和史蒂夫·米勒与各银行协调处理这一问题。同银行的谈判十分复杂。起初，史蒂夫分别找一家家银行谈。后来，他发现这个办法行不通。于是，改成把大家召集在一起谈，效果好一些。最后，他宣布说："我给你们一个星期的时间考虑，4 月 1 日，也就是下星期二，我们再开会。"

有些银行代表威胁说他们将不到会，结果都来了。

如果银行家们在这次会议上还达不成协议，那么，后果将不堪设想。因为，当时全国经济衰退形势已很严重，克莱斯勒宣布破产，很可能意味着一个更为可怕的经济灾难即将来临。

当 4 月 1 日全体成员都到会时，史蒂夫宣布会议开始。他的开场白实在让人震惊："先生们，昨天晚上，克莱斯勒董事会举行了紧急会议。鉴于目前的经济衰退，公司的严重亏损，利率的节节上升——更不要说银行家的不支持态度——公司决定今晨 9 点 30 分宣布破产。"

整个会议室里鸦雀无声，空气异常沉闷。这时，格林沃尔德目瞪口呆。他是董事会成员之一，他到现在才知道有这个会，这么重要的会议，怎么没有让他参加呢？接着，史蒂夫补充说："也许我应提醒诸位，今天是 4 月 1 日。"

人们大大松了口气。不幸的是，欧洲人从来没有听说过愚人节。他们仍然眼睛盯着墙上，搞不清 4 月 1 日到底与这件事有何相干。

这是史蒂夫在开会前 5 分钟想出来的一条奇谋。它有很大的冒险性，但结果证明很灵验。它使会场中的每一个人把焦点集中在一幅更大的可怕图景中，想象不达成协议可能产生的后果。

而史蒂夫制定的让步计划也终于为全体与会者所接受：6.55 亿美元到期贷款延期收回；4 年内以 5.5%的利率支付 40 亿美元贷款的利息。

(资料来源：网易微博，http://cwhan2008.blog.163.com/blog/static/69977092017929101012369/)

(2) 沉默法。沉默法是以沉默的方式来使谈判气氛降温，从而达到向对方施加心理压力的目的。

【案例 6-8】沉默是"金"

沉默和忍耐是日本商人常用的一种谈判策略。在一次美日贸易谈判中，美国代表提出美日联合向巴西开放一种新的生产设备和工艺技术，然后等待日方丰田公司代表的答复。25 秒过去了，三位日商还是默不作声，低着头，双手搭在桌面上。最后，一位美商急得脱口而出："我看这样坐着总不是个事吧！"他说得非常对，但会谈也就此告终了。其实，这位美商应该再忍耐一下。

应该注意的是，在商务谈判实践中，运用沉默法并非总是一言不发，而是指己方尽量避免对谈判的实质问题发表议论。

沉默的同时要注意倾听。悉心倾听对方吐露的每一个字，注意他的措辞和他选择的表达方式，以及他的语气和声调。这些都能为你提供线索，去发现对方的一言一行背后隐含的真实动机、目的和需要，并感受到对方的情绪。

沉默倾听不但可以使你听得更明白，而且也可以使对方说得更准确。如果你听得很认真并偶尔插话说："对不起，你的意思是不是……"对方会感到他不是在作无聊的闲谈或是进行例行公事式的谈话，他会从被听和被了解中得到满足感。因为人们一般都希望被人了解，希望表现自己，而你的认真倾听，正是满足了对方的这种心理，会使对方对你产生好感。所以，有人说，最廉价的让步就是让对方知道你在洗耳恭听。倾听是了解对方需求和发现事实真相的最简捷的途径，这就是沉默的力量。

(资料来源：网易微博，http://cwhan2008.blog.163.com/blog/static/699770920179291010575 27/)

采用沉默法时要注意以下几点：

① 要有恰当的沉默理由。通常，人们采用的理由有假装对某项技术问题不理解，假装不理解对方对某个问题的陈述，假装对对方的某个礼仪失误表示十分不满。

② 要沉默有度，适时进行反击，迫使对方让步。

(3) 疲劳战术。疲劳战术是指使对方对某一个问题或某几个问题反复进行陈述，从生理和心理上疲劳对手，降低对手的热情和谈判情绪。

在商务谈判中，有时会遇到一种锋芒毕露、咄咄逼人的谈判对手。他们以种种方式表现其居高临下、先声夺人的挑战姿态。对于这类谈判者，疲劳战术是一个十分有效的策略。这种战术的目的在于通过许多回合的拉锯战，使这类谈判者感觉疲劳生厌，以此逐渐磨去其锐气。同时也扭转己方在谈判中的不利地位，等到对手筋疲力尽、头昏脑胀之时，己方即可反守为攻，促使对方接受己方的条件。

心理学研究表明，人类的心理特质有很大的差异性。在气质、性格等方面，几乎人人不同，而人们个性上的差异又使人们的行为染上其独特的色彩。一般来说，性格比较急躁、外露，对外界环境富于挑战特点的人，往往缺乏耐心、忍耐力。一旦其气势被遏制住，自信心就会丧失殆尽，很快败下阵来。遏制其气势的最好办法就是采取马拉松式的战术，攻其弱点，避其锋芒，在回避与周旋中消磨其锐气，做到以柔克刚。实行疲劳战术最忌讳的就是硬碰硬，因为这很容易激起双方的对立情绪，况且硬是对方的长处，只有以柔克刚、以软制硬，才会收效显著。此外，如果确信谈判对手比己方更急于达成协议，运用疲劳战术会很奏效。

【案例 6-9】用疲劳战术把谈判对手拖"垮"

中东的企业家们最常采用的交易战术，就是白天天气酷热时邀请欧洲的代表观光，晚上则招待他们观赏歌舞表演。经过充分的休整，到了深夜，白天不见踪影的中东代表团的领队出现了，神采奕奕地和欧洲代表展开谈判。欧洲代表经过一天的奔波，早已疲惫不堪，只想上床早点休息。那么谈判的结果可想而知，欧洲代表常常会做出让步。

(资料来源：网易微博，http://cwhan2008.blog.163.com/blog/static/69977092017929101138598/)

采用疲劳战术应注意以下几点：

① 多准备一些问题，而且问题要合理。每个问题都能起到疲劳对手的作用。

② 避免激起对方的对立情绪，致使谈判破裂。

(4) 指责法。指责法是指对对手的某项错误或礼仪失误严加指责，使其感到内疚，从而达到营造低调开局气氛的目的。

6.2.3 自然气氛

自然气氛是指谈判双方情绪平稳，谈判气氛既不热烈，也不消沉。自然开局气氛便于向谈判对手进行摸底。因为谈判双方在自然气氛中传达的信息比在高调气氛和低调气氛中传送的信息要准确、真实。

1. 自然气氛的表现

自然气氛主要表现为平静、朴实、严谨的谈判氛围。通常，谈判双方已不是谈判生手，也不是初次见面，但处于一定的形势和受到一定条件的制约；或者，谈判一方对谈判对手的情况了解甚少，对手的谈判态度不甚明朗时，谋求在平缓的气氛中开始对话是比较有利的。因此，谈判双方见面时并不热情，握手一触即弃，入座并不相让，抽烟喝茶并不互请。讲话时语言平实，句子简练，音质清晰，语速适中。双方目光对视，面带微笑一闪而过。谈判人员心态平静，谨慎自信，不事声张。双方处于一种相互提防、似有成见的氛围之中。

2. 营造自然气氛的条件

自然气氛一般无须刻意地去营造，商务活动中的许多谈判都是在这种气氛中开始的。但是，具体考虑谈判双方的实力对比和谈判双方之间的业务关系等因素，也可以针对性地营造自然气氛。

(1) 谈判双方势均力敌或实力相差不多。谈判人员应该努力防止一开始就强化对方的戒备心理和激起对方的敌对情绪，以致使这种气氛延伸到实质性谈判阶段而使双方一争高低，结果两败俱伤。因此，在开局阶段谈判人员要保持沉稳大方，语言和姿态要做到轻松而不失严谨，礼貌而不失自信。

(2) 双方企业有过业务往来，关系一般。开局目标是要争取创造一个比较友好、随和的气氛。但是本方在语言的热情程度上应该有所控制；在内容上，可以一般地聊一聊双方过去的业务往来及人员交往，也可以谈一谈双方人员在日常生活中的兴趣爱好；在姿态上可以随和自然。在寒暄结束时，可以这样来将话题引入实质性谈判：“过去我们双方之间一直保持着业务往来关系，我们希望通过这一次的交易磋商，将我们两个企业之间的关系推进到一个新的高度，让我们一起动手干吧！”

(3) 双方企业在过去没有业务关系往来，是第一次业务接触。开局目标是要争取创造一个比较友好、真诚的气氛，以淡化和消除双方的陌生感，以及由此带来的防备甚至稍含敌意的心理，为后面的实质性谈判奠定基础。因此，本方谈判人员在语言上应该表现得礼貌、友好，但又不失身份；在内容上以旅途见闻、体育消息、天气状况、个人业余爱好等比较轻松的话题为主，也可以就个人在公司的任职时间、负责范围、专业经历进行一般性的询问和交谈；在姿态上应该是不卑不亢，沉稳中不失热情，自信但不骄傲。在寒暄结束时，可以这样来将话题引入实质性谈判阶段："这笔交易是我们双方的第一次业务交往，希望它能够成为我们双方长期友好合作关系的一个良好开端。我们都是带着希望来的，我想只要我们共同努力，我们也一定能够带着满意而归。"

【案例 6-10】自然气氛下的谈判

A 公司是一家实力雄厚的房地产开发公司，在投资的过程中，相中了 B 公司所拥有的一块极具升值潜力的地皮。而 B 公司正想通过出卖这块地皮获得资金，以将其经营范围扩展到国外。于是，双方精选了久经沙场的谈判干将，对土地转让问题展开磋商。

A 公司代表："我公司的情况你们可能也有所了解。我公司是××公司和××公司(均为全国著名的大公司)合资创办的，经济实力雄厚，近年来在房地产开发领域业绩显著。在你们市去年开发的××花园收益很不错，听说你们的周总也是我们的买主啊。你们市的几家公司正在谋求与我们合作，想把他们手里的地皮转让给我们，但我们没有轻易表态。你们这块地皮对我们很有吸引力，我们准备拆迁原有的住户，开发一片居民小区。前几天，我们公司的业务人员对该地区的住户、企业进行了广泛的调查，基本上没有什么拆迁阻力。时间就是金钱啊，我们希望以最快的速度就这个问题达成协议，不知你们的想法如何？"

B 公司代表："很高兴能有机会与你们合作。我们之间以前虽然没有打过交道，但对你们的情况还是有所了解的。我们遍布全国的办事处也有多家住的是你们建的房子，这可能也是一种缘分吧。我们确实有出卖这块地皮的意愿，但我们并不急于脱手，因为除了你们公司外，兴华、兴运等一些公司也对这块地皮表示出了浓厚的兴趣，正在积极地与我们接洽。当然了，如果你们的条件比较合理，价钱比较理想，我们还是愿意优先与你们合作的。我们可以帮助你们简化有关手续，使你们的工程能早日开工。"

双方谈判代表都不愧是久经沙场的谈判行家。

A 公司代表明确、直接地进行了自我介绍，同时又充分显示了己方的谈判地位与实力。B 公司代表也表现得相当镇静，不卑不亢，在对对方的合作愿望予以回应的同时，也显示了己方不可小视的谈判实力，使己方在谈判开局时不落于下风。

(资料来源：网易微博，http://cwhan2008.blog.163.com/blog/static/69977092017929101232 47/)

在商务谈判实践中，营造自然气氛要做到以下几点。

(1) 注意自己的行为、礼仪。

(2) 不要与谈判对手就某一问题过早地发生争论。

(3) 运用中性话题开场，缓和谈判气氛。

(4) 尽可能正面回答对方的提问。如果不能回答的，要采用恰当方式进行回避。

最后，需要指出的是，在谈判的开局阶段，不论营造高调气氛、低调气氛还是自然气氛，一些最为基本的因素会对谈判气氛的营造发生重要的影响作用。通常，为充分实现谈判的开局目标，有效营造有利于谈判开局与谈判进程的特定谈判氛围，谈判者应特别注意以下一些基本问题：

(1) 注意环境的烘托作用。谈判环境的布置是营造良好谈判气氛的重要环节。对方会从环境的布置中看出你对谈判的诚意和重视程度，从而留下较为深刻与持久的印象。特别是一些较为重要和大型的谈判，任何马虎或疏忽都会给对方造成对谈判不够重视、缺乏诚意的印象，从而影响谈判的气氛。

谈判场所的布置一般应以宽敞、整洁、优雅、舒适为基本格调，能显示己方的精神面貌，符合礼节要求，同时还可根据对方的文化、传统及爱好增添相应的设置，这样能促使谈判人员以轻松、愉悦的心情参与谈判。

洽谈座位的安排也大有学问。要充分考虑双方的主次关系和谈判人员的心理因素以及文化、社会背景。此外，要合理组织谈判时间、地点及与谈判有关的活动，甚至组织谈判前的非正式接触或谈判场所以外的礼节性活动等。

(2) 具体研究和观察谈判对手。谈判前，谈判人员应初步了解并具体分析谈判对手的有关情况，特别应重点掌握对方主谈人的有关工作和生活背景。具体涉及对方的工作环境、对方在企业中的地位、对方的家庭状况、对方的生活方式和生活观念，以及对方的个性类型，如心胸开阔、慷慨大方、谨慎内敛、墨守成规、妄自尊大、盛气凌人、反复无信等。同时，在开局谈判时，针对性地调整好自己的心理状况。

在开局阶段，谈判人员要通过细心观察对方的行为、举止，认真倾听对方的发言，了解和判断对方的谈判经验、谈判策略、谈判技巧、谈判作风等。

谈判对手的经验和技巧通常可通过对方的口头语言和“体态语言”反映出来，如姿态、表情、入题的方式、态度、意向、观点等。例如，若对方在寒暄时不能舒展自如，或突然单刀直入谈起生意，可以断定这是位谈判新手。谈判高手总是留心观察对方的这些微妙之处。

在开局阶段通过观察对方的行为也可以了解对方的谈判作风和谈判风格。谈判高手为谋求双方的合作，总是在谈判开始时谈论一般性的中性话题。同时，根据对方的行为举止表现出的种种无声的信息，了解对方的虚实。一般来说，第一次的目光接触最为重要，它可以了解对方是开诚布公还是躲躲闪闪；是以诚相待还是怀疑猜测。又如对方的姿势，可以反映出对方是信心十足还是优柔寡断；是精力充沛还是疲惫不堪；是轻松愉快还是剑拔弩张。又如反映情绪变化的身体关键部位的头部、手臂和肩膀，对方的双臂交叉于胸前，往往表示防备疑惑；摊开双手，解开衣扣，表示开诚布公；两手手指对贴，掌心分开，形似尖塔，表示高傲自信；凑近对方，表示问题接近解决。又如握手的手势、姿态和力度可以反映对方是强硬还是温和，是理智还是冲动。此外，还可以观察对方的仪表，是大众化还是别出心裁；是整洁还是肮脏；有时甚至人身上的气味也会成为影响谈判气氛的因素，如存在令周围人无法忍受的体味和气息，就会引起谈判人员的烦躁等。

(3) 把握好开局的关键时机。开局之初的瞬间非常关键。这时，谈判人员精力最为充沛，注意力最为集中，所有人都在专心倾听别人的发言，注意观察对方的一举一动。谈判人员应表现出坦诚、自信的精神状态和对对方的尊重与平等的姿态。开场之初最好站着交谈。因为站着的时候比较容易改变同对方接触的角度，发挥体态语言的优势，从而有助于创造融洽的气氛，感染对方。

(4) 选择中性话题入题。开局之初常被称为“破冰期”。素不相识的谈判双方走到一起谈判，最初极易出现停顿和冷场；谈判一开始就进入正题，更容易增加“冰层”的厚度。双方坐下后，一般不要急于切入正题，应利用一定的时间谈些非业务性的轻松话题以活跃气氛。但到底用多长时间为好，并无统一的标准。虽然也有专家认为应该把谈判时间的 5% 作为破题阶段，但也不必拘泥，谈判者完全可以根据具体的情况来把握。当然，这种切入正题前的闲聊也不是漫无边际的瞎侃。所选择的话题应有一定的目的性，一般应是对方感兴趣的话题，如体育比赛、文艺演出、对方的业余爱好、社会兼职，以及双方过去经历中的某些共同的社会背景关系，如校友、同行、同乡等。谈判时以这些内容切入话题，可以调动对方的兴趣，使对方乐于和你接触，甚至能使对方感到彼此趣味相投，这样有利于创造出一种融洽的气氛。在谈判中，不可忽视这一策略，如果运用得当，的确能发挥重要的作用，有时甚至是成功的关键因素。

(5) 注意言行举止。谈判者步入会场时，要步履轻松，稳健，充满自信。双方见面时，握手应毫不迟疑，坚定有力。要互致问候，注重礼仪。寒暄要恰到好处，不能毫无目的、漫无边际地闲扯。谈话时要正视对方，以免给对方留下心不在焉或缺乏信心的形象。

言行举止要自然得体，表情要轻松自如，不能慌慌张张、吞吞吐吐。发言要简洁明确，重点突出，能恰如其分地表达己方的观点和情感倾向；要避免引起对方的敌意与不满；不要涉及个人隐私和敏感的问题。语调要平稳，语速要适中。要注意倾听，观察和体验对方的感受。要适当地进行提问或适时进行反馈。要均等地享受和提供发言与陈述的机会，要乐于接受对方的合理可行的建议和意见。

谈判者的服饰、仪表要符合个人身份与内在气质，姿态要端庄得体，要塑造适合个性特征与特定谈判要求的形象。服饰要美观、大方、整洁，颜色不要太鲜艳，式样不能太奇异，尺码不能太大或太小。在国际商务谈判中，由于不同国家或地区经济发展水平不同，风俗习惯各异，谈判者的服饰要与具体场合相适应。实际上，无论语言、动作还是服饰、仪表都内含微妙而丰富的无声信息，谈判人员要细心领会，要善于运用非言语沟通方式。

6.3 报价策略

价格谈判是商务谈判的核心环节，它关系到双方获得利益的多少，也是双方非常敏感的问题。报价是价格谈判的起点，对整个谈判价格走势会有很大的影响，所以，商务谈判双方都非常关心。

6.3.1 报价的概念与意义

1. 报价的概念

报价又叫发盘或发价。它有两重含义：从广义上讲，是指谈判双方各自向对方提出全部交易条件的过程。其内容不仅包括价格问题，还包括交货条件、品质规格、数量质量、支付方式、运输费用等条款。从狭义上讲，报价是指双方对所交易的标的物的价格提出的观点。在谈判中，由于价格问题是双方磋商的关键，因此本章所讨论的报价主要是以狭义的报价为主。从发盘这个概念来看，也有两种形式，即发实盘和发虚盘。

(1) 实盘是发盘人所作的承诺性表示。实盘对发盘人具有约束力。在实盘所规定的有效期限内，除非发盘人先声明撤回或修正，否则应负有效承诺责任。实盘一经受盘人在有效期内全盘接受，不需要再经发盘人的确认，就可以达成交易构成双方具有约束力的合同。实盘必须具备三项条件。

① 内容清楚确切，没有含糊和模棱两可的词句。例如，飞达牌缝纫机 JA-B，3000 架，木箱装，每架 62 美元 CIFC2%科威特，10 月/11 月装，即期信用证限，6 日复到此地。

② 买卖商品的主要交易条件是完整的，包括商品的名称、品质、规格、包装、数量、交货期、价格、支付方式等主要交易条件。

③ 发盘人没有任何其他保留条件，只要受盘人在有效期限内表示完全同意，即视为交易达成。

(2) 虚盘是发盘人所作的非承诺性的表示。凡是不具备实盘的三项基本条件的发盘，都是虚盘。

① 发盘内容不明确肯定。即发盘内容含混不清，没有肯定的订约表示，如“可能接受的价格”“数量视我供货的可能性”等。

② 主要交易条件不完备。即发盘中，虽然没有含糊或模棱两可的词句，但未列出必须具备的主要交易条件，如数量、价格、交货期等内容。这种发盘，即使受盘人表示接受，也不能达成交易，仍需双方继续商定其他主要交易条件。

③ 有保留条件。即发盘的内容明确、完整，但发盘人列明有保留条件，如“以我方最后确认为准”等。这种发盘对发盘人没有约束力，在受盘人表示接受后，仍需发盘人表示确认后才算有效，否则合同不能成立。

2．报价的意义

一般地说，在任何一种交易中，买方或卖方的报价，以及随之而来的还价，是整个谈判过程的核心和最实质性的环节。这是因为不论在国际商务谈判中还是在国内商务谈判中，通常要谈判的内容，主要包括品质、价格、运输、装运、保险、支付、商检、异议索赔、仲裁、不可抗力等各项交易条件。而在其中，价格条件占有突出重要的地位。因为它直接关系到双方的利益。总之在卖方的发盘或买方的递盘中，价格是最重要的交易条件，是商务谈判的实质性问题。

报价是商务谈判的第一个重要回合，它不仅对对方的还价及接踵而来的讨价还价关系重大，而且对整个谈判结果都会产生重大影响。在价格谈判中，双方都期望达成一个于己有利的交易价格。对卖方来说，售价越高越有利；而就买方而言，则购价越低越受欢迎，这是不言而喻的。一般来说，卖方的初次权价代表卖方的最大期望售价，而买方的递盘价格则是买方愿意支付的最小期望售价。无论卖方的发盘价还是买方的递盘价，都在一定程度上影响着对方的还价，一方的报价与另一方的还价之间虽然没有固定的差距比例，但是，经验表明，一方的还价是同另一方的报价成比例变化的。报价较高，还价也相对较高；报价较低，还价也较低。而讨价还价也只能在报价与还价所规定的范围内进行。在讨价还价过程中，通过双方的互相让步，使得报价与还价之间的距离逐渐缩短，最后在某一点上确定下来，就形成了成交价格。这时，假设成交价格是报价额与还价额的简单平均数，即起始报价与还价之间的折中数额，则它的高低显然在很大程度上受起始报价水平的影响。当然，也不能无限制地过高或过低报价，因为成交价格是以双方的接受为前提的，报价太高会被对方认为是无诚意的，而无诚意的报价会对谈判过程造成不良的影响。

6.3.2 报价原则

1. 报价的依据

不同商品的报价，为什么有高有低呢？同一种商品为什么此时报价高而彼时报价低呢？针对同一种商品同时与几个对手谈判，为什么对有些对手报价较高，而对另一些对手报价较低呢？为理解这些问题，首先要明确报价的依据是什么，即哪些因素决定着报价的高低及其程度。一般来说，一个报价的提出，至少受以下三个方面因素的影响。

(1) 商品价值。价格是价值的货币表现形式。因此，谈判中的报价虽然不是价值的确定，但也不能完全抛开价值因素盲目报价。例如，在其他条件相同的情况下，电视机的报价比收音机的报价要高。在其他项目的谈判(如建筑承包项目谈判)也要考虑不同项目所耗劳动的差别，确定不同的开盘价格。离开了价值，价格便失去了基础，因此，价值是报价的基本依据，在国内谈判或国际谈判中都是如此。考虑商品的价值首先就是计算商品的成本。对卖方来说，不仅要考虑自己的生产成本(因为成本是成交价格的底线)，还要考虑同行业中其他生产者的生产成本。买方不清楚卖方的生产成本，但在报价之前，也根据有关资料，对之做出大致的估计。

(2) 市场行情。这是报价决策的主要依据。任何交易都是在市场上进行的，市场因素的变动必然会对商品的价格产生影响，尤其是国际市场的行情，经常处于不断变化之中。这种错综复杂的变化，都会通过价格的涨跌和波动表现出来。同时，价格的波动反过来又会影响市场的全面波动。因此，报价决策应当由谈判人员根据以往和现在所搜集掌握的、来自各种渠道的商业情报和市场信息，并在比较分析、判断和预测的基础上加以制定，其中主要内容包括：该商品当前的供求状况及报价水平如何，是供不应求、供过于求，还是供求大致平衡；今后供求关系将发生什么变化，变化的速度如何。价格如何变动以及可能变动的幅度有多大。

此外，在该商品或其代用品的生产技术上如有重大突破因而有革新的征兆时，也应予以密切的注视。当然，市场行情的内涵除上述之外，还包括许多方面。但就制定报价策略，妥善掌握报价幅度这一目的而言，上述的市场供求关系及价格动态是我们着重分析研究的对象。

(3) 谈判对手的状况。这是报价决策的必要依据，谈判人员除了了解价格形成的基础，以及所交易商品的市场行情外，还必须考虑谈判对手情况，如他们的资信状况、经营能力、同我方交往的历史、其所在国商业习惯、政策法令及其国际贸易惯例的区别等。此外，在谈判过程进入报价阶段之前，还要进一步探测对方的意图、谈判态度和策略，以便调整我方的策略，掌握报价的幅度。

2．报价的原则

(1) “最低可接纳水平”原则。即为最差的但却可以勉强接受的谈判最终结果，例如作为卖方可以把他要出售的某种商品的最低可接纳水平定为 5 万美元，如果售价高于 5 万美元，他肯定愿意成交。但若低于 5 万美元，他则宁可保留这种商品而不愿意出售。又如买方将他购进的某种商品最低可接纳水平定为 3 万美元，假如售价不高于它则他愿意成交，若高于它宁可不要。报价前设立一个最低可接纳水平有下列好处：

① 谈判者可据此避免拒绝有利条件。

② 谈判者可据此避免接受不利条件。

③ 谈判者可据此避免一时的鲁莽行为。

④ 在有多个谈判人员参加谈判的场合，可以据此避免谈判者各行其是。

(2) 利益最大化原则。即在谈判中，不能仅从自身的角度去考虑问题，而是要兼顾双方的利益，从而达到双赢的结果。报价将给对方带来的第一印象，是能否引起对方兴趣的前奏。报价做得好坏，直接影响到谈判者的利益。既要使对方有兴趣，又要最大限度地获得自身的利益，这是个矛盾。但是，很多谈判当事者双方常能举杯共庆交易的成功，说明这个矛盾是可以合理解决的。关键是该怎样掌握这个“合理”的尺度。对于卖方来说，当然希望卖出的商品价格越高越好，而对于买方来说，则希望买进的商品在保证质量的条件下，其价格越低越好。但无论买方还是卖方，一方的报价只有在被对方接受的情况下，才能产生预期的结果，才能使买卖成交。这就是说，报价水平的高低并不是由任何一方随心所欲地决定的，它要受到供求、竞争以及谈判对手状况等各方面因素的制约。因此，谈判一方向另一方报价时不仅要考虑按此报价所能获得的利益，还要考虑能否被对方或其竞争者接受的可能性，即报价能否成功的概率。所以，报价决策的基本原则是：通过反复比较和权衡，设法找到报价者所得利益与该报价被接受的成功率之间的最佳结合点，如图 6.1 所示。

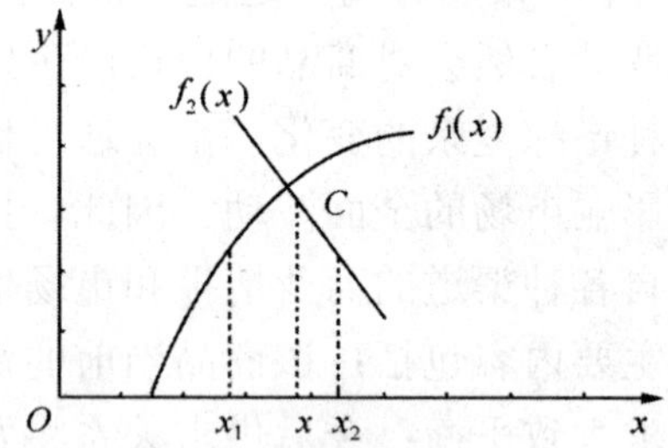

图 6.1　报价原则示意图

在图 6.1 中，x 的大小表示报价的高低，$f_1(x)$表示卖方报价高低与所得利益的关系。x 越大，$f_1(x)$就越大，所得利益就越多。$f_2(x)$表示买方报价高低与所得利益的关系。x 越大，$f_2(x)$越小，所得利益就越少。$f_1(x)$与 $f_2(x)$的交点为 C，则 C 为最佳结合点。由于现实的复杂性，很难找到这样一个最佳结合点 C，谈判人员应把握这一原则的精神实质，并尽可能做到，确定能被对方接受的大致范围(x_1，x_2)。

6.3.3　报价策略

如何运用报价的基本原则，实现其要求呢？这就涉及许多报价技巧问题，即起始报价的策略。

1．先报价策略

谈判过程进入报价阶段以后，谈判人员面临的第一个问题就是由哪方首先提出报价，有时买方想让卖方报价，卖方又想让买方先递价。孰先孰后的问题，不仅仅是形式上的次序问题，它会对谈判过程的发展产生巨大的影响，因而同双方的切身利益关系极为密切。安排得当，则可使我方处于主动地位，推动谈判结果向着利于我方的方向发展，如果处理不当，则可能使我方陷于被动，对我方利益造成不可弥补的损失。因此，谈判人员必须事先对这个问题进行周密的考虑和妥善安排。先报价的优点：如果说有利，这主要在于先行报价影响较大，先报价的卖方实际上为谈判规定了一个框框，最终协议将在此范围内达成。而且第一个报价在整个谈判与磋商过程中都会持续起作用。因此，先报价比后报价的影响大得多。所以，要使谈判尽可能顺着我方意图的轨道运行，首先就要以实际的步骤来树立我方在谈判中的影响。我方首先报价就是为此而迈出的一步，它为以后的讨价还价树立了一个界碑。在这种情况下，首先报价比反应性还价更具有影响力。

2．后报价策略

(1) 因为先报价会在一定程度上暴露我方的意图。当对方得到我们的报价之后，他们就有可能对自己已订的报价幅度进行针对性的调整，通过修改他们原先拟定的价格得到额外的利益。例如，作为卖方，我们首先以 8 万美元报价，对方可能相应地还价为 1 万美元。但是，如果我方不抢先报价而让对方先递价，他们可能会递价 1.5 万美元，甚至更多。这样，因为我方的先行报价，而暴露了我方的目的，使对方可以从容不迫地根据我方的报价而递低价。

(2) 先报价的另一个不利之处，是对方会试图在磋商过程中迫使我们按照他们的路子谈下去，也就是说，他们会集中力量对我们的报价发动攻势，逼我们一步步降低，而不泄露他们究竟打算出多高的价格。例如：

我方：“我方这种商品的报价是每吨 1000 美元。”

对方：“1000 美元太高了。”

对方：“韩国的同类货物比你们的报价低得多，你们得降价。”

……

那么，我方究竟应该先报价，还是后报价呢？答案对买卖双方都不是绝对的，可依据谈判过程中双方实力情况灵活把握。

3．低报价策略

低报价策略一般的做法是，将最低价格列在价格表上，以求首先引起买主的兴趣。由于这种价格一般是以卖方最有利的结算条件为前提，并且在这种低价格的交易条件下，各方面都很难满足买方的需要，如果买主要求改变有关条件，则卖主就会相应地提高价格，因此买卖双方最后成交价格，往往高于价格表中的价格。低报价一方面可以排斥竞争对手，而将买方吸引过来，取得与其他卖主竞争的优势和胜利。另一方面，当其他卖主败下阵时，这时买方原有的优势不复存在，想要达到一定的需求，只好任卖方一点一点把价格抬高才能实现。

4. 高报价策略

高报价策略一般模式是，首先提出含有较大虚头的价格，然后根据买卖双方的实力对比和该笔交易的外部竞争状况，通过给予各种优惠，如数量折扣、价格折扣、佣金和支付上的优惠(如延长支付时间、提供优惠信贷等)来逐步软化和接近买方的市场和条件，最终达成交易。实践证明，这种报价方法只要能够稳住对方，往往会有一个不错的结果。

在先确定的合理价格范围内，报价要尽量高，递价要尽量低。要高(或低)的合情合理，更能够讲得通。卖方的起始报价，应是防御性的最高报价。所谓“最高可行价”，不是一个绝对的数字，在具体掌握上仍有较大的伸缩性，我们还得把报价的高低同谈判对手的意图、谈判作风，以及是否打算同我方真诚合作等因素结合起来考虑。

【案例 6-11】高价带来的成功

1984 年，美国洛杉矶成功举办了第 23 届夏季奥运会，并盈利 1.5 亿美元，创造了奥运会历史上的一个奇迹。这里除了其组织者著名青年企业家尤伯罗斯具有出色的组织才能和超群的管理才能外，更重要的是得益于他卓越的谈判艺术。第 23 届夏季奥运会的巨额资金，可以说基本上是尤伯罗斯谈出来的。

当时，尤伯罗斯一开始就对经济赞助商们提出了很高的条件，其中包括每位赞助商的赞助款项不得低于 400 万美元。著名的柯达胶卷公司开始自恃牌子老，只愿出赞助费 100 万美元和一大批胶卷，尤伯罗斯毫不让步，并断然把赞助权让给了日本的富士公司，后来柯达公司虽经多方努力，但其影响远远不及获得赞助权的富士公司。

很高的要价并未吓跑赞助商，由于奥运会的特殊地位和作用，其他各方面的赞助商纷至沓来，并且相互之间展开了激烈的竞争。最后，尤伯罗斯从众多赞助商竞争者中挑选了 30 家，终于宽松地解决了所需的全部资金，并使第 23 届洛杉矶奥运会成为奥运会历史上第一个盈利的奥运会，从而提高了奥运会的身份，也增强了承办者的信心。

(资料来源：网易博客，http://cwhan2008.blog.163.com/blog/static/6997709201782992423486/)

5. 加法报价策略

加法报价法是报价时不将自己的要求一下报出，而是分几次提出，以免一开始吓倒对方，导致谈判破裂。由于总的要求被分解后是逐个提出，往往被认为是一个一个小要求，就容易被对方接受，而一旦接受第一个要求后，就使对方接受下一个要求。

6. 除法报价策略

除法报价法是报出自己的总要求，然后再根据某种参数(时间、用途等)，将价格分解成最小单价的价格，使买方觉得报价不高，可以接受。

6.3.4 报价的表达方式

在谈判中，当我方向对方发盘时，应掌握其中的报价表达方式，做到既准确表示出我方的态度，又不致暴露我方的真正意图。

(1) 报价要严肃。发盘是报价方意愿的表示，因此，报价方必须严肃对待。在谈判进入报价阶段之前，要审慎、周密地考虑一番，想好什么样的报价水平最合适。一旦发盘报出以后，就应严肃对待，不可有任何动摇的表示。假如我方是卖方，即使对方宣称已从其他供货商得到低于我方所报价格的发盘，我方仍应毫不含糊地坚持已开出的价格。唯有如此，才能使人相信我方对谈判抱着认真和坚定的态度。否则，就会让对方察觉到我方对发盘缺乏信心，进而对我方施加压力，使我方处于被动地位。假如我方是买方，也要使对方相信，我们的递价是有根据的，并非随意杀价。

(2) 报价必须准确明白。报价要非常明确，以便对方准确地了解我方的期望，有现成的报价单当然好，但若是口述报价，除了口头表达上要准确外，可以借助于直观的方法进行报价。例如，在宣读报价表的时候，拿出一张纸把数字写下来，并让对方看见，这样就能使报价更加明确无误，避免在数字上出差错。在这方面，我国外贸业务员曾有过不少教训。例如，我国某公司与外国商人成交零部件 5000 箱，五种型号。由于业务员粗心大意，全部报错了价格，少收外汇 18 976 美元。合约已签，只能向顾客说明原因，协商解决。虽然多次商谈，客户只同意分担差价一半，我方损失外汇 9000 多美元。可见，报价表达的准确与否，直接关系到我方的收入，我们一定要加强责任心，杜绝粗心大意、马虎从事的现象。

(3) 不要对报价进行解释。报价方对自己所出的条件(除价格外，还包括其他各项交易条件)，不要流露出任何信心不足的表示，更不能有半点歉意的表示，对所报价不要加以解释或评论。谈判双方之间的关系是对立统一的关系。一方面他们都想促成合同的签订，一方想买，一方想卖，这是合作的基础。因此，在交易没有达成或宣布破裂之前，双方是不会终止沟通的。对于我方的报价，如有不清楚之处，对方会提出疑问，我方不必主动解释。另一方面，一方的得利可能形成另一方的损失，在这种情况下，双方都应尽量多了解对方的意图，少暴露自己的目标。在对方没有提出要求时主动提供信息是不可取的。因为：

① 就“解释”本身而言，对对方可能毫无意义，也许对方对报价本身并无疑问。

② 言多必失。主动评论可能暴露我方意图，使对方觉察到我方所关心或有所顾忌的问题。

可见，报价方的主动解释或说明实属画蛇添足之举，于己无利而可能生害。当然，这并不是说一切解释和说明都是无效的。作为卖主，在商议各项合同条款之前，已向客户报价，然后特地向对方说明“我方所报的价是优惠价格”。作为一种策略，这种说法有两种含义：第一，暗含对方，这是价格的下限，没有还价的余地了；第二，这句话还意味着卖方的经营方针是把价格定在保本的基础上，甚至可能是低利亏本的定价。因此，很难指望在其他交易条件上让卖方给予更多的优惠或让步。作为买方，首先要使自己确切明白对方的报价究竟是什么情况。而且要非常明确，在提问题的过程中，他应使对方感到，这些问题只是为弄清报价，而不是让他们解释如此报价的原因。当他感到满意了，就应当把自己的理解进行归纳总结，并加以复述，以此检验双方能否有效地交换意见。还价的一方可以向对方提出问题，要求解释报价，除此而外，他应当向对方还价，但不应当向对方提出诸如“为什么这样报价”及“你们是如何计算这个价格的”等问题。报价方没有向对方解释报价理由的义务，遇到这类问题应予以回避。总之，表达报价要遵循严肃认真、明白清楚、不附加评论三个原则。做到这三点，就可避免由于报价方式不当可能产生的不利局面。

6.4 综合实训

【实训目的】

(1) 理论联系实际训练学生对商务谈判开局的正确认识，能够正确理解商务谈判开局的重要性，培养学生理解问题的能力。

(2) 分析案例材料，解决案例中的问题，培养学生分析问题的能力。

【实训内容】

商务谈判开局的设计。

【实训时间】

本章课堂教学内容结束后的双休日和课余时间，为期一周。或者指导教师另外指定时间。

【背景资料】

在新学期实训室建设中，学院计划购进一批电脑，经初步接洽，学院有意从新科技公司采购。

在收集了相关的信息之后，学院与新科技公司要进行谈判，谈判的开局要向对方提出书面要求，营造好商务谈判的气氛，策划好开局的策略。

【实训过程设计】

(1) 要求参加实训的学生分成两组，一组代表学院，一组代表新科技公司。代表学院的一组要提出书面要求，并营造良好的谈判气氛。双方作模拟谈判。

(2) 各实训组对本次实训进行总结和点评，参照11.2节“商务谈判学生作业范例”撰写作为最终成果的《商务谈判礼仪规范化运作实训报告》。优秀的实训报告在班级展出，并收入本课程教学资源库。

6.5 综合练习

6.5.1 单项选择题

1. 谈判开局阶段的目标是( )。

A. 确定报价　　B. 确定首席谈判代表

C. 给对方挖个陷阱　　D. 确定谈判的座次

2．在谈判开局阶段，已觉察到作为弱者的对方，对我方的态度为弱而不卑，则可以采用(　)开局。

A．均势定位法　　B．协商表达法

C．中性话题法　　D．幽默实施法

3．商务谈判双方刚一接触，对方非常傲慢，以居高临下之势口出狂言，自命不凡，令人反感，在此情势下，可考虑采用(　)开局。

A．直陈表达法　　B．感情冲击法

C．协商表达法　　D．幽默表达法

4．报价的主要依据是(　)。

A．竞争对手的状况　　B．商品价值

C．市场行情　　D．领导意图

6.5.2 多项选择题

1．商务谈判的开局(　)。

A．是实质性谈判的序幕　　B．讨论实质性的谈判内容

C．奠定整个谈判的基调　　D．开局目标服务于谈判的终极目标

E．不占重要地位

2．下列论述正确的是(　)。

A．谈判开局气氛具有关键性作用

B．谈判开局气氛决定整体谈判气氛

C．商务谈判应把和谐的谈判气氛作为谈判开局设计的目标

D．谈判开局目标设计具有客观差异性

E．谈判开局就是想办法给对方一个下马威

3．下列属于谈判开局的实现方法的是(　)。

A．均势定位法　　B．协商表达法　　C．中性话题法

D．幽默实施法　　E．谈定表达法

4．低调气氛主要表现为(　)。

A．热烈、积极、友好的谈判气氛

B．冷淡、对立、严肃紧张的谈判气氛

C．松弛、缓慢、旷日持久的谈判气氛

D．平静、朴实、严谨的谈判气氛

E．小声说话

5．营造高调气氛的条件是(　)。

A．己方占有较大优势

B．己方有讨价还价的砝码，但并不占有绝对优势

C．双方企业有过业务往来，关系一般

D．双方企业过去没有业务往来

E．讲话声音很大

6．以下对报价表达表述正确的是(　)。

A．报价要严肃　　B．报价要准确明白　　C．不要对报价多做解释

D．对报价做详细的解释　　E．对报价做简单的评论

6.5.3　简答题

1．为什么说谈判开局的好坏将直接左右整个谈判的格局和前景？
2．什么是谈判气氛？谈判气氛对商务谈判活动有什么影响？
3．什么是开局目标的设计？开局目标设计有哪几种策略方法？
4．什么是冲击表达法？运用冲击表达法应注意哪些事项？
5．列举几例商务谈判人员通常选用的中性话题。
6．什么是高调气氛？营造高调气氛通常有哪些方法？
7．采用称赞法应该注意哪些问题？
8．什么是低调气氛？营造低调气氛通常有哪些方法？
9．采用沉默法应注意哪些问题？
10．营造谈判气氛应注意哪些基本问题？
11．报价的含义与报价的原则分别是什么？
12．在谈判过程中如何采用灵活的报价方式？

6.5.4　案例分析

【背景资料】

(1) 下面是一次谈判开局阶段双方的开场白：

“欢迎你，见到你真高兴！”

“我也十分高兴能再来这里，这地方的风光很美！”

“旅途愉快吗？”

“非常愉快。”

“在途中饮食怎么样？来点咖啡好吗？”

“好的，谢谢你！我很喜欢咖啡！”

这属于什么类型的开局气氛？谈判人员运用了什么样的开局实现方法？

(2) 日本人对正式谈判以外的私下交往十分看重，他们把这看得与谈判本身一样重要。因此，日本人通常要花上几个小时、一个上午，乃至更长时间与对方交往以取得私下的信赖。交易越大，这种预备时间也就越长。

某一次美日高级贸易洽谈，美方要购买日本一企业的大宗汽轮机，然而并非一切从谈判开始。日方经理先花上好几个晚上在东京几家豪华饭店和夜总会款待美国客商，带他们去观赏日本民间舞蹈，然后领他们参观了公司基地，最后还花上一个下午打高尔夫球。美

方的一位代表只打了十多杆，虽然他的日本对手实力比他强，他还是赢了。这位美方代表很有感触地说："在这种场合，你们怎么打也不会输给那些客气的东道主的。"类似的做法在日本商界十分普遍。有一个数据值得人们回味：日本企业每年花在商务性娱乐活动上的钱达 130 亿美元，占国民生产总值的 1.2%，这比日本每年的国防开支还要多。

运用你所学的谈判开局的知识，分析日本人为什么要这样做。

(3) 1958 年，阿登纳访问法国与戴高乐举行会晤。戴高乐选择了他在科隆贝的私人别墅接待阿登纳。这个别墅的环境十分优雅，房间的布置虽说不上华丽，但给人非常舒适的感觉。会谈在戴高乐的书房里举行。阿登纳进入书房后，举目四望，周围都是书橱，收藏有各种史学、哲学、法学著作。阿登纳认为，从一个人的书房陈设就可以多方面了解这个人。后来他多次向他的左右谈到戴高乐的书房给他留下的良好印象。由于首次会谈给双方留下的良好而深刻的印象，奠定了尔后签订法国—联邦德国友好条约的基础。

戴高乐为什么选择自己的别墅作为双方首次会谈的地点？

【分析要求】

1. 过程要求。学生分析案例提出的问题，分别拟定《案例分析提纲》；小组讨论，形成小组《商务谈判案例分析报告》；班级交流并修订小组《商务谈判案例分析报告》，教师对经过交流和修改的各小组《商务谈判案例分析报告》进行点评；在班级展出附有"教师点评"的小组优秀《商务谈判案例分析报告》，并将其纳入本校该课程的教学资源库。

2. 成果性要求。

(1) 案例作业要求：以经过班级交流和教师点评的《商务谈判案例分析报告》为最终成果。

(2) 作业的结构、格式与体例要求：参照 11.2.1"商务谈判案例分析报告"。

第 7 章

商务谈判价格磋商与再谈判

【学习目标】

- 掌握商务谈判价格磋商的程序
- 掌握讨价还价策略
- 掌握商务谈判小结的内容、方式和时机选择
- 掌握商务谈判再谈判的运作形式与目标
- 能根据商务谈判任务进行谈判还价的设计
- 能根据商务谈判需要选择适当的再谈判运作形式

【引导案例】

讨价与还价

日本某公司向中国某公司购买电石，这是他们交易的第五年。去年谈价时，日方压价中方 30 美元/吨，今年又要压价 20 美元/吨，即从 410 美元/吨压到 390 美元/吨。据日方将讲，他们已经拿到多家报价，有 430 美元/吨，有 370 美元/吨，也有 390 美元/吨。据中方了解，370 美元/吨，是个体户报的价，430 美元/吨是生产能力较小的厂家的报价。中方公司的代表与供货厂的厂长共四人组成谈判小组，由中方公司的代表为主谈。谈前，工厂厂长与中方公司代表达成了价格共识，工厂可以在 390 美元/吨成交。公司代表讲，对外保密，价格水平他会掌握。公司代表又向其主管领导汇报，分析价格形势。主管领导认为价格不取最低，因为他们是大公司，讲质量、讲服务。谈判中可以灵活，但步子要小。若在 400 美元/吨以上拿下则可成交，拿不下时把价格定在 405～410 美元/吨之间，再由主管领导出面谈。

中方公司代表将此意见向工厂厂长转达，并达成共识，双方共同在谈判桌上争取该条件。中方公司代表为主谈。经过交锋，价格仅降了 10 美元/吨，在 400 美元/吨成交，比工厂厂长的成交价格高了 10 美元/吨。工厂代表十分满意，日方也满意。

(资料来源：聂元坤．商务谈判学．北京：高等教育出版社，2009)

【启示】商务谈判磋商的过程实际上就是讨价还价的过程。讨价还价也有一定的方法与技巧。中方在谈判前市场调查充分，准备方案到位，在谈判中游刃有余，最终取得良好的谈判效果。

商务谈判过程中，当交易一方发盘之后，一般情况下，另一方不会无条件地接受对方的发盘，而会提出“重新报价”或“改善报价”的要求，即“再询盘”，俗称“讨价”。发盘方在接到或听到对方的要求后修改了报价或未修改报价，又向对方询盘，如果对方发盘即视为“还盘”，俗称“还价”。如果受盘方接受或讨价方降低要求，即“让步”。显而易见，“讨价还价”有三层含义：一是讨价，二是还价，三是经历多次的反复磋商，一方或双方做出让步，才能促成交易双方达成一致意见。作为买方讨价还价应遵循“货比三家”的原则；作为卖方在讨价还价中要极力突出自己经营的商品的优良性、合理性、公平性的特点。只有这样，在讨价还价过程中方能促成谈判目标朝着己方有利的方向发展。商务谈判过程中还应及时小结，如果分歧过大或一时难以达成协议，可以暂时休会，日后再进行谈判也就是再谈判。

7.1 讨 价

讨价，是指在一方报价之后，另一方认为其报价离己方的期望目标太远，而要求报价一方重新报价或改善报价的行为。这种讨价要求是实质性的，即迫使价格降低；也是策略性的，其作用是引导对方对己方的判断改变对方的期望值，并为己方的还价做准备。讨价应建立在价格评论基础上，同时，讨价也是价格磋商的正式开始。

7.1.1 价格评论

1. 价格评论的含义

买方对卖方的价格及通过卖方解释了解到的卖方价格的贵贱性质做出批评性的反应，就是价格评论。即通过对卖方的解释进行研究、寻找报价中的不合理点，并通过对这些“虚头”“水分”在讨价还价之前先“挤一挤”，这就好比总进攻前的“排炮”，扫一扫路障，打掉一些明暗碉堡。

2. 价格评论的策略

价格评论不同于平常工作中人与人之间提意见，这里包含了利害冲突、经济利益的问题。因此，要有一定的策略，主要有以下几点：

(1) 针锋相对，以理服人。价格评价既要猛烈，又要掌握节奏。猛烈，指准中求狠，即切中要害、猛烈攻击、着力渲染，卖方不承诺降价，买方就不松口。掌握节奏，就是针对问题逐一发问、评论。

(2) 严格组织，边听边议。在价格谈判中，虽然买方参加谈判的人员都可以针对卖方的报价及解释发表意见、加以评论，但是，鉴于卖方也在窥测买方的意图，寻找买方的底牌，所以，决不能每个人想怎么评论就怎么评论，而是要事先精心策划、“分配台词”，然后在主谈人的暗示下，其他人适时、适度发言。

(3) 评论中再侦察，侦察后再评论。买方进行价格评论时，卖方以进一步的解释予以辩解，这是正常的现象。对此，买方不仅应当允许其辩解并注意倾听，而且还应善于引导，以便侦察其反应。实际上，谈判需要"舌头"，也需要"耳朵"。卖方通过买方的辩解，可以了解更多的情况，则可以使评论增加新意，使评论逐步向纵深发展，从而有利于赢得价格谈判的最终胜利。

7.1.2　讨价策略

讨价策略的运用，包括讨价方式、讨价次数和讨价态度。

1. 讨价方式

从宏观角度与微观角度来看，讨价可分为总体讨价与针对性讨价。

(1) 总体讨价。当一方报价并且对报价进行了解释和说明后，据此如果另一方认为对方报价不合理且离自己的期望太远，则可以要求对方从整体上重新报价。总体讨价即从总体价格和内容方式的方面要求重新报价，常常用于评论之后的第一次要价，或者用于较为复杂交易的第一次要价。双方从宏观的角度，主要凭"态度"压价。笼统地提要求，不显露掌握的准确材料。对方为了表示"良好态度"，也可能调整价格。例如，"贵方已听到了我们的意见，若不能重新报出具体有成交诚意的价格，我们的交易是难以成功的""请就我方刚才提出的意见，报出贵方改善的价格"等。

(2) 针对性讨价是就分项价格和具体报价内容要求重新报价。常常用于对方第一次改善价格之后，或不易采用笼统讨价方式时。如水分较少、内容简单的报价，在评论完成后即进入有针对性的要求明确的讨价。具体讨价的要求在于准确性与针对性，而不在于"全部"将自己的材料(调查比价的结果)都端出来，在做法上是将具体的讨论内容分成几块。可以按内容分，如运输费、保险费、技术费、设备条件、资料、技术服务、培训、支付条件等。也可以按评论结果分，各项内容的水分大小归类，水分大的放在一类，中等的放在一类，水分低的放在一类。分块、分类的目的是要求体现"具体性"，分类是要求准确性的务实做法。只有分成块才好予以不同程度、不同理由的讨价。

具体讨价策略应注意不能任意起首从哪一块讨价。一般规律(即成功的讨价规律)是从水分最大的那一块起首讨价，然后再对水分中等的那块讨价，最后谈水分较小的那块的讨价问题。

例如，某高压硅堆生产线的报价，按分块原则包括生产线设备、备件、生产试车及试生产用的关键或全部原材料费用；软件包括技术经费、商务联络、技术资料、技术培训、技术指导、合同条件等。在这两大块中，又可按其水分大小继续分类。以硬件为例，既可对设备、备件、原材料三者本身所含内容予以评论区别并依此讨价。也可以设备为主，将该生产原设备报价分为前工序(制作硅片的加工部分)设备、中间处理(制作硅片的清洗和化学处理部分)设备、后工序(芯片的分割、烧结、封装部分)设备三块。相比之下，中间处理的设备很高，后工序设备其次，前工序设备，因为通用设备较多，其价格为合理。

2．讨价的次数

一般每一次讨价，如果能得到一次改善的报价，则对买方有利。不过，所有的卖方都会坚守自己的价格立场。那么，买方讨几次价为妥呢？这应根据价格分析的情况与卖方价格解释和价格改善的状况而定。只要卖方没有大幅度的明显让步，就说明他留有很大的余地；而且只要买方有诚意，卖方就会再次改善价格。只有不被卖方迷惑，买方才有可能争取到比较好的价格。

卖方为了自己的利润，一般在做了两次价格改善以后就不会再报价了，他们通常以委婉的方式表达不可以再让了。如“这是我最后的立场”“你们若是钱少，可以少买些”等。卖方有时语言诚恳，态度时而低下，时而强硬，表情十分感人，请求买方接受他的第二次或第三次改善的价格，或要求买方还价。此时，买方要注意卖方的动向，不应为之迷惑而有所动，只要卖方没有实质性改善，买方就应根据报价的情况、虚头的大小、来人的权限、卖方成交的决心、双方关系的好坏等，尽力争取。

3．讨价的态度

正常情况下，所有商务谈判者都会固守自己的价格立场。只要对方报价没有大幅度的明显改进，说明对方仍留有较大的余地，此时受盘方继续讨价直到对方价格有实质性改善，方能还价。在商务谈判过程中，要力促报价和还价由对方进行，以便己方掌握主动。在商务谈判中，常见的讨价态度有“投石问路”和严格要求策略。下面以卖方作为最初发盘方，买方作为受盘方为例，介绍这两项策略的实际运用。

(1) 投石问路。是卖方发盘之后，买方不马上还盘，而是提出种种假设条件下的商品售价问题。既能保持“平等信赖”的气氛，又有利于还价前对卖方情况的进一步掌握。在卖方的回答中搜集可能出现的对己有利的信息，以便及时抓住机会。买方提出的假设条件诸如：假如我们的订货数量加倍或减半呢？假如我们向你们签订一年或更长时期的合同呢？假如我们以现金支付或分期付款呢？假如我们供给你工具或其他机器设备呢？假如我们在淡季接你们的订单呢？假如我们买下你们的全部商品呢？或同时购买好几种商品呢？这种种假设条件，每一条就是一块“石头”，都能使买方进一步了解卖方的商业习惯和动机。卖方面对着许多买主提出的这些相关的问题，想要拒绝回答是很不容易的。所以许多卖主宁愿降低他的价格，也不愿意接受这种“疲劳轰炸”的询问。卖方在买方提出“石头”之后，要仔细考虑后再答复。通常有下述办法成为“投石问路”的对策。

① 切记不要对“假如”的要求马上估价。

② 如果买方提出一个“石头”，最好立刻要求以对方订货作为条件。

③ 并不是每个问题都值得回答，你可以要求对方提出“保证”，这可以反过来摸清对方的诚意。

④ 有的问题应该花一段很长的时间来回答，也许比限制买方的截止期还要长些。

⑤ 反问买方是否准备马上订货。当他了解这一点以后，也许就会接受大概的估价。

卖方要将买方所提出的“石头”变成一个很好的机会，如提出种种附加条件反请买方考虑等。

【案例 7-1】投石问路，揭出“底牌”

某食品加工厂为了购买某种山野菜与某县土产公司进行谈判。在谈判过程中，食品加工厂的报价是每千克山野菜 15 元。为了试探对方的价格“底牌”，土产公司的代表采用了投石问路的技巧，开口报价每千克山野菜 22 元，并摆出一副非此价不谈的架势。急需山野菜的食品加工厂的代表急了：“市场的情况你们都清楚，怎么能指望将山野菜卖到超过每千克 18 元呢？”食品加工厂的代表在情急之中暴露了价格“底牌”，于是土产公司的代表紧追不放。“那么，你是希望以每千克 18 元的价格与我们成交？”这时，食品加工厂的代表才恍然大悟，只得无奈地应道：“可以考虑。”最后，双方真得以每千克 18 元的价格成交，这个结果比土产公司原定的成交价格要高出 3 元。如果土产公司的代表不是巧妙地运用投石问路的技巧揭出对方的“底牌”，是很难找到一个如此合适的价位与对方成交的。

(资料来源：作者整理)

(2) 严格要求。是买卖双方均可能表现的态度。买方对卖方的商品从各个方面进行严格检查，提出卖方交易中的许多问题并要求卖方改善报价，就是买方的严格要求策略。买方严格要求卖方的目的就是为使卖方降低其商品的价格。从心理角度分析，买方精明强干的行为得到表现，可促成卖方重视买方，从而提高买方谈判地位。买方恰到好处地提出问题，是严格要求策略成功的关键。买方的严格要求范围，一般是在商品质量、性能等使用价值方面和成本价格以及运输等方面寻找“弱点”。“严格要求”的方式要采取对比法，即将卖方的商品及其交易条件与其他卖主的商品和交易条件相比较，使卖方不得不承认自己的弱点，按发盘价卖出的可能性很小，从而不得不降低要求。在此基础上买方适当让步，就能使交易取得成功。卖方采取的对策做法通常是，保持耐心，寻找对方提问中的漏洞和不实之词，实事求是地加以解释；对于某些难题，有争议的问题，要快刀斩乱麻，直截了当地提出看法；对于不便回答或次要的问题，要适当回避。当对方节外生枝或无理挑剔时，要及时反驳揭露。对买方提出的要求，卖方不宜轻易让步。同时也运用严格要求策略，向买方提出一些问题和要求，从而加强己方讨价还价力量。

7.2 还　价

还价也叫还盘，是指商务谈判中一方根据对方的报价，结合己方的谈判目标，提出己方的价格要求的行为。还价策略运用的成功与否直接关系到能否达到最后协议，能否实现。还价策略的运用包括还价前的筹划、还价起点的确定、还价次数和还价技巧。

7.2.1 还价前的筹划

对方的报价连同主要的合同条款一旦向我方提出之后，我方应立即仔细过目，对其全部内容包括细节部分，都要了如指掌。这些实际上在报价阶段已经做到了，紧接着应从以下两个方面开展工作。

1. 弄清对方为何如此报价

弄清对方为何如此报价，即弄清对方的真正期望。在弄清对方期望这一问题上，要了解怎样才能使对方得到满足，以及如何在谋得我方利益的同时，不断给对方以满足；还要研究对方报价中哪些东西是必须得到的，而哪些是他希望得到但不是非得到不可的；对方报价哪些是比较次要的，而这些又恰恰是诱使我方让步的筹码。这样知彼知己，才能在讨价还价中取得主动。为此，在这一阶段要做到以下几点。

(1) 检查对方报价的全部内容，询问如此报价的原因和根据，以及在各项主要交易条件上有多大的灵活性。

(2) 注意倾听对方的解释和答复，千万不要主观臆测对方的动机和意图，不要代别人讲话。

(3) 记下对方的答复，但不要加以评论，避免过早过深地陷入具体的某一个问题中去，其目的是把谈判面铺得广一些。相反，当对方了解我方的意图时，应尽力使答复减少到最低限度，只告诉他们最基本的东西，掌握好哪些该说，哪些不该说。好的讨价还价者不会把手中的所有东西都推开，不会完整透彻地把他们需要什么以及为什么需要这些东西都讲出来。有经验的讨价还价者只有在十分必要时才会把自己的想法一点一滴地透露出来。

2. 判断谈判形势

判断谈判形势，是为了对讨价还价的实力进行分析。这时首先需要弄清双方的真正分歧，估计什么是对方的谈判重点，此时要区别以下几点。主要包括：哪些是对方可以接受，哪些是不能接受的；哪些是对方急于要讨论的；在价格和其他主要条件上对方讨价还价的实力；可能成交的范围。

假如双方分歧很大，我方可以拒绝对方的报价，如果决定继续下去，就要准备进入下一回合的谈判。此时要进行如下选择。

(1) 由我方重新报价(口头或者书面均可)。

(2) 建议对方撤回原价，重新考虑一个比较实际的报价。

(3) 改变交易形式，比如对售价不进行变动，但对其他一些交易条件如数量、品质、交货时间、支付方式等进行一些改变。改变交易形式的目的是使之更适合于成交的要求。

(4) 采取下列具体做法来保证我方在还价过程中总的设想和意图得到贯彻。

① 列出两张表。一张包含我方原则上不能做出让步的问题和交易条件，可写成合同条款的形式。一张则包含我方可以考虑让步或给予优惠的那些具体项目。最好附上数字，表明让步幅度和范围。例如，我方可把对某商品的底价 20 元作为起始的价格，由此逐渐往上，30 元、35 元、40 元、45 元直到 50 元，并把 50 元定为让步上限，这就形成了一个阶梯式的让步数量范围。

② 列一张问题表。以便会谈中掌握提问的顺序，什么时候该谈什么问题，有时是有一定规律的。例如在进口谈判中，我方往往在其他各项主要合同条款已逐项地同对方拟定之后，最后才抛出价格条款，向对方还价。

③ 一场谈判往往旷日持久，需要许多回合的会谈。在还价阶段每一回台谈判开始时，要努力造成一种新的气氛，根据需要随时调整并提出新的会议日程。在每一回合谈判结尾

时，对那些棘手的、双方相持不下的问题，重审我方的立场或再提一个新的解决方案，供对方回去仔细考虑。

7.2.2 还价方式

还价方式，从性质上分为两类：一类是按比价还价，另一类是按分析的成本价还价。两种还价方式的选取决定于手中掌握的比价材料，如果比价材料丰富且准确，选“按比价还价”，对买方来讲简便，对卖方来讲容易接受，反之，则用“按分析的成本价还价”。如果比价材料准确，但不优惠，而卖方坚持比价，买方从总的价格水平出发，视卖方具体情况而定。有的卖方总价格条件很优惠，态度坚定，买方则应实事求是，谨慎抛出资料。有的卖方以认真的现象、假的条件说服买方同意他的价格。例如，“我雇人装卸货，需要人工费”，这属事实；但人工的报酬实际是多少，可能会出现假条件，以埋伏利润。如果买方明确提出给卖方利润，请卖方公开人工费数目及利润数额，卖方若为了掩盖不合理之处，常拒绝公开。对此，买方也只能“有选择地使用比价材料”。从总体上看，双方在利益的交锋中得到了“平衡”。只是在做法上，应避免“公开的欺骗”之嫌。卖方要注意运用“存在的事实”夸大成本、费用的技巧。相应的是买方要运用注重“比价真实感”，“贬低”卖方商品价值的策略。

无论按比价还价，还是按分析的成本价还价，其具体做法均有总体还价、分别还价和单项还价，根据谈判双方的情况具体选择。

(1) 总体还价。总体还价即一揽子还价，它是对谈判的全部内容进行还价的方式，也就是把成交货物或设备的价格集中起来还一个总价。

(2) 分别还价。分别还价是指把交易内容划分成若干类别或部分，然后按各类价格中的含水量或按各部分的具体情况逐一还价。分别还价，是分别讨价后的还价方式。

(3) 单项还价。这是指按所报价格的最小单位还价，或者对某个别项目进行还价。单项还价，一般是针对性讨价的相应还价方式，如技术费、培训费、技术指导费、设计费、资料费、保密费等都可以分项进行还价。

从价格谈判的过程来看，一般第一阶段采用总体还价，因为正面交锋刚刚拉开，买方总喜欢从宏观的角度先笼统压价；第二阶段使用分别还价；第三阶段进行针对性的单项还价。对于不便采用总体还价的第一步可以按照交易内容的具体项目分别还价；第二步再按各项价格虚假成分的大小分别还价；第三步进行针对性的单项还价。值得注意的是，在按价格虚假成分大小进行分别还价时，一般是先从虚假成分最大的那类开始，然后是中等的，最后是最小的，这样会事半功倍。

【案例 7-2】还价有技巧

荷兰某公司向中国某工厂“一揽子”出售一条窗式空调机生产线，总价近 400 万美元。“交钥匙”项目的做法，技术有保证，对于买方倒也省事，就是价格不菲。买卖双方就此进行了谈判。

买方提出，交易形式不重要，可以“一揽子”出售全线设备，也可不“交钥匙”，关键是“价廉物美”。卖方解释，不了解中方情况，“交钥匙”较为简单，交易风险也小。

买方又指出，卖价太高。卖方的“一揽子”价格内容让人不易理解，仅看最终结果不行。卖方介绍其公司习惯和信誉，并保证一定会货真价实，让买方别担心。

买方希望将“一揽子”价中的技术费和设备费给分出来。卖方推托一阵后除掉了技术价和设备价。买方进一步要求卖方将技术费按工艺流程或单项技术分成单项价，将设备按清单所列单台设备分出相应单价。对此，卖方以公司秘密、工作量大、难以分解、这次不行以后再说进行推托。而买方很客气地坚持阐述我方的观点：卖方为大公司，应有信誉；报价自己做，分解自然也容易；总价看似无理，分解了易于理解；既谈交易条件，分项价即不为秘密；不按分项谈，谈判破裂得快……经过反复推敲，荷兰卖方同意了买方要求。

两天后，卖方交来了分项技术价和设备单价。买方十分高兴，赞扬了卖方工作效率和谈判诚意，表示将认真研究卖方报价。经过对工艺技术逐项评估，又按卖方提供的设备清单向制造商询价，结果全线主要生产线的设备售价仅需160万美元。

当恢复谈判时，买方先向卖方谈了技术费的看法。由于空调机系传统技术，且深度仅在机械、电气、制冷系统之下，因此，技术费不应很高。然后，将调查到的设备总价告诉了卖方。买方介绍的信息，有根有据，介绍的态度诚恳坦率，成交的希望真诚热切，表明的困难真实可信。买方的上述做法使卖方感到十分惊讶，但又不能不佩服买方的调查研究工作。

卖方开始只表示佩服，但并不接受买方的调查条件，认为160万美元的设备不含卖方的采购费用、组建生产线费用及保证费用。买方对此表示理解。作为补偿，买方可以分担部分工作，如按卖方清单要求，自己采购生产设备，可承担部分组建生产线的工作。双方对这几项工作又进行了讨论，并以此引申到中方采购设备后，组线及技术保证的分工与责任等问题的谈判上。为了确保生产线顺利投产，买方确认了卖方必须承担的工作。

在分清责任的基础上，价格条件就可以谈了。卖方想做这笔生意。这是其进入中国家电市场的“桥头堡”。买方有意要这条线，但投资有限。既然由“交钥匙”改为“拼盘”建设生产线，卖价应该降低。双方最后协议为：共同采购设备，其价限在250万美元以内。卖方保证生产线技术，由买方配合建生产线。为此卖方提供技术指导和对买方人员的培训，其总价不超过50万美元。

(资料来源：杨晶．商务谈判．北京：清华大学出版社，2005)

【案例分析】上例反映买方成功运用了“化整为零”的策略。首先将“一揽子”方案化解出技术与设备两个主要构成因素，进而细化出“工艺流程技术费”和“单台设备价”。调查研究后，先按细分内容分别谈，以实现分项突破。然后，集中谈，使总价在保证原交易目标的前提下，由400万美元降到250万美元。卖方得到了合同，买方得到完整的技术及生产线，节省了投资。

7.2.3 还价起点

当买方选定了还价的性质和方式以后，最关键的问题就是确定还价的起点，即以什么水平和条件作为第一还价，这第一锤子敲得好，对双方将起决定性的影响。若能敲出对方讨价还价的热情，说明成交有望；若能使对方跟着买方还价走，将对买方成交价高低有决定性的影响。倘若敲得不好，卖方就会失去成交的信心，因为卖方把希望寄托在买方身上。因此，买方对于第一次还价一定要十分慎重。

怎样才能确定还价起点？首先，应分析卖方在买方的价格评论和讨价后，其价格改善了多少；其次，看卖方改善的报价与买方拟定的成交价格之间还有多大的差距；最后，买方准备不准备在还价后让步，若让步，准备让几步。这几条是决定还价起点的基本条件。

7.2.4　还价次数

还价次数取决于谈判双方手中有多少余地，如买方第一次还价高，手中余地不大，则自然再还价的机会少；反之，卖方态度强硬时，买方手中也无可让的牌，不是逼卖方再让，就是买方退让，否则谈判会破裂。一般情况下，从卖方固守改善二次后的起价，仍有二次或三次的价格改善，买方还价次数亦如此，每次让步幅度的大小视交易金额而定，卖方的让步幅度要较买方大一些，多以 5%～10%为一档调，或把各价格成分分先后几次来调，以制造“台阶”保护价格水平。买方的让步幅度要较卖方的小一些，还价的次数也是依据交易金额而定，如果项目小且报价水分不大，则还价的次数不宜太多，以免浪费时间；项目小但报价水分大，买方可以多还几次价。无论二次还是三次还价，没有台阶的做法是不行的，因为老油条的商人们是不会相信一口价或不二价的。不把对方的水分挤干绝不罢手，所以还价一定要留有余地。

7.2.5　还价技巧

商务谈判过程中，经常使用吹毛求疵、最大预算、积少成多和权力有限等技巧。

1. 吹毛求疵

吹毛求疵是针对商品进行百般挑剔，千方百计地找缺陷挑毛病，并尽全力夸大其词，言不由衷地为己方还价寻找依据，借此动摇对方的信心。使用吹毛求疵技巧时应注意一定要把握好挑刺的分寸，既不能过于苛刻，也不能违反常规，要避免引起对方的反感，使对方认为己方无成交的诚意，中止谈判。

2. 最大预算

最大预算是在还价时，一方面表现出对对方商品、报价的兴趣，另一方面又以己方受最大预算限制为由迫使对方接受自己的报价。在使用最大预算技巧时，要注意掌握好还价的时机，要在最后一刻进行还价并以预算受限为理由迫使对方让步。在对方成交意愿最强时才使用最大预算技巧，以迫使对方让步。在使用最大预算技巧前提前准备好变通的方法，想好如果对方不接受预算受限，不肯让步时的应对措施。

3. 积少成多

积少成多是在还价时一次还一点，抓住人易忽视“一点儿”，不愿为“一点儿”产生分歧的心理和人对微不足道的小事不太计较的心态，将己方总体还价内容分解，一点一点地进行还价。使用积少成多还价技巧还价时效果很好，很容易被对方接受，但是使用积少成多还价技巧时要注意千万不要引起对方的注意，否则可能弄巧成拙。

4. 权力有限

权力有限是在还价时为让对方接受我方还价，假借上司或第三者之名，故意暂停谈判，再趁机反攻的还价技巧。权力有限是在讨价还价时抵御对方进攻时非常有利的盾牌，以权力有限为托词，既可以保护我方的利益不受损，又可拖延谈判，使我方有时间寻求更大的利益。

7.3 讨价还价的范围与让步

在价格磋商中，伴随着双方的让步，进行多次重新出价，直到互相靠拢，才能最终实现交易目标。因此，从这个意义上说，不断讨价还价的过程，就是双方不断让步的过程。也可以说，商务谈判就是互相让步，没有让步，谈判就会失去意义和存在的可能。

7.3.1 讨价还价的范围

在讨价还价阶段，谈判双方从各自利益出发，唇枪舌剑，竭力使谈判朝着有利于自己的方向发展。一时间谈判桌风起云涌，色彩纷呈，有时还会出现戏剧性变化。在剧烈的争夺角逐中，谈判双方很容易感情冲动，稍不留神，就会引起谈判人员的个人冲突，生意因而告吹。因此如何在瞬息万变的谈判中保持清醒头脑，合情合理地进行讨价还价工作，是谈判人员需要解决的问题。

要保证谈判人员在激烈的角逐中不迷失方向，双方的谈判态度就必须是心平气和的。要保持态度的平和，谈判双方除需较高的个人修养之外，会谈外的审时度势，巧妙安排也是必不可少的。谈判人员只有充分预见，分析谈判过程中可能发生的种种情况，制定好应付措施，做到胸中有数，才能临阵不乱，在千变万化的形势面前从容镇定，心平气和地据理力争。

比较理想的讨价还价应具有以下几个特点：

(1) 谈话范围广泛，双方有充分回旋余地。

(2) 双方观点的交锋而不是双方人员的冲突。

(3) 诚心诚意地探讨解决问题的共同途径。

在讨价还价开始后，首先有一方表明自己的立场，接下来另一方就应该澄清一下对方的观点，谈判人员在要求对方澄清问题时应该注意自己提问的方式，尽量避免提出一些挑战式的、令对方不快的问题。任何一方盛气凌人的提问方式，必定会引起对方的反感甚至愤慨，这往往会导致对方的反唇相讥，稍有不慎就会酿成一场轩然大波，使本应成交的生意告吹。在一方做出澄清以后，另一方就可以开始讲述自己一方的观点，如果还有不清楚之处，这时另一方也可以继续要求澄清，以此类推。

在讨价还价阶段，双方都要求大同，存小异，尽量强调双方共同的地方，千万不要本末倒置，吹毛求疵。这并不意味着双方之间没有任何问题，更不是要掩饰这些问题，通过和谐气氛的创造，使双方心平气和地解决共同面临的问题。

一般而言，双方的初始报价肯定存在着分歧(这也是产生讨价还价过程的原因)，分歧一般为如图 7.1 所示 s_2、b_2之间。由于初始报价一般不被对方所接受，于是谈判双方开始展开一系列的讨价还价(几次或多次的让步或交换条件)，逐渐向最终的合同价格 p 逼近，直至最后达成协议。只要协议能够达成，那么最终的合同价格 p 肯定会落在谈判的合理范围 $s \sim b$ 区间内。在讨价还价过程中，买方会运用各种手段(包括初始的报价)去影响卖方的理性判断，尽量降低卖方对于己方保留价格的预期和估计。于是，在一系列讨价还价所组成的谈判过程中，双方心目中所判断的谈判合理范围也不断地变化，从而双方的可妥协范围也不断发生变化。因此，在谈判中谁能够有力地影响或引导对方的判断，使对方的可妥协范围向着有利于己方的方向变化，谁就能够赢得主动，并控制整个价格谈判的进程。这主要依靠讨价还价策略的正确运用。

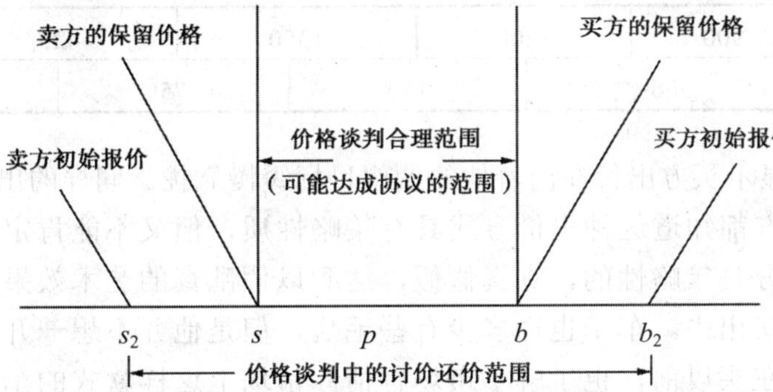

图 7.1　讨价还价过程示意图

必须指出的是，即使双方在价格谈判的合理范围内就某一合同价格 p 达成了协议，双方的利益分割也往往是不相等的，即价格 p 往往不会是 $s \sim b$ 区间的中点。我们把这种情况称为价格谈判中盈余分割的非对称性。造成这种非对称性的因素是很多的，除了初始报价和采取的策略不同之外，非对称性还取决于双方谈判实力的差异、拖延时间需要付出代价的不同、双方需要的不同等。所有这些因素都将导致双方在讨价还价过程中让步的不平衡性，从而最终形成谈判中盈余分割的非对称性。

7.3.2　讨价还价中的让步

在讨价还价过程中，一方向另一方做出让步是常事，让步一般是通过减价来进行的。减价牵涉到受益人用什么方法、在什么时候和以什么作交换条件等几方面的因素。为防止出现失误而得不偿失的结果，应该了解讨价还价者的减价心理、减价方式和原则。

1. 减价心理

减价心理是指对于减价的心理反应。例如，我与你正为购买一套昂贵的立体声音响而进行讨价还价，该音响是市场上先进技术的成果。因为你卖的是新产品，你想看看顾客对这种新产品的反应，作以上假设是想表明你有对价格作减价的权力。假如我的预算支出是1500元，我第一次出价是1000元，第二次是1400元，那么你不会知道我真的出价是多少？如果我们之间是互不信任的对立关系，你会估计我实际上能付1600元、1800元，甚至2000元。为什么？因为我从1000元到1400元的上升幅度太大了。在别人看来，这是一位有钱的买主，所以你认为我的出价会超过1500元。假如我发誓我只有1500元，而且这是千真万确的，但是处在明显竞争的讨价还价当中，你作为卖方是不会相信我的，这一点是确凿无疑的。专家们的经验表明，减价行为的增额乃是真正权限的最精确的气压表。在这种情况下，我怎样让你知道我的最高出价是1500元呢？如果我先出900元，你拒绝了，接着我出1200元，然后长到1350元，过一会儿又升到1425元，然后我又不情愿地升到1433.62元。这样就很容易使你相信我只有1500元了，因为我不断地把递增幅度减小。买方出价及其递增幅度如表7.1所示。

表7.1　买方出价及其递增幅度表

买方出价/元	900	1200	1350	1425	1433.62
递增价/元	300	150	75	8.62	

表7.1中数据显示买方出价在向着他的期望目标缓慢靠拢。同样的出价策略也适用于卖方。虽然买卖双方都知道这种出价方式具有策略性质，但又不能肯定有多大成分是真实的，又有多大成分是策略性的，真真假假，达到以假乱真的艺术效果。又如，一个人想把一辆车设法转卖出去。车子也许多少有些毛病，但是他并不想一开始就把这一情况透露给买主。买主在买以前，也了解了市场行情。市场上这样款式的车也不多。买卖双方都希望尽可能地把这一笔交易做好。如果买主一开始就把价格压得很低(通常都是这样的)，并固执地坚持他要求的那样低的价格。双方的较量会因为买主拒绝表态而持续一段时间，这样卖主会因为担心买卖做不成显得有点紧张，这时候只要买主稍微松动一下他的还价，卖主就可能乐意卖给他。如果卖主很固执，当买主发现自己在和一个在价格上不肯妥协，并且也确实很难对付的卖主打交道时，那么买主在费劲地赢得卖主的某种减价后，在随后的谈判中，他也就有可能非常不情愿再为争取卖主做其他的减价而奋斗。所以在重大问题上，尽早地使自己站住脚，并坚持这一地位，就可以改变对方对这笔可能“做不成”的交易的最后期望。之所以说有可能做不成，是因为如果固守阵地太顽固，有可能导致谈判破裂。所以在减价问题上应有灵活性，也就是说，买卖双方的期望目标都应该有弹性。

2. 减价方式

假设有一位卖主，他准备减价60元，分4期完成，可以有以下8种不同的减价方式，如表7.2所示。其中第7种减价方式中的-1和+1，表示由于计算失误或别的原因使“舞步”发生了混乱，该倒退时他反而前进了，发现后又纠正了这个错误。

表 7.2　卖方减价方式表

减价方式	第一期减价/元	第二期减价/元	第三期减价/元	第四期减价/元
1	0	0	0	60
2	15	15	15	15
3	8	13	17	22
4	22	17	13	8
5	26	20	12	2
6	49	10	0	1
7	50	10	+1	−1
8	60	0	0	0

(1) 第 1 种减价方式。这是一种坚定的减价方式，让对方一直认为妥协的希望很小。若是一个软弱的买主可能由于卖主的坚持而过早停止和卖主讨价还价了；若是一个坚强的买主则会坚持阵地，继续讨价还价，迫使卖主进一步减价。卖主在第一、二、三期不减价可能是进行试探，看看对方的态度，若碰到的是强攻的买主，他接着会采取第 4 种方式。当然卖主这样做必然冒着形成僵局的风险。

(2) 第 2 种减价方式。假如买方肯耐心地等待，这种方式会鼓励他继续期待卖主更进一步的减价。但是假如卖主能把步子迈得更小些，把谈判拖得更长些，便能使对方厌烦不堪、不攻自退了。

(3) 第 3 种减价方式。这种减价方式往往会造成卖主的重大损失。因为它引导买主相信“更令人鼓舞的日子就在前头”。买主的期望随着时间推移反而会越来越高，因而是倒行逆施的减价方式。

(4) 第 4 种减价方式。开始大幅度减价表示卖主的诚意，接着步子越来越小，显示出卖主立场愈来愈强硬，虽减价但不会轻易减价。

(5) 第 5 种减价方式。这种减价方式表示出卖主强烈的妥协意愿，不过同时也告诉买主，卖主所能做的减价乃是有限的。在讨价还价前期有提高买主期望的危险，但是随着减价幅度的减小，表明卖主趋向一个坚定的立场之后，这种危险性也就渐渐地降低了。一个聪明的买主便会悟出，要求更进一步的减价已经是不可能的了。

(6) 第 6 种减价方式。这种方式一开始是大减价。这将会大幅度地提高买主的期望。不过，接着而来的小减价、拒绝减价和最后一期的小小减价，会很快抵消这个效果。这是一种很有技巧的方法，使对方知道，即使进一步讨价还价也是徒劳的。从卖主的角度看，一开始就进行 49 元的大减价，存在一定的风险。因为他永远不会晓得买方是否愿意付出更高的价格，如果碰到的是愿付高价格的买主，他就会损失本可以不损失的利益。

(7) 第 7 种减价方式。这种形式是第 6 种减价方式的变形。第三期的轻微涨价(可能是刚刚发现到计算错误)，表示出更坚决的立场。第四期又恢复了 1 元的减价，这将会取得一些买主的信任，使买主感到满意。

(8) 第 8 种减价方式。这种减价方式会给买主造成强烈的印象。一下子减价 60 元，把对方的期望很快大大地提高。假如买主把这种兴奋的情绪带回公司去，则受了感染的伙伴们，便会期待他带回更好的消息。可是紧接着而来的却是卖主的坚持，双方会因此而闹成相持不下的僵局，碰到这种情形，买主只有愧对公司同仁的期待了。因为他实在无法再得到任何减价。

以上 8 种不同的减价方式表示：不同的减价方式可以传递不同信息。对方的反应取决于你减价的数额、速度以及速率(速度改变的快慢)。正如舞蹈演员对不同的舞曲会做出不同反应那样。谈判专家们的实践表明：在讨价还价的进程中，成功的谈判者总是较能控制自己的减价程度，特别是在僵局快要形成时更为突出。他们所作的减价通常不比对方小，他们看上去比较吝啬，也比较难以揣测。因为他们在不断地改变自己的减价方式。不成功的谈判者，往往无法控制住减价的程度。很多人在刚刚开始的时候只肯做极微的减价，甚至丝毫不让，可是眼看快要形成僵局的时候，便忍不住退让了，而且往往因此做出一连串的减价。试验的结果表明：成功的谈判者比较能够忍受事物的不确定性。当双方相持不下的时候，他们不会轻易地崩溃。

【案例 7-3】灵活运用减价方式

我国某口岸机械进出口公司欲订购一台设备，在收到了报价单并经过估价之后，决定邀请拥有生产该设备先进技术的某西方国家的客商前来我国进一步洽谈。在谈判中，双方暗中讨论了价格问题。一开始我方表示愿意出价 10 万美元，而对方的报价则是 20 万美元——同其报价单上所开列的价格完全一样。在比较了第一回合各自的报价之后，双方都预计可能成交的价格范围在 14 万美元到 15 万美元之间，他们还估计要经过好几个回合的讨价还价，双方才可能就价格条款取得一致意见。

如何掌握以后的减价幅度和节奏呢？有关人员进行了讨论，认为可以有以下几种方式。第一种方式。向对方提出："原先我方出价 10 万美元，而你方要价 20 万美元。为了取得一致，消除差距，咱们双方最好都互谅互让。公正地说，14 万美元这个价格兼顾了双方的利益，因而比较现实，你方能否考虑接受呢？"这看上去是十分合情合理的要求，实际上是一个典型的过大过快的减价模式，表现我方急于成交。这时如果对方抓住我们急于成交弱点，猛压我们，我们就再也没有回旋余地了。第二种减价方式。向对方表示我方愿意考虑的减价不超过 5000 美元，即由原报价 10 万美元增加到 10.5 万美元。可是这样的减价显得有点微不足道，会使对方觉得我方缺乏达成协议的诚意。第三种减价方式，是一种比较稳妥的方式。由 10 万美元增到 11.4 万美元，然后依次增加，不过增的幅度越来越小。他们以此方案与对方进行了讨价还价，前四个回合双方的出价及减价幅度如表 7.3 所示。

表 7.3　买卖双方出价及减价幅度表

轮 回 次 数	卖方出价/万美元	买方出价/万美元	卖方递减额/万美元	买方递增额/万美元
第一回合	20	10		
第二回合	17.5	11.4	2.5	1.4
第三回合	16.0	12.7	1.5	1.3
第四回合	14.7	13.5	1.3	0.8

【案例分析】从案例可以看出，到第四个回合结束时，双方出价已离各自的期望值不远了。最后就很有可能以 14 万美元的价格拍板成交了。这个例子中双方的减价方式是谈判中最普遍的减价模式。当买卖双方有做成交易的愿望，并希望彼此不伤和气时大都采用这种减价模式。

减价的基本要点可以归纳为：假如我方是买主，从一开始就只做小的减价，并在此之后始终坚持缓慢的减价；而我方若是卖主，则开始所作的减价可以稍大一些，以后再缓慢地减价。减价应注意的问题主要有以下两方面：

第一，在决定减价之前，先不要向对方透露减价的具体内容及我方已打算减价，但其具体内容要等一等再亮给对方，以期换取对方做相应减价的承诺时，我方可以说："好吧，我们暂时把这个问题先放一放，我想，这个问题以后若要解决是不太困难的。"

第二，以我方减价的许诺来谋求对方也同样做出减价。假如我方想以价格上的折扣为条件来换取对方在交货期限上的减价，则不妨可以说："哟，要让我方在价格上再做变动，那实在使我感到为难了。不过，如果你方在交货期这个问题上还有进一步协商的余地，我想这大概会有助于我方对价格问题重新作一番考虑。但是在目前的情况下，这种考虑恐怕是不现实的。好，那么关于交货期限，你方的意见如何，我们能不能现在就谈一谈。"

3. 减价的原则及策略

在讨价还价过程中，做不做减价应三思而后行，不能随随便便掉以轻心。因为每一次的减价都与自身的实质利益——利润或成本密切相关。有时能做到"固执己见"的话是值得的，尤其是在处理重大问题上，这好比在战役中，如果你及早掘壕固守，就能防止对方在以后的阶段上，从你那里赢得更多的减价。如果不得不做减价，在实际的谈判中，由于交易的性质不同，交易额大小不同，双方讨价还价力量的不同，使得减价没有固定的模式，要靠讨价还价者对策略技巧的灵活运用。但是，灵活程度不是任意的，它应该受到原则的制约，没有规矩也就不成方圆。在此，提供以下减价原则及策略。

(1) 不要做无谓的减价。每次减价都应该是为了换取对方在某些方面的相应减价或优惠，体现出对我方有利的宗旨。如果不能换回什么东西，就不要把自己的东西轻易给人。

(2) 减价时间的选择。减价的时间可以挪前或延后，以满足对方的某些要求，使得对方马上能够接受，没有犹豫不决的余地。

(3) 减价要让在刀刃上，让得恰到好处，使你的较小的减价能给对方以较大的满足，以求得较大的回报。但是要使谈话保持轻松并有伸缩性，以免被对方发觉你占了上风，从而更加坚持自己的要求。

(4) 在你认为重要的问题上要力求使对方减价。而在较次要的问题上，根据情况需要，你可以考虑先做减价，并记下已做出的每一减价，经常谈及它，这将有助于抵御对方以后的要求。

(5) 不要承诺给予同等幅度的减价。例如，如果对方在某一条款项目上让你 40%，因此，他也要求你在另一项目上让他 40%。因为项目不同，同样是 40%，但其结果却可能是不等价的，所以你应该以"我方无法负担 40%的减价"来婉言拒绝他。因为这不是协定，完全可以推倒重来。不过最好找个借口，好让对方看上去你的修正是合理的。

(6) 即使我方已决定做出减价，也要使对方觉得从我方得到减价不是件轻而易举的事，他就会珍惜所得到的减价。

(7) 一次减价的幅度不宜过大，节奏也不宜过快，要做到步步为营。因为减价太大，会使人觉得你的这一举动是处于软弱地位的表现，会建立起对方的自信心，并使对方在以后的谈判中掌握主动。在这种情况下，要让对方回报以相应大小的减价也是很困难的。

(8) 双方减价要同步进行。即自己在每一次减价后，不必须要对手作相应的减价，在对方做出相应减价前，不能再减价。

(9) 尽量做一些毫无损失，甚至有益的减价。这类减价是：倾听对手的发言；适度地招待对手；尽量为对手提供详尽的说明，经常说"我会考虑你的意见"之类的话，向对手担保，我方已尽全力迁就他，让对手自由地求证我方所说的一切，不厌其烦地向对手指出为何根据我方的条件达成协议是对他有利的理由。只要谈判者善于运用这些毫无损失的减价，则他很可能因为让对手获得高度满足而赢得谈判的成功。

总之，在做出减价时，一方面要经过缜密考虑，减价要稳妥，另一方面减价又必须是充分的，恰到好处的，使对方确实尝到甜头，这就为在其他重要交易条件上制定对己方有利的合同条款奠定了基础。

延伸阅读：

通过扫描二维码或者登录网址，阅读《中途变价法实例分析》，运用所学知识，分析讨论如何在商务谈判中应用该方法。

http://tradeinservices.mofcom.gov.cn/article/zhishi/anlijq/201704/21854.html

【案例 7-4】从合资谈判看掌握谈判节奏的重要性

一个谈判如果按阶段来划分时，可分成谈判的准备阶段、开局阶段、磋商阶段和终局阶段四个过程。在这四个不同的谈判阶段，又涉及谈判的具体行为和策略。下面的中国和德国合资兴建拜耳—上海齿科有限公司谈判案，比较全面地体现和反映了上述特点。

当时上海齿科材料厂的齿科产品占国内产量的 70%，为国内同行业中的佼佼者，当该厂与联邦德国合资兴建有限公司一事一经立项，即预先做好了充分的准备工作。首先，上海齿科材料厂在 1985 年 4 月派人赴德国实地考察，进行可行性研究，了解有关信息、资料，考虑谈判方案的选择与比较，分析可能影响谈判的各种主客观因素，并与德方在对项目进行综合评判的基础上，共同编制了可行性研究报告。回国后，该厂又专门挑选和组织了一个包括从上级部门请来参与谈判的参谋和从律师事务所聘来的项目法律顾问的谈判班子，为该项目的谈判奠定了一个良好的基础。拜耳公司系当时联邦德国全国第三大公司，在世界上设有 100 多个公司，他们的医药产品行销全世界，年销售额为 600 亿马克。在谈判之前，德方对中方的合作伙伴做了详细的分析、了解，全面掌握了与谈判有关的各种信息和资料，并在此基础上，组织了一个精干的谈判班子，该班子由公司董事长兼首席法律顾问充当主谈人。

同年 9 月，中德合资兴建拜耳—上海齿科有限公司谈判在中国举行，前后举行了十轮谈判，一直到第二年的 8 月 12 日谈判成功，历时近一年，终于达成了一个双方都较满意的协议。

在谈判的开局阶段，德方采用了先声夺人的策略，力图抢占谈判优势。他们凭借拜耳这一威名赫赫的国际性大公司的实力、技术和经验等方面的专长来影响中方的谈判心理，希望中国方面依赖他们。而中方意识到，必须扬己所长，避己所短，才能抵制对方的“优势战”。因此，中方发挥东道主的优势，强调在中国兴建合资企业，受中国行政管辖和法律制约，只有充分尊重中方的意见，才有利于谈判。中方用无可回避的事实，有力地打消了德方试图在谈判中发挥主导作用的心理，从谈判开始阶段的技术角度考虑，双方率先打“优势战”，抢占制高点是正常的。因为有经验的谈判者在谈判的开局时，总想掩饰己方的需求，夸大对方的需求；贬低对方的实力，夸大己方的实力；强调己方的优点，夸大对方的弱点，以图制造对方有求于己方的气氛。

谈判开局阶段双方的努力是否成功，要看谈判者在起始阶段是否能把握好竞争与合作的分寸，是否能扬长避短，进取有度。从中德合资企业谈判的开局阶段来看，双方势均力敌，旗鼓相当，创造了谈判开局阶段的均势，矫正了谈判之舟的船头。由于双方的共同努力，在谈判的开局阶段形成了一种合力，把谈判推向了友好协商的阶段。在这一谈判阶段中，中德双方采用了分合兼用的工作方法，时而召开全体会议进行总体讨论，调整工作进度；时而分技术、财务、法律三个组进行专项研究，具体谈判。双方各自对保密与泄露的信息不断进行分析综合，评估调整。

当谈判进入磋商阶段后，由于该阶段是谈判过程中最复杂、最具体的讨价还价阶段，会出现许许多多烦琐而又与双方利益密切相关的问题，因此需要谈判双方既斗争又妥协，既竞争又合作，有理有节，进退有度。在中德谈判的过程中，同样出现了许许多多的问题，但双方本着上述精神和态度，克服了一个又一个困难，最后握手成交。

在中德合资谈判中，首先遇到的就是合资企业名称问题。德方建议定名为“拜耳齿科中国有限公司”，但遭到中方的反对。因为这个名称实际上否定了双方平等谈判的主体资格，变成了总公司与分公司的隶属关系。按《企业名称登记办法》有关规定：国名不能放在企业名称中。据此，中方提出了“上海拜耳齿科有限公司”的名称。由于中方根据充分，从而有力地支持了己方的立场，使德方不得不做出让步。

德方在同意中方所提议的名称的前提下，要求将“拜耳”与“上海”两个名词对换，把“拜耳”放在“上海”之前。德方的理由有三：一是拜耳是世界性大公司，在国际上享有盛名；二是拜耳的声誉有利于合资企业经销产品；三是拜耳在合资企业的股份多于中方。由于德方的建议有理有据，在情在理，中方也无法拒绝，但中方又提议在“拜耳”和“上海”之间加一道横线，就成为“拜耳—上海齿科有限公司”。这一名称，使双方都感到满意。这一问题的谈判成功，有力地证明了谈判双方都是胜利者的观点。

随后在谈判过程中，又遇到了德方独占出口权问题。关于产品的销售问题，在该项目的可行性研究中曾有两处提到：一是“外商负责包销出口 25%，其余 75%在国内销售”；二是“合资公司出口渠道为拜耳、合资公司和中国外贸公司”。双方在这一表述的理解上产生了分歧。这种理解上的分歧，构成了谈判的严重阻碍。德方对此两点表述的理解是：许可产品(用外方技术生产的产品)只能由拜耳独家出口 25%，一点也不能多，而其他的两个渠道，是为出口合资企业的其他产品留的。而中方的理解是：许可产品的 25%由拜耳出口，其余 75%产品中的一部分，有可能的话，用另外两渠道出口。双方争执的焦点在于对许可产品，中方和合资企业有无出口权。德方担心扩大出口数量和多开出口渠道，会打破自己的价格体系，挤掉自己的国际市场份额，因此反对中方和合资企业出口。

中方同样基于自己的利益而不愿意放弃出口权，双方为此互不相让，僵持不下，谈判步入危难局面。此时，正值第三轮谈判的最后一天，德方要求终止分组讨论，由双方主谈人召集全体会议，就此问题展开专题辩论，但双方仍互不让步，于是德方宣布终止谈判，以示在此问题上决不让步，导致谈判破裂，当然德方中止谈判不过是个手段，无非是想以此来向中方施加压力，迫使中方做出让步。当时，中方对谈判破裂的性质认识不清，一时陷于忧心忡忡的境地。中方谈判代表团为此集思广益，研究对策。经过认真分析，大家认识到，此项目投资大，且拜耳是个享有盛名的大公司，其目光是长远的。他们此次来中国谈判，事先做过充分的可行性调查研究。此项目作为问路之石，旨在打开中国市场。

在中国，上海齿科材料厂是最合适的合作伙伴，因为它无论从技术到产品都是国内第一流的，如果德方在中国第一个合作项目失败，再想在中国投资合办企业就难了，为此，德方是不会轻易放弃此项谈判的，他们终止谈判不过是个手段而已。中方谈判班子的正确分析，为正确的决策提供了依据。因此中方不再担心谈判失败，而是顺风推舟，故意不予理睬。此时，谈判从形式上看似已破裂，但实际上双方都在静静等待对方的让步，此时，对谈判双方的毅力、耐性和自信心而言，都是一个考验。

一般而言，谁先妥协，谁就要付出代价。几天之后，德方因对该项目的依赖性和寄予的希望较大，终于沉不住气了，主动发来电传，再次陈述他们的理由：一是包销 25%的许可产品已经承担了很大风险；二是如再出口其余的 75%，就等于自己投资培植一个与自己争夺市场的对手，这绝非拜耳合资办企业的初衷；三是合资企业出口会破坏拜耳的价格体系，如独立经营 75%的其余产品再出口，就超出了中方要求获得技术和利润的目标，而拜耳也无法实现分享市场、获取利润的目标。中方接到电传后，仔细研究了德方的陈述，觉得不无道理，但己方又不肯让步。

为此，中方采取了新的对策，假借“第三人”的权威性来迫使对方让步。为此，在谈判重新开始后，中方请来上海外经贸委负责联系此项目的同志一起参与谈判。中方的这一做法有两个目的，一是希望他起到缓冲作用；二是希望以审批机构代表意见的权威性，促使对方让步。在此次谈判中，中方也陈述了坚持扩大出口的三项理由：其一，合资企业为独立法人，享有独立经营权；其二，国际市场潜力巨大，合资企业与拜耳共同战胜竞争对手；其三，合资企业增加出口，有助于外汇平衡，有利于企业长期生存。外经贸委的同志此时如同一个仲裁者，听取了中德双方陈述的理由后，巧妙地提出了一个意见：请德方把所占领的国际市场区域做出图示。这下可把德方难住了，因为德方产品销售不可能覆盖全球。但他们毕竟是身经百战的谈判老手，立即转守为攻，笼统地坚持拜耳在全世界都有销售点，回避接触实际问题。然而，细心人看得出，德方那绝不让步的防线已被打开了缺口。

中方乘机提出，如果合资企业直接收到国外订单该如何处理？为此双方经过进一步的讨价还价之后，最终在这一问题上都做出了妥协，达成了合资企业在不破坏拜耳的国际价格体系的前提下，可对外来订单有条件履行合同的方案。这个条件主要是：如果合资企业接到合同地域外塑料牙的订单，其价格和拜耳国际价格表相同，只要在收到合资企业通知后的 14 个工作日内，拜耳未以书面通知合资公司、拜耳或者拜耳指定的第三者将接受这些订单的话，合资公司则有权履行这些订单。对所有通过合资公司而由拜耳履行的订单，拜耳应支付给合资公司 1%的佣金。如果拜耳将订单转给合资公司，并由合资公司履行，合资公司也应支付拜耳同样的佣金。这个双方妥协的方案，实际是既保护了德方一定的利益，同时也否定了外商独占出口权。

就在合同文本的谈判就要接近尾声时，德方再次就合同中规定的解散条款提出异议，德方坚持要在合同中规定：当中国法律有新的规定，且德方判断它对外商不利时，可以申请合资企业解散。中方显然对此不能接受，经多次争执。结果德方同意删除不要，但要规定："本合同经审批机构批准后，即使中国法律有新的规定，本合同仍按其合同条款执行。"这一条款意味着中国新的立法对合资企业无管辖权，中方开始不同意，谈判再度搁浅。为促成谈判，中方谈判班子再三进行研究，认为德方已在一些条款上做了让步，中方在此问题上不顾外商利益，采取僵化立场，不利于争取谈判成功，为此，谈判项目法律顾问改变僵化的思考问题方式，提出了一个新的又是顺理成章的解释：一是，相信中国对外开放的道路会愈走愈宽；二是，《涉外经济合同法》第 40 条明确规定：对已经批准的合同，即便有新的立法，仍可按原合同执行。这个解释，作为一个不拘泥于原则和深具务实精神的生动例证，正是中方这一关键性让步，使谈判迈过了最后一道难关。

中德这次谈判，经过双方求同存异，友好协商，使谈判之舟顺利地抵达了成功的彼岸，进入了谈判的终局手段。这个阶段的主要工作就是要对已经成立的谈判的有关文件，进行逐条逐字的修正完善，斟酌定稿；相互校对章程、协议、合同等文字文本的意思是否一致，等等。中德双方对这一阶段的工作做得十分认真和仔细。而且，谈判终局阶段的文字工作做得愈是仔细，就愈能反映出履约的诚意。

(资料来源：陈文汉. 商务谈判实务(第 2 版). 北京：电子工业出版社，2009)

【案例分析】综观这次谈判的全过程，其成功的经验，首先表现在中德双方在谈判准备阶段，即进行了严密的可行性研究，组织了一个精干的谈判班子；而在谈判的开局阶段，双方恰当地掌握了竞争与合作的分寸，使谈判一直在"平等互利"的轨道上正常运行；在谈判的磋商阶段，双方既相互竞争，又相互妥协，在每个关系到双方厉害的问题上，都成功地找到了使各方都满意的方案。尽管其间曾不止一次地出现过僵局甚至假性败局。最后，在谈判的终局阶段，双方毫不马虎，做好各种文字工作，为双方在合作期间避免纠纷，顺利履约，把好了最后一道关。

7.4　商务谈判小结与再谈判

商务谈判小结是指谈判过程中双方对已经谈过的内容及双方的立场予以归纳整理的行为。商务谈判小结是谈判过程中的一个阶段，又是谈判的一个手段。商务谈判小结在确认协议点上具有法律作用，在安排分歧点上有组织作用，因此对谈判双方具有重要意义。

7.4.1　商务谈判小结

1. 商务谈判小结的目的

商务谈判小结的出现有着十分明确的条件与目的。盲目的小结毫无意义。从大量的谈判实践来看，商务谈判小结目的有两个：清理谈判和引导谈判。

(1) 清理谈判。清理谈判是指廓清谈判局势，理出谈判结果的工作。它的作用在于保证谈判不乱，收获不失。

① 廓清谈判局势。参与谈判的人一般都具有一定专业知识，但谁也避免不了认识、情绪、文化差异等因素的影响而造成的冲突。有时冲突能被谈判高手们理智地迅速解决，有时责备固执则会将冲突推向白热化，使谈判陷入混乱之中。此时通过商务谈判小结廓清局势，对清除混乱有极大的作用。例如，在谈判中，常常会有谈判高手借用体育比赛中的暂停手势，让争吵打住，继而提出休息和小结，以降低并廓清谈判局势。

② 理出结果。经过一段时间的谈判，谈了就会有收获。不论谈判的议题还是双方谈判中的沟通、妥协与理解，甚至对方表达的意思、体现的行为，都是谈判的结果，小结就是要把这些不同的结果分类地理出来，把对方妥协收进账，把己方的妥协记支出，把未进行的议题作为后面谈判的任务争取完成。

(2) 引导谈判。引导谈判是在明确局势及某些议题或阶段谈判进展的情况下，确定下一步谈判的目标。由于谈判小结为双方所做，它的引导作用可以对一方，也可以对两方。

① 对一方的引导。任何一方都可以从谈判小结中看到谈判的形势，自己的地位、收获，对方的态度、条件，对进一步谈判的部署可以有调节的新依据。当依靠这些谈判小结获得的认识重新部署自己的谈判条件和策略时，谈判小结就实现了对单方面的引导。

② 对双方的引导。一般地讲，谈判双方在小结时，不要求对谈判条件达成共识，但对谈判形势——问题与态度会达成认识上的一致。如存在什么分歧以及分歧的理由，双方应采取的态度与面临的任务等。这些十分客观的内容也是谈判手不可回避的问题。清理出这些一致的认识后，也意味着提出了双方共同工作的方向，随后为了解决这些问题，双方谈判的议程也就出来了，谈判小结对双方的引导也就实现了。

2. 商务谈判小结内容、方式与时机选择

(1) 商务谈判小结的内容。商务谈判小结内容是指为达到商务谈判小结目的所需要的各种构成因素。没有具体内容的谈判小结只能是一个评论，没有意义。一般地，这些要素有：

① 异同点。商务谈判小结异同点是双方谈判达成的协议与存在的分歧。这也是清理前面谈判的主要内容。依据谈判小结的阶段与时间，异同点可大可小，可多可少。然而谈判小结要求清理全面，使谈判双方对谈判小结中的谈判成果和谈判形势有客观、完整的认识，遗漏将成为误会的引子。

② 分歧理由。谈判小结分歧理由是明确双方立场的支撑点。在明确过程中分成两个层次。一是双方明确自己坚持的是什么，为什么坚持，使双方明确无误地了解对方态度与立场。二是己方的进一步小结将双方的理由予以分析，哪些是站得住脚的，哪些是没有依据的，从而正确客观认识彼此，正确制定小结后阶段的谈判策略。

(2) 商务谈判小结方式。在商务谈判实践中，谈判小结的方式多种多样，各有优缺点，谈判者可根据需要加以选择使用，以保证谈判小结的质量。

① 口述。口述小结就是口头进行的归纳整理工作。该方式简便易行，但要求把握准确和严肃性。信口开河、随口即改式的小结会适得其反。口述式小结有三种不同的做法：

- 声明。口述中的声明是单方引起的清理行为，它旨在使双方思维进入同一方向或阶段，以达到推进谈判的目的。如某方说“请安静，我建议暂停××问题的争议，先谈××问题会更好”“请打住，议题跑远了，应思考××问题”等。当对方响应了，并合作这么做了，这种声明式的口头小结即告完成。该方式快捷、见效，不过需要掌握好时机，用词准确，切合双方利益。
- 虑题。口述中的虑题是逐一对所谈内容、状况进行归纳整理的行为。该方式优点是能全面认识谈判形势，明确双方的进退结果，缺点是要求清晰、全面、准确。如果说的没有条理甚至遗漏，或含糊不清，都将失去该方式的意义。
- 复核。口述中的复核是对某些重点问题或立场重复表述并要求确认的做法。复核可以主动做，也可以被动做。主动做时是重复或强调某条件、某理由。被动做时则在解释、说明某条件、某理由。复核为双方共同做时互相的再次确认。有时复核后可能达成协议，至少明晰分歧所在，它的好处在于针对性强、立竿见影，不足之处是易暴露关注点，有可能增加谈判难度。

② 书面形式。书面形式小结是以书面形式归纳整理的做法。该方式优点是准确无误，缺点是工作量大，尤其是两种文字时翻译工作量大。书面形式小结一般又有双方共拟小结文件和单方拟订的小结文件两种类型。

③ 板书。板书小结是在谈判间的白板、黑板或纸板上进行归纳整理的做法。该方式活泼、直观，但在运动中容易出错。而且主动做板书和对方做板书时要求是不同的。己方主动走上前做板书小结可以反映能力与自信，但应注意，多写对方承诺及己方要求，写双方达成的协议点或存在的分歧。写的过程不能做理解性的回答，不做讨价还价式的谈论。写板时应有人配合，以协助审核。对方上台做板书小结反映其主动与自信，但给己方会带来机会。此时应注意的是及时记录对方板书的小结内容；确切理解对方所写的本质。为此常伴有复述式的确认，如“让我重复一下，看贵方是否此意”“如我没有听错的话，贵方的意思是……”；抓住时机通过对对方板书的确认将模棱两可、可进可退的条件、态度向前推进。

(3) 商务谈判小结的时机选择。商务谈判小结的时机选择得当与否直接影响谈判效果。商务谈判小结时机的选择可按以下三种情况酌情选择。

① 按商务谈判进行的时间阶段或场次来选择。谈判阶段有初期、中期、后期之分；谈判场次有上午、下午或晚上谈判之分，有时上下午谈判以中间休息时间为界再分出两个半场；这些结束点都可以作为小结时刻。

② 按谈判议题完成的情况来选择。议题可根据双方协商意见而定。如可以将交易内容分出大类：技术、服务、设备合同文本等。还可分出细类：工艺、工程设计、技术指导和技术培训、合同正文与附件等，这些议题的完成同样可以作为谈判的小结点。

③ 根据谈判气氛及双方谈判心理动向选择小结时机。如谈判过程中的紧张时、混乱时、兴奋时或沉闷时都可以作为小结时机。紧张时的小结可缓解紧张气氛，也给双方以改变立场的台阶；混乱时的小结可澄清混乱的谈判局面，理出谈判头绪；兴奋时的小结可及时收获谈判结果，促进双方继续努力，一鼓作气完成谈判任务；沉闷时的谈判小结可找到谈判僵持的原因，提出方向，振奋斗志，促使谈判继续向前。

7.4.2 商务谈判的再谈判

再谈判是指经过小结后新一轮的谈判阶段，再谈判是前期谈判的恢复与继续，是谈判的深入，因此再谈判更紧张，难度更大。组织好再谈判是非常重要的。

1. 再谈判的基础与目标

(1) 再谈判的基础。再谈判基础是指再谈判阶段的前提条件及其影响。再谈判是以过去的谈判为基础的，认识了基础才可以掌握和控制谈判的继续进行。再谈判的组织基础是过去谈判的进度与方向。

谈判进度一般分为：总体进度，即商务谈判的进展情况，或者说完成谈判任务的百分比；单项进度，即具体谈判议题完成情况。这两种谈判进度是再谈判组织人力、时间的主要依据。

谈判方向是指通过小结阶段归纳出异同点及其支撑理由，找出再谈判的目标与路线。目标也就是待解决的分歧点及可能解决的条件。路线则是指再谈判的手法，即再谈判从哪儿开始、到哪儿去以及怎么谈下去等技术问题。

(2) 再谈判的目标。再谈判目标是指再谈判阶段应实现的谈判任务。从商务谈判组织或者说从实现解决剩余分歧的谈判措施来讲，再谈判目标应为了解对方最后立场与调整己方最后立场。两个谈判目标有不同的谈判要求。

① 了解对方最后立场。在再谈判中，要了解对方的最后立场，常用的谈判手法是问出所以然并逼出底牌。只有这样，再谈判才能有效。

问出所以然是指谈判任何问题无论是否赞同，均要求知道为什么，甚至为什么的为什么，只有这样才能弄清对方哪些是不可以谈判点；哪些是可以考虑但深浅未定点；哪些是对方准备放弃点以及这些答案反应的可能的最后立场。

逼出底牌除了谈判手段要求复杂多变外，还要突出一个“逼”字。“逼”可以通过横竖提要求和拼条件来实现。横竖提要求是在横向上不论谈判何种议题，均要求改善，横扫对方立场；在竖向上打击某一点，以逼出对方最后条件。拼条件是横竖提要求的配合，通过投入条件的交换，以使对方最后立场能够更加显现。说是“拼”实际也是“引”，口手并用，逼劲更足。

② 调整自己最后立场。从谈判的角度讲，再谈判就是为调整己方谈判立场找为什么。相对于原谈判方案，调整存在“调紧”(交易条件更严)与“调松”(交易条件更宽)两种可能。当然也会因原方案极有远见而无须调整。一般地，调整己方谈判立场，要考虑对方反应和双方实力对比。如果对方反应软、改善少，调整力度应小、态度要硬；如果对方反应强、改善力度大，则调整力度可大、态度可温和；如果对方反应对抗、改善无意，则调整谈判方案而非条件，消除对抗后再看谈判条件。从实力对比来看，如果己方处在“求人”地位，理由又缺乏时，调整力度可大些；反之就小。

2. 再谈判的运作形式

再谈判的运作形式是指其进行的方式或组织上的形态特点。再谈判从组织形式看一般有四种类型。

(1)“解释—还价—讨价”结构。该结构形式在再谈判中为“先出手”，即先拿条件，不论谈判处于买方卖方，单方均可使用。

① 表达方式。在再谈判中，该结构形式是指先做原立场的支持理由的解释，再以对方要求或己方承诺做出还价，同时向对方提出还价要求。示范如下：

——尽管贵方所言并不占理，作为一种诚意的表示，我方可以应贵方要求将我方硬件部分的出价再降低(卖方时)或再提高(买方时)1%，请贵方能考虑我方条件。同时，我方希望贵方也能像我们一样共同努力解决分歧，将贵方在软件上的条件予以改善。

上述这段话，属实战中常见表述，也是还价结构形式的典型表述方式。第一句中前两小分句在说明态度，即解释；后两小分句为还价，改善了条件。第二句则以前句(还价)为支持点，反提要求——讨价。

② 运作条件。运作条件是指该组合结构选用的时机。作为先还价的结构，运作条件为：对方已做努力，而己方被逼出手时；谈判进展到该己方拿出条件时；双方已陷入僵持或沉闷之中，己方又有余力促进谈判时；己方需要谈判，需要交易且有力量时。

(2)“评论—还价—讨价—解释—讨价还价”结构。该结构在再谈判亦是以出价(或条件)在先，不过该结构组合是双方行为的组合，而非单方组合。不论作为买家或卖家均可利用该结构并把对手的行为融入其中。

① 表达方式。该结构形式要求，先将对方条件批评一通，然后再还出自己的条件，随即要求对方改善其原立场所坚持的条件并坚持不放。在此情况下，对方只好应战，对其立场先做解释，以避免先出硬条件，然后才出真正的退让条件并同时反击形成双方互动的讨价与还价并存的局面。

从表达形式也可见双方谈判的激烈程度。以技术指导费的谈判为例：

——贵方出价太低了，这也是对我方专家的不尊重，降低了他们的身份，对贵方技术指导工作不利。作为卖方，为了体现我们的优惠与对贵方的尊重，我方可以把日服务单价再降低 10 美元。请贵方能考虑我方对专家差旅费的要求。

——我方给贵方专家的服务单价是参照了我国市场的劳务价水平并分析了贵方人员的专业构成后提出的平均价，是个公正而客观的价，贵方降 10 美元不够，若要我方考虑贵方专家差旅费的要求，贵方日服务单价还要降。

——我理解。贵方同意我方关于专家差旅费的建议吗？

——这是种可能性，它取决于贵方专家日服务单价的水平。

……

从上述谈判的开场不难看到“五层”(五个过程)与双方行为组合的结构形式的实战作用。卖方评了买方出价后，还了一手并进而要求买方改善条件。买方在卖方追逼之下，先做解释软顶，其后在态度与说辞上做了一定的退让——软化了口气，假设了条件。最后，双方短兵相接，进行互相的讨价与还价的商讨，对谈判推动很大。

② 运作条件。该结构形式较复杂，双方动作较多，话题直切利益，有时真有“见底”的气势，启用时机选择很重要。总体讲，该形式宜在谈判尾声或谈判后期用效果较好。具

体讲，应具备四个条件：一是双方对谈判内容均已谈判过，其中50%以上的议题已达成协议，即具备进度条件；二是谈判时间已快用完，不允许拖拉，即具备时间条件；三是为了尽快了解交易的结局，不论谈判用了多少时间、分歧还剩多少，仅就原则性的、重点议题来用该组织结构形式谈判，即具备策略条件；四是双方经协商同意以这种形式投入谈判，即具备协作条件。依任一条件选用该组合形式均可。

(3) “解释—评论—讨价还价”结构。该结构形式为双方组合、双方出手的形式。该结构为“三层”，适合紧凑的谈判气氛与单一的条件谈判。

① 表达方式。结构形式是一方为自己辩护而拒不出条件，另一方则提批评，双方从“舌战”转入“肉搏战”，互相拿出条件来。示范如下：

——我方已解释过工程设计费的构成，我再重复一遍，我们是按投入的人员的工作时间来计算设计费的，我们投入了优秀设计师和先进的设计手段，又降低了两次价，目前的价格很合理了。

——贵方用优秀的设计人员与先进的科技手段，设计时间还要这么多，还不如我国(我方国内贸易时)设计专家设计速度。这里是否有误？要不就是贵方专家水平不够。因为我方设计人员虽然手段落后，但进度却很快。若这样就应减少设计人员工时单价。

——若贵方认为时间长可以缩短，但工作内容要减少，单价不能变。

——很好，贵方同意修改设计所用时间，若欲减工作内容，那我方要求核实设计专家的结构，以确定设计日单价。

……

上述四段对话针对设计费的解释、评论、讨价还价，扣人心弦，谈判效率很高。

② 运作条件。该结构是再谈判中最具进攻性、最激烈的一种谈判方式，多用于决战阶段，或全局或局部条件的谈判。当为全局条件时，一定在谈判后期，否则会使谈判过早陷入僵局，或过早逼对方决战而使谈判易于破裂。当为局部条件时，可在谈判中期使用。此时局部是指某个具体的条件，作为最后一击而用该组合谈判形式。

(4) “还价—讨价还价—解释与评论—讨价还价”结构。该结构形式是讨价还价阶段(过程中)特定的一种谈判形式。它由双方行动组成。表现出“打打停停”“说说做做”的特点，反映谈判手在讨价还价过程中攻防兼备的慎重态度和虚实结合的谈判技巧。所需时间时长(几天)时短(几小时)。

① 表达方式。该结构表述为：一方先拿出新的改善条件，并与另一方纠缠回应条件，形成互相的讨价或还价，均有所得之后，双方再互相追逼出新的改善条件。此时，双方为了少出钱，于是又进入互相说明、彼此批判的状态。稍逊理由的表达者，应“掏口袋”，但这“一掏”即转变地位，有权要求对方，将谈判引向新一轮讨价还价。

当交易简单时，上述过程可在几小时内完成，甚至个把小时内完成。当交易复杂、规模大时，所需时间长到几天也不为怪。取决于理由多(话多)与理由少(话少)，还取决于双方态度与策略。但决不可为省时间而省略过程。省略过程等于改变结构形式，也改变了谈判组合的性质。示范如下：

——按我方计算，贵方顾问费应为20万美元。考虑到贵方利润要求，我方可加3万美元。

——这个数额太小了，还不够我们的差旅费和做资料用的费用，也太贬低我们的知识和技术价值了，再说，就算我们不想赚这个钱，也不能遭人贬！若贵方需要我们的服务，该价应说得过去，希望贵方再提提价。

——正因为我们重视贵方劳动，也认可贵方水平才与贵方谈，但别让我们请不起。既然贵方已开口，我方可再涨 5 万美元，务请贵方接受。

——谢谢贵方连调了两次价，请允许我方说点不同意见。请贵方别忘了我方报价为 65 万美元。该价包括了两部分的工作：为贵方项目管理设计程序及量化指标，还有跟踪程序的运行及人员的培训工作。在正常情况下，这些工作量在市场上可值近百万美元。我方已从 85 万美元报价降到了 65 万美元，贵方出价仅 28 万美元，我方实难接受。

——贵方所言有一定道理，可我们仅用于自己企业，贵方技术还有别的市场，不能将所有成本均计到一个项目合同上。况且我们也核算过贵方的人工成本，贵方已有盈利了。

——贵方管理具有个性，不可能再将此转卖别的客户，再说贵方核算工时也过于本地化，对我方所在地及公司内部组织情况考虑过少。

——贵方的基础设计工具是通用的。贵方价虽然经过改善，但 65 万美元我方也仍不能接受。我们请贵方再优惠优惠。

——说了这么多，我相信贵方是有诚意的，否则，早就不谈了。作为回应，我方再降 5 万美元，60 万美元，其他条件不变，请贵方接受。

——不行，60 万美元不行，要是贵方这么坚持，看来难以成交。若谈判破裂对双方都不利，我方最后建议：以贵方条件 60 万美元与我方条件 28 美元折中成交。行，就签约；不行，只能遗憾。请贵方研究后答复我方。

……

上述虽然长了点，但在实战中，话还要多，不过其中的组合结构及各自作用已基本得以体现了。

② 运作条件。该结构形式在谈判中用得较多，在谈判的中后期均可用。由于结构复杂，难度大，运作时条件要求较高。一要明确掌握所有条件与理由，才可自如走完这较为深长而复杂的过程；二要出第一手时即应设计好与之相应的步骤(条件与理由)，不能随意改变；三要死抓结构，一气呵成，即使在隔天的状态下，也不断过程，不断逻辑链。

7.5 综合实训

【实训目的】

通过训练，使学生学会在具体环境中运用让步策略。

【实训内容】

商务谈判中让步策略的运用。

【实训时间】

本章课堂教学内容结束后的双休日和课余时间，为期一周。或者指导教师另外指定时间。

【背景资料】

一家制造企业的老总准备和工会领导展开对话，涉及的最大问题是涨工资问题。工会要求涨4%，而公司只想涨1%。这位老总研究一下形势，过去的几次谈判中，双方都极力占领有利的位置，并多次假装威胁拒绝继续谈下去，这总是会浪费好几个星期的时间，而最终不过是双方都妥协达成意料之中的结果。

在这种情况下有两种选择。

方案一： 企业慢慢提高，而工会慢慢让步，最终双方取中，2.5%可能是双方都接受的结果。

方案二： 为避免双方的激战和时间上的浪费，企业早早地做出让步，在谈判的一开始就宣布他准备最终接受3%的结果，并宣称他只能做这么多。

最终这个企业老总没有采纳调解人的建议，选择了方案二。这让工会的领导们感到很高兴，但他们并不接受。如果公司一开始就可以提供这么多，工会自然会认为他们的要求太低了。而由于工会的期望值提高到不实际的程度，一个本来很有希望的谈判失败了，并最终导致员工罢工。

【实训过程设计】

(1) 指导教师布置学生课前预习阅读案例。将全班同学平均分成小组，按每组5～6人进行讨论。各组选择一个问题进行讨论。

(2) 根据“背景资料”，讨论企业老总与工会的谈判为什么失败了？他采用了哪一种让步方式？

(3) 根据“背景资料”，分析假如这位企业老总采用方案一会有什么样的结果，为什么？

(4) 根据“背景资料”，将学生分为两组，模拟上述案例练习让步的策略。

(5) 各实训组对本次实训进行总结和点评，参照11.2节“商务谈判学生作业范例”撰写作为最终成果的《商务谈判礼仪规范化运作实训报告》。优秀的实训报告在班级展出，并收入本课程教学资源库。

7.6 综合练习

7.6.1 单项选择题

1. 买方还价中( )。
   A. 对方报价离自己目标价格越远，还价起点越低
   B. 对方报价离自己目标价格越近，还价起点越低
   C. 对方报价离自己目标价格越远，还价起点越高
   D. 对方报价离自己目标价格越近，还价起点越高
2. 谈判中，一方首先报价之后，另一方要求报价方改善报价的行为被称作( )。
   A. 要价　　B. 还价　　C. 讨价　　D. 议价

3．商务谈判追求的主要目的是(　)。

A．让对方接受自己的观点　　B．让对方接受自己的行为

C．平等的谈判结果　　D．互惠的经济利益

4．以当时市场的行情、竞争者提供的价格、对方的成本、过去的交易惯例、产品的质量与性能、研究成果、公认的结论等进行讨价的方法是(　)。

A．求疵法　B．假设法　C．举证法　D．多次法

7.6.2　多项选择题

1．讨价的方式有(　)。

A．总体讨价　B．分项讨价　C．弹性讨价

D．动态讨价　E．静态讨价

2．比较理想的讨价还价具有的特点是(　)。

A．谈话范围广泛　　B．双方有充分回旋的余地

C．双方是观点的交锋而不是人员的冲突　　D．诚心诚意探讨解决问题的途径

E．摆出强势姿态

3．商务谈判小结的目的有(　)。

A．清理谈判　B．准备退出谈判　C．引导谈判

D．确定报价　E．准备还价

4．一方为自己辩护而拒不出条件，另一方则提出批评，双方从舌战到肉搏战，互相拿出条件来，这种结构形式是(　)。

A．解释—还价—讨价

B．解释—还价—讨价还价

C．评论—还价—讨价—解释—讨价还价

D．还价—讨价还价—解释与评论—讨价还价

E．讨价还价—还价—讨价还价—解释

7.6.3　简答题

1．还价的方法有哪些？

2．如何把握总体讨价策略和具体讨价策略？

3．商务谈判小结一般包括哪些内容？

4．商务谈判的再谈判指的是什么？再谈判的运作形式一般有哪几种类型？

7.6.4　案例分析

【背景资料】

1．在一场涉及机械设备买卖的国际谈判中，谈判双方在价格问题上出现分歧，买方

代表提出卖方所提供的设备价格比其他国家的同类产品价格要高出近 10%。面对买方代表对价格的反对意见，卖方代表应如何应对？

2. 中日索赔谈判中的议价沟通与说服。

我国从日本 S 汽车公司进口大批 FP-148 货车，使用时普遍发生严重质量问题，致使我国蒙受巨大经济损失。为此，我国向日方提出索赔。

谈判一开始,中方简明扼要地介绍了 FP-148 货车在中国各地的损坏情况以及用户对此的反应。中方在此虽然只字未提索赔问题，但已为索赔说明了理由和事实根据，展示了中方谈判威势，恰到好处地拉开了谈判的序幕，日方对中方的这一招早有预料，因为货车的质量问题是一个无法回避的事实，日方无心在这一不利的问题上纠缠。日方为避免劣势，便不动声色地说："是的，有的车子轮胎炸裂，挡风玻璃炸碎，电路有故障，铆钉震断，有的车架偶有裂纹。"中方觉察到对方的用意，便反驳道："贵公司代表都到现场看过，经商检和专家小组鉴定，铆钉非属震断，而是剪断，车架出现的不仅仅是裂纹，而是裂缝、断裂！而车架断裂不能用'有的'或'偶有'，最好还是用比例数据表达，更科学、更准确……"日方淡然一笑说："请原谅，比例数据尚未准确统计。""那么，对货车质量问题贵公司能否取得一致意见？"中方对这一关键问题紧追不舍。"中国的道路是有问题的。"日方转了话题，答非所问。中方立即反驳："诸位已去过现场，这种说法是缺乏事实根据的。""当然，我们对贵国实际情况考虑不够……""不，在设计时就应该考虑到中国的实际情况，因为这批车是专门为中国生产的。"中方步步紧逼，日方步步为营，谈判气氛渐趋紧张。中日双方在谈判开始不久，就在如何认定货车质量问题上陷入僵局。日方坚持说中方有意夸大货车的质量问题："货车质量的问题不至于到如此严重的程度吧？这对我们公司来说，是从未发生过的，也是不可理解的。"此时，中方觉得该是举证的时候，并将有关材料向对方一推说："这里有商检、公证机关的公证结论，还有商检拍摄的录像。如果……""不！不！对商检公证机关的结论，我们是相信的，我们是说贵国是否能够做出适当让步。否则，我们无法向公司交代。"日方在中方所提质量问题攻势下，及时调整了谈判方案，采用以柔克刚的手法，向对方踢皮球，但不管怎么说，日方在质量问题上设下的防线已被攻克了。这就为中方进一步提出索赔价格要求打开了缺口。随后，对 FP-148 货车损坏归属问题上取得了一致的意见。日方一位部长不得不承认，这属于设计和制作上的质量问题所致。初战告捷，但是我方代表意识到更艰巨的较量还在后头。索赔金额的谈判才是根本性的。

随即，双方谈判的问题升级到索赔的具体金额上——报价，还价，提价，压价，比价，一场毅力和技巧较量的谈判竞争展开了。中方主谈代表擅长经济管理和统计，精通测算。他翻阅了许多国内外的有关资料，甚至在技术业务谈判中，他也不凭大概和想当然，认为只有事实和科学的数据才能服人。此刻，在他的纸笺上，在大大小小的索赔项目旁，写满了密密麻麻的阿拉伯数字。这就是技术业务谈判，不能凭大概，只能依靠科学准确的计算。根据多年的经验，他不紧不慢地提出："贵公司对每辆车支付加工费是多少？这项总额又是多少？""每辆车 10 万日元，总计 4.84 亿日元。"日方接着反问道："贵国报价是多少？"中方立即回答："每辆 16 万日元，此项共计 9.4 亿日元。"精明强干的日方主谈人淡然一笑，与其副手耳语了一阵，问："贵国报价的依据是什么？"中方主谈人将车辆损坏后各部件需如何修理、加固、花费多少工时等逐一报价。"我们提出的这笔加工费并不高。"接着中方代表又用了欲擒故纵的一招："如果贵公司感到不合算，派员维修也可以。但这样一来，贵公司的耗费恐怕是这个数的好几倍。"这一招很奏效，顿时把对方将住了。日方被中方如此精确的计算所折服，自知理亏，转而以恳切的态度征询："贵国能否再压低一点。"此刻，中方意识到，就具体数目的实质性讨价还价开始了。中方答道："为了表示我们的诚意，可以考虑贵方的要求，那么，贵公司每辆出价多少呢？""12 万日元"日方回答。"13.4 万日元怎么样？"中方问。"可以接受。"日方深知，中方在这一问题上已做出了让步。于是双方很快就此项索赔达成了协议。日方在此项目费用上共支付 7.76 亿日元。

然而，中日双方争论索赔的最大数额的项目却不在此，而在于高达几十亿日元的间接经济损失赔偿金。在这一巨大数目的索赔谈判中，日方率先发言。他们也采用了逐项报价的做法，报完一项就停一下，看看中方代表的反应，但他们的口气却好似报出的每一个数据都是不容打折扣的。最后，日方统计可以给中方支付赔偿金 30 亿日元。中方对日方的报价一直沉默不语，用心揣摩日方所报数据中的漏洞，把所有的"大概""大约""预计"等含糊不清的字眼都挑了出来，有力地抵制了对方所采用的浑水摸鱼的谈判手段。

在此之前，中方谈判班子昼夜奋战，液晶体数码不停地在电子计算机的荧光屏上跳动着，显示出各种数字。在谈判桌上，我方报完每个项目的金额后，讲明这个数字测算的依据，在那些有理有据的数字上，打的都是惊叹号。最后我方提出间接经济损失费 70 亿日元！

日方代表听了这个数字后，惊得目瞪口呆，老半天说不出话来，连连说："差额太大，差额太大！"于是，进行无休止的报价、压价。

"贵国提的索赔额过高，若不压半，我们会被解雇的。我们是有妻儿老小的……"日方代表哀求着。老谋深算的日方主谈人使用了哀兵制胜的谈判策略。

"贵公司生产如此低劣的产品，给我国造成多么大的经济损失啊！"中方主谈接过日方的话头，顺水推舟地使用了欲擒故纵的一招："我们不愿为难诸位代表，如果你们做不了主，请贵方决策人来与我们谈判。"双方各不相让，只好暂时休会。这种拉锯式的讨价还价，对双方来说是一种毅力和耐心的较量。因为谈判桌上，率先让步的一方就可能被动。

随后，日方代表急用电话与日本 S 公司的决策人密谈了数小时。接着谈判重新开始了，此轮谈判一接火就进入了高潮，双方舌战了几个回合，又沉默下来。此时，中方意识到，己方毕竟是实际经济损失的承受者，如果谈判破裂，就会使己方获得的谈判成果付诸东流；而要诉诸法律，麻烦就更大。为了使谈判已获得的成果得到巩固，并争取有新的突破，适当的让步是打开成功大门的钥匙。中方主谈人与助手们交换了一下眼色，率先打破沉默说："如果贵公司真有诚意的话，彼此均可适当让步。"中方主谈为了防止由于己方率先让步所带来的不利局面，建议双方采用"计分法"，即双方等量让步。"我公司愿意付 40 亿日元。"日方退了一步，并声称："这是最高突破数了。""我们希望贵公司最低限度必须支付 60 亿日元。"中方坚持说。

这样一来，中日双方各自从己方的立场上退让了 10 万日元。双方比分相等。谈判又出现了转机。双方界守点之间仍有 20 亿日元的逆差。(但一个界守点对双方来说，都是虚设的。更准确地说，这不过是双方最后一道的争取线。该如何解决这"百米赛路"最后冲刺阶段的难题呢？双方的谈判专家都是精明的，谁也不愿看到一个前功尽弃的局面。)几经周折，双方共同接受了由双方最后报价金额相加除以 2，即 50 亿日元的最终谈判方案。

除此之外，日方愿意承担下列三项责任：

(1) 确认出售给中国的全部 FP-148 型货车为不合格品，同意全部退货，更换新车；

(2) 新车必须重新设计试验，精工细作，制作优良，并请中方专家检查验收；

(3) 在新车未到之前，对旧车进行应急加固后继续使用，日方提供加固件和加固工具等。

一场罕见的特大索赔案终于公正地交涉成功了！

(资料来源：陈文汉. 商务谈判实务(第 2 版). 北京：电子工业出版社，2009)

问题：

(1) 在关于第一项议题的谈判中，卖方应采取何种策略？

(2) 在关于第二项议题的谈判中，中日双方各采取了哪些策略？

【分析要求】

1. 过程要求。学生分析案例提出的问题，分别拟定《案例分析提纲》；小组讨论，形成小组《商务谈判案例分析报告》；班级交流并修订小组《商务谈判案例分析报告》，教师对经过交流和修改的各小组《商务谈判案例分析报告》进行点评；在班级展出附有“教师点评”的小组优秀《商务谈判案例分析报告》，并将其纳入本校该课程的教学资源库。

2. 成果性要求。

(1) 案例作业要求：以经过班级交流和教师点评的《商务谈判案例分析报告》为最终成果。

(2) 作业的结构、格式与体例要求：参照 11.2.1“商务谈判案例分析报告”。

第 8 章

商务谈判的终结

【学习目标】

- 掌握商务谈判终结的判断方法
- 掌握商务合同的特点与主要条款
- 掌握商务合同的签约过程及履行程序
- 掌握商务合同纠纷的处理方法
- 能根据谈判进程判断商务谈判是否应该终结
- 能根据商务谈判任务签订商务合同

【引导案例】

日美谈判的启发

1970 年，美国与日本的经济贸易出现了比较大的逆差，美国总统尼克松多次要求当时的日本首相佐藤主动限制向美国出口纺织品。佐藤在去美国之前，日本一些著名人士一再劝告他："不要向美国屈服。"在这场"日美纺织品战"中，尼克松为了迫使佐藤限制纺织品出口，步步紧逼。最后，佐藤回答说道："我一定要妥善解决。"

"胜利了！"尼克松赶紧向新闻记者宣布，新闻界也为之振奋。可是过不了多久，美国报纸却又抱怨佐藤背信弃义，因为实际情况并没有什么改变。其实，日本根本就没打算主动限制对美国的纺织品出口。佐藤最后说的那句话，应该说既是表示了否定态度，也是出于给美国总统"留下面子"。日本人的这种思考方式可以从日本著名社会学家铃木明说过的话中得到证明："日语中的双关词，是日本民族要求和睦相处的产物。要是我们说每一句话开门见山，那势必会整天相互间争论不休。"

(资料来源：网易微博，http://cwhan2008.blog.163.com/blog/static/69977092017929101553605/)

【启示】从这个案例得到的启发是多方面的：没有签约的谈判就没有实际的谈判效果；没有签约的口头承诺就是一句空话；没有签约也容易发生误会；同时拒绝也是要讲究艺术的(其他方面的启发可以自由讨论)。

8.1 商务谈判终结的判断与结束方式

商务谈判双方经过一番艰苦的讨价还价，对所谈判的每个问题都已经谈过，并且由于双方的妥协让步而取得一定的进展，尽管仍然存在一些障碍，但要达成交易的趋势愈加明显，此时，谈判就进入终结阶段了。

8.1.1 商务谈判终结的判断

商务谈判何时终结？是否已到终结的时机？这是商务谈判结束阶段极为重要的问题。谈判者必须正确判定谈判终结的时机，才能运用好结束阶段的策略。错误的判定可能会使谈判变成一锅夹生饭，已付出的大量劳动付之东流。错误的判定也可能毫无意义地拖延谈判成交，丧失成交机遇。谈判终结可以从以下四个方面判定。

1. 从谈判涉及的交易条件来判定

这个方法是指从谈判所涉及的交易条件解决状况来分析判定整个谈判是否进入终结。谈判的中心任务是交易条件的洽谈，在磋商阶段双方进行多轮的讨价还价，临近终结阶段要考察交易条件经过多轮谈判之后是否达到以下三条标准，如果已经达到，那么就可判定谈判终结。

(1) 考察交易条件中的分歧数。首先，从数量上看，如果双方已达成一致的交易条件占据绝大多数，所剩的分歧数量仅占极小部分，就可以判定谈判已进入终结阶段。因为量变会导致质变，当达到共识的问题数量已经大大超过分歧数量时，谈判性质已经从磋商阶段转变为终结阶段，或者说成交阶段。其次，从质量上看，如果交易条件中最关键最重要的问题都已经达成一致，仅余留一些非实质性的无关大局的分歧点，就可以判定谈判已进入终结阶段。谈判中关键性问题常常会起决定性作用，也常常需要耗费大量的时间和精力。谈判是否即将成功，主要看关键问题是否达成共识。如果仅仅在一些次要问题上形成共识，而关键性问题还存在很大差距，是不能判定进入终结阶段的。

(2) 考察谈判对手交易条件是否进入己方成交线。成交线是指己方可以接受的最低交易条件，是达成协议的下限。如果对方认同的交易条件已经进入己方成交线范围之内，谈判自然进入终结阶段。因为双方已经出现在最低限度达成交易的可能性，只有紧紧抓住这个时机，继续努力维护或改善这种状态，才能实现谈判的成功。当然，己方还想争取到更好一些的交易条件，但是己方已经看到可以接受的成果，这无疑是值得珍惜的宝贵成果，是不能轻易放弃的。如果能争取到更优惠的条件当然更好，但是考虑到各方面因素，此时不可强求最佳成果而重新形成双方对立的局面，使有利的时机丢掉。因此，谈判交易条件已进入己方成交线时，就意味着终结阶段的开始。

(3) 考察双方在交易条件上的一致性。谈判双方在交易条件上全部或基本达成一致，而且个别问题如何做技术处理也达成共识，可以判定终结的到来。首先，双方在交易条件达成一致，不仅指价格，而且包括对其他相关的问题所持的观点、态度、做法、原则都有了共识。其次，个别问题的技术处理也应使双方认可。因为个别问题的技术处理如果不恰当，不严密，有缺陷，有分歧，就会使谈判者在协议达成后提出异议，使谈判重燃战火，甚至使已达成的协议被推翻，使前面的劳动成果付之东流。因此，在交易条件基本达成一致的基础上，个别问题的技术处理也达成一致意见，才能判定终结的到来。

2. 从谈判时间来判定

谈判的过程必须在一定时间内终结，当谈判时间即将结束，自然就进入终结阶段。受时间的影响，谈判者调整各自的战术方针，抓紧最后的时间做出有效的成果。时间判定有以下三种标准：

(1) 双方约定的谈判时间。在谈判之初，双方一起确定整个谈判所需要的时间，谈判进程完全按约定的时间安排，当谈判已接近规定的时间时，自然进入谈判终结阶段。双方约定多长时间要看谈判规模大小、谈判内容多少、谈判所处的环境形势，以及双方政治、经济、市场的需要和本企业利益。如果双方实力不是差距很大，有较好的合作意愿，紧密配合，利益差异不是很悬殊，就容易在约定时间内达成协议，否则就比较困难。按约定时间终结谈判对双方都有时间的紧迫感，促使双方提高工作效率，避免长时间地纠缠一些问题而争辩不休。如果在约定时间内不能达成协议，一般也应该遵守约定的时间将谈判告一段落，或者另约时间继续谈判，或者宣布谈判破裂，双方再重新寻找新的合作伙伴。

(2) 单方限定的谈判时间。由谈判一方限定谈判时间，随着时间的终结，谈判随之终结。在谈判中占有优势的一方，或是出于对己方利益的考虑需要在一定时间内结束谈判；或是还有其他可选择的合作者，因此请求或通告对方在己方希望的时限内终结谈判。单方限定谈判时间无疑对被限定方施加某种压力，被限定方可以随从，也可以不随从，关键要看交易条件是否符合己方谈判目标，如果认为条件合适，又不希望失去这次交易机会，可以随从，但要防止对方以时间限定向己方提出不合理要求。另外，也可利用对方对时间限定的重视性，向对方争取更优惠的条件，以对方优惠条件来换取己方在时间限定上的配合。如果以限定谈判时间为手段向对方施加不合理要求，会引起对方的抵触情绪，破坏平等合作的谈判气氛，从而造成谈判破裂。

(3) 形势突变的谈判时间。本来双方已经约定好谈判时间，但是在谈判进行过程中形势发生突然变化，如市场行情突变、外汇行情大起或大落、公司内部发生重大事件等，谈判者突然改变原有计划，比如要求提前终结谈判。这是由于谈判的外部环境是在不断发展变化，谈判进程不可能不受这些变化的影响。

3. 从谈判策略来判定

谈判过程中有多种多样的策略，如果谈判策略实施后决定谈判必然进入终结，这种策略就叫终结策略。终结策略对谈判终结有特殊的导向作用和影响力，它表现出一种最终的冲击力量，具有终结的信号作用。常见的终结策略有以下几种：

(1) 最后立场策略。谈判者经过多次磋商之后仍无结果，己方阐明己方最后的立场，讲清只能让步到某种条件，如果对方不接受，谈判即宣布破裂；如果对方接受该条件，那么谈判成交。这种最后立场策略可以作为谈判终结的判定。己方阐明自己最后立场，成败在此一举，如果对方不想使谈判破裂，只能让步接受该条件。如果双方并没有经过充分的磋商，还不具备进入终结阶段的条件，己方提出最后立场就含恐吓的意味，让对方俯首听从，这样并不能达到预期目标，反而过早地暴露己方最低限度条件，使己方陷入被动局面，这是不可取的。

(2) 折中进退策略。折中进退策略是指将双方条件差距之和取中间条件作为双方共同前进或妥协的策略。例如，谈判双方经过多次磋商互有让步，但还存在残余问题，而谈判时间已消耗很多，为了尽快达成一致实现合作，己方提出一个比较简单易行的方案，即双方都以同样的幅度妥协退让，如果对方接受此建议，即可判定谈判终结。

折中进退策略虽然不够科学，但是在双方很难说服对方，各自坚持己方条件的情况下，也是寻求尽快解决分歧的一种方法。其目的就是化解双方矛盾差距，比较公平地让双方分别承担相同的义务，避免在残余问题上过多地耗费时间和精力。

4．以谈判者发出的信号来判定

收尾在很大程度上是一种掌握火候的艺术。通常会发现，一场谈判旷日持久却进展甚微，然后由于某种原因大量的问题会神速地得到解决，双方互做一些让步，而最后的细节在几分钟内即可拍板。一项交易将要明确时，双方会处于一种即将完成的激活状态，这种激活状态的出现，往往由于己方发出成交信号所致。

各个谈判者使用的成交信号是不尽相同的，但常见的有以下几种：

(1) 谈判者用最少的言辞阐明自己的立场，谈话中表达出一定的承诺意愿，但不包含讹诈的成分。例如，“好，这是我最好的主张，现在就看你的了。”

(2) 谈判者所提的建议是完整的、绝对的，没有不明确之处。这时，如果他们的建议未被接受，除非中止谈判，否则没有出路。

(3) 谈判者在阐述自己的立场时，完全是一种最后决定的语调。坐直身体，双臂交叉，文件放在一边，两眼紧盯对方，不卑不亢，没有任何紧张的表示。

(4) 回答对方的任何问题尽可能简单，常常只回答一个“是”或“否”。使用短语，很少谈论据，表明确实没有折中的余地。

(5) 一再向对方保证，现在结束谈判对他有利，并告诉他一些好的理由。

发出这些信号，目的是使对方行动起来，脱离勉勉强强或优柔寡断的状态，促成谈判达成一致协议。这时应注意，不要过分地使用高压政策，否则有些谈判对手就会退步；不要过分地表示出你希望成交的热情，否则对方就会寸步不让，反而向你进攻。

【案例 8-1】价格调不调？

中方某公司向韩国某公司出口丁苯橡胶已一年。第二年，中方公司根据国际市场行情将价格从前一年的成交价每吨下调了 120 美元(前一年 1200 美元/吨)。韩方感到可以接受，建议中方到韩国签约。

中方人员一行到了首尔，双方谈了不到 20 分钟，韩方说：“贵方价格仍太高，请贵方看看韩国的市场价，三天以后再谈。”

在韩国市场的调查中，批发和零售价均高出中方公司的现报价 30%～40%。市场价虽呈降势，但中方公司的给价是目前世界市场最低价。

中方人员电话告诉韩方人员：“调查已结束，得到的结论是我方来首尔前的报价低了，应涨回去年成交的价位，但为了老朋友的交情可以下调20美元，而不再是120美元。请贵方研究，有结果请通知我们。若我们不在饭店，则请留言。”韩方人员接到电话后，一个小时，即回电话约中方人员到其公司会谈。

韩方认为，中方不应把过去的价再往上调。中方认为，这是韩方给的权力。中方按韩方要求进行了市场调查，结果应该涨价。韩方希望中方再降些价，中方认为原报价已降到底。经过几回合的讨论，双方同意按中方赴韩国前的报价成交。

(资料来源：http://cwhan2008.blog.163.com/blog/static/69977092017830911371154/)

【案例分析】对谈判者来说，如何把握结束谈判的时机，灵活运用某些谈判策略和技巧，做好谈判的收尾工作，同样是决定谈判成败的关键。

8.1.2 商务谈判成交的促成

1. 成交机会的把握

谈判双方在谈判了无数个回合后，双方该让步的也都让步了，该减价的也都减价了，此时谈判到了关键的时刻，必须把握成交的机会。当双方都认为对方已做出了能够做出的让步，再谈下去也不会有什么新结果时，这时成交的机会就到了，谈判也就该结束了。

那么，如何判断对方有成交的愿望呢？主要从以下几个方面判断：

(1) 对方由对一般问题的探讨延伸到对细节的探讨。例如，当向客户推销某种商品时，客户忽然问：“你们的交货期是多长时间？”这是一种有意表现出来的成交迹象，要抓住时机明确地要求其购买。

(2) 以建议的形式表示他的遗憾。当客户仔细打量、反复查看商品后，像是自言自语地说：“要是再加上一个支架就好了。”这说明客户对商品很中意，但却发现有不理想的地方，但只是枝节问题或小毛病，无碍大局。这时最好马上承诺做一些修改，同时要求与其成交。

(3) 当介绍商品的使用功能时，客户随声附和，接过话头来，讲得甚至更具体时，这也是可能成交的信号。这时就要鼓励客户试用一下。例如，当向客户介绍某一种研磨器时，对方说：“我以前也曾用过类似的，但功能没有这么多，你这东西能打豆浆吗？要是那样的话，每天都可以喝新鲜的豆浆了，还可以节省好几分钟的时间。”接下来就是如何接过他的话题了。

(4) 当对方的谈判小组成员开始由紧张转向松弛，相互之间会意地点头、用眼睛示意时，这也许就是在向己方表示：“我们可以成交了。”

2. 商务谈判成交的促成

在商务谈判中，成交是商务谈判的关键。和一位客户谈判了很长时间，但是最终还是没有达成交易，这样的事情随处可见。我们要学习抓住成交的技巧，在谈判桌上促使对方尽快签约。

(1) 谈判的焦点是利益而不是立场。德国著名的社会学家韦伯在研究欧洲工业资本主义兴起的根源时认为，在资本主义社会里，社会行动的基本形态是“目的理性”的概念。在谈判中“目的理性”指的是要坚持根本利益。在关系与利益之间，利益是根本所在，也是谈判者应该追求的最终目的。各自坚持自己的利益原则是对的，但是每个人在坚持自己利益原则的基础上，也要从对方的利益上考虑问题，而不是坚持自己的立场，反对对方的立场。

【案例 8-2】既不“开窗”又能呼吸新鲜空气

在图书馆里两个读者之间发生了争吵。其中的一个想把窗户打开，而另一个则坚持不能开窗，两人吵了半天也没有结果。这时，图书馆管理员走了过来，问其中的一个人为什么要开窗户，他回答说想呼吸新鲜空气；问另一个人为什么要关窗户，对方说不想吹风。图书馆管理员思索了一下，便去打开隔壁房间的一扇窗户。结果既没有风吹进来，室内也有了新鲜的空气。争吵的双方都感到满意。

(资料来源：黄卫平，董丽丽. 国际商务谈判(第 2 版). 北京：机械工业出版社，2012)

【案例分析】在这个事件中，争吵的双方之所以陷入了僵局，是因为双方把焦点都放在了各自的立场上。“打开窗户”和“关紧窗户”两者显然是对立的，双方顽固地坚持自己的立场而没有考虑各自的利益，是两者矛盾的症结所在。而图书管理员由于注意到了“要呼吸新鲜空气”和“不想吹风”两种利益，从而想出了调解的办法，使双方的需求都得到了满足。可见，在谈判中要找到双方的利益所在，而不是在各自的立场上斤斤计较。

利益是隐藏在立场分歧背后的原动力，表面的立场是当事人决定做的某一件事情或结论，而利益却是导引当事人做决定或结论的原因。在谈判过程中应当调和的是双方的利益，而不是双方的立场，这就需要把注意力放在立场背后的实质利益上。

(2) 造足优势法。造足优势法是指在谈判中发挥和创造有利于己方的态势，以便使谈判对手认识到己方的足够优势，从而在谈判中占据主动地位，并依靠强大的实力促成谈判。

在谈判中要善于挖掘己方的优势，展现己方的优势。将己方的优势提炼成易懂、易记的几个方面，如自己产品的先进性、唯一性、市场性、成长性和高利性等，能让对方感知投资合作的可行性，这就是依靠优势吸引对方。当某种优势形成以后，在谈判中既能给对方造成深刻的印象，又能激发对方的成交心理，从而加大了谈判成功的概率。

(3) 运用专业知识。在谈判过程中，当用专业知识来回击对手时，往往会显得更加有力。因为专业知识是不可替代的，如果对手要反驳，那么他也同样要具备如此深厚的专业知识。人们往往对专家的结论不质疑，专业性的结论、论点都是十分有分量的。

【案例 8-3】相信“专业”的力量

甲在装修房屋时，坚持要用一种他认为非常漂亮的壁纸，但是不确定这种壁纸是否和家具相配。而装修设计师却认为其创意已经过时，这时甲发现其装修设计师登上了最新一期的室内设计杂志封面时，甲的自信心立刻消失了。因为甲完全相信其装修设计师是这个行业的顶尖人物，其意见是不容忽视的。

(资料来源：〔美〕迈克尔·R. 卡雷尔，克里斯蒂娜·希弗林. 谈判基础. 上海：格致出版社，2010)

【案例分析】在谈判过程中，要表现得像一个顶尖的专业人员，具有相当的专业素养，因为谈判对手对专家同样抱有好感，特别是当谈判对手缺少相应的专业素养和专业知识时，他们就会放弃自己那些“被我们认为”幼稚可笑的想法，不再坚持自己的立场。

(4) 善于造势。造势是商务谈判中不可缺少的组成部分，它服务于谈判的整体目标。造势往往能起到化难为易、变被动为主动的作用，使谈判活动获得意想不到的成功。造势应尽可能利用各种环境、人物、事件，利用人们关心的载体，造成声势浩大的印象。例如，我国许多企业利用北京举办奥运会为自己造势，打开了其营销局面。

(5) 参与说服法。谈判的双方一般都是各执一词，互不相让，各自坚持各自的立场。而要说服对方，就必须使对方在某些方面参与到己方的工作中，使对方认为这项工作有其贡献，使其自觉自愿地接受己方的建议。

【案例 8-4】让谈判对手“参与”进来

纽约布鲁克林的一家医院计划购买一套 X 光设备。许多厂商纷纷派人前来介绍产品，负责 X 光部门的 A 医生不胜其烦。但是有一家厂商只来了一封信，信中说：“我们厂最近刚制成一套 X 光设备，这套设备并非尽善尽美，为了进一步改进，我们非常诚恳地请您前来指教。为了不耽误您的时间，请随时和我们联系，我们会马上开车去接您。”A 医生十分惊讶，因为以前从未有厂商询问过他的意见。他去看了那套设备，并提了一些无关紧要的意见，厂方立刻作了小小的改进。A 医生很喜欢这套自己发表过意见的设备，于是决定买下这套设备。

在那家厂商的巧妙攻势下，原来的对手成了同盟者，一切障碍将由 A 医生清除，如去说服医院董事会和院长等。为此，A 医生还准备了翔实的资料，因为他觉得买下的这套设备是他“自己的主意”。

(资料来源：黄卫平，董丽丽. 国际商务谈判(第 2 版). 北京：机械工业出版社，2012)

(6) 诱导对方走向肯定。谈判是一种磋商的过程，这种过程常常是在辩论中达成共识的。辩论是通向真理的桥梁，是实现共同妥协的基础，而谈判多半是冲突立场的协调。如果谈判者之间的立场、观点、利益完全一致，也就无须谈判了。谈判者在辩论中，通过自己的技巧提问，诱导对方不断地认可，也就是常说的“苏格拉底式的回答法”。运用这种回答方法，可以出其不意地击溃对方的心理防线，使其不自觉地倒向己方。在辩论中有经验的谈判者决不会轻易地肯定对方的观点。所以，在谈判的开始期间，最好不要锋芒毕露，而应顺应对方的思路，拐弯抹角地诱导对方走向己方事先设计好的思路，使其在不知不觉中肯定己方的立场、观点和方案。

8.1.3 商务谈判终结前应注意的问题

1. 回顾总结前阶段的谈判

在交易达成的会谈之前，应进行最后的回顾和总结。其主要内容是：

(1) 是否所有的内容都已谈妥，是否还有一些未能解决的问题，以及对这些问题的最后处理方案。

(2) 所有交易条件的谈判结果是否已经达到己方期望的交易结果或谈判目标。

(3) 最后让步的项目和幅度。

(4) 采用何种特殊的结尾技巧。

(5) 着手安排交易记录事宜。

回顾的时间和形式取决于谈判的规模。它可以安排在一天谈判结束后休息时间里，也可安排在一个正式会议上。谈判者在对谈判的基本内容回顾总结之后就要对全面交易条件进行最后确定，双方都需要做最终的报价和最后的让步。

2．最终报价及最后让步

(1) 最终报价。最终报价时，谈判者要非常谨慎。因为，报价过早会被对方认为还有可能做另一次让步，等待再得到获取利益的机会。报价过晚，会对局面已不起作用或影响太小。为了选好时机，最好把最后的让步分成两步走：主要部分在最后期限之前提出，刚好给对方留下一定的时间回顾和考虑;次要让步,如果有必要的话,应作为最后的“甜头”，安排在最后时刻做出。

(2) 最后让步时，要注意如下几点。

① 严格把握最后让步的幅度。

② 最后让步幅度大小必须足以成为预示最后成交的标志。在决定最后让步幅度时，主要因素是看对方接受让步的这个人在其组织中的级别。合适的让步幅度是：对刚好满足较高职位的人维护他的地位和尊严的需要；对较低职位的人，以使对方的上司不至于指责他未能坚持为度。

③ 最后的让步和要求同时并存。除非己方的让步是全面接受对方的最后要求，否则必须让对方知道，不管在己方做出最后让步之前或做出让步的全过程，都希望对方予以响应，做出相应的让步。谈判者向对方发出这种信号的方法是：

- 谈判者做出让步时，可示意对方这是他本人意思，这个让步很可能受上级的批评，所以要求对方予以相应的回报。
- 不直接地给予让步，而是指出他愿意这样做，但要以对方的让步作为交换。

3．谈判记录及整理

在谈判中，双方一般都要做洽谈记录。重要的内容要点应交换整理成简报或纪要，向双方公布，这样可以确保协议不致以后被撕毁。因为，这种文件具有一定的法律效力，在以后可能发生的纠纷中尤为有用。

在一项长期而复杂、有时甚至要延伸到若干次会议的大型谈判中，每当一个问题谈妥之时，都需要通读双方的记录，查对是否一致，不应存在任何含混不清的地方，在激烈的谈判中尤为必要。一般谈判者都争取己方做记录，因为谁保存记录，谁就掌握一定的主动权。如果对方向己方出示其会谈记录，那就必须认真检查、核实。因为，如果有错误的记录予以公布，同样具有法律力量，可作为谈判的原始记录存档。因此，在签约前，谈判者必须对双方的谈判记录进行核实。这种核实包括两方面：一是核实双方的洽谈记录是否一致。应认真查看对方记录，将自己的记录与对方的加以比较，若发生偏差，就应加以指出，要求修正。二是要查对双方洽谈的记录的重点是否突出、正确。检查之后的记录是起草书面协议的主要依据。

8.1.4　商务谈判的可能结果及结束方式

1．商务谈判结果的各种可能

商务谈判结果可以从两个方面看：一是双方是否达成交易；二是经过谈判双方关系发生何种变化。这两个方面是密切相关的，我们根据这两个方面的结果联系起来分析，可以得出六种谈判结果：

(1) 达成交易，并改善了关系。双方谈判目标顺利完成，并且实现交易，双方关系在原有基础上得到改善，促进今后进一步的合作。这是最理想的谈判结果，既实现了眼前利益，又为双方长远利益发展奠定了良好基础。要想实现这种结果，双方首先要抱着真诚合作的态度进行谈判，同时谈判中双方都能为对方着想并做出一定的让步。

(2) 达成交易，但关系没有变化。双方谈判结果是达成交易，但是双方关系并没有改善也没有恶化。这也是不错的谈判结果。因为双方力求此次交易能实现各自利益，并且没有刻意去追求建立长期合作关系，也没有太大的矛盾造成不良后果，双方平等相待，互有让步，实现交易成功。

(3) 达成交易，但关系恶化。虽然达成交易，但是双方付出了一定的代价，双方关系遭到一定的破坏或产生阴影。这种结果从眼前利益来看是不错的，但是对今后长期合作是不利的，或者说是牺牲双方关系换取交易成果。这是一种短期行为，“一锤子买卖”，对双方长远发展没有好处，但为了眼前的切实利益而孤注一掷也可能出于无奈。

(4) 没有成交，但改善了关系。为双方成功合作奠定了良好的基础。

(5) 没有成交，关系也没有变化。这是一次毫无结果的谈判，双方既没有达成交易，也没有改善或恶化双方关系。这种近乎平淡无味的谈判没有取得任何成果，也没有造成任何不良后果。双方都彬彬有礼地坚持己方的交易条件，没有做出有效的让步，也没有激烈的相互攻击，在今后的合作中也有可能进一步发展双方关系。

(6) 没有成交，但关系恶化。这是最差的结果，谈判双方在对立的情绪中宣布谈判破裂。双方既没有达成交易，又使原有关系遭到破坏；既没有实现眼前的实际利益，也对长远合作关系造成不良的影响。这种结果是谈判者不愿意看到的，所以应该避免这种结果出现。当然在某种特殊环境中特殊情况下，出于对己方利益的保护，对己方尊严的维护，坚持己方条件不退让，并且反击对方的高压政策和不合理要求，虽然使双方关系恶化，也是一种迫不得已的做法。

2．商务谈判结束的方式

商务谈判结束的方式不外乎三种：成交、中止、破裂。

(1) 成交。成交即谈判双方达成协议，交易得到实现。成交的前提是双方对交易条件经过多次磋商达成共识，对全部或绝大部分问题没有实质上的分歧。成交方式是双方签订具有高度约束力和可操作性的协议书，为双方的商务交易活动提供操作原则和方式。由于商务谈判内容、形式、地点的不同，因此成交的具体做法也是有区别的。

(2) 中止。中止谈判是谈判双方因为某种原因未能达成全部或部分成交协议而由双方约定或单方要求暂时终结谈判的方式。中止如果是发生在整个谈判进入最后阶段，在解决最后分歧时发生中止，就是终局性中止，并且作为一种谈判结束的方式被采用。中止可分为有约期中止与无约期中止。

① 有约期中止。有约期中止谈判是指双方在中止谈判时对恢复谈判的时间予以约定的中止方式。如果双方认为成交价格超过了原规定计划或让步幅度超过了预定的权限，或者尚需等上级部门的批准，使谈判难以达成协议，而双方均有成交的意愿，于是经过协商，一致同意中止谈判。这种中止是一种积极姿态的中止，它的目的是促使双方创造条件最后达成协议。

② 无约期中止。无约期中止谈判是指双方在中止谈判时对恢复谈判的时间无具体约定的中止方式。无约期中止的典型是冷冻政策。在谈判中，或者由于交易条件差距太大，或者由于特殊困难存在，而双方又有成交的需要而不愿使谈判破裂，双方于是采用冷冻政策暂时中止谈判。此外，如果双方对造成谈判中止的原因无法控制，也会采取无约期中止的做法。例如，涉及国家政策突然变化、经济形势发生重大变化等超越谈判者意志之外的重大事件时，谈判双方难以约定具体的恢复谈判的时间，只能表述为："一旦形势许可""一旦政策允许"，然后择机恢复谈判。这种中止双方均出于无奈，对谈判最终达成协议造成一定的干扰和拖延，是被动式中止方式。

(3) 破裂。破裂谈判是指双方经过最后的努力仍然不能达成共识和签订协议，交易不成，或友好而别，或愤然而去，从而结束谈判。谈判破裂的前提是双方经过多次努力之后，没有任何磋商的余地，至少在谈判范围内的交易已无任何希望，谈判再进行下去已无任何意义。谈判破裂依据双方的态度可分为友好破裂结束谈判和对立破裂结束谈判。

① 友好破裂结束谈判。友好破裂结束谈判是指双方互相体谅对方面临的困难，讲明难以逾越的实际障碍而友好地结束谈判的做法。在友好破裂方式中，双方没有过分的敌意态度，只是各自坚持自己的交易条件和利益，在多次努力之后最终仍然达不成协议。双方态度始终是友好的，能充分理解对方的立场和原则，能理智地承认双方的客观利益上的分歧，对谈判破裂抱着遗憾的态度。谈判破裂并没有使双方关系破裂，反而通过充分的了解和沟通，产生了进一步合作的愿望，为今后双方再度合作留下可能的机会。我们应该提倡这种友好的破裂方式。

② 对立破裂结束谈判。对立破裂结束谈判是指双方或单方在对立的情绪中愤然结束未达成任何协议的谈判。造成对立破裂的原因有很多，如对对方的态度强烈不满，情绪激愤；在对待对方时不注意交易利益实质性内容，较多责怪对方的语言、态度和行为；一方以高压方式强迫对手接受己方条件，一旦对方拒绝，便不容商量断然破裂；双方条件差距很大，互相指责对方没有诚意，难以沟通和理解，造成破裂。不论何种原因，造成双方在对立情绪中使谈判破裂毕竟不是好事，这种破裂不仅没有达成任何协议，而且使双方关系恶化，

今后很难再次合作。所以，在破裂不可避免的情况下，首先要尽力使双方情绪冷静下来，不要使用过激的语言，尽量使双方能以友好态度结束谈判，至少不要使双方关系恶化；其次，要摆事实讲道理，不要攻击对方，要以理服人，以情感人，以礼待人，这样才能体现出谈判者良好的修养和风度。

8.2 商务谈判备忘录的签订

备忘录，顾名思义，是商务谈判中用来记录和提示谈判成果和进程的公文，是商务谈判中不可少的一种文书。在经济活动中，备忘录的签订往往是解读谈判的重要指南，特别是跨国公司之间签订的备忘录，甚至会对某个行业的发展产生重大的影响。

8.2.1 备忘录的含义、特点及类型

1. 备忘录的含义和用途

备忘录是常常用来记录有关活动或事务，或就某个问题提出自己的意见和看法，启发或提醒对方以免忘却的一种记事性文书。备忘录是公文函件中等级比较低的公文。在商务中，它一般用来补足正式文件的不足。

备忘录可以用于个人事务的记录，也可以作为商务谈判或企业合作的记录。

2. 备忘录的特点

(1) 事务性。备忘录所记录的事情有两类：一类是如实记录现实中曾经发生过的真相，如记录商务谈判中双方的承诺、一致或不一致的意见等；另一类是提前记下计划办理的事项，如总经理的要求备忘录、重要活动安排备忘录等。

(2) 提醒性。即具有某件事情提示当事人避免忘却的特性。

3. 备忘录的类型

备忘录可分为如下三种类型：

(1) 个人备忘录。这是属于个人事务的备忘录，记录的事情其他人不参与。

(2) 交往式备忘录。这是记录人际交往活动的备忘录，这种备忘录必须真实地记录各种情况，包括对当事人有利或不利的情况。商务谈判备忘录就是其中的一种。

(3) 计划式备忘录。即提醒将来所要做之事的备忘录。

8.2.2 商务谈判备忘录的撰写

1. 备忘录的结构

(1) 标题(heading)。商务谈判备忘录标题通常有两种写法：一种直接写文种名称，即

“备忘录”；另一种由单位、事由和文种组成，如“××公司与××集团公司合作开发机电产品会谈备忘录”。

(2) 正文(text)。商务谈判备忘录正文一般有三个要点：导言、主体和结尾，分别介绍如下：

① 导言。记录谈判的基本情况，包括双方单位名称、谈判代表姓名(与外商谈判须注明国别)、会谈时间、地点、会谈项目等。

② 主体。记录双方谈判情况，包括讨论的事项、一致或不一致的意见、观点和做出的有关承诺。主体内容的记录类似于意向书的写法，通常采用分条列项式记录。

③ 结尾。备忘录一般不另写结尾。

(3) 落款(signature)。由参加谈判的各方代表签字认可并标明时间。

2. 备忘录的案例参考

合作备忘录

甲方代表:

乙方代表:

为更好地贯彻落实科教兴国的方针，积极推进教育体制改革，适应新形势下社会发展对人才的需求，××市××教育投资有限公司(以下简称甲方)和盛世宏扬教育(以下简称乙方)是××理工学院、××中医药大学在××市的教学站点，就合作招生等事宜，经双方友好协商，本着平等互利、真诚合作的原则达成如下协议:

一、性质及办学层次

二、招生专业(见当年教育行政部门的招生计划和招生简章)

略

三、毕业

取得学籍的学员，修完教学计划规定的全部课程，所有科目考试考查合格并通过毕业鉴定，即可获得全国上网、电子注册的成人教育专、本科毕业证书，国家承认其学历。

四、甲方职责

1. 确保招生录取计划指标的落实，并按当年的招生政策和程序做好录取工作。

2. 制订符合专业特点及其培养目标的教学计划，确保面授时间的安排及考试考查等教学活动的正常进行。

3. 建立和管理学生学籍。

4. 对符合毕业条件的学生颁发证书，对优秀毕业生进行表彰，对不符合条件的学生，按学籍管理规定发给结业证、肄业证或成绩证明。

5. 全权负责考生赴长沙或岳阳参加全国统考的各项事宜，乙方应全力配合。

6. 负责为乙方提供教材。

五、乙方职责

1. 乙方应根据自身资源开展招生、教学工作。

2. 乙方按国家教育方针和有关教育行政法规的规定开展工作。

3. 招生合作有效期内，认真地做好招生宣传咨询工作和报告登记事宜。

4. 在有效期内免费参加甲方举办的各类业务培训。

5. 乙方在进行招生宣传和解答时，乙方须按甲方提供宣传材料进行。

6. 乙方应及时将学生报名表及咨询报名情况以传真或电子邮件方式反馈给甲方，以便甲方存档并办理学员入学手续。乙方保留甲方反馈的确认传真和邮件，作为结算劳务费的依据。

7. 乙方自主经营，自负盈亏，独立核算，独立承担经济法律责任。

六、授权范围的限制

乙方作为甲方的招生合作伙伴，应遵守以下规定：

1. 遵守本协议的规定。

2. 不得过分承诺甲方做不到的事情，不得做超范围的许诺和虚假宣传，若需对外做广告，广告内容宣传发布之前必须经甲方审批同意方可发布。未经甲方同意，乙方私自发布告，一切后果由乙方全部承担，同时甲方将终止与乙方的合作关系。

3. 乙方不得以甲方名义收取任何费用，或从事欺诈活动。

4. 乙方所招学生，学生所交的一切费用必须到指定的学习中心处交纳。未经许可，乙方不得擅自收取任何费用；乙方如擅自收取学生学费等一切费用，则出现任何民事责任和刑事责任全部由乙方承担，与甲方无关，甲方不承担任何民事责任和刑事责任。

下略

甲方(公章)	乙方(公章)
代表(签字)	代表(签字)
2018 年　月　日	2018 年　月　日

(资料来源：陈丽清，何晓媛. 商务谈判理论与实务. 北京：电子工业出版社，2011)

3. 备忘录注意事项

(1) 注意商务谈判纪要与商务谈判备忘录的区别。一是效力不同。商务谈判纪要一经双方签字，就具有一定的约束力；而商务谈判备忘录没有约束力，只起提示备忘作用。二是内容不同。商务谈判纪要中记录的主要是谈判双方达成的主要的一致意见；而商务谈判备忘录中所载的则不一定是谈判达成的一致意见，可能是为了下一次谈判、洽谈或磋商而提示的问题。

(2) 内容要翔实、具体而完备。商务谈判备忘录应当完整地记录前期谈判的所有内容，记录取得一致意见和为达成一致意见的项目，以备日后查阅。因此，遗漏和省略任何项目都是错误和失误的。

(3) 语言要朴实、客观、准确。要明确商务谈判备忘录是一种商务公文，因此语言要力求精练、客观，一般用第三人称记录，不能夸大其词，也不能有推测和揣摩之意，同时此类文体也无须过多华丽辞藻的修饰言语，做到准确、客观、朴实即可。

8.3 商务合同的签订

商务谈判双方达成协议，也就是要签订书面合同。合同的签订，是衡量商务谈判成功与否、其结果合法与否的重要标志，合同中确定的各自权利义务关系，也受到法律保护，因此，签订好合同非常重要。

8.3.1 商务合同的特点及其种类

1. 商务合同的特点

商务合同是谈判双方在经济合作和贸易交往中，为实现各自的经济目标、明确相互之间的权利义务关系、通过协商一致而共同订立的协议。因此，商务合同一般具有以下特点。

(1) 商务合同是一种法律文件。一方面，商务合同必须遵守国家法律规定，符合国家政策和计划要求，涉外商务合同还须遵守国际条约和国际惯例。另一方面，商务合同的签订是一种经济和法律行为，任何一方违反合同规定都要承担法律的和经济的责任。

(2) 体现权利义务平衡。即当事人一方所享受的权利，必须与其所承担的义务相对应，双方应互有权利和义务，这种平衡要体现在合同的每一条文之中，并贯穿始终。

(3) 合同当事人应有合法行为能力。即签订商务合同的主体必须是具有法人资格的企业或国家法律许可的个体工商户。

(4) 合同条文必须明确、规范。合同作为一种法律文件，应同时具备严肃性、规范性和可保存性。商务合同除即时清结的以外，一般采用书面形式。

2. 商务合同的种类

商务合同的种类繁多，可从不同角度加以区分。

以参加商务谈判和签订合同主体来区分，有：①政府间签订的合同；②法人间签订的合同；③法人与自然人间签订的合同；④自然人与自然人间签订的合同。

以涉及单位所属国家来区分，有：①国内商务合同，如国内企业间签订的货物购销合同、技术转让合同等；②国际商务合同，如进出口货物贸易合同、国际技术转让合同、融资合同等。

以合同标的物来区分，有：①货物购销合同；②技术贸易合同；③合资・合作经营合同；④融资信贷合同；⑤来料加工、来件装配合同；⑥补偿贸易合同；⑦产权转移合同；⑧信息咨询合同；⑨劳务合同；⑩工程施工合同；⑪租赁合同；⑫承包经营合同；⑬证券交易合同；⑭企业兼并合同；等等。

以合同形式来区分，有：①口头合同；②书面合同。

以合同当事人的直接或间接性来区分，有：①直接合同；②代理合同(亦称居间合同)。

8.3.2　商务合同的构成

随着社会经济的发展、交易的复杂化，各类商务合同示范文本也应运而生。综观内容繁简不一的商务合同文本，可以发现其具有较为稳定的书面结构模式。商务合同的结构一般由首部、正文、尾部和附件四部分构成。

1．首部

合同的首部称为约首。通常由标题、当事人基本情况及合同签订时间、地点构成。具体如合同的详细名称、签订合同当事人的名称(姓名)、签订合同的目的和性质、签订合同的日期和地点、合同的成立以及合同中有关词语的定义和解释等内容。

2．正文

合同的正文是合同的内容要素，即合同的主要条款，是合同最重要的部分。其包括合同的标的与范围、数量与质量规格、价格与支付条款及相应条件、违约责任、合同效力等。由于此部分是合同关键所在，所以在签订合同时往往在内容上比较明确、具体而又准确。

3．尾部

合同的尾部为合同的结尾部分，内容包括合同的份数、合同的有效期、双方当事人签名、通信地址、盖章、银行开户名称、开户银行账号、签证或公证等。

4．附件

合同的附件是对合同有关的条款做进一步的解释与规范，对有关技术问题做详细阐释与规定，对有关标的操作性细则做说明与安排的部分。如技术性较强的商品买卖合同，需要用附件或附图的形式详细说明标的全部情况。合同附件是合同的共同组织部分，同样具有法律效力。

除了以上主要内容外，根据不同谈判目的和合同类型的具体特点，都可以将谈判双方已经达成的一致意见以书面形式肯定下来，并以准确的词语加以表达，形成一份合同。

书写合同由于种类多，内容广，其具体格式在世界各国并无统一的规定，因此具体写作中可有一定的灵活性。但有的国家政府为了便于审查批准，对某些涉外合同的格式有具体专门的规定，书写时必须参照。

8.3.3　谈判合同的主要条款

商务合同的种类、形式极多，具体内容各异，不少国家的合同法对此均有各自明确的规定，但其主要条款则是稳定的。商务合同的主要条款是指一般商务合同都必须具备的共性条款，它规定了当事人双方的权利和义务，是确认商务合同是否合法有效的主要条件，也是当事人双方全面履行商务合同的主要依据。其包括的主要条款如下。

(1) 标的。合同的标的是整个谈判的中心内容，是合同当事人权利和义务共同指向的对象。商务合同种类不同，其标的也不相同。标的可以是货物，可以是货币，也可以是工程项目、智力成果等。但无论何种标的，都必须符合国家法律、法规的规定，国家限制流通的物品不能作为商务合同的标的。同时，合同的标的要写明标的名称，以使标的特定化，以便确定当事人的权利和义务。

【案例 8-5】小白菜之争

甲公司和乙公司订立一份合同，约定由乙公司在十天内，向甲公司提供新鲜蔬菜 6000 公斤，每公斤蔬菜的单价为 2 元。乙公司在规定的时间内，向甲公司提供了小白菜 6000 公斤，甲公司拒绝接受这批小白菜，认为是职工食堂订购所需的蔬菜，食堂不可能有那么多人力来洗小白菜，小白菜不是合同所要的蔬菜。

双方为此发生争议，争议的焦点在于对合同标的双方各执一词，甲公司认为自己的食堂从来没有买过小白菜，与乙公司是长期合作关系，经常向其购买蔬菜，每次买的不是大白菜就是萝卜等容易清洗的蔬菜，乙公司应该知道这个情况，但是其仍然送来了公司不需要的小白菜，这是曲解了合同标的。乙公司称合同的标的是蔬菜，小白菜也是蔬菜，甲公司并没有说清楚是什么样的蔬菜，合同标的规定的是新鲜蔬菜，而小白菜最新鲜，所以公司就送小白菜过去，这没有违反合同的规定，甲公司称蔬菜就是大白菜或萝卜的说法太过于牵强附会，既没有合同依据也没有法律依据，不足为凭。

(资料来源：http://cwhan2008.blog.163.com/blog/static/6997709201783042114595/)

(2) 数量和质量。订立合同必须有明确的数量规定，数量是衡量标的的尺度，没有数量，合同是无法生效和履行的，极易引起纠纷。对数量的要求是准确、具体，不能含糊笼统，也不能搞上下限。例如，计量单位必须确切，数据要求准确，计重量的产品还必须明确是毛重还是净重。如果标的的数量允许或者有必要规定正负差、合理磅差、自然损耗率，合同上都要规定清楚，以免引起不必要的争议。标的质量是内在素质和外观形态的综合。它包括名称、品种、规格、型号、质量指标等。对质量标准的要求也明确、具体，如写明具体的国际标准、国家标准、部颁标准、地方标准等，若是双方协商标准，应在合同中写明指标和数据或另附协议，或提交样品。

(3) 价款或酬金。这是取得标的的当事人一方偿付给对方的代价，价款或酬金是以货币数量表示的。在以货物为标的的合同中，这种支付的代价叫做价款；在以劳务为标的的合同中，这种支付的代价叫做酬金。对于价款或酬金，国家有关部门规定有标准的，按标准执行，如无标准则双方协商支付。对价款和酬金应明确规定何种货币单位、结算方式等。

(4) 履行的期限、地点和方式。合同中对期限的规定应该具体、明确，不能含糊。至于双方商定可以变通期限的，也应在合同中写明。经济合同的履行地点直接关系到履行费用，因此，应在合同中明确规定履行地点，并明确费用负担的归属。自提产品要确定提货的地点。送货的产品，要对交货的地点、运费负担、运价标准和途中损耗等作出规定。如果履行地点不明确，则按惯例执行，即：交付建筑物的，在建筑物所在地履行；付给货币的，在接收付给的一方的所在地履行；其他义务在履行义务一方的所在地进行。

谈判合同履行的方式，因合同的内容不同而有所区别。例如，有的合同是以提供某种商品或劳务的方式履行，有的合同需要交付所完成的一定工作成果来履行。经济合同需用货币履行义务时，除法律另有规定的以外，必须用人民币计算和支付；除国家允许使用现金履行义务的以外，必须通过银行转账结算。此外，经济合同在规定履行方式时，可以规定一次履行或部分履行；合同中规定一次履行或没有对此专门规定的，都应一次完成合同规定的义务，在未征得对方同意时，不得擅自改变一次履行方式。

(5) 包装和验收方法。凡需要包装的产品，都应有包装。国家有规定标准的，按国家规定标准包装；没有规定的，双方可以议定包装标准。验收是确定合同标的物是否得到完满履行的必要程序。验收分为数量验收、包装验收、质量验收等。验收无异议即认为履行了合同。验收有异议则必须在规定的时间内，由双方协商解决。超过时限才提出异议不予承认。

(6) 违约责任。合同的一方或双方因过错不能履行或不能完全履行合同，侵犯另一方权利时所应负的责任，即违约责任。对违约责任做出明确的规定，可以使责任清楚，加强双方对履行合同的责任心。在经济合同中，违约所应负的责任是向对方支付违约金或赔偿经济损失，后者是当违约给对方造成的损失超过违约金时所作的赔偿。违约金具有惩罚性质，赔偿金则为经济补偿性质。《经济合同法》规定，不得将违约金或赔偿金列入成本开支，这将促使企业重视合同的履行。

8.3.4 商务合同的签约过程

商务合同的签订过程，也是双方当事人对合同内容进行相互协商、谈判取得一致意见的过程。这个过程概括起来，一般要经过订约提议(要约)和接受提议(承诺)两个主要步骤。

(1) 要约。要约是当事人一方以缔结合同为目的，向对方提出签订经济合同的建议、要求或一种意思的表示。提出要约的一方称要约人，对方称为受约人，又称承诺人。要约人在提出要约时，除表示订立合同的愿望外，依法还必须提出合同的主要条款，以供对方考虑是否同意要约。要约中，一般还要指明等待答复的期限。要约通常有书面方式和口头方式。书面方式通过寄送订货单、书信、发电报等提出。口头方式可以由一方向另一方当面口头提出。要约是一种法律行为，在提议到达对方时发生法律效力，对要约人有法律约束力。如果要约中规定了答复期限，要约人在规定期限内要受约束。只要在规定期限内收到了对方表示接受提议的答复，要约人就有与之订立经济合同的义务。在此期间，要约人不得向第三人提出同样提议或与第三人订立此项合同；否则，由此给对方造成的损失，就要负赔偿责任。但是，在下列三种情况下，要约人可以不受原要约的约束。第一，在规定期限内收到对方拒绝接受要约的答复，或者对方做出了改变原要约主要条款的答复；第二，对方超过期限才做出同意要约的答复；第三，虽然对方是在规定期限内做出同意要约的答复，但是要约人收到答复时已经过期，并且立即将此情况通知了对方。

(2) 承诺。承诺即接受要约，是受约人按照要约所指定的方式，对要约的内容表示完全同意。要约一经承诺，合同即告成立。承诺人就要承担合同规定的义务。承诺也是一种法律行为。对要约的修改、部分同意或者附有条件的接受，则不能认为是接受承诺，而应当看做是拒绝原要约而提出的新要约，这是因为它改变了原提议的内容。

作为有效的承诺，必须具备下列条件。

① 承诺必须由受约人做出，受约人包括本人及其授权的代理人。除此之外，任何第三人即使知道要约内容，并对此做出承诺，也不能成立合同。

② 承诺必须在要约期间内进行。如果承诺的时间迟于要约的有效期限，叫做“迟到的承诺”。迟到的承诺不是有效的承诺，而是一项新的要约，必须经原要约人承诺后方能成立合同。

③ 承诺必须与要约内容一致。如果受约人在承诺中将要约的内容加以扩充、限制或变更，这就不是原要约而是一种新的要约或反要约，它必须经原要约人承诺，方能成立合同。

④ 承诺的传递方式必须符合要约所提出的要求。如果要约人在要约中没有规定具体的传递方式，承诺人一般按照要约人采用的传递方式办理。但是，如果承诺人在要约有效期间内，采用此要约指定的或比要约采取的传递方式更快的方式做出承诺，这在法律上是允许的，要约人不能因此予以拒绝。承诺也可撤回，这是承诺人阻止承诺发生效力的一种意思表示。但是承诺的撤回必须在生效前撤回；一旦生效，合同即告成立，承诺人就不得撤回其承诺；如果撤回已生效的承诺，就是单方撕毁合同，就要承担法律责任。

⑤ 违约金。至于违约金的标准，主管部门有规定的按规定执行；没有规定的，由双方议定。

8.4 商务合同的履行与纠纷的处理

在商务合同履行过程中，由于一方或多方的原因，会发生条款乃至条款方面关系的争论，这就是商务合同的纠纷。在合同履行过程中，发生矛盾、纠纷是不可避免的，这不仅关系到合同当事人双方的经济利益，也关系到合同能否继续执行，因此，一旦出现纠纷，就应及时、合理地加以解决。

8.4.1 商务合同的履行

商务合同的履行应遵循下列原则：

(1) 实际履行原则。实际履行也叫实物履行，就是当事人必须严格按照合同所规定的标的来履行。合同写的是什么标的，就一定要交付什么标的，不能故意更换标的而用其他物品、款项代替，也不能折合现金来代替。只有当实际履行在事实上已经不可能或不必要，或者法律规定一方违约只要赔偿损失的情况下，才能仅以偿付违约金、赔偿金作为补偿，但这并不能看做是代替履行。例如在货物运输合同中，因承运方的过错，运输过程中货物丢失、短少或损坏，承运方就只能按实物的实际损失价值赔偿。不可能再以实物来履行时，才可以免除原标的履行。在贯彻实际履行原则时，应该从实际出发，不可过分机械执行原则。如在购销合同中，某些季节性强的产品，如电风扇、雨具等，供方未能按期交货，已过了销货旺季，此时供方的继续履行对需方不仅已经没有实际意义，而且还会造成积压浪费，需方可只要求供方偿付违约金、赔偿金，而不再要求交货。

(2) 适当履行原则。合同的适当履行，就是当事人按照合同规定的标的，按质量、数量、期限、地点、方式、价格和包装要求等，用适当的方法全面履行合同。义务人不得以次充好，以假充真，否则权利人有权拒绝接受。当事人只有按合同的这些规定去切实履行，才是全面完成了合同任务，没有按规定去履行合同每一项条款的行为，都是违约行为。

(3) 协作履行原则。协作履行原则，是指当事人双方要团结协作，互相帮助来完成经济合同规定的任务。谈判合同当事人双方各自有其规定的经济权利和经济义务，具体的经济利益也有所不同，但订立经济合同的目的则是互惠互利的，愿望是一致的。因此，当事人不仅要按实际履行和适当履行原则，承担自己的义务，应对另一方当事人履行义务表示关心，并提供方便和帮助，进行必需的督促和检查，对可能引起合同履行障碍的行为要即时提出和制止。如果在履行过程中发生分歧，双方要按照法律和合同的规定及时协商解决，避免扩大分歧、影响合同的履行。

8.4.2　商务合同纠纷的处理

1．商务合同纠纷的协商

所谓商务合同纠纷的协商，就是在合同发生纠纷时，由双方当事人在自愿、互谅的基础上，按照《合同法》以及合同条款的有关规定，直接进行磋商，通过摆事实、讲道理，取得一致意见，自行解决合同纠纷。

双方当事人在协商解决合同纠纷的过程中，应注意以下问题：

(1) 双方的态度要端正、诚恳。应本着与人为善、解决纠纷的态度去协商解决，本着实事求是的精神，既不要缩小自己的责任，也不要夸大对方的责任。

(2) 通过协商达成的协议，一定要符合国家的法律、政策。否则，即使达成了协议也是无效的。为此，各个经济组织，都应是执行政策、法令的模范，任何违反政策、法令的行为都是不允许的。对在合同纠纷过程中所发现的投机倒把、买空卖空、欺诈行骗等违法行为，要毫不留情，坚决揭露。

(3) 协商解决纠纷一定要坚持原则，决不允许损害国家和集体的利益，特别是不能影响国家计划的完成。

(4) 协商一定要在平等的前提下进行。签订合同的双方当事人，在法律地位上都是平等的，决不允许任何一方享有特权，坚决反对以大压小，以强欺弱，对那些只要求对方履行义务，不规定自己应负责任的“霸王合同”，应予抵制。

(5) 在协商解决合同纠纷中，还要防止拉关系、搞私利等不正之风。现在已经发现有些地方在协商解决合同纠纷中，出现慷国家之慨以饱私囊的情况。对于这种损害国家和集体利益的行为必须坚决反对，凡情节严重的，须依法惩处。

总之，合同双方当事人，要在坚持友好、平等、合法原则的前提下，从有利于国家利益，有利于加强团结协作，有利于发展生产经营出发，互谅互让，协商解决合同纠纷。

2．商务合同纠纷的调解

商务合同纠纷的调解，是指发生合同纠纷时，当事人双方协商不成，根据一方当事人的申请，在国家规定的合同管理机关的主持下，通过对当事人进行说服教育，促使当事人双方相互让步，并以双方当事人自愿达成协议为先决条件，达到平息争端的目的。通过调解方法使问题得到恰当的解决，是合同管理机关解决合同纠纷的基本方法。合同纠纷的调解应按以下程序进行。

(1) 提出调解申请。当合同发生纠纷时，当事人任何一方都可以向对方所在地合同管理机关申请调解。先由提出要求调解的一方填写《合同纠纷调解申请书》，要求表中的原诉单位和被诉单位的名称必须与合同中的名称一致，申诉代表人必须与合同中的签约代表一致。如果签约代表更换，或委托别人代为出面参加调解，必须在申请书中注明。

(2) 接受调解申请。合同管理机关收到《合同纠纷调解申请书》之后，先进行案情登记，仔细审查合同的内容和条款有无问题。同时，要做好调查研究工作，在摸清纠纷产生的原因的基础上，决定可否受理。如果属于受理范围，方可受理。受理后，开出《合同纠纷调解通知书》两份，并随每份附空白《调处合同纠纷代表资格证明书》一份，分送发生纠纷的双方当事人，同时将原诉方的调解申请书抄件一并传送给被申诉方，通知准备答辩。最后，通知双方在指定的时间和地点进行调解。

(3) 进行调解。双方参加调解的代表必须持盖有本单位公章的《调处合同纠纷代表资格证明书》。如果哪方不按规定的时间到指定的地点接受调处，即算自动接受调处协议，并即予实行。

调解时，要客观地、细致地、实事求是地做好当事人的思想工作，弄清纠纷的原因、双方争执的焦点和各自应负的责任。调解必须双方自愿，不得强迫，使问题得到公平合理的解决。调解结束，要制作调解笔录和调解书。

(4) 制作调解书。合同管理机关通过调解方式达成协议后，制作具有法律效力的文书，即调解书。调解书是按自愿、合法的原则制作的，它与仲裁书具有同等的法律效力，双方当事人必须执行。

调解书应写明以下内容：当事人的名称、地址；代理人姓名、职务；纠纷的事实、责任；协议内容和费用的承担等。调解书由仲裁员署名，代理人签字，并加盖合同管理机关的印章，分发给双方。

(5) 产生法律效力。调解书由双方当事人签字，合同管理机关盖章后生效，即具有法律的约束力。如果一方或双方对调解协议反悔，可以在收到调解书之日起 15 天内，向国家规定的管理机关申请仲裁，也可以直接向人民法院起诉。在法定期间内，若当事人收到调解书后不申请仲裁，也不起诉，当事人就应自动履行。

3．商务合同纠纷调解的方法

由于商务合同关系错综复杂，合同纠纷也必然会多种多样。因此，必须针对不同的情况，采取不同的调解方法。

(1) 当面调解。这是一种比较常用的方法，主要用于工商合同。当面调解，就是请双方当事人开调解会，当面协商，兼听双方意见，鉴别有关依据，经过反复多次的协商调解后，在事实清楚、责任明确的基础上达成协议。

(2) 现场调解。对农副产品中的鲜活品种，以及某些工业品的规格质量验收中发生的合同纠纷，召集争议双方和有关单位到现场，用合同条款和《经济合同法》的规定与实物对照的办法协商调解，这种方法解决纠纷及时准确、说服力强。

(3) 异地合同，共同调解。对那些本地单位与外地企事业部门签订的合同所发生的经济纠纷，如果请外地当事人到所在地或仲裁机关会同本地当事人到外地调解，会有诸多不便。为有利于调解，对这种异地合同，可以发公函或派人请双方所在地的工商局会同当地有关主管部门共同配合调解，这样有利于问题的及时解决。由于有当地主管部门参加，协议也容易付诸执行。

(4) 通过信函进行调解。对于矛盾比较单纯，是非责任比较明确，金额不大，申诉方远在省外的，就可以通过信函进行调解。但事先要根据申诉书对被诉方进行调查，弄清情况，分清是非，按合同条款，取得被诉方的解决意见后，才可发函商调。这样既节省申诉方的人力、物力，也能使纠纷较快解决。

(5) 分头解决和会合调解穿插进行。有的合同纠纷案件，事实清楚、责任分明，但申诉一方调子很高，被诉一方则推卸责任，消极应诉。对于这种情况，一般可采取分头调解，多做双方工作，进行说服疏导与法制宣传，使双方坐下来协商。这种方法有利于缓和矛盾，促进安定团结，便于纠纷顺利解决。

(6) 根据需要分别采用开会调解和开庭调解。对案情较为简单，双方态度诚恳，容易解决纠纷的，一般都可采用开会的方式进行调解。若遇案情复杂，而且纠缠不休的经济纠纷案件，可采用单独开庭调解，如果调解达不成协议，就做好开庭判决的准备。

4．商务合同纠纷的仲裁

所谓仲裁，亦称“公断”，是指当事人双方对某一问题或事件争执不下时，由无直接利害关系的第三者，做出具有约束力的裁决。

商务合同纠纷的仲裁，就是由国家规定的合同管理机关，根据合同当事人的申请，对合同纠纷在查清事实、分清是非的基础上，根据法律，做出仲裁，制作仲裁决定书，交双方执行。

仲裁程序是指仲裁案件自开始至终止的过程中，有关仲裁机构、仲裁庭、仲裁员、申诉人、被诉人、其他关系人以及与法院之间的相互关系和活动的规定。从实践情况来看，我国大体是按以下程序来仲裁合同纠纷的。

(1) 提出仲裁申请。经济纠纷发生后，当事人应及时协商解决，或者请上级主管机关调解，协商不成时，可向仲裁机关提出仲裁申请。申请仲裁合同纠纷案件必须按规定内容填写并递交申请书及其副本，同时抄送被诉单位及其有关单位。

申请仲裁应从知道或应知道权利被侵害之日起一年内提出，超过期限的，一般不予受理。

(2) 接受仲裁申请。仲裁机关在接到申请书后，在进行仲裁之前，应做好以下准备工作：审查申请手续是否完备；按仲裁申请书副本送交被申请仲裁人；限期进行答辩和提出有关证据；审查被申请仲裁人的答辩和有关证据；告诉双方当事人应有的辩护和请求回避的权利。经过初步审查，认为案情重大或其他特殊理由需要由高一级仲裁机关处理的，可请求移送。

(3) 进行答辩。被诉单位在接到申请书副本的10天内提出书面答辩。答辩内容要针对申诉方所提出的问题，并提供人证、物证及有关材料。无论申诉还是答辩都必须不夸大，不缩小，坚持实事求是的原则。

(4) 调查和取证。仲裁员必须认真审阅申诉和答辩书，进行调查研究，搜集证据，弄清纠纷发生的时间、地点、原因、经过、结果及争执的焦点等。当事人、证人、关系人在外地，需要委托所在地管理机关代为调查的，应提出调查项目和要求，受委托的管理机关应抓紧时间，认真办理，及时回复。

仲裁机关有权调阅企业与案件有关的文件档案资料和原始凭证。有的案件需要现场勘察或对物证进行技术鉴定时，应通知有关人员到场，必要时可邀请有关单位派员协助。在处理案件时，为避免造成更严重的财产损失，仲裁机关还可根据当事人的申请做出保全措施的裁定。

(5) 进行调解。仲裁机关在处理案件时，应当先行调解，调解可以由仲裁员一人主持，也可以由仲裁庭主持。调解笔录和达成的协议应由当事人和参加调解的人员签名盖章，对某些重要调解案件，根据协议可由仲裁机关制作调解书，经盖公章后发给当事人，调解书和仲裁书具有同等效力。

(6) 组织仲裁。对合同纠纷如经调解无效，可由仲裁机关的该案仲裁小组进行裁决。在裁决前应将裁决时间、地点以书面形式通知当事人，当事人应按时参加。申请仲裁人两次通知不到时，即作为撤诉；被申请仲裁人两次通知不到时，可进行缺席仲裁。仲裁庭应当认真听取当事人陈述和辩论，出示有关证据，然后依申诉人、被诉人的顺序征询双方最后意见。调解不成时，由仲裁庭评议后裁决，并按照规定的内容要求，制作仲裁决定书，加盖公章后通知双方当事人。

在仲裁合同纠纷案件过程中，发现需要追究刑事责任的，可由仲裁机关转交当地司法机关处理。

(7) 仲裁的监督和执行。工商行政管理局的局长、副局长对已发生法律效力的裁决，若发现确有错误，可以指令重新裁决。上级仲裁机关对下级仲裁机关已发生法律效力的裁决，若发现确有错误，有权撤销原裁决，指令重新裁决。重新裁决时，应当另行组成仲裁庭进行。已发生法律效力的仲裁决定，应由仲裁机关监督执行，如果当事人拒不执行，应通知有关银行从当事人账户中扣留或划拨需支付的款项。

5．商务合同纠纷的审理

商务合同纠纷的审理，是指经济审判机关根据当事人一方的请求，依法处理合同纠纷案件而进行的职能活动。

合同发生纠纷，无论是否经过仲裁，当事人凡直接向人民法院提起诉讼的，人民法院应予以受理。人民法院经济审判庭根据当事人一方的申诉，依照《中华人民共和国民事诉讼法(试行)》的规定，对合同纠纷案件经过调查研究，取得纠纷案件有关的可靠证据，在弄清事实的基础上，依法进行调解或对争议作出判决。这是人民法院按照法律规定，通过对合同纠纷案件审理的执法活动，对当事人的合法权益给予法律上的保护。

6. 商务合同的格式

随着商品经济的发展，我国的商务合同又不断细分为更多的形式和内容。下面以出口为例，介绍规范的国际货物买卖合同的合同格式，供谈判人员参考。

【案例 8-4】

出口合同

合同号:

签约日期:

签约地:

卖方: A 公司

地址:

电话:

传真:

电传:

买方: B 公司

地址:

电话:

传真:

电传:

双方同意按照下列条款由卖方出售、买方购进下列货物。

(1) 货物名称、规格:

(2) 数量:

(3) 单价:

(4) 总值:

(上述(2)、(3)、(4)条合计)

(5) 交货条件: FOB/CFR/CIF，______，______。

除非另有规定，FOB、CFR 和 CIF 均应依照国际商会制定的《2010 国际贸易术语解释通则》办理。

(6) 货物生产标准:

(7) 包装:

(8) 唛头:

(9) 装运期限:

(10) 装运港口:

(11) 目的港口:

(12) 保险:

当交货条件为FOB或CFR时，应由买方负责投保。

当交货条件为CIF时，应由卖方按发票金额110%投保______险；附加险________。

(13) 支付条款:

① 信用证(L/C)支付方式。

买方应在装运期前/合同生效后________日，在________银行以电传/电信方式开立以卖方为受益人的不可撤销的议付信用卡。信用证应在装船完毕后__________日内在受益人所在地到期。

② 托收(D/P或D/A)支付。

货物发运后，卖方出具以买方为付款人的付款跟单汇票，按即期付款交单(D/P)方式，通过卖方银行及________银行向买方转交单证，换取货物。

货物发运后，卖方出具有以买方为付款人的承兑跟单汇票，汇票付款期限为________，按即期承兑交单(D/A 日)方式，通过卖方银行及______银行，经买方承兑后，向买方转交单证，买方按汇票期限到期支付货款。

(14) 单证:

卖方应向议付银行提交下列单证:

① 标明通知收货人/受货代理人的全套清洁的、已装船的、空白抬头、空白背书并注明运费已付/到付的海运提单；

② 商业发票______份；

③ 在CIF条件下的保险单/保险凭证；

④ 装箱单一式________份；

⑤ 品质证明书；

⑥ 原产地证明书。

(15) 装运条件:

① 在FOB条件下，由买方负责按照合同规定的交货日期洽定舱位。卖方应在合同规定的装船期前__________日将合同号、货物名称、数量、金额、箱数、总重量、总体积及货物在装运港备妥待运的日期以电传/传真通知买方。买方应在装船期前__________日通知卖方船名、预计装船日期、合同号，以便卖方安排装运。如果有必要改变装运船只或者其到达日期，买方或其运输代理应及时通知卖方。如果船只不能在买方通知的船期后________日内到达装运港，买方应承担从第________日起发生的货物仓储保管费用。

② 在FOR、CFR和CIF条件下，卖方在货物装船完毕后应立即以电传/传真向买方及买方指定的代理人发出装船通知。装船通知应包括合同号、货物名称、数量、毛重、包装尺码，发票余额、提单号码、起航期和预计到达的目的港的日期。

③ 允许/不允许部分装运或转运。

④ 卖方有权在________%数量内溢装或短装。

(16) 质量/数量不符合索赔条款：

在货物运抵目的港后，一旦发现货物的质量、数量或重量与合同规定的不符，买方可以凭借双方同意的检验组织所出具的检验证书，向卖方索赔。但是，应由保险公司或航运公司负责的损失除外。有关质量不符的索赔应由买方在货物到港后 30 天内提出；有关数量或重量不符的索赔应在货物到港后 15 天内提出。卖方应在收到索赔要求后 30 天内回复买方。

(17) 不可抗力：

卖方对由于下列原因而导致不能或暂时不能履行全部或部分合同义务的，不负责任：水灾、火灾、地震、干旱、战争或其他任何在签约时卖方不能预料、无法控制且不能避免和克服的事件。但卖方应尽快地将所发生的事件通知对方，并应在事件发生后 15 天内将有关机构出具的不可抗力事件的证明寄交对方。如果不可抗力事件的影响超过 120 天，双方应协商合同继续履行或终止履行的事宜。

(18) 仲裁：

因履行本合同所发生的一切争议，双方应友好协商解决，如果协商仍不能解决争议，则应将争议提交中国国际经济贸易仲裁委员会(北京)，依据其仲裁规则仲裁，仲裁裁决是终局的，对双方都有拘束力。仲裁费应由败诉一方承担，但仲裁委员会另有裁定的除外。在仲裁期间，除仲裁部分之外的其他合同条款应继续执行。

(19) 特殊条款：

本合同由双方代表签字后生效，一式两份，双方各执一份。

卖方：A 公司　　　　　　　　　　买方：B 公司

授权代表：(签字)　　　　　　　　授权代表：(签字)

8.5 综合实训

8.5.1 实训项目一

【实训目的】

掌握如何针对具体内容草拟谈判协议。

【实训内容】

根据背景草拟相关协议。

【实训时间】

本章课堂教学内容结束后的双休日和课余时间，为期一周。或者指导教师另外指定时间。

【实训过程设计】

(1) 以同桌两人为单位进行分组。

(2) 每一组按下列步骤进行实训。

① 两个人分别就五个问题进行商议。

② 提出各自的观点。

③ 进行协商，并达成一致。

④ 分别按自己的理解和有利于自己观点的方式起草所达成的协议草案。

⑤ 通过比较双方的草案，写出主要差别。

8.5.2 实训项目二

【实训目的】

正确把握成交信号，灵活运用成交阶段的相关策略。

【实训主题】

成交阶段的相关策略的运用。

【实训时间】

本章课堂教学内容结束后的双休日和课余时间，为期一周。或者指导教师另外指定时间。

【背景资料】

甲公司技术改造后需处理一部分替换下来的设备，乙公司得知消息后上厂求购，于是双方展开了谈判。卖方的小李说："这些设备都是七八成新的，售价不能低于10万元。"买方的老刘说："你不要说得那么死嘛，我已经做过调查并向行家打听说，这些设备最多也就值4万元，而且应当包括安装费在内。"双方谈了一会儿，卖方首先做出让步，小李说："好吧，看来你们是真需要这些设备，我们事先研究过，最低不能低于8万元，这样就8万元吧，不过我们不负责运输、安装。"老刘却说："不！如果你们不负责运输和安装。那我们可以出价5万元，你考虑考虑如何？"谈判进行不下去了，于是二人约好第二天再谈。

第二天双方谈了一个上午，没有一点进展。到了第二天下午，买方的老刘说："小李，这些设备我已经仔细看过了，如果可以5.8万元卖给我们，我们回去就可以安装投入运行。如果超过这个价格，我们还不如去买新的呢，所以我们只能再让你们8000元，这回该满意了吧。"

此时卖方的小李已经看出对方没有太大的让步余地，目前的让步和谈话已经表现出了他们的签约意向，公司里给他定的价格是不能低于5.5万元。但小李并没有立刻同意对方的条件，很诚恳地对老刘说："我跟您实话实说吧，公司里定的价格是6万元，这是我们的底价了，贵公司买一批设备也不差2000元吧，要不然我也实在没法交代。如果同意，我们就马上签协议，您看怎么样。"

老刘的公司里定的价格是不高于6.5万元就可以成交，双方都彼此把握住了对方的签约意向，最后以6万元成交。卖方的小李非常满意，同样买方的老刘也很满意，因为谈判的结果都在双方的可能接受范围之内。

(资料来源：网易微博，http://cwhan2008.blog.163.com/blog/static/69977092017929101729534/)

【实训过程设计】

(1) 指导教师布置学生课前预习背景资料。

(2) 将全班同学平均分成小组，按每组 5～6 人进行讨论。各组选择一个问题进行讨论。

(3) 根据“背景资料”讨论：

① 假如您是卖方的小李，您是如何从买方老刘的话语里看出签约意向的呢？

② 在小李和老刘的谈判中，他们各自运用了哪些策略？

③ 改变双方公司预先设定的限价，以小组为单位，在规定的时间内，模拟案例里的谈判情景，要求根据具体情况，尝试运用成交阶段的各种谈判策略。

(4) 各实训组对本次实训进行总结和点评，参照 11.2.1 节撰写作为最终成果的《商务谈判礼仪规范化运作实训报告》。优秀的实训报告在班级展出，并收入本课程教学资源库。

8.6　综 合 练 习

8.6.1　单项选择题

1. 对案情较为简单、双方态度诚恳、容易解决的纠纷，一般可采用(　)的方式解决。
   A．开庭　　B．开会　　C．信函　　D．会合
2. 成交线是指(　)。
   A．己方可以接受的最低交易条件，是达成协议的上限
   B．己方可以接受的最低交易条件，是达成协议的下限
   C．己方可以接受的最高交易条件，是达成协议的上限
   D．己方可以接受的最高交易条件，是达成协议的下限

8.6.2　多项选择题

1. 商务合同的正文部分包括的内容主要有(　)。
   A．合同标的　　B．合同的有效期限　　C．违约责任
   D．价格与支付条件　　E．合同的签署与批准
2. 商务合同中通常采用的担保形式有(　)。
   A．预付赔偿金　　B．定金　　C．银行担保
   D．留置权　　E．企业担保
3. 一般而论，有效合同必须具备的条件是(　)。
   A．合法　　B．双方自愿订立　　C．时限
   D．没有不可抗力　　E．合乎社会公德

8.6.3 简答题

1. 如何判定商务谈判的终结？
2. 在谈判成交阶段应该适用的策略与技巧有哪些？
3. 商务合同的特点及主要条款是什么？
4. 合同担保有哪些主要形式？

8.6.4 案例分析

【背景资料】

山东某市塑料编织袋厂厂长获悉日本某株式会社准备向我国出售先进的塑料编织袋生产线，立即出面与日商谈判。谈判桌上，日方代表开始开价240万美元，我方厂长立即答复："据我们掌握情报，贵国某株式会社所提供产品与你们完全一样，开价只是贵方一半，我建议你们重新报价。"一夜之间，日本人列出详细价目清单，第二天报出总价180万美元。随后在持续9天的谈判中，日方在130万美元价格上再不妥协。我方厂长有意同另一家西方公司做了洽谈联系，日方得悉，总价立即降至120万美元。我方厂长仍不签字，日方大为震怒，我方厂长拍案而起："先生，中国不再是几十年前任人摆布的中国了，你们的价格，你们的态度都是我们不能接受的！"说罢把提包甩在桌上，里面那些西方某公司设备的照片散了满地。日方代表大吃一惊，忙要求说："先生，我的权限到此为止，请允许我再同厂方联系请示后再商量。"第二天，日方宣布降价为110万美元。我方厂长在拍板成交的同时，提出安装所需费用一概由日方承担，又迫使日方让步。

(资料来源：网易微博，http://cwhan2008.blog.163.com/blog/static/699770920179291018l8666/)

问题：

(1) 我方厂长在谈判中运用了怎样的技巧？

(2) 我方厂长在谈判中稳操胜券的原因有哪些？

(3) 请分析日方最后不得不成交的心理状态。

【分析要求】

1. 过程要求。学生分析案例提出的问题，分别拟定《案例分析提纲》；小组讨论，形成小组《商务谈判案例分析报告》；班级交流并修订小组《商务谈判案例分析报告》，教师对经过交流和修改的各小组《商务谈判案例分析报告》进行点评；在班级展出附有"教师点评"的小组优秀《商务谈判案例分析报告》，并将其纳入本校该课程的教学资源库。

2. 成果性要求。

(1) 案例作业要求：以经过班级交流和教师点评的《商务谈判案例分析报告》为最终成果。

(2) 作业的结构、格式与体例要求：参照11.2.1"商务谈判案例分析报告"。

第 9 章

商务谈判策略与技巧

【学习目标】

- 掌握商务谈判僵局产生的原因与处理商务谈判僵局的策略与技巧
- 掌握威胁的种类与对付威胁的策略与技巧
- 掌握进攻的类型与对付进攻的策略与技巧
- 掌握商务谈判中的沟通技巧
- 能根据谈判对手不同运用不同的策略与技巧

【引导案例】

丹麦式“难得糊涂”

丹麦一家大规模的技术建设公司，准备参加联邦德国在中东的某一全套工厂设备签约招标工程。开始时，他们认为无法中标，后来经过详细的研究分析，在技术上经过充分的讨论，他们相信自己比其他竞争对手更有优势，中标很有希望。

在同德方进行一段时间的洽谈后，丹麦公司想尽早结束谈判，早日签约，可是德方代表却认为应该继续进行会谈。会谈中，德方主谈人说：“我们进行契约的招标时，对金额部分采取保留态度，这一点你们肯定能够理解。现在我要说点看法，这可能很伤感情，就是贵公司再减 2.5%的金额。我们曾把这一想法告诉了其他公司，现在正等他们答复。选哪个公司，对我们来说都是一样的，不过我们还是希望能和贵公司合作。”德方代表彬彬有礼的语气中，颇有犀利的言辞，丹麦公司表示：“我们必须商量一下。”

一个半小时以后，丹麦人回到了谈判桌旁，他们故意误解对方的意思，回答说，他们已经将规格明细表按照德方所要求的价格编制，接着又一一列出可以删除的项目。

德方一看情形不对，马上说明：“不对，你们搞错了。本公司的意思是希望你们仍将规格明细表保留原装。”

接下来的讨论，便围绕着价格明细表打转，根本未提到降价的问题。

又经过一个小时，丹麦方面准备结束会谈。于是就向德方提出：“你们希望减价多少？”

德方回答说：“如果我们要求贵公司削减成本，但价格明细表不做改动，我们的交易还能成功吗？”

于是丹麦公司向德方陈述了该如何工作，才能获得更大的利益。德方听了之后表现出极大的兴趣。丹麦公司还主动要求，请德方拨出负责检查的部分工作，交由丹麦公司分担。交易谈成了，德方得到了所希望得到的利益，丹麦公司也几乎未做出什么让步。

(资料来源：李昆益. 商务谈判技巧. 北京：对外经济贸易大学出版社，2007)

【启示】假装糊涂贵在一个“巧”字。装糊涂要有一个度，倘若超过了这个度，超过了对方的承受范围，势必影响感情，甚至引起谈判破裂。识破这类装糊涂的陷阱同样有个度，婉言点出其圈套，既不伤面子，又不至于在谈判中处于下风，这个度同样是个“巧”字。商务谈判的过程中，灵活运用各种策略与技巧，对谈判目标的实现具有重要意义。

商务谈判具有很大的不确定性，如何在瞬息万变和错综复杂的谈判中，实现己方的既定谈判目标，关键在于根据实际情况制定和运用谈判策略。

商务谈判策略是指商务谈判人员为取得预期的谈判目标而采取的措施和手段的总和。它对谈判成败有直接影响，关系到双方当事人的利益和企业的经济效益。恰当地运用谈判策略是商务谈判成功的重要前提。

(1) 谈判策略是在谈判中扬长避短和争取主动的有力手段。商务谈判的双方都渴望通过谈判实现自己的既定目标，这就需要认真分析和研究谈判双方各自所具有的优势和弱点，即对比双方的谈判“筹码”。在掌握双方的基本情况之后，若要最大限度地发挥自身优势，争取最佳结局，就要靠机动灵活地运用谈判策略。例如，工业品的制造商在与买方的谈判中，既要考虑买方的情况，又要关注买卖双方竞争对手的情况。要善于利用矛盾，寻找对自己最有利的谈判条件。若不讲究谈判策略，就很难达到这一目的。

(2) 谈判策略是企业维护自身利益的有效工具。谈判双方关系的特征是，虽非敌对，但也存在着明显的利害冲突。因此，双方都面临如何维护自身利益的问题，恰当地运用谈判策略则能够解决这一问题。在商务谈判中，如果不讲究策略或运用策略不当，就可能轻易暴露己方意图，以致无法实现预定的谈判目标。高水平的谈判者应该能够按照实际情况的需要灵活运用各种谈判策略，达到保护自身利益、实现既定目标的目的。

(3) 灵活运用谈判策略有利于谈判者顺利通过谈判过程各个阶段。有的谈判过程包括准备、始谈、摸底、僵持、让步和促成6个阶段。谈判过程的复杂性决定谈判者在任何一个阶段对问题处理不当，都会导致谈判的破裂和失败，尤其是始谈阶段更为重要。谈判者要想营造一个良好的开端，使谈判能顺利发展，达到预期的谈判目标，就必须重视和讲究谈判的策略和技巧。只有这样，才能克服谈判中出现的问题和困难，将谈判逐步推向成功。

(4) 合理运用谈判策略有助于促使谈判对手尽早达成协议。谈判的当事双方既有利害冲突的一面，又有渴望达成协议的一面。因此，在谈判中合理运用谈判策略，及时让对方明白谈判的成败取决于双方的行为和共同的努力，就能使双方求同存异，在坚持各自基本目标的前提下互谅互让，互利双赢，达成协议。

9.1　打破商务谈判僵局的策略与技巧

在谈判进入交锋阶段、妥协阶段等实质性的磋商时，常常由于某些人为或突发原因，使得谈判双方相持不下，从而产生了一种进退维谷的僵持局面。在这种情况下，如果谈判人员不善于找寻产生僵持局面的原因和解决的方案，一味地听任其发展下去，就很可能导致谈判的破裂。能否打破僵局，就成为谈判能否继续进行下去的关键。

【案例 9-1】福克兰与爱尔兰老妇的交锋

福克兰是美国鲍尔温交通公司的总裁，在他年轻的时候，由于他成功地处理了公司的一项搬迁业务而青云直上。当时，他是该公司的机车工厂的一名普通职员，在他的建议下，公司收购了一块地皮，准备用来建造一座办公大楼，而这块地皮上原来居住的 100 多户居民，都得因此而举家搬迁。但是居民中有一位爱尔兰老妇人，却首先跳出来与机车工厂作对。在她的带领下，许多人都拒绝搬走，而且这些人抱成一团，决心与机车工厂周旋到底。福克兰对公司说：“如果我们建议通过法律手段来解决这个问题，就费时费钱。但我们更不能用强硬的手段去驱逐他们，这样我们将会增加许多仇人，即使大楼建成，我们也将不得安宁。这件事还是交给我去处理吧！”福克兰找到这位爱尔兰老妇人时，她正坐在房前的石阶上。福克兰故意在老妇人面前忧郁地走来走去，以引起老妇人的注意。果然，老妇人开口说话了：“年轻人，你有什么烦恼？”福克兰走上前去，他没有直接回答老妇人的问题，而是说：“您坐在这里无所事事，真是太可惜了。我知道您具有非凡的领导才干，实在可以成就一番大事。听说这里将建造一座新大楼，您何不劝劝您的老邻居们，让他们找一个安乐的地方永久居住下去，这样，大家都会记住您的好处。”福克兰这几句看似轻描淡写的话，却深深地打动了老妇人的心。不久，她就变成了全费城最忙碌的人。她到处寻觅住房，指挥他的邻居搬迁，把一切办得稳稳妥妥的。而公司在搬迁过程中，仅付出了原来预算代价的一半数目。

(资料来源：网易微博，http://cwhan2008.blog.163.com/blog/static/6997709201792910191583/)

9.1.1 僵局产生的原因

事实上，谈判之所以陷入僵局，并不完全是因为谈判双方存在着不可化解的矛盾，也就是说，谈判本身并不属于那种没有可行性的谈判。通常情况下，没有可行性的谈判具有三种情况：

(1) 客观条件的不具备。有些谈判由于客观上不具备履约条件，或虽具备客观条件但不可能达到目的，随着谈判的深入，这个问题就越发明朗化，从而直接导致了谈判的破裂。

(2) 不具备谈判的协议区。在谈判中，协议区并不是一开始就非常明朗的，它是一个双方逐步探索的过程，在经过激烈的争论之后，谈判双方可能会发现，他们提出的条件根本没有达成一致的可能，因而谈判陷入僵局并最终导致其破裂是在所难免的。

(3) 没有商谈的价值。这种情况的出现，常常是由于事前的盲目和冲动，在没有做好调查和可行性研究的前提下，匆匆地举行谈判，双方在一番唇枪舌剑之后，精疲力竭地发现他们所进行的谈判实属耗资费神，毫无价值，于是，悬崖勒马，果断地停止了谈判。

只要没有出现以上三种情况，商务谈判出现僵局的原因，一般有因意见分歧引起对立和因感情上的伤害而引起对立两大类。意见性对立，由于只因对某些具体问题的不同认识所引起，所以不管分歧多大，或者通过新的方法，或者寻求双方妥协，创造性地解决意见对立的希望还是很大的。如果属于感情上的伤害即情绪性的对立，解决困难则要大得多。这主要是因为人在遭受屈辱之后，言行很容易走向极端。具体来说有以下表现。

(1) 主观、客观上的反对意见。主观反对意见形成僵局，并不一定是由于谈判内容本身造成的，而是谈判对手从自己本身的立场、爱好、习惯等方面提出的。人们总是不自觉地脱离客观实际，盲目地坚持自己的主观立场，甚至忘记了自己的出发点是什么。

客观反对意见是谈判对手针对质量、价格、时间等条款提出的反对意见。由于谈判双方的固执己见，因此找不到一项超越双方利益的方案来应对这种客观反对意见，使谈判陷入僵局。

(2) 对对方的偏见或成见。这类意见是指对所谈议题提出一些不合乎逻辑或带有强烈感情色彩的意见。对这类枝节问题过于苛求就会引起对方的强烈不满，造成僵局，甚至使谈判最终失败。

(3) 滥施压力和圈套。在商务谈判中常有人凭借自己的实力或个人争强好胜的性格，以及心理战术的研究成果向对方施展阴谋诡计，设置圈套，迷惑对方，以达到平等条件下难以实现的谈判目标。这样就容易造成谈判僵局。

(4) 外部环境变化。谈判中由于外部环境突然发生变化，对已做的承诺不好食言，但又无意签约，拖延至对方忍无可忍造成僵局。

(5) 小题大做或增加议题。谈判中将原来相对较小的议题或不太重要的问题作为较大的议题或重要的问题来讨论，将原来可以在下级管理人员或业务人员解决的问题上升为必须经决策人员亲自过问才能解决的问题，将原来可以取得共识的议题与另外的一时无法取得共识的议题挂钩并使之互为条件，从而增加谈判的难度，甚至造成僵局。

(6) 保全立场。谈判一开始，双方不是在分歧中寻求解决问题的途径，而是各自想保持自己的立场。以为保住了立场，局面将向有利于自己的方面转化，其实不然。若谈判气氛一紧张，往往会使谈判双方两败俱伤。

9.1.2 破解僵局的方法

谈判中并不是自始至终都是一帆风顺的，出现僵局也是情理之中的事，谈判的僵局看似“山穷水尽疑无路”，但只要找出问题所在，是能够“柳暗花明又一村”的。事实上，许多谈判之所以陷入僵局，常常是基于谈判双方在立场、感情、原则上存在着一些分歧，而这些分歧通过谈判者的努力，打通心理渠道，逾越人为障碍，是能够取得谈判的成功的。

1. 缓解意见性对立僵局的技巧

【案例 9-2】缓解对立，冲破僵局

曾有一家大公司要在某地建立一分支机构，找到当地某电力公司要求以低价优惠供应电力，但对方态度很坚决，自恃是当地唯一一家电力公司，态度很强硬，谈判陷入了僵局。这家大公司的主谈私下了解到了电力公司对这次谈判非常重视，一旦双方签订了合同，便会使这家电力公司经济效益起死回生，逃脱破产的厄运，这说明这次谈判的成败，对他们来说关系重大。这家大公司主谈便充分利用了这一信息，在谈判桌上也表现出决不让步的姿态，言称：“既然贵方无意与我方达成一致，我看这次谈判是没有多大希望了。与其花那么多钱，倒不如自己建个电厂划得来。过后，我会把这个想法报告给董事会的。”说完，便离席不谈了。电力公司谈判人员叫苦不迭，立刻改变了态度，主动表示愿意给予最优惠价格。至此，双方达成了协议。在这场谈判中，起初主动权掌握在电力公司一方。但这家大公司主谈抓住了对方急于谈成的心理，耍了一个花招，声称自己建电厂，也就是要退出谈判，给电力公司施加压力。因为若失去给这家公司供电，电力公司不仅仅是损失一大笔钱的问题，而且可能这家电力公司面临着破产的威胁，所以，电力公司急忙改变态度，表示愿意以最优惠价格供电，从而使主动权掌握在大公司一方了。这样通过谈判技巧的运用，突破僵局，取得了成功。

(资料来源：网易微博，http://cwhan2008.blog.163.com/blog/static/69977092017929101940690/)

在实践中常用的突破意见性对立僵局的技巧有以下几点。

(1) 借助有关事实和理由委婉地否定对方意见。一般包括以下四种具体的处理方法：①先肯定，后否定，即在回答对方提出意见时，先对意见或其中一部分略加承认，然后引入有关信息和理由给予否定；②先利用，后转化，即谈判一方直接或间接利用对方的意见说服对方；③先提问，后否定，即谈判者不直接回答问题，而是提出问题，使对方来回答自己提出的反对意见，从而达到否定原来意见的目的；④先重复，后削弱，即谈判人员先用比较委婉的语气，把对方的反对意见复述一次，再回答，但复述的原意不能变，文字或顺序可颠倒。

(2) 求同存异。求同存异，就是撇开双方争执不休的问题，去谈容易达成一致意见的问题。在谈这类问题时要尽量使对方觉得满意，努力创造一种合作的谈判气氛。最后再谈争执的问题，事情可能就好商量一些。避重就轻，转移视线也不失为一个有效方法。有时谈判之所以出现僵局，是因为双方僵持在某个问题上。这时，可以把这个问题避开，磋商其他条款。例如，双方在价格条款上互不相让，僵持不下，可以把这一问题暂时抛在一边，洽谈交货日期、付款方式、运输、保险等条款。如果在这些问题处理上，双方都比较满意，就可能坚定了解决问题的信心。如果一方特别满意，很可能对价格条款做出适当让步。

运用这种方法应注意的问题：最好先由对方采取主动改变话题打破僵局。这说明对方承受的压力比己方大，使己方既可摸清对方的新思路，又可以少做点让步。

当经过相当时间的争执或沉默之后，己方没有把握对方会先改变话题，而僵局的持续给己方带来很大的压力时，可采用以下方法打破僵局。

① 说些笑话，缓和气氛。

② 改变付款方式：一次付出；时间不等的分期付款；或者其他不同的付款方式；只要所付的总和一样，什么方式都没有关系。

③ 另选商谈时间。例如，彼此约定好再商谈的时间，以便讨论较难解决的问题，因为到时可能会有更多的新资料或双方的态度已改变了。

④ 改变售后服务的方式。

⑤ 改变交易形态，使互相竞争、对立的情况改变为同心协力的团体。

⑥ 改变合同的形式。

⑦ 确定一些规格或者在条件上稍做修改。

⑧ 让对方有更多的选择余地。即使己方的建议根本不会被对方所选用，也会使一个近乎破裂的谈判缓和下来。

(3) 运用技巧直接答复。具体包括例证法、说服法、合并法、反问法。例证法是指谈判人员通过大量引入事实和数据资料文件，使对方改变初衷或削弱反对意见。说服法就是用具有充分理由的语言使对方口服心服。这就要求谈判人员要进入到对方的世界中去，即站在对方的立场上或背景下进行分析和推理，从关心对方的利益出发，让对方心悦诚服。合并法是指谈判人员将对方提出的各种反对意见概括为一种，或者把几条反对意见放在同一时刻讨论。这样做可以起到削弱反对意见的效果。反问法是指谈判人员利用对方的反对意见来反问对方的一种方法。

(4) 推延回答。在谈判中经常会遇到比较棘手的问题而出现僵局，处理这些问题需要时间。因此，对这类问题过些时候再回答效果要好些。在下列情况下，一般应推延回答。

① 如果你不能立即给对方一个比较满意的答复。

② 反驳对方的反对意见缺乏足够的例证。

③ 立即回答会使己方陷入矛盾之中。

④ 对方的反对意见会随着谈判的深入而逐渐减少或削弱。

⑤ 对方的反对意见离题甚远。

⑥ 对方谈判人员由于心情不佳而提出的一些借口或反对意见。

(5) 唱好黑白脸。黑白脸技术又称坏人与好人策略。先是由唱黑脸的人登场，他傲慢无礼、苛刻无比、强硬僵死，让对手产生极大的反感。然后，唱白脸的人出场，以合情合理的态度对待谈判对手，并巧妙地暗示：若谈判陷入僵局，那位“坏人”会再度登场。在这种情况下，谈判对手一方面不愿与那位“坏人”再度交手，另一方面被“好人”的礼遇迷惑，而答应他提出的要求。

运用黑白脸法的技巧及应注意的问题：

① 攻方主谈者或负责人应扮演白脸，在谈判陷入僵局时，找借口暂时回避，让己方黑脸代谈，采取强硬立场，从气势上压倒对方，给对方在心理上造成错觉，迫使对方让步，或将对方主谈者激怒，使其怒中失态。

② 若已取得预期效果，攻方的主谈者即回到谈判桌旁，但不必立即发表意见，而是让己方的“调和者”以缓和的口气、诚恳的态度调和己方黑脸与对方的矛盾，实际上也是向己方主谈者汇报刚才一段时间的谈判进展情况，以便继续巩固已取得的结果和优势。

攻方的主谈人根据此时的情势，以亲切的态度，提出“合情合理”的条件(往往高于或等于原定计划)，使对方接受。黑白脸法，尤其要注意把握时机和分寸、配合默契，否则会弄巧成拙。在谈判过程中，此法只是在不得已的情况下才使用，切不可滥用。

(6) 幕后交易。幕后交易指谈判的一方预料谈判会陷于僵局或谈判已陷于僵局，却不想做较大的让步，于是有议定权的决策人转入幕后指挥，而让代理人替其进行谈判，以打破僵局的策略方法。

运用幕后交易时应注意的问题：

① 选用的代理人的条件要合适，要根据不同的场合和谈判的内容选用适宜担当此任的代理人。代理人若选用失当，差不多可以说是未战先败了。不是所有谈判都可以请代理人。有些关系全局的重大谈判，必须由有议定权的本人亲自出面。若委托给代理人，将无法达成协议，也会影响谈判的严肃性。

② 代理人进行谈判时，要善于使用权力有限的武器。这样，对方在要求上不会苛刻，不致得寸进尺。而且代理人说话更少顾忌，更便于提出要求，即使有时说得不当，最后也由有议定权的本人来收场。此外，有时候代理人先进行试探性的谈判，能更好地摸清对方的情况和要求，便于议定者在幕后“拍板”或亲自出马，进一步谈判。况且，即使代理人谈判失败了也不会影响谈判双方的关系。

③ 对代理人有时授权，要看问题的性质、重要程度和代理人的身份与能力而定。

2．缓解情绪性对立僵局的技巧

【案例 9-3】“谈”不下价的特产

某种稀有产品是我国的特产，底价每千克 30 美元，外商 P 前来购买，A 是我方代表。第一天上午，外商看了样品、规格，双方初步谈了一下意向。第一天下午，谈判开始。A 即提出每千克 38 美元的要价，外商感到吃惊：“价格这么高，是不是搞错了？”

“没有，没有搞错！”

在得到确实的回答以后，外商要求降低售价。双方各自陈述理由，谈了半天，价格只降了 1 美元，外商还是不满意，双方就这样僵持着，晚餐的时候传来消息，有一个紧急会议需要 A 去开，以后的谈判委派 B 来接任。

第二天上午。B 面带微笑与外商一起坐到谈判桌旁。他还亲自给外商递过去一杯中国绿茶。外商询问价格。B 笑着说：“听说昨天你们已经谈妥，价格是 37 美元。”外商一听，连说：“搞错了，搞错了，根本还没有达成协议呢！”接着，再次开始价格拉锯，到中午时，B 说：“这样吧，我们再让 0.5 美元如何？我原来以为你们已经谈妥，我是受命前来商谈其他细节的，价格方面我没有足够的权力，下午 A 会回来。现在要么你同意这个价格，要么你与 A 再谈。”

外商顶了一句：“那么 A 是否有决定权？”

“是的，A 有决定权。”

第二天下午，A 没有来得及回来，谈判暂停，安排外商游览当地名胜。第三天上午，A 与外商再次谈判，提出的起价点是 37 美元，外商一听，又急又火：“怎么昨天谈的不算呢？”

“可以，就以 36.5 美元成交！”A 说。

“不，不！你们怎么能指望我出 35 美元以上来买你们的产品呢？”情急之中，外商说漏了嘴，A 立刻抓住：“这么说，你愿意按每千克 35 美元的价格成交了？”

外商只好同意，这样，成交价要比底价高 16.7%。

(资料来源：陈文汉. 商务谈判实务(第 2 版). 北京：电子工业出版社，2009)

从以上案例可以看出，处理谈判僵局的最有效的途径是将形成僵局的因素消灭在萌芽状态。在实践中，常用的缓解情绪性对立僵局的技巧如下。

(1) 运用休会策略。谈判出现僵局，双方情绪都比较激动、紧张，会谈一时也难以继续进行。这时，提出休会是一个较好的缓和办法，东道主可征得客人的同意，宣布休会。双方可借休会时机冷静下来，仔细考虑争议的问题，也可以召集各自谈判小组成员，集思广益，商量具体的解决办法。

但是在运用休会策略时，要注意以下问题：

① 休会一般先由一方提出，只有经过双方同意，这种策略才能发挥作用。要取得对方同意，首先要求提建议的一方把握好时机，看准对方态度的变化。如果对方也有休会的要求，很显然，双方一拍即合。其次要清楚并委婉地讲清需要。一般来说，参加商贸谈判的各种人员都是有涵养的，不会回绝这一要求。

② 在提出休会建议的时候，谈判人员不是去休息，而是继续为谈判工作。因此，应讲清休会的时间及休会后再谈的问题，尽量避免谈新的问题，先解决了眼前的事情再说。

③ 休会期间双方应集中考虑的问题为：贸易洽谈的议题取得了哪些进展？还有哪方面有待深谈？双方态度有何变化？我方是否调整一下策略？下一步谈些什么？我方有什么新建议等。

(2) 运用真挚的感情打动对方。当谈判进入僵局时，谈判双方因观点不同而出现情绪对立，双方争执不下，谈判的一方可巧妙运用感情因素和手段，缓和对方的情绪，影响和改变对方的态度和观点，使谈判顺利进行下去，或改变对方的观点。

但是在运用感情打动对方时，要注意以下问题：

① 态度要诚恳。谈判的成功，不仅依赖于双方利益的互补和均衡，也有赖于双方感情上的融洽一致。诚恳的态度，往往能消除对方的疑虑，增加彼此的信任，削弱彼此的防御心理。

② 要襟怀坦白。襟怀坦白容易引起人们的亲切感和信任感，同时获得对方的尊重和让步。

③ 真诚表现出对对方的情义。要显出生意不成情义在的高姿态，这样反而会使对方心里感到对不起你，从而主动做出让步。

(3) 改变谈判环境。即使做了很大努力，采取了许多办法、措施，谈判僵局还是难以打破，这时，可以考虑改变一下谈判环境。

谈判室是正式的工作场所，容易形成一种严肃而又紧张的气氛。当双方就某一问题发生争执，各持己见，互不相让，甚至话不投机、横眉冷对时，这种环境更容易使人产生一种压抑、沉闷的感觉。在这种情况下，我方可以建议暂时停止会谈或双方人员去游览、观光、出席宴会、观看文艺节目，也可以到游艺室、俱乐部等处娱乐、休息。这样，在轻松愉快的环境中，大家的心情自然也就放松了。更主要的是，通过游玩、休息、私下接触，双方可以进一步增进了解，清除彼此间的隔阂，增进友谊，也可以不拘形式地就僵持的问题继续交换意见，寓严肃的讨论于轻松活泼、融洽愉快的气氛之中。这时，彼此间心情愉快，人也变得慷慨大方。谈判桌上争论了几个小时无法解决的问题，在这儿也许就迎刃而解了。

经验表明，双方推心置腹的诚恳交谈对缓和僵局也十分有效。如强调双方成功合作的重要性、双方之间的共同利益、以往合作的愉快经历、友好的交往等，以促进对方态度的转化。在必要时，双方会谈的负责人也可以单独磋商。

(4) 利用中间人调节。当出现了比较严重的僵持局面时，彼此间的感情可能都受到了伤害。因此，即使一方提出缓和建议，另一方在感情上也难以接受。在这种情况下，最好寻找一个双方都能够接受的中间人作为调节人或仲裁人。

在这里，仲裁人或调节人可以起到以下作用：提出符合实际的解决办法；出面邀请对立的双方继续会谈；刺激启发双方提出有创造性的建议；不带偏见地倾听和采纳双方的意见；综合双方观点，提出妥协的方案，促进交易达成。

调节人可以是公司内的人，也可以是公司外的人。最好的仲裁者往往是和谈判双方都没有直接关系的第三者，一般要具有丰富的社会经验、较高的社会地位、渊博的学识和公正的品格。总之，调节人的威望越高，越能获得双方的信任，越能缓和双方的矛盾，达成谅解。

(5) 调整谈判人员或改期再谈。当谈判僵持的双方已产生对立情绪，并不可调和时可考虑更换谈判人员，或者请地位较高的人出面，协商谈判问题。

但是在更换谈判人员时应注意以下问题:

① 如果需要撤销前任的于己方不利的允诺，替补者则可以用新的主持者的身份，否定和抹杀前任已做的让步或允诺，要求重新开始。

② 如果需要打破已形成或即将形成的僵局，替补者则可以避开原来争吵不休的议题，另辟蹊径，更换议题；也可以继承前任的有利因素，运用自己的新策略，更加有力地控制对方，迫使对方不得不做出让步；还可以吸收前任的经验教训，改换策略，以调和者的身份，通过运用有说服力的资料、例子，去强调所谓公平、客观标准和双方共同的利益，使大事化小，小事化了，以赢得原已被激怒的对方的好感，为后续谈判的正常化打下基础。

③ 如果对方成交心切，有求于己方时，己方即可通过替补者的出现和谈判的从头开始，给对方造成心理上的怕拖、怕变的压力，从而促使对方改变策略，接受原来所不同意的让步，使己方达到谈判的目的。

当谈判一时无法进行下去时，可考虑暂时中止谈判。在双方决定退席之前，可向对方再重申一下己方所提的方案，使对方在冷静下来后有充分的时间去考虑。此外，还要明确下次再谈的时间和地点。

(6) 态度冷静，不为意见而争吵。从心理学的角度看，商务谈判双方的决定都是受理智和感情控制的，在谈判中会出现形形色色的反对意见，其中包括那些不合理的反对意见。在这种情况下谈判人员一定要谨慎从事，切不能带愤懑的口吻反驳对方的意见。如果对别人的意见采取针锋相对的做法，如果谈判双方对某些议题出现争吵或冷嘲热讽，那么即使一方的意见获胜也难以使对手心悦诚服，对立情绪难以消除，无法达成协议。

延伸阅读：

通过扫描二维码或者登录网址，阅读《希腊债务谈判再陷僵局前景难料》，运用所学知识，分析该次僵局属于哪种类型，并分析其成因。

http://intl.ce.cn/sjjj/qy/201503/19/t20150319_4862929.shtml

9.2　威胁的种类与对付威胁的策略与技巧

威胁是施加压力，是谈判中用得最多的伎俩。因为威胁很容易做出，它比提条件、说服要容易得多。它只要几句话，而且不需要兑现，因此许多谈判人员自觉或不自觉地使用威胁手段。它具有以下特点：威胁是一种战术，而不是一种战略；威胁虽然可以赢得暂时的胜利，但它会打乱谈判的进程，甚至破坏谈判双方的长远关系；威胁实质是一种让步，当威胁者在施加威胁时，它的真实用意是：假如你接受我的意见，或停止你的行动，我将放弃对你的惩罚或者对你做一定的让步；当威胁无法起到作用时，威胁者的可信度就会降低；威胁有时会导致反威胁。

【案例 9-4】分清形势，跳出威胁

20 世纪 80 年代中期，中意双方就合资兴建一个合资公司进行了十多轮的谈判，关于产品的销售问题，在可行性研究中曾两次提到：一是意方负责包销出口 30%，其余 70%在国内销售；二是合资公司出口渠道为合资公司和中国外贸公司。双方在这一表述的理解上产生了分歧，并且因为这一分歧使得谈判难以继续进行。意方对此两点表述的理解是：许可产品(因外方技术生产的产品)只能由意方独家出口 30%，一点也不能多，而其他两个渠道是为出口合资企业的其他产品保留的。中方的理解是：许可产品的 30%由意方出口，其余 70%产品的一部分，有可能的话，用两个渠道出口。双方争执的焦点在于对许可产品，中方与合资企业是否有出口权，意方担心扩大出口数量和多开出口渠道会打破自己的价格体系，占领自己的国际市场，故反对中方与合资企业出口。中方同样基于自己的利益不愿放弃出口权。双方互不相让，争执不下。在第三轮谈判的最后一天，意方宣布终止谈判，以示在此问题上决不让步，谈判破裂。

由于意方利用终止谈判的方式威胁中方，向中方施加压力，以图迫使中方全面让步，因而使中方谈判代表陷于忧心忡忡的境地。

显然，中方对谈判破裂的实质认识不清。后来，中方召集大家研究对策，经过认真分析，认识到以下几点：

其一，此项目投资大，意方目光是长远的，这次来中国事先是进行过充分的可行性调查研究的。其二，意方洽谈此项目意在投石问路，打开中国市场。另外，在中国，中方公司是最佳的合作伙伴，因为它无论技术还是产品都是一流的。

再者，如果意方在此领域第一个洽谈的项目就告失败，那要想在中方继续投资办厂将难上加难。因此，意方不会轻易放弃这项合作。最后，中方公司领导班子在做出了正确的分析之后，不再担心谈判破裂，并决定耐心等待。

一般来说，这种对峙局面谁先妥协谁就要先付出代价。因此中方为了掌握主动权，按兵不动。几天以后，意方吃不住了，主动发来电传，再次陈述他们的理由，并做了许多解释，在许多项目上做了适当让步。中方公司经研究之后觉得可行，于是几经讨论，终于在谈判书上签了字。

(资料来源：陈文汉. 商务谈判实务(第 2 版). 北京：电子工业出版社，2009)

从以上案例可以看出，对付威胁这种谈判伎俩，首先要保持情绪上的镇静，保持清醒、冷静的头脑。当对方向你大喊大叫、挥拳击掌时，就是希望看到你心慌意乱、不知所措的样子。如果你能顶住压力，处变不惊，以局外人的身份观看他的“表演”，最先泄气的一定是他。相反，如果我们也意气用事，“以其人之道，还治其人之身”，则很可能会导致一场“混战”，双方的情感都会受到难以弥补的伤害，谈判也就毫无希望了。

9.2.1 谈判中的威胁

【案例 9-5】生命的威胁

穷人甲和富人乙是邻居，一天，富人乙家翻修屋顶，拆掉的坯土都落到了穷人甲家的院子里。正赶上那天下了一场大雨，落下来的土让穷人甲家的院子变得泥泞不堪。于是，穷人甲就对富人乙说:“邻居啊，你们返修屋顶，你房顶上的土都积在我家院里了，你能不能处理一下？”富人乙盛气凌人地说:“那又怎么样，泥水自然会排掉，太阳出来就蒸发了。”穷人甲气愤地说:“你怎么这么讲话？”“你能怎么样？”富人乙说。穷人甲又说:“那我告官去!”富人乙回答说:“官是我的朋友。”

穷人甲最后对富人乙说:“我告诉你，你在两天内要是不给我解决问题，我就赔给你一条命!”富人乙听到这样的话，很快派人解决了问题。

从以上案例可以看出，穷人首先运用了法律威胁，但看到法律威胁不奏效后，拿出撒手锏——暴力威胁，最后迫使富人就范。

在实际谈判中，谈判者的威胁方式方法很多，大体有以下类别。

1．按威胁的表现分

(1) 强烈、直接的威胁。虽然能够引起对方的关注并加剧其不安和恐惧，但同时也使对方产生了更加强烈的逆反心理，所以效果反而较差。

(2) 中间型。介于强烈与轻微、直接与间接之间的一种类型。

(3) 轻微、间接的威胁。

通过心理实验我们发现，三种方式中第三种也就是“轻微、间接的威胁”效果最明显。

2．按威胁的方式分

(1) 语言威胁。直接运用语言威胁对方。例如，可以对对方说“假如贵公司一直坚持，我方将退出谈判。”

(2) 行动威胁。它是一种直接向对方显示自己力量的威胁方式。他告诉你:“除非你这样做，否则就取消你的特权，或者停止向你运输，或者停止和你进一步交易。”

(3) 人身攻击。第一种表现是，愤怒的一方面红耳赤，唾沫横飞，指责谩骂另一方，有的人甚至拍桌子，高声叫喊。这种做法的目的就是企图用激烈的对抗方式向对方施加压力，迫使其屈服。

人身攻击的第二种表现就是寻找各种讽刺挖苦的语言嘲笑对方，羞辱对方，使对方陷入尴尬难堪的境地，借以出心头之气，或激对方让步。这种伎俩有时可能达到目的，但更多的情况是把对方推到了自己的对立面，使谈判变得愈加困难。

人身攻击的第三种表现是采用或明或暗的方式，使你产生身体上和心理上的不适感，你为了消除这种不适而向对方屈服。例如，他可能暗示你没有知识，拒绝听你说话，或故意让你重复说过的话。实践证明，大多数人对此感到不舒服，却又无法提出。

3．按威胁的性质分

(1) 经济的威胁：如果协议没有达成，会增加单方或双方的成本，就会减少单方或双方的利润。

(2) 法律的威胁：如果协议没有达成，就会运用制裁或法律禁令来阻止一方采取行动或拖延谈判进程。

(3) 感情的威胁：若对方不做出让步，就使对方从情感上感到愧疚，或会影响双方的感情和友谊。

(4) 政治的威胁：若对方不做出让步，就会影响双边的政治关系。

(5) 暴力的威胁：如果谈判破裂，就直接运用暴力迫使对方就范。

9.2.2 对付威胁的技巧

【案例 9-6】无视威胁，置之不理

美国一家公司在得知我国某电缆厂需要购买一台无氧铜主机组合炉时，立即派代表前来洽谈。谈判一开始，美方代表口若悬河，大谈了一番组合炉的先进技术和美方的运输服务措施，包括走哪条线路、如何装箱、如何托运、如何保险等，好像中方已经购买了一样。最后，美方报价 220 万美元。

中方代表起初被美方的热情所打动，直至听到报价才警觉起来。

“你们的报价高得出奇，没法谈:”

美方代表立刻表示价格可以商量，经过一番表白，美方代表提出:“原价 7 折优惠，150 万美元，这可是极其优惠的价格了，你们要尽快决定。”美方一下子把价格削去这么多，期望中方尽快成交。但是，中方代表摇摇头，仍然不同意，谈判出现裂痕。

第二天，美方带来许多资料送给中方，其中有许多是其他国家厂商购买该公司生产的组合炉的使用资料，美方代表介绍了使用者对该公司产品的肯定意见。

当看到中方代表对这么多精美的资料不屑一顾时，美方代表不得不又一次把价格降下来:“我们的组合炉质量是最好的，如果你们有诚意，就 130 万美元吧。”

中方代表还是不同意，美方代表站起身来说：“我们已经两次大幅度地削价，而你们一点诚意都没有，不谈了！“

面对美方代表的威胁，中方代表反唇相讥:“你们开出这样高的价格，还说有诚意，你不想谈，我们更不想谈了。”碰了一枚硬钉子，美方代表又坐下来，经过双方交涉，美方代表下了最后通牒:“120 万美元，不能再降了！”

结果，谈判破裂，美方代表买好机票准备回去了。临走前一天，与中方代表作告别性会晤。他拿出订好的机票表示这一次很遗憾，双眼观察着中方代表的动静。中方代表将两年前美方以 95 万美元的价格将组合炉卖给匈牙利的资料送到美方代表面前，美方代表叫了起来：“这是两年前的事情了，现在价格自然是上涨了！”

中方代表反驳说:“物价上涨指数是每年 6%，按此计算价格是 106.7 万美元。”

美方代表瞠目结舌，最后，这笔交易以 107 万美元成交。

(资料来源：陈文汉. 商务谈判实务(第 2 版). 北京：电子工业出版社，2009)

从以上案例可以看出，对付美方最后通牒的威胁的有效办法，就是无视威胁，对其不予理睬，你可以把它看成是不相干的废话，或是对方感情冲动的表现。必要时，揭示使威胁成立的虚假条件，这样，威胁就失去了应有的作用。

具体来说，对付威胁常用的技巧和措施有：

(1) 对付威胁的有效办法，是无视威胁，对其不予理睬。

(2) 告诉对方你不能在威胁下进行谈判，只有对方能够证明接受这样的条件能带来好处时才可能做出让步。看有无其他的选择。

(3) 佯装不晓得这回事，或将它看成是开玩笑，表示对其不予关心。

(4) 向对方表示自己毫无损害，同时还可以让对方知道施加威胁对它自身也具有风险。

(5) 以威胁反击，同时警告对方，如果谈不妥，局面会更加难堪。

这里需要特别说明的是：威胁的副作用很大。谈判专家对一些典型案例的研究表明，威胁并不能达到使用者的目的，它常常会导致反威胁，形成恶性循环，损害双方的关系，导致谈判破裂。例如，“你们如不能保证在第四季度中全部交货，我们将拒绝接受你们的货物，一切损失将完全由你方承担。”这种威胁的口吻虽然比不上“你们如果不同意这个条件，我们就将退出谈判”来得直截了当，但其作用却差不多，很容易激怒对方，使被威胁的对方感到有必要进行自卫。优秀的谈判者不仅不赞成使用威胁，而且尽量避免使用威胁的字眼。表达同样的意思有各种方式，如果有必要指出对方行为的后果，就指出那些你意料之外的事，陈述客观上可能发生的情况，而不提出你能控制发生的事。从这一点来讲，警告就要比威胁好得多，也不会引起反威胁。就刚才的例子来讲，如果说：“从情况来看，你们在第四季度供货确实存在一些困难，但如果不能在年底前交货，我们部分车间就会停工待料，造成生产上的损失不说，也会使我们继续履约有极大困难。”使用威胁的一方虽然看起来很强硬，但实际上却是虚弱的表现。因为对方一旦不惧怕威胁，我们便无计可施了，也没有了退路。

延伸阅读：

通过扫描二维码或者登录网址，阅读《特朗普威胁毁灭朝鲜 将一直秉承“美国优先”原则》，收集相关资料，讨论美朝之间如何进行相互威胁的。

http://news.junmin.org/2017/xinwen_guoji_0920/244645.html

9.3　对付进攻的策略与技巧

在真正成功的谈判里，了解对手是一种必需的准备，只有在这种准备的基础上，才能选择具体而有效的谈判方式，反击对手，使自己立于不败之地。要真正地了解对手，必须明确谈判对手属于哪一种类型和采用哪种进攻手段，这样，便能在谈判桌上采用行之有效的手段和方法，既可节省精力又可一击而中。

1. 进攻者的类型和进攻手段

(1) 进攻者的类型。

【案例 9-7】战败国的胜利

1951 年 5 月，联邦德国的著名外交家威廉·格雷韦率领代表团在彼德斯贝格山上，同英、法、美三大国的代表，进行废除占领法规的谈判。盟国方面虽然想改善同联邦德国的关系，但此时他们还不准备真正地放弃占领法规。他们想得更多的是同联邦德国方面只限于达成不涉及盟国主宰权本身的契约性协议，这些协议的对象只是盟国如何行使这种主宰权，继续保留占领国的“最高权力”这个基本想法贯穿于三大国的谈判态度之中。与此相应，三大国于1951年2月27日就向联邦政府递交了一份供讨论的稿件，共有39个题目。从1951年5月到8月进行了第一轮会谈，目标很有限，仅仅是听取联邦德国方面对这些问题的表态，并通过提问使联邦德国的立场具体化。8月3日，会谈应以达成发表一项公报的协议而告终。可是摆在桌子上的草案中却只字没提已经商谈过的关于废除占领制度的问题。格雷韦觉得他不能拿着这么一份公报离开彼德斯贝格山。但是，经过较长时间的周旋，对方丝毫没有做出让步的表示。于是，格雷韦宣布，在这种情况下，会谈不能在当天结束，因为他得到的指示不允许他签署这么一份文件。他的这一策略起到了意想不到的作用。根据日程安排，延长这轮会谈是极其不受欢迎的。然而如果不发表公报而散场，则更不受欢迎了，这将无法掩盖冲突是什么。

这个时候公开地讨论三大国极其不得人心的立场，是对它们很不利的。所以，三大国不得不暂时休会进行内部协商，然后又继续会谈，最后，会谈取得了突破，三大国愿意寻找联邦德国和盟国关系的“新基础”。格雷韦取得了胜利，他怀着满意的心情，驱车返回波恩。

(资料来源：陈文汉. 商务谈判实务(第2版). 北京：电子工业出版社，2009)

在上述的谈判实例中，格雷韦作为战败国的谈判代表，形势对他是非常不利的，因为在谈判桌上，他面临的是实力强大的、强硬型的谈判对手。进攻型的谈判对手类型如下。

① 强硬型的谈判对手。他们往往情绪表现得十分激烈，态度强硬，在谈判中趾高气扬，不习惯也没耐心听对方的解释，总是按着自己的思路，认为自己的条件已经够好的了；他们在谈判中爱虚张声势，动不动就对对手进行威胁恐吓；这种谈判对手总是咄咄逼人，不肯示弱。

② 攻击型的谈判对手。他们往往有目的、有针对性地向对方发起进攻，迫使对方屈服，甚至会不给对方反抗的余地。

③ 搭档型的谈判对手。他们在谈判的过程中若隐若现，虚实相间，最令人防不胜防。他们的通常表现是：当谈判开始时，对方只派一些低层人员作为主谈手，等到谈判快要达成协议时，真正的主谈手突然插进来，表示以前的己方人员无权做出这样的决定，或是以前所谈的价格过低，或是时间难以保证。当你表示失望或觉得一切都完了的时候，对方会说：“如果你确实急需，我也可以与你成交，但至少在价格上要做些调整……”你此时往往无可奈何。因为谈判进行到这个时候，你已完全摊开了底牌，对方掌握了你谈判的一切秘密，如果你想达成协议，除了做出让步外别无他法。

④ 团体谈判是指谈判双方均有数人同时参加的谈判。团体谈判适宜于项目较大、情况比较复杂的谈判，其特点是可以分工合作、集思广益、取长补短、各尽所能，能充分运用和发挥谈判的策略和技巧，在商务谈判中极具优势。

⑤ 逼迫型的谈判对手也是很难对付的一种谈判对手。他们通常会采取各种方式来威胁对方，使对方就范，如利用期限进行逼迫，利用对方的竞争对手进行逼近，利用拖延战

术进行逼迫，甚至还会用无中生有的方法进行逼迫等。这些逼迫方式只要运用巧妙，其效果往往是不错的，有时甚至比正面的强迫威逼效果还要好。

⑥ 圈套型的谈判对手。这类谈判者往往比较喜欢使用自己的聪明机智，在谈判中设下各种各样的圈套，他们有的通过语言来设置圈套，有的通过一些动作或事实来设置圈套，有的就干脆将整个谈判设置成一个大圈套。稍不注意，就会陷入对方设置的圈套。

(2) 进攻者常用的进攻手段。

【案例 9-8】在去机场的路上达成协议

一位带着一大堆有关日本人的精神和心理分析书籍的美国商人，前往日本进行谈判。飞机在东京机场着陆时，两位专程前来迎接的日本方面代表彬彬有礼地接待了这位美国客商，并替他办好一切手续。

“先生，您会说日语吗？”日本人问。

“不会，但我带来了一本字典，准备学一学。”美国商人答道。

“您是不是非得准时乘机回国？到时我们可以安排这辆车送您去机场。”日本代表关怀备至地对美国商人说。不加戒备的美国商人觉得日本人真是体贴周到，以至于毫不犹豫地掏出回程机票，说明何时离开。至此，日本人已知对方的期限，而美国人还懵然不知日本人的底细。日本人安排来客用一个星期的时间游览，从皇宫到神社全参观遍了，甚至还安排了他参加为期一个星期的用英语讲解的“禅机”短训班，据说这样可以让美国人更好地了解日本的宗教风俗。每天晚上，日本人让这位美国商人半跪在硬地板上，接受他们殷勤好客的晚宴款待，往往一跪就是四个多小时，让他厌烦透顶却又不得不连声称谢。但只要美国商人提到谈判的问题，他们就宽慰说：“时间还多，不忙，不忙！”第十二天，谈判终于开始了，然而下午却安排了打高尔夫球的活动。第十三天，谈判再次开始，但为了出席盛大的欢送宴会，谈判又提前结束。美国人暗暗着急。

第十四天早上，谈判重新开始，不过，在谈判的紧要关头，汽车来了，前往机场的时间到了，这时，主人和客人只得在汽车开往机场途中商谈关键条件，就在到达机场之前，谈判正好达成协议。

(资料来源：陈文汉. 商务谈判实务(第 2 版). 北京：电子工业出版社，2009)

从上面的谈判实例中可以看出，日本商人在去机场的路上，和对手签订协议，也是打的时间差战术，令对手在最后期限到来的时候，于一种焦虑和无奈的形势下，同意了对方的要求。

在商务谈判中，常用的进攻手段有：

① 高压与怀柔政策并举。适当的高压，是怀柔政策的助推力，常常能起到锦上添花的谈判效应。

② 时间性通牒。期限在谈判中是一种时间性通牒，它可以使对方感到如不迅速做出决定，就会失去这个机会。因此在对手走投无路的前提下，想抽身但又为时已晚的时候，进攻者往往发出最后通牒，因为对手已耗费了许多的时间、金钱和精力，他已经没有了选择的余地。

③ 出其不意的进攻。采用一些防御者意想不到的手段，迫使谈判者就范，如兵贵神速、故意拖延等技巧。

2．对付进攻的技巧

【案例 9-9】11 张赞成票和 1 张反对票

在美国某乡镇有一个由 12 名农夫组成的陪审团。有一次，在审理了一项案件之后，陪审团中的 11 个人认为被告有罪，另一个人则认为被告不应该判罪。由于陪审团的判决只有在其所有成员一致通过的情况下才能成立，于是这 11 名农夫花了一整天的时间，想说服那位与众不同的农夫改变初衷。此时，天空中忽然乌云密布，眼看一场大雨就要来临，那 11 名农夫都急着要在大雨之前赶回去，好把放在屋外的干草收回家去，可是，这时候另外那个农夫却仍旧不为所动，坚持己见，11 名农夫个个都急得像热锅上的蚂蚁。他们的立场开始动摇了，最后，随着“轰隆”一声雷鸣，这 11 名农夫再也无法等下去了，他们转而一致投票赞成另一个农夫的意见：宣告被告无罪。

(资料来源：网易微博，http://cwhan2008.blog.163.com/blog/static/69977092017929103439112/)

从上述谈判实例中可以看出，那位坚持己见的农夫用的是拖延技巧，向他的对手们展开心理攻势，从而赢得了这场看似无望的判决的胜利。谈判结束的时间被称为“死线”，在一般情况下，谈判者都要保密自己的最后期限和“死线”。因此在谈判中，往往会出现这种情况，双方都希望摸到对方在谈判中的“死线”，以争取主动；与此同时，都对“死线”严格进行保密。在针对谈判的“死线”的时候，谈判者常常采用拖延技巧。

常用的技巧一般有：

(1) 对付强硬型的谈判对手的技巧。世界上的任何事都是相互矛盾、相克相生、互相转化的，有时也可以化不利为有利。既然双方能坐到一起，进行谈判，就必然是能互利互用的，他对你有用，你对他也有用，这种相互关系就给我们提供了一种可能，使其可以充分地利用这种可能对对方组织进行有目的、有计划的反击。

在进行反击之前，最好先了解一下对手的情况：他如此强硬的原因是什么？是否根据上级的指示，或许这只是他的一种谈判技巧？是否由于谈判者个人的性格和作风造成的？只有摸清了这些情况，才能从容地进行有效的反击。

如果对方是根据上级的指示而这样做的，那你最好放弃与对手争论的机会，直接去找他的上司；如果这不是对手使用的谈判技巧，那么你大可沉着应战，不为其强硬所动；如果这是对手的一贯作风，那么，就应当从打掉他的气焰着手。

(2) 对付攻击型的谈判对手的技巧。这类攻击型的对手往往气势汹汹，以掩盖其理由的不足。他们往往是想用气势压倒你，对付这类人，当事人首先必须注意的一点就是切莫惊慌，因为惊慌往往会自乱阵脚。同时，也不要过于愤怒，过于愤怒则会使自己失去分寸。无论自乱阵脚还是失去分寸，都会给对方一些可乘之机，并使自己受到一定程度的损害。

攻击型的对手表面上看有点吓人，击败他的关键之处是要找到要害，也就是其理由不足之处，掌握了这一点，你也可以套用对付强硬派的手法来对付他。

(3) 对付搭档型的谈判对手的技巧。和搭档型谈判对手进行谈判，一定得小心翼翼，谈判桌上处处是陷阱，稍有不慎就有掉下去的危险。

在谈判之初，你必须了解对手是否有权在协议书上签字。如果他表示决定权在他的上司那里，那你应坚决拒绝谈判。但是，也有另外的办法来应付这种情况。那就是，既然对手派的是下层人员与你谈判，你也不妨派下属人员去谈判或由别人代替你去谈判，待草签协议之后，你再直接与对方掌权之人谈判。这样，你将获得较大的转换空间，不至于到关键时刻被别人牵着鼻子走。

(4) 对付团体型的谈判对手的技巧。对付团体型的谈判对手的最好的办法就是组织好队伍，实现最优的阵形，是分别单兵作战还是把多个人凝成一个团体迎战都要考虑好。一般来说，在这种情况下应当充分利用每个人的个体优势，进行有效分工，争取把对方的优势化解掉，这种方法可能不失为上策。

如果我们的人少，为了弥补人员不足，摆脱劣势，可以在谈判时向对方要求事无大小都必须全体参与讨论。这样，对方以多人与你方一起对每个问题加以讨论，就可以化解掉他们轮番作战的优势，浪费他们的谈判成本，使他们急于结束谈判，缩短时间。在人少的情况下，最好是不要同意对方的分组讨论提议，因为那样他们将是以多人对一人，形势就会对自己一方不利。

如果谈判激烈争论不休，己方在应变上难以自顾，最好的办法就是拖延时间，多增加一些休息的机会。这样，既可在对方攻势凌厉的情况下转变形势，又可给己方增加喘息和调整的机会，趁此机会进行一些必要的磋商，为下一轮的谈判做好充分准备。

(5) 对付逼迫型的谈判对手的技巧。对于竞争式逼迫，首先应了解自己的优劣，并与竞争对手进行比较。如果确信自己具有优势，就应坚持自己的原则立场，不为压力所迫，这样也可尽量多地获利和尽量少地受损失。

对于拖延式逼迫与期限式逼迫，即前者是不给定时间，后者是给定时间，共同的是都用时间来给对方造成压力。对付这种谈判对手，通常应当根据两个方面的情况进行衡量和确定：一是己方如果超过这个期限或无限期下去是否会有损失和损失有多大；二是己方对这份协议的重视程度如何。一般来说，应当认真研究一下对方设定期限或拖延的动机，并仔细比较达不成协议对双方各自的损失，由此判断对方设立期限或拖延是在制造压力，还是真的不想谈了。

(6) 对付圈套型的谈判对手的技巧。由于圈套型谈判者可以设置各种各样的圈套，他们有的通过语言来设置圈套，有的通过一些动作或事实来设置圈套，有的就干脆将整个谈判设置成一个大圈套。稍不注意，就会陷入对方设置的圈套。因此，在谈判中一定要以求稳为原则，急于求成往往能够给对方造成一定的空当，使对方以圈套取胜的阴谋得逞。

9.4　针对不同对手的商务谈判策略与技巧

这里仅针对不同的谈判对手，按其态度、实力和作风的不同，就谈判人员应采用的策略做必要的介绍。

9.4.1　按对手的态度制定策略

谈判对手谈判的态度主要有两种：不合作型和合作型。下面分别研究针对这两种谈判对手的策略。

1. 对合作型谈判对手的策略

在商务谈判中，对手的态度对谈判是否能顺利进行有着直接影响，而合作型谈判对手则具有强烈的合作意识，注意谈判双方的共同利益，渴求达成双方满意的结果。对于这类谈判对手的策略，是因势利导，在互利互惠的基础上尽快达成协议。

(1) 满意感策略。针对合作型谈判对手实施满意感策略，旨在使对方感到温暖，促使对方为双方共同利益尽早达成协议。具体做法包括以下几个方面。

① 从多方面关心谈判对手，在谈判日程安排上尊重对方的意见，必要时请己方上级领导会见或宴请对方，使对方觉得受到很高的待遇和尊重，但在己方上级领导会见谈判对手时不宜过多地谈及谈判本身的问题，否则，对手就会认为己方急于成交，这会降低己方的谈判地位。

② 在谈判中应尽量做到开诚布公，创造诚挚和友好的谈判气氛，同时也要讲究时间、地点和条件，即在了解对手之后，再采用开放的做法，而且开放的幅度也要恰当，不能将己方的谈判目标和方案全部透露给对方。

③ 可给对方一些己方不重要但对方又很感兴趣的小恩小惠，这类小恩小惠可能与本次谈判有关，也可能完全没有联系。例如，安排对方参观名胜古迹，赠送给对方一些有意义和有特色的礼品等。

(2) 时间期限策略。商务谈判种类繁多，规模不一，但从时间发展进程上分析，却都具有某些共同之处。例如，不管谈判怎样曲折和困难，所有的谈判都会有个结局。又如，谈判双方常常是在谈判临近结束之前，才做出实质性让步。时间期限策略就是要抓住谈判双方在时间上的共性和特点，适时地明确谈判的结束时间，以促使双方在互利互让的前提下，及时和圆满地结束谈判。一般而论，运用时间期限策略要求注意以下几个方面。

① 要仔细观察和分析对方的既定截止期限。对方可能在谈判开始时提出一个截止日期，也可能不明确截止期限，还可能以截止期限作为一种战术给己方施加压力，但不管对方采取何种做法，他们总是有一个预定的截止日期，正确地推测对方的既定截止日期，有助于己方掌握谈判的主动权。

② 己方要根据谈判的实际情况，合理地确定一个截止日期，但要避免暴露己方的这一截止日期，以便能够主动地促进谈判进程。

③ 在给对方一个最后期限时，讲话要委婉和自然，不要引起对方不满，要向对方表明，此做法的目的在于提高谈判的效率，从而迫使对方尽快亮出底牌。

④ 要加强与对方人员之间的交流，联络感情，增进友谊，从侧面促进谈判尽早成交。

2. 对不合作型谈判对手的策略

不合作型谈判对手的主要特征：一是不厌其烦地阐述自己的观点和立场，而不注重谈论实质问题；二是不断地抨击对方的建议，而不关心如何使双方的利益都得到维护；三是将谈判本身的问题与谈判对手个人联系在一起，将抨击的矛头指向谈判对手本人，进行人身攻击。对待这类对手，只有采取恰当的对策，才能引导其从观点争论转向为双方共同获利而努力。

(1) 迂回策略。实施迂回策略要求避免与谈判对手直接进行正面冲突，而要引导对方为双方的共同利益去设想多种选择方案，努力将谈判引向成功。首先，在谈判对手强硬地坚持他们的立场和观点时，不要抨击对方的观点，而要分析其真正的意图。例如，卖方在付款方式和交货期限方面提出强硬的立场时，买方应从市场、竞争、供求、卖方的财务状况等方面探求卖方的意图所在，并在考虑到卖方立场的基础上，提出多种选择方案，供对方挑选。其次，在对方指责己方谈判人员时，要倾听对方的批评，分析对方的动机，并从中吸取合理的部分，力争将谈判对手由对人员攻击引向探求双方共同获利上来。而回击对方的指责必然导致双方将大量的时间和精力浪费在没有意义的相互人身攻击上。再次，在引导对方讨论实质问题的过程中，要采用启发式的提问法，不要用发表声明的口气和语调。提问式讲话给对方留有提出异议的余地，不会引起对方的反感，而声明式讲话则容易招致对方的批评。最后，对于不合作型对手，还可以运用沉默这一武器。例如，当己方提出一个较为客观的问题后，对方却不给以完整的答复，己方的最佳对策就是保持沉默，给对方造成一种僵持的感觉，使其只有用提出新建议的方式才能打破僵持局面。

(2) 调停策略。在采取迂回策略不能奏效的情况下，可运用第三方调停，即请局外人来帮助解决双方的矛盾。第三方调停的优点是：

① 因为他们没有直接卷入双方的争论，所以较为容易将谈判双方人员之间的人际关系与谈判实质区分开来，使双方的注意力集中于谈判本身。

② 他们可以适时提出妥协方案，从而避免由争论中的一方提出妥协方案可能影响其讨价还价的地位这一弊端。

③ 他们可以说服和促使双方由争论转为和解，而双方通常是不愿意主动和解和让步的。

在采用第三方进行调停时，关键在于选好调停者。他们的首要条件是能够得到双方的尊重。理想的调停者应该是诚挚和有谋略的，能够恰当地处理各种棘手的问题。

9.4.2 按对手的实力制定策略

谈判实力是谈判双方讨价还价的重要筹码，它对谈判人员的行为有着重大影响。因此，对谈判实力的分析是认识对手的重要工具之一。从实力上分析，可将谈判对手分为两大类：实力强于己方的谈判对手和实力弱于己方的谈判对手。

1. 对实力强于己方的谈判对手的策略

所谓实力强于己方的谈判对手，是指谈判双方进行综合力量对比时，对方的力量相对而言比己方的力量强一些，在某些方面占有主动权。面对实力较强的对手，己方一方面要加强自我保护，不在对方的压力下达成不利于己方的协议；另一方面，要充分发挥自身的优势，以己之长击“敌”之短，争取最佳的谈判结果。

(1) 底线策略。面对比自己实力强大的对手，为了避免使自己陷入被动局面而签订对己不利的协议，可采用底线策略，即事先定出一个可接受的最低标准。从卖方讲，就是定出可接受的最低价；从买方讲，则是定出可接受的最高价。

制定底线的优点：一是在风云多变的环境中能够把握方向，避免做出错误决定；二是在较大规模的谈判中，底线可起到统一谈判人员步调的作用，同时还可用于明确和限制其他辅助人员，如代理人、律师等的权限。但是，使用底线也有不利之处。例如，底线限制了谈判人员的灵活性。谈判交锋中可能出现许多事先无法料及的情况，而呆板的底线就会束缚谈判人员追求最佳结局的主动性。又如，谈判人员往往倾向于制定较高的底线，渴求从中获得较多的利益，这就可能使制定的底线与客观实际不相符。

(2)“狡兔三窟”策略。所谓“狡兔三窟”策略，是指谈判者在预先确定谈判底线的基础上，还要认真考虑谈判破裂后的退路。例如，企业在售房时，要预先考虑到在底线价格上若不能顺利成交时，下一步应该怎样办？是出租？或将楼房拆掉改建其他设施？或长期等待理想的买主？

“狡兔三窟”策略对实力较弱的谈判方尤为重要，因为预谋退路可以加强弱者在谈判中的地位。商务谈判中双方实力的对比，不仅表现为财力、市场地位、竞争优势、产品质量、价格水平的抗衡，还表现为双方对达成协议的渴求程度以及谈判失败对双方的影响程度。

在采用“狡兔三窟”策略时，谈判人员应注意：

① 要制定谈判破裂后的策略。

② 要从中挑选最佳方案，并制定行动计划，做好实施行动计划的准备工作。

③ 分析谈判对手在谈判破裂后有哪些退路，即谈判成功与否对其的影响程度。

④ 要根据己方其他选择的吸引力程度，寻找适当时机向对手暗示己方的其他选择，以提高己方的谈判地位，促使谈判尽早成交。

2．对实力弱于己方的谈判对手的策略

当对手实力较弱时，对己方而言，既有有利的一面，即能够给我方较大的回旋余地和主动权；也可能使我方疏忽大意，犯不应有的错误，痛失机遇，不能够实现预定的谈判目标。因此，在有利条件下，谈判人员仍应精于谋略，抓住时机，争取最佳结局。

(1) 先声夺人策略。实施先声夺人策略要求谈判人员事先深入分析和研究对手的各方面情况，包括对手的财务状况、市场地位、对谈判的渴求程度、过去经常使用的谈判策略和手法等。在谈判进入正式阶段之后，己方可以口气婉转地指出对方的某些不足之处或不现实的想法。例如，“你方上次所提供的商品没有按期交货，给我方生产造成不利的影响。”又如，“有许多厂商愿向我方提供同类产品，他们的价格都比你们便宜。”再如，“你方的建议不符合客观实际情况，没有可行性。”在谈判之初指明对方的缺点，有利于提高己方的气势，使对方从一开始就受到一定程度的心理压力，促使对方尽早认清形势，权衡利弊，达成互利的协议。

(2) 出其不意策略。在谈判中占优势的一方采用出其不意策略旨在给对方施加压力，促使其以对己方最有利的条件达成协议。

实施出其不意策略的具体做法如下：

① 从时间上给对方造成压力，如突然宣布截止日期，或加快会议进度，延长会议时间，取消正常休息日等。

② 向对方提出其意想不到的问题，如对谈判中某些条件提出新要求，或做出新让步等。

③ 采取对方事先不能料及的行动，如谈判中途换人，最高决策人突然参加谈判。

④ 公布使对方大吃一惊的资料，如向对方透露某些重要的统计数字和己方的行动方案等。

实施出其不意策略时的注意事项如下：

① 严格挑选谈判人员，选择具有稳重性格的人员参加商谈。

② 谈判人员内部分工明确，权责分明，缩小知晓最高谈判机密的人员范围。

③ 注意防范对手刺探己方的内幕情况。

④ 对违反纪律或接受对方贿赂的人员要严加处理，不允许任何人违反既定的条例和规定。

9.4.3 按对手的谈判作风制定策略

从谈判作风上看，可以将对手划分为两大类：一类是法制观念较强、靠正当手段取胜、作风较好的谈判者；另一类是靠搞阴谋、玩诡计取胜的作风不正当的谈判者。对于前者，可根据其特点分别采用上述各种策略；对于后者，则要倍加小心，及时识破其阴谋，并采取恰当的对策。

(1) 对付以假乱真的策略。有的谈判人为了诱骗谈判对手上当，使用各种各样的卑鄙手段和做法。例如，向买方提供打字或油印的虚假成本报告或价目表一类的内部资料，而有些天真的买方却轻信这些文件的真实性和权威性，结果吃了大亏。又如，有些谈判对手在谈判过程中，突然减少人员，改变日程，甚至通过各种渠道向对方吹风，以使对方误信他们正与对方的其他竞争对手谈判，造成货比三家的假象，诱骗对手尽快成交。再如，有些对手表面上宣布再次降低出价，而实际上用性能较差的设备替代谈判中所涉及的高性能设备，结果实际价格按同类设备市场价格计算，不但没有降低反而有所提高。

在商务谈判中，为了避免和防止上当受骗，谈判人员应做到：

① 事先认真了解和调查对手的资信、经营状况和谈判人员的履历，切忌轻信对方所提供的有关信息和资料。

② 预谋对策，在对手制造假象、施加压力时，要及时揭露其诡计，迫使对方为了不使谈判陷入僵局而开诚布公地谈判。

③ 加强对商品的验收，派有关技术人员监督对手认真执行合同条款，严防以次充好的违反合同行为。

④ 在订立合同时，文字要严谨，条款要详尽，防止对手钻空子。

(2) 对付车轮战的策略。在商务谈判中，有些人惯于先让下属出面与对手谈判，提出苛刻的条件，使谈判出现僵局，待双方都精疲力竭时，主要负责人再出面与对手进行实质性会谈。这时对方在心理上和气势上都处于弱势，很可能做出过多的让步，达成对其不利的协议。

应付车轮战的主要策略包括：

① 不与对方进行立场和观点上的争论。

② 划清谈判本身问题与双方人员人际关系的区别，不对谈判人员进行抨击，如果对方对己方人员进行攻击，己方不与其论战，坚持将谈判的焦点集中到交易本身。

③ 在对方无故换人的情况下，可用拖延会谈的方法，给对方施加压力，直到原来的对手重新参加谈判为止。

④ 如果对方借换人的机会否认过去的协议，己方也可以借此理由否认过去的诺言，以迫使对方采取较现实的态度。

⑤ 可采用私下会谈、私下交往的方式与对方有关人员加强联系和友谊，旨在了解情况和分化对方人员。

⑥ 在必要时可以考虑退出谈判。

(3) 对付出假价的策略。所谓出假价，是指买方先用出高价的手段挤掉其他的竞争对手，成为卖方的唯一客户，然后，再与卖方重新开始讨价还价，迫使卖方在买方市场条件下以低价出售产品或服务。例如，在房产交易中，买方看到某一卖方以 2 万元的价格出售一间房屋的广告，该买主先以 1.9 万元的出价和 100 元的订金将其他几位出价在 1.8 万元左右的买主挤掉，然后采取拖延手段迟迟不付款成交。在卖方一再催促下，他又以此类房屋的市场价格是 1.7 万元为借口，压卖方让步。而卖方可能由于急需资金或再次登广告费用太大等原因，被迫以 1.7 万元成交，损失 1000 元。

为了对付这种不道德的行为，有关谈判人员应采取如下应对策略：

① 事先提出截止日期，逾期后果自负。

② 对于出价过于优惠的买方，要提高警惕，调查其资信状况。

③ 要求买方预付较大金额的订金，以便在其反悔时，己方可以中断交易，而又不至于遭受较大的损失。

④ 在正式成交之前，要与其他买方保持联系，以留有余地。

(4) 对付心理战的策略。有的谈判人为了使自己获得更多的好处，有意给对手制造心理压力。例如，给对方提供较差的谈判环境，使对方人员之间有私下磋商的空间条件，或在谈判时面对阳光而坐等。又如，在谈判中突然退席与他人交谈，或故意不听对方讲话，然后又要求对方重述。再如，在谈判之余，有意评价对方的性格、衣着和风度，讲一些使对方不愉快的话等。

在对方使用心理战时，己方应给予足够的重视，并可采取应对策略：

① 在对方负责安排谈判地点时，己方要对可能出现的环境问题做好思想准备。

② 如果对方在环境上做文章，己方要及时向其提出异议。

③ 对方对己方人员进行人身攻击时，己方人员要提醒对方以谈判本身问题为中心，不要进行人员之间的人身评论。

④ 在必要时可以提出休会，或拖延谈判日程，或退出谈判。

延伸阅读：

通过扫描二维码或者登录网址，观看中央电视台纪录频道(CCTV9) 2015 年纪录片《与全世界做生意》第 6 集《看不见的博弈》0 分 45 秒～5 分 29 秒，分析中外双方在是不是允许观众拍照上如何达成一致的。

http://tv.cntv.cn/video/VSET100229673988/419d14a3b22f41e088f3b9f188f2a58b

9.5 商务谈判中的沟通技巧

谈判过程是信息交流过程，其中有意透露信息可以加强谈判者对局面的把握，而意外的泄露则会削弱这种把握。

谈判过程包括信息的交流。信息交流可能是有目的的，也可能是无意的。由于信息交流不完善可能影响最终的谈判结果，每一位谈判者都试图通过对交谈过程的控制来寻求操纵对手的机会。

有些研究报告提出，最终能达成协议的谈判，通常要经历三个交流阶段：

(1) 所持立场和观点的先期陈述与辩护，目的是为提出既强有力又具说服力的论点，同时也为表明某种实力。

(2) 根据第一阶段确认的各种因素及限制，来寻求解决方案。

(3) 谈判对手之间想相互辩论，以期找到双方都满意的协议条件。

有效谈判的技巧对谈判者来说非常重要。交谈过程是谈判的一个重要组成部分，也是一个中介环节，通过它，双方才可决定是否能取得一致。谈判中信息的传送与接收都要讲究技巧。送出者须辨别和分析所有文字和非文字迹象。最后，交谈还要注意其各种不同的方式。这些谈话技巧和原则适用于所有的谈判，而不论谈判的具体目标、战略或战术是什么。

9.5.1 礼貌交谈与实力较量

礼貌客气的谈话方式易使对方积极透露信息，促使对方认真倾听，也有助于减少摩擦。

1. 礼貌谈判

谈判中，大部分过程应该是礼貌交谈的过程。在客客气气的交谈中，双方避免相互威胁，认真听取别人发言，始终关注谈话要点和提示；各方还会给予对方有说话的机会，有的时候为了获得更多信息更会鼓励对方发言。在谈判中，友好与自信的程度可以有所变化，说出的话可以很强硬，甚至有点粗鲁，因为礼貌交谈并不意味着必须顺从别人。但是整个过程还是应当基本上亲切真诚。一场礼貌交谈对于谈判者至少有三大好处。

(1) 易使对方透露信息。礼貌交谈的过程使对方有机会透露信息。信息得以透露，就能产生人们所希望的最大限度的情况交流。这种交流首先来自于谈判者的判断力，来自于谈判者是否认为应该透露信息。讲究礼貌有助于对方畅所欲言，避免打断对方正愿意披露的有价值情报的谈话。透露的情报越有用，听者心中越有底，对己方确定战略、战术和立场也越有利。

(2) 促使对方认真倾听。讲究礼貌也使对方能够倾听自己的发言。大家轮流发言，每一位都能集中思想倾听对方讲话，而不必想着打断别人抢发言。认真倾听非常重要，只有这样，才能真正有意识地把握和分辨对方透露的所有情报。

(3) 避免不必要的实力较量。交谈时客气礼貌能够使对方避免不必要的、以实力较量为形式的冲突。较量实力只会浪费时间，产生敌意，甚至导致谈判中断，而礼貌交谈则能避免这种使人失望的后果。

2. 实力较量

所谓实力较量，是指双方都力争占据谈判中的支配地位，其表现包括长篇发言、打断别人，或其他一些力图控制对方的类似行为。这种较量常会使较量本身变成一种目标，而将谈判置于第二位。故此一般应该避免实力较量。礼貌交谈比实力较量更可取，这是一条普遍性原则。当然，也有四种情况例外。下列情况发生时，进行实力较量也未尝不可：

(1) 占据谈判优势，以期控制结局。要是在谈判中占据优势因而能够控制实际结局，那就应当考虑这样做。然而，假如造成对方因此不能以另种方式交谈而生气或失望，并且变得态度强硬，那么占据优势的做法也是不合适的。

占据优势作为一种战术使用时必须考虑其近期和远期效果。首先分析占据谈判优势是否有可能；其次，这样做对于谈判的最终结局是否有积极或消极作用；还须特别考虑对方谈判者的个性。有的人争强好胜，想要占据谈判优势，但却因此而得罪对方。

(2) 控制谈判，以免受制于人。除一些例外情况(下面将要讨论)，谈判者应避免受制于人；如果对方要想控制谈判局面，就有必要维护自己的权利。办法之一可以用归纳法和谈要点法来防止对方过分重复。当然，这些办法若是不灵，就可能不得不用插话、提高嗓门，或用刺耳的语气，或者措辞生硬。

【案例 9-10】掌握谈判主动权

甲已经高谈阔论了半个小时，并且拒不停下话来。乙既不能归纳小结甲说过的话，又不能谈要点问题，于是他突然大喊：“停一下！”甲住了口，不知这一喊是否为乙投降信号。乙这时用较响的嗓门说道：“双方之间如果没有平等互让，没有互相听取意见，谈判是不可能继续的。显然你只想自己发言，不想听别人讲，甚至毫不客气地不给我说话的机会。既然如此，我现在准备离开。假如我说得不对，你也愿意停一下听听我的观点，那么你现在就这样说一句！”

(资料来源：http://cwhan2008.blog.163.com/blog/static/6997709201792910365144/)

(3) 避开对方说话过分重复的情形。没有人应当顺从地听人一遍又一遍地谈论同一话题，尤其是听人啰嗦不堪地谈。如果对方滔滔不绝，却又没有任何实质性内容，这种过分重复就没有必要忍受。然而在这种情形下，打破礼貌谈判模式通常不是首选办法，可以先试试把对方已提到过的内容归纳一下。也可以采用谈要点办法。

【案例 9-11】避开过分重复

生意双方进行合同谈判，对方谈判者不断重复讲述他的观点。这时，你可以归纳他的话，以达到维持礼貌谈判的目的：“好吧，对于你重复提到的早已对我说过的价格问题，且让我说一句。我已了解你的开价，你已告诉过我你要的成本价是每件 248 元。我知道了。”

(资料来源：http://cwhan2008.blog.163.com/blog/static/6997709201792910365144/)

(4) 利用他人的饶舌。要是对方想控制谈判，不妨考虑允许他这么想，至少让给他一点时间。对方的这种欲望有时可以利用，以争取一个更积极的结局。这种“心理柔术”可在对方做如下表现时采用。

① 交谈过程中有支配欲望。谈判中，对方为占优势会说个不停而泄露信息。这种健谈是出于多种自我需要：教人知道自己见多识广，吸引异性，防御自卑感，防止冷场，诸如此类。

② 自我讨价还价。这是指对方在想控制谈判局面过程中因为说得太多而没有要求对方做出反应。他可能在提出一项原项观点后，实际上并未听取对方明确的反驳，就接着再提

出一项比原来观点后退了的意见。这样，他以一种不断的自我让步来“赢得”谈判优势。

③ 自我陶醉。对方可能非常热衷于表面优势的满足，以致放弃实质性问题的讨论。这情形并非由反应匮乏造成，而是说话人顾此失彼，忽略了讨论之中的让步与交换。

9.5.2　送出信息

商务谈判中，要有目的、有选择地作文字和非文字信息披露，以推动谈判进程。信息交流的过程要求送出的信息清楚确切，以免混淆和误解。当然，这并非是在要求谈判者必须透露所有消息，而是说在决定送出消息之时要想到能被对方完全理解。

此外，商务谈判中还要保证消息的透露有选择和有目的。为了谈判成功，有些消息必须透露，至少双方的观点必须透露。还应透露的信息包括事实、需要、主要兴趣等。这样，如果要达成一项协议，对方就明白谈判中将会遇到什么问题。有选择的消息透露是指必要的，为使谈判进展顺利而进行的消息传送。有的时候，人们须在下列二者之间划上一条细细的分界线：相信对方会透露足够的信息以达成协议；不相信对方，因为它为了控制谈判似乎隐瞒了什么消息。

透露消息时，关键要考虑好这样做的后果。应当想一下，在透露消息一方看来和在它的谈判对手看来，消息的透露会如何推进谈判？如果不会推进谈判，那就不应作此透露，必须掂量这样做的益处是否会被引起麻烦或暴露弱点的风险所抵消。

【案例 9-12】把握透露消息的分寸

为努力使对方产生交易热情，一谈判者极力张扬说公司对于双方的合作义项是如何的感兴趣。这样说法颇使人生疑：要是交易不成，这家公司也许会有严重的麻烦。结果，对方得以迫使该公司做出更多让步。这是双方都始料未及的。

要选择透露什么消息为妥，可能很不容易；而要涉及非文字透露，常常会更困难。永远要控制非文字透露，这一点很重要，因为无意识下做出的反应和举动可能泄露一个人的内心的思想和观念。做有限透露时必须对自己的文字和非文字表现有高度的意识控制。

1. 让对方只持最低限度的期望

毫无必要或错误地提高对方的期望值，这是一种不正确的做法。假定有人不想造成一个可以让步的印象，切忌这种说法：“那事我们当然可以谈谈。”

这句话会引起或提高对方认为你会让步的期望；就算可能做让步，将这可能性不经意地泄露出去只表明谈判技术糟糕，也许还会导致达成的协议不够有利。更糟的是，如果真的不可能让步，对方已持有的期望不能得到满足，他就会由此产生受骗的感觉。在这样的情形下，对方所提的其他要求会变得更强硬，谈判也容易破裂。

透露消息的时机选择非常非常关键。为了能推动谈判达成理想协议，一定要选择好消息透露的时机。适时地透露己方的需求、谈判目标、谈判重点、交易价值等信息能使双方找到意见一致之处，知道该如何拟定交换条件。

2. 具有说服力

说服另一方接受你的观点、想法、条件，方法有许多。只要引导对方相信你的诚实和真心，就能增强你的说服力。一般来说，一个谈判者应当记住对方对于目标和相关问题的看法，这样就表明自己有责任心，会使双方达成相互都乐意接受的协议。下面介绍一些方法，帮助你在交谈中更有说服力。

(1) 论理。除非对方信服你，不然交谈就很费时间。故此，与人交谈有说服力很重要。有说服力的交谈方法之一是论理。所谓论理，就是为某个观点的成立而提出的理由。这理由使对方觉得你的观点是公平的、合情理的，或者至少是个真实观点，而非欺人之谈，目的是让他接受这个可信的合理的观点，或者让他做点妥协以便加以修改。这当然取决于所用的战略或战术。人们比较愿意接受公平合理而不是失之公正且有悖于理的观点的。然而有时候，一个合乎情理的观点也可用以掩盖一方的真实理由，要是这样做于其有利的话。不过还是应避免实质性误导。

以论理来提高可信程度是个总原则，但有三种情况例外：

① 这理由在特定谈判背景下有其内在明确性。在某一谈判的前后关联中，有些观点的理由将会不言而喻，那就没必要再提。

② 不存在应当提示的所谓理由。有时候，真实的理由必须保密。例如，要是真实理由来源于某个要求匿名的渠道送来的消息，那就得找个其他的所谓理由来说服对方。也有的时候，一个观点可能就没有什么令人信服的理由可找。凭直觉看问题，即为一例。

③ 唯一可谈的所谓理由中包含实质性误导。实质性误导即事关重大的误导，可能会形成欺诈。这样做不仅不道德或不合法，而且一旦为对方觉察，还有使谈判破裂的危险。

(2) 表明自己的想法是如何满足对方的要求与利益的。成功的劝说要投对方需要和利益之所好。站在对方立场，而不是仅从自身立场出发，所提出的论点及其他形式的消息透露常常颇具说服力。如下列说法所示："你方的调查已表明我方产品确实优于西蒙公司的产品，并能满足你方的需要。从我方颇具吸引力的成本价来看，若你方同意与我们成交肯定是最佳选择。"

在向对方提出建议时也可以指出，接受这项建议要比其他选择可取。其他选择有：

① 失掉机会。

② 提起诉讼。

③ 提价。

④ 招致不利的舆论。

有些谈判权威人士相信，建议的提出总是应该包括些其他选择项，即使是提出最后通牒。含有其他的选择办法能使最后通牒的做法显得不那么过分或不那么含有敌意。

(3) 建立和睦关系。在双方谈判者之间建立起一种和睦关系可以加强自身说服力。办法之一，是将注意力集中于双方意见一致的方面，由此成为达成协议的契机。具体技巧是，首先回答对方陈述中的某个双方有共同意愿的部分，然后再提出对其余部分的反对意见。其次，自己发言时要用解释的口气讲话，这要比用下断言的口气有说服力；解释性的发言可使听者不必在盲目相信你的话和即刻加以反对之间做两难选择。有时，拐弯抹角要比直截了当能更好地引导听者自己得出你所期望的结论；结论常常应当留待听者自己做。当一个人确信某项意见观点是自己思考的结果而并非是别人的建议时，他常有可能坚持这个观点。谈主题、类比、讲故事等方法都可以用来达此目的。

(4) 陈述结论时把对方的观点放在心上。以上谈了如何向对方表明自己的设想是满足对方需要的，与此相关的还需要考虑对方的反应。你应从对方的谈判立场来看问题，设想对方是怎样理解和评价自己意见的。用对方的立场看问题能够预计对方可能会提出的问题与论点，并能准备好合适的回答。当你表示要以他们的观点来看问题时，其他的人会对你产生好印象，你的话就更有说服力。在合作性谈判中，以上方法特别有用。

(5) 发言令人信服。在陈述自己的观点和理由时，要让人感到你的可信。自信的举止和专业热情可以使发言增添感染力。讲话声音可高可低，语气可以强调可以平淡，重要的是说话的人要显得真诚。如果他发言时看上去心不在焉，听者当然不会被其说服。

(6) 用不寻常或意想不到的手法强调发言内容。通常谈判者发言如果伴之以更大音量或强度则会更有效。采用能鲜明地表达或强调发言内容的视觉手段(图像、曲线、录像等)也被证明是非常有顺序也很重要。先陈述的内容具有主动、新颖的优势；最终所述常常具有严肃性，显得俨然是上面整个发言的逻辑结论。最后一点，发言内容可以重复，以确保对方听得明白，但不要反复提醒，那会使人生厌，或者冒犯听者。唯一的例外是，如果你想与对方打疲劳战，其目的是迫使对方让步。

(7) 附加让步条件。这是在谈判中说服人的另一技巧。有的谈判者觉得，对方的最初提议不带附加让步条件是令人难以相信，或不可相信的。此类人总是期待别人让步，直至获得让步才会觉得满意。要是让他们自己一点一点地逼迫已经“赢得”了对方的进步，再行说服他们做出决定就比较容易了。

(8) 向对方提问。除用来获取信息，提问也可用以发出信息或引致对方思考。向对方提问可以迫使其面对自己的薄弱环节，但通常不应提带有敌对之意的问题。然而，在下列罕见情形下，提问苛刻也许管用：

① 当采取使对方反感的方法会激起他做出冲动而欠克制的反应，而这又可以加以利用之时。

② 想要威慑对方或对方谈判者之时。

③ 要反击对方带有质疑的非难之时。

④ 要使用故意为难对方的办法来说服对方之时(这样做相当困难，且有激怒对方致使其以牙还牙的危险)。

(9) 不要评判对方谈判者。要按照自己的而不是对方谈判者的感觉与思路来发言。不去评判对方的观点，就能减少或避免对方自卫反应。例外的情况是，当批评能使对方醒悟他的行为是不公正或被误导了的时。任何批评应当仅限于具体问题，而不要针对发言者个人。

(10) 对须解决的问题加以描述。在提出见解之前，把所需解决的问题陈述一遍，可以引起对方较仔细地倾听。只有当你对问题的描述让对方听来顺耳，或者当你的描述能换得一个有用的反应之时，这一方法才为有效。

(11) 选择时机。劝服也包含时机的选择。有些提议，尤其是新的或不寻常的提议，是不可能很快为人接受的；不过，要是让对方有充分时间来考虑和熟悉这些提议，就有可能被接受。因此，这样的提议应当在双方达成协议的截止日期之前就在谈判中提出。

(12) 参考意见与先前经历。一个谈判者的名声也许来自于对方熟悉的提供参考意见的人，或者来自于谈判者先前可信或真实的经历。这些参考与先例可以进一步证实其威信、能力和诚实。当他随意地、聊天似地，或只是隐晦地提及以前的相似情况时，可以含有一种威势，却不会引起对方的反感。

(13) 使用统计数字或其他客观标准。任何时候，只要可能，就应当引用鉴定结果、统计数字、测试结果等客观标准来加强说服力。有些谈判者受到的教育启蒙是，谈判结果应当严格基于客观标准。因此，为了达到说服目的，并满足(也是应付)那些"基于客观"者的期待，在陈述理由时应当尽可能引进客观标准。

对付这一方法的一个重要对策则是，引用与之不同的、于你的观点有利的客观标准。其他对付方法有：细究那些所谓的客观标准，谓其失之偏颇、方法有缺陷，或对其普遍适用性表示怀疑，以此来抵制未体现自身需要、利益和最终目的等主观价值的提议。

9.5.3 送出清晰信号

1. 交谈的信息要清晰

谈判者在谈判中所陈述的关于自己立场的理由要具说服力。交谈者一般都下意识地加工或"脑中过滤"所听得的消息，因而交谈中信号清晰，且无自相矛盾和一语多义，就会增强说服力。

上面已经重点谈了交谈中送出信息者要注意的如何故意透露和具有说服力这两个方面，两者的目的都是让听者如你所愿地相信这些消息。然而，要是消息本身不清不楚，那么最精选的经过最有说服力陈述的信息也会被人错过或使人糊涂。这就需要有清晰、准确的语言信号。混淆的信息是指内容前后不一致或互相矛盾的消息，应当避免它。同样，含有多种意思的消息(即可以有几种理解的消息)也要避免。如果一语多义，说话者便不能把握听者会选取哪种意思。

为能清楚无误地传送信息，谈判者须了解对方或对方谈判者的心理需要。这些需要对方也许不会挑明，或者他自己也未觉察，但都能影响他接收信息。由于这种心理因素可能很微妙、很隐晦而不宜直接提及，谈判者不得不默认其存在，并要设法避开可能由它造成的谈判障碍。心理因素的障碍会导致误解，其表现形式如下：

(1) 囿于人口和社会资料统计之成见。

(2) 依据某属性而对另一属性下断语。

(3) 不接受与先入之见相对立的信息。

(4) 以己之心度人之腹。

(5) 筛除与自我形象或某人形象相矛盾的信息。

这类不正常表现常会妨碍、阻止交流的进行，其结果往往也会违背谈判者的初衷。如果识别出了对方心理上、感觉上的障碍，就应修改透露信息的方式，使之更有可能为对方接受和了解。反之，谈判者对于自身心理造成的错觉应该保持警惕。

2. 谈判消息能送至对方

为保证消息能清楚直接地传达给对方决策人，必要时应绕开或回避对方谈判者。

在有些谈判中，你也许会感到对方谈判者在阻止或歪曲你正要向对方或决策人传达的信息。这个情况也许是故意的，也许是无意的，通常源于以下原因：

(1) 个人兴趣。

(2) 害怕。

(3) 无能。

(4) 向中间人汇报。

对方谈判者的个人兴趣可能会影响他向决策人做公正准确的报告。其次，有些信息可能于对方谈判者不利，如他害怕己方决策人会对此信息做出反应，就不会准确地向他们传达。缺乏能力可以是另一种解释。对方谈判者缺乏与人交谈能力也会导致必要的信息传达不到对方决策人。最后一点也许是由于对方谈判者必须向某个中间环节汇报情况，而中间人向决策人转达时歪曲了有关消息，其原因与谈判者自己歪曲消息时一样：个人兴趣、害怕或无能。

每当你相信对方谈判者或什么中间人在阻止或未能准确向决策人传送信息时，通常应采取行动予以纠正。只有在如下两种情况下例外：

(1) 消息就是针对对方谈判者的，也从未准备送至谈判对方。

(2) 谈判进展令人满意，因而无论发生什么都没有理由加以干扰，只要设法保证让追加的消息送至实际决策者。

在判断向实际决策者传递某些信息是否可能会使谈判更好地进行，就必须考虑下列因素：

(1) 此项谈判的来龙去脉，或以前的有关谈判史，包括任何适用之先例。

(2) 谈判对方的关键利益所在，以及有何形势压力或制约。

(3) 决策者的性格。

如果决定与决策者直接交谈，可以试试下列办法中任何一项：

(1) 做一次适当的询问。在此情形下的询问是指问对方谈判者一些问题，目的是确定他是否已将消息送至决策者本人。要是还没有，接着的问题应商讨什么时候(而非是否)决策人会得到报告，以使谈判能够继续。询问示范如下所示：

“对这些情况他有什么反应？”

“她是否明白，除非她对这些问题做出让步的认可，否则会有实质性风险？”

这一方法会不会奏效，你得估计一下对方谈判者的诚实性格和他做的答复的可靠性。

(2) 提一个恰当的请求。这包括请求将消息送至决策人，并转告其反应。需再次提醒，你必须估计对方谈判者的诚实性。另外，还应当考虑对方谈判者是否会拒绝你的请求，因为他会认为这违反谈判礼仪。对于他的担忧，可以做点解释加以缓和，或者纠正一下他对于请求的性质和理由所持的错觉。请求示范如下所示：

“由于这是个能影响整个谈判的紧要问题，我觉得只有获知你的当事人的反应之后才可能继续我们的谈判。我得确定我已了解他对此事的看法。”

“我的当事人觉得你的当事人尚不清楚这一问题，而它在我们看来十分关键。因此，我们请求你如实转告我方的解释，并通知我们你方当事人的回答。”

(3) 要求对方当事人或决策人出场。要是向对方谈判者询问和请求均不奏效，随即可以要求(如有必要可以坚持)对方决策人出席下一轮谈判。这么做之前，你应考虑一下后果，即一方或双方决策人出场可能产生的积极与消极后果。

(4) 运用书信交流。这是另一种选择。一封信或拟议的文件可以包括所有你想要送至对方决策人的材料。采用书信交流，唯一的问题是对方谈判者是否真会将其送交决策人。可以有两种处理办法：其一是在某种背景下，征得对方谈判者的同意，将谈判的书面记录送一份给对方决策人；其二是，可在书面记录中包括一项要求，即谈判局面记录一定要送至对方决策人。这方法给对方谈判者施以巨大压力，要他妥善送达谈判记录，尤其当记录是一份解决提案或协议草案之时。

(5) 请来同盟者以避开对方谈判者。最后一个办法是可以利用同盟者绕开对方谈判者，将消息直接送至对方决策人。

9.5.4 接收信息

谈判中，有效地接收信息与送出信息同样至关重要。

在谈判中人们也许从其他渠道得不到信息而只好从对方获取，或者有消息需对方证实。这里专门讨论一下怎样有效地接收信息，准确领会其意，并在谈判中适当利用。

信息在为人接收之前首先需由对方传达出来。显出认真倾听的表情，不插嘴，不争论或反击，可以鼓励对方做进一步透露。相反，说话人一旦觉察听者缺乏兴趣就会缄口。此外，运用提问、讨论(如激起对方为一个观点辩护)，以及在介绍情况时讨价还价等方法可以打破对方的缄默。

谈判中的信息接收是个过程，包括两个步骤：认真倾听、研究分析。

(1) 认真倾听。倾听是一项重要谈判技巧。很多人认为倾听是件容易的事，自己能够做得好。实际上，这并非容易，也常常不能做得很好。认真倾听需要精力，思想集中，对我们大部分人来说还须花力气练习。认真倾听，就是自觉地、准确地领会交谈中所谈到的每件事，毫无间断(漏听部分)、错听或无意的假设之干扰。

【案例 9-13】学会倾听

赵渊和朱彬是两个即将毕业、正在寻求工作的大学生，过去她们俩吵过架，这一次在校园楼舍附近的走道上相遇了。赵渊一走上这条走道就发现远处朱彬正在向自己走来，很想避开她，一边走一边在后悔刚才没有走上另一条岔道。来不及了，朱彬已经看到她并向她打招呼，赵渊只好勉强回应了一声。自从吵架以后，她不喜欢碰上朱彬，她想三言两语应付一下就过去。只听到朱彬说：“嗨，赵渊，你找到了工作单位没有？我……”

“噢，还没有。”赵渊立刻打断，她并不想听朱彬继续说下去，她一闪身，擦肩而过。

“拜拜！”朱彬没趣地说。

【案例分析】本来朱彬想告诉赵渊自己已经找到一份很好的工作，并且还想介绍赵渊去那个单位试试，因为她有办法进行疏通。但是注意到赵渊根本没听自己讲话，甚至也没有停下来，就没有再讲下去的勇气，心里觉得很不是滋味，暗自决定，下次若是再遇到赵渊，一定装着没看到，走开了之。这里赵渊由于没有耐心去听朱彬讲话，而错失了一个有利的求职机会。

认真倾听的第一步是放开思想接受此信息。这是指避免那些影响准确感觉的易犯的错误，同时又要将注意力敏锐地集中于对方所透露的消息上。要让对方谈判者有开口的机会，有时还需要(微妙地或者明显地)鼓励他说下去，具体示范如下所示：

“那样的话我就理解你的顾虑了。在处理这类事务上您是否有过不愉快的经历？”

“对这宗交易的成功您会怎么看？”

“是什么使您不愿赞同这项提议呢？”

听得准确与否还须关注文字和非文字两方面的信息，并且也要做出文字和非文字形式的反应，以表明自己能够理解，能够以对方立场来思考当前的局面。要关注当前情况，而不是去想过去的事或者接下去应该或将会发生的事。要集中思想，就必须克服疲劳、其他事情引起的消极情绪、谈判双方目前的相互影响、其他任务或责任的牵挂或时间紧迫感。如果你听着听着开始走神，不能集中思想了，讨论就会中止。谈判中异乎寻常的方式或戏剧性的非文字意见交流可能是个计策，用以使对方惊讶、畏惧迷惑。若是面对这样的举动，在吃不准对方此举是真还是计之前，应当要么不做任何反应，要么给予强有力的回答；其间镇定自若是很重要的。

谈判者要避免因反感谈判对方、其谈判者，或他们的策略手段而无意识地歪曲信息。没有自觉的意识，谈判者自身的举动可能会不明智。过分顾虑和发怒是谈判人员中最常见的两种情绪。任何人都可能受制于这些情绪，因而谈判者必须对此有所心理戒备。有了戒备，即使情绪上来，其动力常也能有助于趋向有效的注意力集中。深呼吸，伸缩肌肉，可以驱散不良情绪的影响；有的时候，在谈判中休息一会也可能很有必要。

(2) 检查你的听话假设。我们大家都须警惕，不要让假设、先入之见或对某些情况的了解来代替信息接收，否则会遗漏重要情报。听取自己期望会听到的消息本是人之常情，但也是弱点。例如，假定有人告诉你：

“弗雷德从波士顿驾车去纽约，有卡罗琳随行。”

对这一情景，很可能你已做了一些假设：

① 那是驾小车旅行。

② 是弗雷德开车。

③ 卡罗琳与弗雷德同车。

然而以上假设未必全真。弗雷德可能坐汽车、卡车、摩托车，甚至带篷马车走的；倘若真的驾小车走，弗雷德不一定是开车的人；卡罗琳也可能会用另一交通工具跟随或先于弗雷德出发。

有时，根据听到的信息做出假设也有比较安全和妥当的；时时处处去检验每个细节，既不实际也没必要。但是认真倾听时要能分辨：对方说的话和自己做的推理，这样，推理的内容就能被有意识地归入假设加以验证；能作为依据的安全假设和不通过查实便不能作为依据的危险假设。谈判中一定要特别当心，不要将自己的假设误以为是事实，或者误以为是提议、观点中的某部分。检验自己的领会是否正确，可以用复述和重提的办法。下列说法可用来检查你的假设是否妥当：

“请允许我核实一下自己确切记下了你方提议的主要内容。你方提议……好，我是不是讲错或遗漏了什么？”

(3) 处理技术性信息的技巧。谈判者在获取信息，尤其技术性资料的信息时，可以放慢交谈速度，确保自己听懂这些信息，也可以用追问来探究或弄清信息。下列说法比较恰当：

“倘若我们也想要……你方要加价多少？”

“其他分支项目或某些层次是否含有贴现？”

“生产过程是否能满足这些规格要求？如果能够满足，允许误差多少？”

倾听者通过复述和归纳对方的话可以确定自己已经听懂。有时候，这样做甚至也许使说话人自己意识到自己话中的真正含义。

“请允许我用自己的话复述一遍，我们就可以肯定已经互相理解听懂。”

重复和归纳技巧也有助于增进和睦关系。对方发表意见之后用此方法作答，常会被视为是对对方的观点、需要和利益的一种敏感性表示。

听取数字或统计结果时要仔细，与数字打交道应该额外谨慎。计算结果一定要经过验算，避免差错。对于钱的问题，应该将专用表达转达成实际价值结果。例如：

“我们来计算一下，每件让利 5 元，那就是 300 000 元。”

【案例 9-14】处理信息的技巧

某项提议要买某资产经营权，开价 1000 万元，分十年不定期支付。经过对支付程序的一番详细审核，才真相大白：加上延长期的折扣率，现价只值 320 万元。

(4) 辨别对方所说的是事实还是他的解释和耳闻。谈判者一定要辨别说话人所说的是真正知晓的事实，还是仅仅是他对事对人的诠释、假设与道听途说。以下说法帮助你如何辨别：

“我方有充足的资金支持，我不懂为什么你认为不是。我们只是耽搁了一会儿，你不该就此以为我们得不到贷款。请转告你方当事人，这笔交易应当按计划继续进行。”

这时，听者就不得不进行辩白，说明有关信息中的假设、个人意见、传闻，或不容置疑的事实。这时还需要进一步的质疑和探究，以防止对方因粗心而使得消息可能有疏漏不确。

(5) 防止遗忘。当谈判已进行一段时间之后，就要注意准确地重述有关提议、观点和要求。要是因为遗忘而抓不住主要矛盾或其他变化，认真倾听也不管用。发言者故意讲错未尝不可能，这要取决于他的道义感；但是好心讲错也会毁了谈判，除非立即加以纠正。尤其遇到数字时应常常看记录，直至绝对清晰为止。检查对方起草的清账文件时，或当自己在起草这种文件时，同样要谨慎从事。

(6) 迹象分析。在大多数谈判中，总会遇到一些因涉及对方或对方谈判者利益所系价值所在而不肯向我方透露的信息，另外还有信息的不确切、不一致。那就得利用迹象来补充缺漏的消息。迹象指能说明谈判对方或对方谈判者真实动机、兴趣、价值、战略、计谋等的征兆。谈判者须分辨对方言谈中虚假的词语和真实的意思。迹象有助于从谬误或不确切中译解出真来。

(7) 比较对方提议的表面观点与底线。迹象分析之一，就是区别对方的表面观点与底线。例如，对方的最初提议或原先观点也许是在表明其雄心壮志，分析底线时就要考虑对方为人知晓的或令人生疑的需要、利益和目标。

(8) 看清让步范围。任何明显的让步都能暴露对方是如何真正地评价协议细则或设想其结局的。此外，随着谈判内容接近其能力所限，谈判者通常会缩小妥协范围。这样，越缩越小的让步范围也许意味着谈判已渐趋对方底线。然而要小心，因为对方谈判者可能在传送错误迹象，故意让人产生错误印象。

(9) 非文字迹象。大量的信息来源于非文字方式。除了实际上说的或写的谈判观点或谈判目的，人们常常无意识地以非文字方式传达自己真正的思想或情感。非文字迹象，即不用文字(或不准备用文字)而流露的迹象，它能够证实、否决或反驳文字信息。因此，通过确认或反驳文字信息来观察非文字迹象，可以增加自己对谈判的了解。

许多谈判者不留心他人非文字迹象，甚至也不留意自己传出的非文字迹象。前者的主要原因是精神不集中，缺乏敏锐观察，过分关注(或信赖)文字交流。其后者，是由于缺乏自我观察，无意中说漏嘴，或者过分激动所致。以下是非文字迹象二则：

“我方的最后开价是 85 000 元……我是说 80 000 元。”

“史密斯喊出他的最后开价时，他的身体实际上在发抖，我想他是否能够拿出这笔钱来撑面子。”

当然，不是每个身体动作都该被看成是一种重要的非文字迹象。眨眼睛也许只是因为眼里进了一粒尘土或者新戴了隐形镜片，而并非在回答一句什么人在说的话。相反，听了一项提议立刻如看国庆焰火般喜气洋洋，他对于提议的这种反应可能就是个重要迹象。细心的观察者很会捕捉到含有信息的非文字迹象。

要观察非文字迹象，记笔记可能就成了问题。很多人在谈判中时不时地低头记录而不看对方。常做笔记，谈判者俯首看笔记也许有帮助或很要紧，一般来说，出于习惯地和大量地作记录是没有必要的。多记笔记弊大于利，因为这会使谈判者漏掉重要的非文字迹象。倾听或发言时掉开头去可能是出于习惯，或由于盯看别人不舒服的缘故。不论什么原因，都会导致相同的不良后果，将观察不到许多非文字迹象。

掉开头去不仅失去观察对方的机会，其动作本身也含有不必要的暗示。眼睛不敢接触人很可能被认为是软弱、犹豫、内疚和诡秘。反之，眼睛适当地与人接触可以被视作威严、诚实、坦率、挑战，或使对方保持注意力。

在谈判中总是担心下一步该怎么走也会错过许多非文字迹象。超前思考，关注未来的行动或只想自己接着该谈什么，都会造成无法充分注意谈判中存在着相互影响。这样的人太多了，他们关心未来，却忽视现在，从而看不到或认不出非文字迹象。只关心未来同样还可能使人甚至错过文字迹象。

9.5.5 各式交谈

通过各式各样的交谈人们可以交流信息、提议、讲道理。有时，交谈方式(会谈、电话交谈、书信或其他文件形式)的选择只是个机会问题。双方或双方谈判者偶遇上就谈判起来，以解决一件双方之间悬而未决的事情。但更常见的是有意识地选择谈判方式，这取决于各类方式对于具体谈判内容的利与弊。

1．会谈对于谈判进程的影响

会谈，无论正式还是非正式，都能使意见交流变得像私人交谈，因而更增强了双方的谈判责任心。如有必要，可以避开公众，进行更坦率的私下交流。

正式会谈是指谈判双方以及其他有关人员在安排好的时间与地点一起聚会。谈判人员非常严肃地对待正式会谈中的活动，不然他们就浪费了时间与精力做参加谈判的准备。在正式会谈之前，举行一次预备会议很有益处，这能确定此次会议的时间安排以及是否有充分的可能达成协议。排定了谈判会议时间，要是谈判者在会上未能提出适当的建议和参加适当的讨论，他就会失信于人。

面对面坐下之后，双方就有机会交换意见，充分讨论以及作视觉观察了。这时个人接触较多，可能有利也可能不利。有些类型的谈判包含正式会谈，但其过程可能要向公众报告。这样做对谈判进程可能不利。例如，1962 年纽约市报业罢工的谈判就遭到批评，谓其缺乏可靠渠道让双方私下交换谈判条件。

非正式会谈也是谈判人员的聚会，然而是在较正式会谈更为宽松的气氛下进行的。非正式会谈允许谈判人员不作正式发言，大家坦率交流看法，寻求和议而不失脸面，从而使会谈可以更有成效。非正式场面使紧张情绪缓和，也就有助于谈判的进行。为了获此效果，会谈氛围一定要让人放心，使随意的或非正式的言谈不会被公之于众，或不会被人趁机利用。能够作非正式发言，这一点可以是安排坦率会谈的主旨，也可以是大家的心照不宣。即使双方都同意采取非正式会谈形式或利用非正式环境，谈判者仍须有充分的准备，注意对方的举动，因为在这样有限的几次会谈中所发生的事对于整个的谈判过程也可能有重大影响。

私下交流，或称幕后会谈，是相对于谈判内容公开的另一重要选择。内容公开的谈判中，媒介或团体组织(联合会、协会等)使谈判变成公众的兴趣和可能有公众压力的一件事；同样，当事人或决策人在场也许会压抑公正坦率的交谈，使人们的发言只是为了讨好自己一方的决策人而不顾后果。在这种情况下，私下交流可以是很关键的举措。因为那样人们就可以坦率地交流重要信息。

2．选择有利的谈判场所

许多评论专家相信，会谈场所对于谈判有重大影响。有的认为“本方场所”，即自己熟悉的环境如自己的办公室，明显与己有利。有的相信，把自己办公室作谈判场所能表明自己的实力。让对方远道而来谈判也能使他心理上产生达成协议的责任感，因为他投入了时间、精力和费用。也有人考虑，若在本方场所会谈可能会过多暴露本方的情况，故而认为去对方办公室会谈可能有利于己，只要：

(1) 对方坚持本方场所选择后不会摆出过分的优势感。

(2) 关键信息已经获得(除非策略地说得不到信息，以避开转移质询或要求休会)。

(3) 保证让谈判小组一起出席。

去对方办公室也许有必要，只要你抱有正确的态度和适当的谨慎，对方也不一定占“本方场所”的优势。然而必须当心，别让自己的表现受下列因素影响：

(1) 疲劳。

(2) 物质环境，包括那儿的任何印象深刻之处。

(3) 对方办公室里人比己方多。

要是场所选择是关键，因为它影响优势感，那么可能的折中办法有：选择一中介地点；或者准备作不止一次的会谈，而会谈场所可以双方轮流做东。

场所选择中需考虑的另一个因素是，这个场所会在多大程度上产生一种特定的环境和气氛，场所的周围布置也可以影响谈判气氛。房间的布局可以产生拘谨感，也可以产生随意感。比如把房间布置成起居室样子，没有大台桌或书桌的障碍，会鼓励双方持合作态度。

3．电话谈判的技巧

电话交谈可以用来获取某些信息，或者可以提高效率。但在毫无准备的情况下应慎用。

在会谈之前打个电话有助于搜集信息。在某些情况下打电话也可以代替面谈，这或是因为时间安排有困难，或是因为打电话成本低效率高，或是因为想使此次谈判相对简略。

电话交谈中也可以讨论和交换一些意见，尽管较面谈要少，因为电话交谈时间比会谈短。由于电话交谈要比安排会谈容易得多，谈判责任心因而较少。打电话也有好处，先去搞清问题，融洽关系，获取背景消息而并不像在会谈中那样深深卷入实质性问题。

当然，用电话时私人接触较少，也不存在视觉交流。缺乏这些视觉感受也许会产生误会。即使说话语气和速度可能暴露对方想法中的重要线索，但缺乏面对面的接触也会使不用开会而达成协议的可能性减少。

由于人们一般不能未卜先知，不知对方是否会来电开始谈判或继续谈判，因此使用电话就必须小心谨慎，考虑一下自己是否已做充分准备。如果没有准备，就推迟谈判直至自己花时间研究之后再行回电，这很重要。以上也是谈判暂时休会的一种形式。

4．书信及其他书面交流

用书面形式交流可以避开不必要的干扰，有助于防止误解，在某种程度上增强了有关意见和信息的重要性。

书信交流有助于传递详细确切的信息，且无不必要的干扰。人们在会谈中的发言时有紊乱，而书信、备忘录、电报等所提供的永久性记录，只要书写内容清晰无误，便能消除这种紊乱。通常，协议都要有书面文件，因此在谈判中总会有书信交流。

书面交流也许使谈判进程放慢。这可以有利，可以不利，或两者都不是，要看双方对时机选择的需要与利益所在。书信交流的一个主要不利方面是不够灵活。例如，如果必须以书面形式交流，谈判者就不能在搜集情报后立即提出自己的主张，他得专门写信请对方做出提议，要求对方透露消息，或者写信只为向对方通报一下对方做出提议，要求对方透露消息，或者写信只为向对方通报一下真实情况。这种缺乏灵活性的情况很常见。但也有例外，那就是起草一份已经口头或书面归纳的协议，交双方传阅，以便讨论和修改。采用书面起草很有必要，它使双方关注草拟协议中的具体细节与条款。在这过程中，双方可以开会或电话讨论草案和其他方案。

在会谈中，书面材料是不可或缺的。这些材料可以阐明、解释，或提供形式更具体的信息，能构成某项谈判的基本内容之一。建筑构图、图表、统计曲线、军事地图、电脑资料以及其他书面形式的资料都能帮助会谈进行，而不破坏本身的灵活性。可以补充或替代以上资料形式的可视资料形式有录像、电影、幻灯、照片、模型。

书信的另一不利方面是，某句话、某个观点以书面形式表达也许会成为永久性记录。一方可能不会反对将一项已为对方接受的提议作永久性记录，但也可能不想要有这种记录——假如对方拒不接受提议，反而将提议让其他方去看的话。此外，谈判方或谈判者可能存在想要或必须将一些不愿其书面记录被公开的情况。因此，有时双方约定这种谈话要保密。即便如此，对有些事或人最好还是不做书面评论，限于口头说说而已。从另一方面说，对内容重要的陈述或保证应该毫不犹豫地做书面记录。

常有这种情况：即使一项提议还未拟定，双方只赞同其中某个基本观点或其大致轮廓，还是须做书面记录。记录应该有清晰的陈述，即使此记录本身并不能作为协议依据。所有必要条款的达成都必须写下来。

在某些场合，提议要保密是个先决条件(除非对方已接受)，而避免用书面文件可以防止因疏忽而泄露。如果没有书面文件，即使本该保密的协议被泄露了，那也还有否认的可能性。以上顾虑要是真的事关重大，应尽可能不要将提议书面化。

这种保留丝毫不减书面材料的重要性。见到一份仔细拟就的书面提议或计划会比听到一则简述要有说服力得多。任何事情只要成了文就可以更显重要，也似乎更能反映其作者有较大责任心。通过书写，还可以极大地显示一个人的组织能力、规划能力和知识面。一份书面提议要比同样内容的口头提议更容易被细阅、讨论和研究，因为口头提议的内容往往只能依赖听的人的回忆或做的笔记。所有这些会增加协议达成的可能性。人们甚至会发现，有一份公开或可以公开的记录很有好处；书面交流可以用来对同盟者、媒介、公众或其他人施加影响。

5. 电传

电传机提供给我们一种重要的交流形式。如今要想躲避讨厌的电话是徒劳的，因为消息不管怎样都会传来。无论人们之间的地理距离有多远，都可以强调时间紧迫而将消息迅即送达。另外，电传稿件或其他文件可以来回传阅而不必面谈，也不会耽搁。

然而，随着电传交流的激增，从电传机上进行输送、接收或移动等工作可能时有积压。为此，隔日送达邮递和信差服务等仍旧很有市场，即便收件人自己有电传机。

【案例 9-15】莫要随意评论对手

一中国谈判小组赴中东某国进行一项工程承包谈判。在闲聊中，中方负责商务条款的成员无意中评论了中东盛行的伊斯兰教，引起对方成员的不悦。当谈及实质性问题时，对方较为激进的商务谈判人员丝毫不让步，并一再流露撤出谈判的意图。

问题：

(1) 案例中沟通出现的障碍主要表现在什么方面？

(2) 这种障碍导致谈判出现了什么局面？

(3) 应采取哪些措施克服这一障碍？

(4) 从这一案例中，中方谈判人员要吸取什么教训？

【案例分析】

(1) 这个沟通违反了沟通原则：说话做事要对别人有帮助。

(2) 为了达成自己的目的，我们往往有两条谈判途径，一是唯自己开心、得利的单赢策略，二是和谐分享的双赢策略。前者在势力相差很大的情况下容易“逼迫成功”，但容易造成情绪对立，不可持续发展；而双赢谈判需要双方说话做事都要对对方有帮助。在这一谈判的过程中，中方显然不能用单赢策略。中方在双赢谈判中评价宗教信仰让对方的精神利益上受到了挑战性“损失”，使对方首先在情绪上开始对立而不是合作。

(3) 谈判有一句名言：“谁先说话谁先死。”在不熟悉他人“名利”的情况下，我们不要贸然对身边的人和事发表自己的看法，以免暴露信息和底线，或招致祸从口出。在谈判中保持以问为攻，以问为守，以静制动，抱常守一。

(4) 在谈判中，凡是对谈判对方“名”和“利”有益的，我们就说、就做；凡是对谈判对方“名”和“利”有损害的，我们就不说也不做。这是每个人面对世界的游戏规则。

(资料来源：李力刚. 商务谈判培训网，http://www.liligang.com/)

9.5　综合实训

【实训目的】

分析商务谈判技巧，了解不同谈判技巧的适用情形。

【实训内容】

商务谈判技巧的运用。

【实训时间】

本章课堂教学内容结束后的双休日和课余时间，为期一周。或者指导教师另外指定时间。

【背景资料】

20 世纪 90 年代，我国从国外引进了三套 100 万吨合成氨化肥大型机械设备，但在使用中发生了转子叶片断裂的事故。于是一场索赔——主要是借助从技术上论证说理的涉外谈判开始了。谈判双方争执的焦点是叶片的强度够不够。

外方：外方在谈判的开始就紧扣主题，以其专家头衔的优势，居高临下，侃侃而谈，不时地运用国际透平机械权威特劳倍尔教授的理论和意见，证明只要把断裂叶片的顶部稍加改进就可以了，为了支持他们这一观点，随即拿出三份有关事故设计计算书和分析报告，并强调其中一份是由公认的国际透平机械权威特劳倍尔教授亲自审核签字的。

中方：中方主谈人首先肯定了特劳倍尔教授的理论，并认为双方的观点都没有背离这一理论。其次，依据自己对这一权威理论的透彻了解，指出理论上的解决并不等于工程问题的解决，再次，指出叶片的计算仍然是错误的。最后，中方谈判人员说："根据你带来的计算书，也用你们的数据，按特劳倍尔教授的计算公式，叶片的强度仍然不够。"

【实训过程设计】

(1) 指导教师布置学生课前预习阅读案例。

(2) 此次谈判中外双方的谈判力量如何？中方在谈判中处于何种谈判地位？此次谈判属于何种形式下的谈判？

(3) 外方在谈判一开始，采用了什么谈判技巧？针对这种技巧，中方使用了什么应对技巧？

(4) 在以上谈判背景下，将全班同学平均分成两个小组，双方可自由选取认为合适的谈判技巧，记录下来，并讨论各种谈判技巧的适用场景。

(5) 各实训组对本次实训进行总结和点评，参照 11.2 节撰写作为最终成果的《商务谈判礼仪规范化运作实训报告》。优秀的实训报告在班级展出，并收入本课程教学资源库。

9.6 综合练习

9.6.1 判断题

1．许多谈判常常按照下列步骤进行：通过为自己的观点辩护而显示实力或说服力；寻求解决方案；一起商谈以找到满意的协议重要条件。 ( )

2．通常谈判者应当准备做一些让步。 ( )

3．当某方只有一人参加谈判时，大量做记录很关键，因为记录有助于会后分析整个会谈过程。 ( )

9.6.2 多项选择题

1．谈判一开始对方谈判者就要求安排议程，并开始为自己的观点作冗长的辩护。你最初的感觉是：很清楚，抵制只会导致实力较量。后来发现对方发言人确实早已偏了题，没有针对你方认为是重要的问题。你这时应当( )。

A．抵制其议程安排，但允许其作冗长辩护

B．允许其议程安排，但抵制其作冗长辩护

C．允许其议程安排和冗长辩护

D．抵制其议程安排和冗长辩护

E．提出一个新问题

2．对方饶有名声，长于一开始就强施压力来赢得对议程的支配权，并依势定下基调，控制实质性问题的谈判。你应当( )。

A．抵制其议程，但允许其控制基调

B．允许其议程，但抵制其基调

C．允许其议程和基调

D．抵制其议程和基调

E．采用解决问题的办法

3．经过多次出价和还价之后，你要最有效地陈述自己的提议，如(　)。

A．“我方开价 1 500 000 元”

B．“这楼房对你方很理想，使用前也不必再做什么修缮。而在别处花 2 500 000 元买这样的楼房，还需要花钱做大量的内部装修”

C．“我方需要价 1 500 000 元以作流动资金”

D．“1 500 000 元是很公平的市场价”

E．“我肯定我们能找到一个更愿出 1 500 000 元的买主”

4．对方已在先发制人地攻击你。对方谈判者提高嗓门，却只是重复他的最初要求，似乎想要压倒你。你决定加以抵制，对抗他的举动。那么你最有效的话是(　)。

A．“好了，别说了”

B．“你真粗鲁，令人讨厌，我才不打算容忍呢”

C．“你的行为使谈判不可能有意义地进行。你真想讨论问题，还是我们该就此打住”

D．“请不要重复那种要求，有理不在声高”

E．“嘿，我真不知道怎么办才好”

5．对方提出一个你不能接受的建议，但你又不想中止进一步的谈判。你最有效的回答是(　)。

A．“对这一点，让我们再谈谈”

B．“不行”

C．“在……范围内我们正在寻找更多的……”

D．“我另外提个建议”

E．“那是不能接受的，因为……我另外提个建议”

6．你相信对方谈判者没有如实地转告对方决策人你真诚地想要满足他们的要求，这时你不应当(　)。

A．做重大让步

B．请求与对方决策人电话协商

C．与之协商，提出要双方决策人参加某一轮会谈

D．发出一份书面提议

E．寻找同盟者

7．你很小心地避免做任何明晰或含蓄的解释，但你心里确实不想讨论你记录中的一些细节。这时，你的最佳方法是(　)。

A．尽快做出让步

B．去对方办公室谈判，不带记录

C．当场拒绝

D．指望谈出点消息

E．提一项尝试性建议

8．对方告诉你，她(1)拥有三家厂；(2)是生产扣件的；(3)销售额看涨；(4)预计会翻一番，因此利润很大；(5)按计划还要扩大。这样看来，下列选择中(　)应是假设而非可能的事实。

A．(1)(3)(5)　　B．(1)～(5)　　C．(3)～(5)

D．(4)(5)　　E．(2)(3)

9．对实力强于己方的谈判对手可采用(　)策略。

A．底线　　B．狡兔三窟　　C．先声夺人

D．出其不意　　E．时间期限

10．防止对方进攻可采用(　)策略。

A．限制　　B．恻隐术　　C．疲劳战术

D．以退为进　　E．不开先例

9.6.3　简答题

1．如何认识谈判策略的重要性？

2．产生谈判僵局的原因是什么？

3．处理意见性对立僵局和情绪性对立僵局的技巧有哪些？

4．对付威胁常用的技巧和措施有哪些？

5．进攻者的类型有哪些？

6．商务谈判语言有哪些类型？其重要作用是什么？

7．在谈判中怎样回答对方的提问？

8．如何说服对方？

9．谈谈你对制定谈判策略原则的认识。

10．制定商务谈判策略要考虑哪些环境因素？

11．如何根据谈判对手的态度制定谈判策略？

12．如何根据谈判对手的实力制定谈判策略？

9.6.4　案例分析

【背景资料】

×年×月，中外合资内地某公司总经理，获悉澳大利亚著名建筑设计师将在上海作短暂的停留。为了把正在建设中的××大厦建设成豪华、气派，既方便商务办公，又适于家居生活的现代化综合商住楼，必须使之设计科学、合理，不落后于时代新潮，具有长远发展眼光的总经理委派一位高级工程师作为全权代表飞赴上海，与该大师洽谈。既向这位澳洲著名设计师咨询，又请他帮助公司为××大厦设计一套最新方案。

全权代表一行肩负重担，风尘仆仆地赶到上海。一下飞机，便立即与该大师的秘书联系，确定当天晚上在某饭店的会议室见面会谈。

下午 5 点，双方代表准时赴约，并在宾馆门口巧遇。双方互致问候，彬彬有礼地进入 21 楼的会议室。

根据总经理的指示精神，全权代表一行介绍了××大厦的现状，他说："××大厦建设方案是在七八年前设计的，其外形、外观、立面等方面有些不合时宜，与跨世纪建筑的设计要求存在很大差距。我们慕名远道而来，恳请贵公司合作与支持。"全权代表一边介绍，一边将事先准备好的有关资料，如施工现场的相片、图纸，国内有关单位的原设计方案、修正资料等，提供给该大师一行。

该大师在我国上海刚刚注册了一家甲级建筑设计公司，内地市场还没有深入进来，他希望早日在我国内地的建筑设计市场上占有一席之地。由于有这样一个良好的机会，该大师一行对这一项目很感兴趣，他们同意接受委托。

可以说，双方都愿意合作。然而，设计方报价 40 万元。这一报价令人难以接受。设计方的理由是：他们是一家讲求质量、注重信誉、在世界上有名气的公司，报价稍高是理所当然的，而且，鉴于内地的工程造价和实际情况，这一价格已是最优惠了。

据全权代表了解，设计方在上海的设计价格为每平方米 6.5 美元。若按此价格计算，××大厦 2.5 万平方米的设计费应为 16.25 万美元，根据当天的外汇牌价，应折合人民币 136.95 万元。的确，40 万元的报价算是优惠了。"40 万元，是充分考虑了内地情况，按每平方米设计人民币 16 元计算的。"该大师说道。但是，考虑到了公司的利益，全权代表还价："20 万元(人民币)。"对方感到吃惊。顺势，全权代表解释道："在来上海之前，总经理授权我们 10 万元左右的签约权限。我们出价 20 万元，已经超出我们的权力范围……如果再增加，必须请示正在内地的总经理。"双方僵持不下，谈判暂时结束。

第二天晚上，双方又重新坐到谈判桌前，探讨对建筑方案的设想、构思，接着又谈到价格。这次设计方主动降价，由 40 万元降为 35 万元。并一再声称："是最优惠的价了。"

内地方面的代表坚持说："太高了，我们无法接受！经过请示，公司同意支付 20 万元，不能再高了！请贵公司再考虑考虑。"对方谈判代表嘀咕了几句，说："介于你们的实际情况和贵公司的条件，我们再降 5 万元，30 万元好了。低于这个价格，我们就不搞了。"内地方面的代表分析，对方舍不得丢掉这次与本公司的合作机会，对方有可能还会降价，内地方面仍然坚持出价 20 万元。过了一会儿，设计方的代表收拾笔记本等用具，根本不说话，准备退场。眼看谈判陷入僵局。

这时，全权代表急忙说："请让我与我公司总经理通话，待他决定并给我们指示后再谈，贵公司看这样好不好？"由于这样提议，紧张的气氛才缓和下来。

之后，全权代表打了很多次电话，与总经理联系。在此之前，全权代表已与总经理通话，向总经理详细汇报了谈判的情况以及对谈判的分析和看法。总经理要求全权代表一行："不卑不亢！心理平衡！"

最后，在双方报价与还价的基础上，二一添作五。内地公司出价 25 万元。设计方基本同意，但提出 8 月 10 日才能交图纸，比原计划延期两周左右。经过协商，当天晚上草签了协议。又过一天，签订正式协议。

(资料来源：陈文汉. 商务谈判实务(第 2 版). 北京：电子工业出版社，2009)

问题：

(1) 全权代表是如何突破僵局的？

(2) 要面对全权代表使用权力有限策略，如果你是设计方的代表，如何应对？

【分析要求】

1. 过程要求。学生分析案例提出的问题，分别拟定《案例分析提纲》；小组讨论，形成小组《商务谈判案例分析报告》；班级交流并修订小组《商务谈判案例分析报告》，教师对经过交流和修改的各小组《商务谈判案例分析报告》进行点评；在班级展出附有“教师点评”的小组优秀《商务谈判案例分析报告》，并将其纳入本校该课程的教学资源库。

2. 成果性要求。

(1) 案例作业要求：以经过班级交流和教师点评的《商务谈判案例分析报告》为最终成果。

(2) 作业的结构、格式与体例要求：参照 11.2.1“商务谈判案例分析报告”。

第 10 章 商务谈判管理

【学习目标】

- 掌握商务谈判主持的依据
- 掌握商务谈判信息的传递
- 掌握商务谈判后管理的内容
- 能运用所学知识进行商务谈判的主持

【引导案例】

主持人巧用激将法

我国某谈判组织赴海外洽谈大生意，但谈判时间很紧，不够用来完成所有的任务。所以，主持人就想了一个办法。当谈判组到达国外，在外方举行的欢迎酒会上，中方主持人在作介绍时，把我方人员讲得很有能力。外方主持人听了很不满意，他不动声色地提出一个建议，他说："承蒙中方青睐，派出许多谈判专家来本国谈判，为了避免冷落客人，我建议，我们不妨分组谈判。"外方本来以为我们在吹牛，想乘机将我们一军。不想，他们的提议正中我方的下怀，我方主持人装出勉为其难的样子，但还是答应了对方。其实我方已做好充分准备，所以用激将法让对方提出我方要提的要求，以免引起对方怀疑我方时间不够。结果中方在谈判时限之内，完成了任务。

(资料来源：作者整理)

【启示】主持人巧妙的一席话，让中方原有的设计得以实现，起到了事半功倍的效果。可见商务谈判过程中，诸如谈判主持工作一类的管理是很重要的。

10.1 商务谈判的主持

商务谈判的主持，实际上是指怎么当主持人，即主谈人。由于在国内贸易中，尤其在单一的商品的买卖中，谈判形式较为随意，对于谈判主持的问题重视不够。注意力放在彼此见面的说话上：谁先说，说什么；谁先出价，出什么价等问题上。尤其是单兵谈判时(一个人谈生意时)，普遍认为主持的概念就没有了。其实不然，无论交易大小、参与人多少，只要是谈判就存在主持问题。

10.1.1 主持人的职责

作为一名主持人，不论是否有领导职务，都应明白自己在谈判中的责任。否则，就不懂谈判，或不配当主谈人。原则上，主持人在商务谈判中有四个责任：纽带、指挥、接口与寻找妥协点。视单兵谈判、集体谈判还是联合谈判的组织形式，对主谈人来讲的责任也不同。

1. 纽带作用

主持人或主谈人的纽带作用是指将谈判一线人员与谈判任务所属部门或企业领导保持联系的责任。对于不同组织形式而言，该责任表现形式略有不同。

(1) 单兵谈判。一个人在外谈判时，纽带作用是要通过主动汇报或报告将谈判一线与交易主人或企业领导相连。为此，单兵谈判的主谈人要做到两点：在客户面前有领导，即主持人应有意识提及所属企业领导，或受委托交易企业领导，此为“形连”；在个人行动中有企业，作为企业的谈判手或受企业委托的谈判手，职业道德要求立在企业，这是主持人(主谈人)的道德责任，此为“心连”。

(2) 集体谈判。在小组形式的谈判中，主谈人的纽带责任主要表现为：上情下达与下情上达。上情下达，是指负责把上级——企业负责人或委托单位负责人对谈判的各种指示性意见与要求，在理解的基础上，及时传达给谈判组成员；下情上达，是指负责收集谈判组成员意见及汇集谈判的各种信息，及时地向上级汇报以求得指示。为此，主持人要发挥民主、调动全体组员的聪明才智。同时及时归纳谈判的各种信息，评价谈判形势，主动报告上级，使上级掌握谈判的进展情况。

2. 指挥作用

指挥作用是指主持人组织并领导谈判一班人与对手谈判的责任。该责任包括三个内容：调度同事，控制自我，迎战对手。

(1) 调度同事。主持人的指挥作用是由内至外，调度己方人员。这也是一种组织责任，具体表现为安排角色、分配任务、清理成果、解决问题等。

(2) 控制自我。作为主谈人，在谈判的指挥位置应冷静地通观全局，以减少决策失误。要做到冷静与通观，必须控制好自我，即克服自然的“我”的感情冲动，达到自在的“我”的理智。控制自我主要反映在尊重他人与反省自我两个方面。尊重他人主要是要注意征求谈判同事意见，并虚心倾听意见。反省自我则强调主谈人要主动反思自己言行，诊治自己的虚荣心、私欲。这样，既可获得同事的理解、赞同与响应，又可正确指挥全体人员投入谈判。

(3) 迎战对手。作为主谈人在谈判中的指挥也反映为迎战对手，这几乎是其天职——与职务俱生。

3. 接口作用

接口作用是指主谈人是己方与对方交换信息的通道。因为商务谈判的传统习惯决定了：一旦明确谁是交易主谈人，谈判双方会自然将其作为信息传递对象和交换信息的接口。

通常该功能反映三种责任：信息交流，即主持人(主谈人)应确保双方的意见准确无误地进行交流；官方代表，即主持人代表己方上级的意图和在谈判中表达己方正式立场责任；恪守信誉度责任，即主持人在谈判中应遵守言出必行的准则。

4．寻找妥协点

寻找妥协点的职责是指在各种条件的谈判中，主持人应找到双方都能接受的条件。这个条件也叫妥协点。寻找妥协点的责任又可细化为追求最大利益和追求最佳妥协点。

(1) 追求最大利益。追求最大利益是使妥协点的基础对己方最有利。这个责任要求主持人主观上要有争取最大利益的愿望和目标。尽管它可能表现为单方要求，但若能通过谈判实现，亦视为妥协的结果，仍可谓最大利益点的妥协。

(2) 追求最大妥协点。单方的最大利益可以在一定条件下实现。如果该条件对某方面很不公平，而另一方又不做适当的补救——让对方服气，那么这类合同在执行过程中就会存在不稳定因素，甚至会“回潮”——重建谈判。于是，人们开始考虑最佳的妥协点，即双方均能接受和满意的妥协点。怎么判定最佳妥协点呢？追求最佳妥协点有三个层次，也是谈判发展的自然过程：①为妥协的初点，即两个利益圈的切点，如图 10.1 所示，双方刚刚找到妥协点——成交点，利益圈相切；②为妥协的中点，即两个利益圈的交面，如图 10.2 所示，双方进入了妥协面——成交圈内，形成了利益圈中的共同区；③为妥协的最佳点，即成交圈中的平衡点，即双方利益圈共同区的平衡分割，如图 10.3 所示。

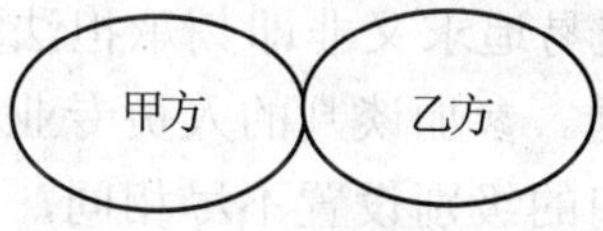

图 10.1　妥协切点图

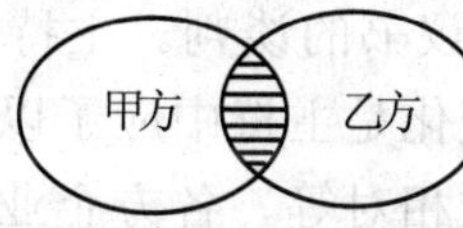

图 10.2　妥协交面图

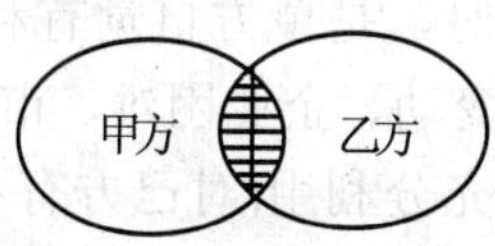

图 10.3　妥协平衡线图

追求最佳妥协点，也是追求交易的平衡、合同的安全。优秀的谈判手在追求最佳妥协点的同时，对最大利益并未完全放弃，放弃的仅属公正合理的可以属于对方的那一份。不懂这一点就称不上是成熟的谈判手。

10.1.2　主持谈判的依据

所谓主持谈判的依据，即主持人在主持谈判时应考虑的因素，主要是指能够影响谈判组织的各种因素，或者说各种条件。这既有主动考虑或运用这些因素的一面，又有被动或预防的一面。不管主动还是被动，运用还是预防，主持谈判者均不可忽略这些因素，因为这些因素将决定主持的手法。这些因素主要包括谈判目标、谈判对手、谈判时间、谈判环境及投入谈判的人员。不同的因素，在主持中有不同的应对手法，或主持可用的调节点。

应该承认主持手法多变，探索空间很大，但经验告诉我们一些常见的手法或调节点。下面以谈判目标、谈判对手两个因素为例谈谈主持谈判的依据。

1. 谈判目标因素

按谈判目标可以将谈判分为不求结果的谈判、意向书与协议书、准合同与合同、索赔等。显而易见，这些不同目标的谈判对主持有很大的影响。主持的手法亦即调节点是什么呢？有针对性的调节点主要有投入谈判的人员(人数与级别)、时间(宽与紧)、地点(客座与主座、封闭与自由)、态度(友善与对立)和策略五个。下面通过调节点的运用来看主持谈判的依据作用。

(1) 不求结果的谈判。不求结果的谈判表现为考察性、试探性的谈判，因此，人数不必太多。人数太多可能显得过于重视，有真正购买或交易计划。级别不宜过高或过低，以与对方相当为宜。谈判时间安排不必太长，以适应而不显拖拉为宜。若有多家竞争时，组织谈判的时间长度则应以最终可能成交的一家所需的谈判时间为准，来安排其他家的谈判时间。谈判地点选择应以便利双方为宜。可以是客座谈判(若正好出访、考察)，也可以是主座谈判(若正好对方来访)。一般应持友善、诚恳、坦率的态度，不过在交易有关问题的态度虚实上应略有保留，即不暴露自己的底数或真实意图。在谈判策略上一般取与态度相应的策略，多采取攻心战，以使谈判留有余地，进退自如。例如，“满意感”的策略可使对手感到满意，从而跟随谈判。在运用这一策略时，应避免简单做法，不使对手感到虚伪和不实在。

(2) 意向书与协议书的谈判。主持介于表示交易追求又非即刻承担法律约束的文件的谈判时，调节点的变化是主持中应予以注意的问题。参加谈判的人员专业应对应，人数可略有差别，级别大致相对等。各方企业、事业部门的级别设置不尽相同，职务上带“长”的层次(如“部长”“社长”)会使双方有地位相当的感觉。时间安排以双方便利为原则，长短以内容需要为原则。如无特殊事件时，是单方自觉有利的时刻；有特殊事件时，为特殊事件发生的时刻，如经济危机、行业变动、企业困难、市场竞争、人事变动、金融危机等。在时机问题上，总的原则要求是：或充分利用(对己方有利时)，或应尽力予以避免(对己不利时)。如无特殊情况，谈判地点可由双方商定。交易前谈判所持态度应为：善在先，防在后，即首先以礼相待，善意相处，积极向成交的方向推进(不准备成交时，也不必谈意向书或协议书)。交易后的谈判，多为处理遗留问题或新发生的问题而谈，新产生的两种文件具有补充或修改原契约文件的效力，因此，谈判态度可为防在先，善在后。交易前的谈判更多地运用攻心战与蚕食战策略，即友好中正确实利的态度。而交易后的谈判易使用擒将战与决胜战策略，即对主谈人以温和礼貌、守信的语言，适当的称誉，友好的行动感动对方使其动摇所持立场，配之以“抹润滑油”，让些小条件或折中调和，说服双方共同付出代价来解决问题或分歧。当然，还可以演变其他策略。

(3) 准合同与合同的谈判。以己方人员素质和谈判需要决定投入谈判的人数，不必与对方人数相比。对这类谈判的时间安排，具有人为和自然两种色彩。人为需要是指为了制造某种心理压力或某种假象而人为地安排谈判时间，从松到紧中感到某种人为输出的信息。自然需要是指按谈判内容需要或参加人自身工作需要而安排出的谈判。在这类谈判的初期，对谈判地点并无明显的要求。当进入谈判的末期，且尚留有诸如涉及敏感的政策、外交及经济等复杂问题时，以主座谈判即本土谈判为宜；若剩余问题不多且系枝节问题，或问题重大但单一时，也可以客座谈判即以对方所在地为谈判地点。由于合同签字涉及多种复杂条件，主持谈判的态度应为不冷不热或冷热交替。不冷不热是指所持态度要稳重，不出现明显的冷或热的言行。具体讲是，不因求成而显得心切，也不因成交无望而气馁冷漠，不因一时一事的成功而冲动满足，不因久攻不下而急躁灰心。冷热交替是指反应式的主持方法。具体讲是，对方如何来，你如何往，往来相应，反应互报。例如，对方冷，你不要急，沉住气维持谈判，静待时机；对方热，你不要慢，随即而动，顺其自然。这类谈判主持中讲究策略的运用、选用也较多，可谓十八般武艺看着用，哪招灵，用哪招，以谈判效果为准。

(4) 索赔的谈判。索赔谈判的主持可分为索赔提出与索赔结束两个阶段，不同阶段投入的人员要求不同。提出索赔时，投入人员不宜多，级别不宜太高。一般应以与商务或技术问题相关的人员为主，提出索赔即可。在最后阶段的决战时刻，则可考虑调整人力资源和级别，以加强谈判力量。人数上的增加可不拘形式，级别上可请领导出面干预。由于法律时效的限制以及经济后果的压力，主持人应抓紧时间，及时安排。为了解决问题，及时谈判才能有充足论证、交涉的余地。主持谈判的地点视索赔内容及特点而定，有可能分为两个阶段、两个地点。第一，为取证阶段，多以交易标的所在地为谈判地点；第二，为论证阶段，谈判可在交易标的所在地，也可在违约方所在地。选择谈判地点的原则是实事求是、及时处理和减少损失。一般应以公平合理、长远合作的态度来谈判索赔问题。由于处理的是纠纷问题，而遇到的是两种可能的对手，故在策略上要准备两手：软的一手——攻心战，硬的一手——强攻战。两手的具体谋略有“满意感”“头碰头”“奉送选择权”“针锋相对”等。

2．谈判对手因素

主持谈判的另一依据是谈判的对手。不同对手对主持会有不同的影响。在谈判中，不同的对手存在有无决定权及年龄、性别、关系等因素的差异。在主持上，针对这些差异因素可通过投入人员、主持用语、态度三个调节点来加强主持效果。

(1) 对手的决定权。对手有无决定权，对谈判组织有不同的客观要求，适应其要求就可取得良好效果。对于有谈判决定权的对手，一般可派同样有谈判决定权的人对阵。有决定权的人不等于地位与级别对应，主要看授权。根据交易的特点、复杂性以及组织策略，可以派没有决定权或只有部分决定权的人参加，但从客观需要看，无论何种规模的谈判，主谈人或多或少应有一定的权限。这里，应该注意一种偏见：只有带“长”字的人，方有决定权。例如，日本商社多以部长、课长出来主持谈判，这些人年龄、资格均老些。若一方谈判手资历浅，无头衔、官位小的一方无决定权。其实，这是极为不利主持工作的误解，因为在谈判桌上，没有绝对决定权，只有相对决定权。从本质意义上说，双方人员的决定权是个分权与集权比例的差异。

因此，有头衔、有资格的主谈人不能忘乎所以，轻视对手而造成对手攻击自己弱点——无决定权的部分；没有头衔、资格浅的主谈人，要充分运用授权，争取谈判效果，而不应自暴自弃，不攻自溃。

(2) 主持用语。当对手是有较大决定权、地位亦较高的人员时，主持用语应更多地为外交与文学语言，旨在使其自尊心得到满足，从而心情舒畅地配合谈判。对于决定权较少的谈判手，多用文学语言主持谈判，使他不因此弱处感到自卑，能在平等和自尊的感觉中产生配合的积极性，例如，愿认真听取你的建议并努力向其上司汇报、做说服工作等。

(3) 主持态度。面对较大决定权的对手，主持应取尊敬和进逼的态度。之所以取尊敬的态度，是因为决定权多少与资历和地位相关，但对对手多一分尊敬绝不意味着低估自己。“架起对手好压价”是普遍规律。尊敬的另一个作用是，避免对手利用权力地位，在小事(枝节问题)上施加谈判压力，制造谈判难题。进逼态度是指充分利用对手拥有的决定权，尽力把“现货”拿到手。对决定权较小的对手，态度则应平和友善。平和友善为的是争取他能充分理解己方立场，只要达到理解上的明确和一致，即已达到主持谈判的目标。因为真正阻碍谈判的是其上司，应尽力调动其争取汇报，要权、要条件。不调动其积极性去说服其上司，谈判就无法进行。

(4) 年龄。从法律角度讲，谈判中不因年龄而决定主持谈判的分量，但从谈判实务看，年龄差异的确对主持谈判有影响。讲年龄差是指明显的差异，如10岁以上。对于年长的对手，投入的人员应稍多于对方阵容。级别不能高于对方时，应在平级——年轻干部、助手中配以年长的专家。派出人员为年轻但平级，或级别略低的主谈人时，主持人必须有才干。对于年轻对手，投入的人员可少于或等于对方阵容，级别相同或低一点均可。对年长的对手，主持时使用文学和外交语言中的敬语应多于商业和军事语言。通过语言的控制塑造懂礼、懂理的年轻人形象。“双懂”可弥补年幼无知的弱点，增强影响力。在年龄悬殊时，不妨使用“您是老师，多加指教”“请原谅，失礼了，我不能同意您的说法”“这个问题比较复杂，或许您事务太忙，准备不足，我可以等一等”“请恕我年轻气盛。若您觉得我讲得太快，有不明之处，请您指出，我可以重复”等更充满敬重之意的说法。对年轻的对手，主持用语多用文学和外交类的促进亲合的温暖、激励的话。例如“你这么年轻即担此重担”“不管问题多复杂，要耐心，要把问题搞明白，我方才好与你配合”“不要紧，分歧可以放一放，你再考虑一下。想不明白时，我们可以再讨论一次”“这个问题很严重，我建议你不要轻易表态，若你的上司已有指令，请告诉我；若无指令，请你尽快汇报，请示答案”等体贴爱护、不骄不躁、真心帮助的感人语言，会收到明显效果。对年长者，应以礼相待、尊敬为上；对年轻者，则应体贴爱护，不骄不躁。遇到极个别异常的对手则先礼后兵。

(5) 性别。虽说当代文明提倡男女平等，但在商务谈判中男女对阵仍有不同特点，对主持者有不同的要求。在人员构成中，应有与对手同性别的助手参加。这样谈判时会有一种平衡的感觉，甚至会有一种口头上不明示、不为人察觉的安全感。投入人员的级别应与对手平级或略高一级较为有利，人数不追求对等。鉴于异性对阵，用语应以文学与外交语言打头阵，以商业和法律语言为支持，两者混合运用。其目的是使对方感到受尊重、文雅、有异性的休养与魅力，以减少对方的戒心或攻击性。同时，又要使双方常记主题与任务，使谈话、谈判紧扣交易标的，不为借机渲染的调侃而转向，不因礼貌、文雅而软化谈判立场，降低谈判追求的力度。态度上主要突出礼貌、率直与坦诚，即尊敬对方；风度上以率直为主旋律，开门见山，不拖泥带水，防止陷入缠绵迷惘的泥潭式会谈中。

商务谈判的成功，需要一支高素质的谈判队伍，因为商务谈判是智慧、能力的较量，谈判人员在谈判中不仅要应付各种压力、诱惑，还要分辨出机会和挑战。提高谈判人员的素质，培养建设一支高素质的谈判队伍是十分必要的。

10.2 商务谈判过程中的管理

商务谈判是一个复杂的过程，要是谈判成功，需要对商务谈判计划的执行情况进行管理和控制，才能不偏离方向。

10.2.1 高层领导对谈判过程的宏观管理

1. 确定谈判的基本方针和要求

在谈判开始前，高层领导人应向谈判负责人和其他人员指出明确的谈判方针和要求，使谈判人员有明确的方向和工作目标。必须使谈判人员明确这次谈判的使命和责任是什么，谈判的成功或失败将会给企业带来怎样的影响，谈判的必达目标是什么，满意目标是什么，谈判的期限是什么，谈判中哪些是可以由谈判班子根据实际境况自行裁决的，权限范围有多大，哪些问题必须请示上级才可以决定等，以上诸问题要做到心中有数、目标明确。

2. 选取谈判的领导者

谈判的领导者一般由高层领导者任命。一个谈判的领导者应具备以下条件：

(1) 具备全面的知识。谈判领导者本身除应有较高的思想素质、强烈的责任心和事业心外，还必须基本掌握整个谈判所涉及的有关知识，虽然他本人不一定是主谈。只有这样才能针对谈判中出现的问题提出正确的见解，协调谈判班子的运转以达到最佳状态。

(2) 具备较强的管理能力。谈判领导者必须能灵活地运用各种管理技巧，有充分调动各个人员的积极性的能力。

(3) 具有一定的威望或权力地位。谈判领导者要负责整个谈判的进程控制，管理好谈判组中的各种“顶尖”人物，是需要有一定的威望和地位的。因此，谈判领导者一般都是由较高管理阶层或者某方面的专家，已有一定声望且涉猎面较广的人担任，年龄一般在 30 岁以上。

(4) 与对方的领导人具有对应的地位，也有一定的谈判技巧。

【案例 10-1】“沉默”的谈判专家

一位著名的谈判专家代理他的邻居与保险公司交涉一项赔偿事宜。谈判在专家的客厅进行。保险公司的理赔员首先发表意见：“先生，我知道你是交涉专家，一向都是针对巨额款项谈判，恐怕我无法承受你的要价，我们公司若是只付 100 美元的赔偿金，你觉得如何？”谈判专家表情严肃地沉默着，根据以往的经验，不论对方提出的条件如何，都应表示出不满意，此时，他的安静派上了用场。因为以他的经验得知，当对方提出第一个条件之后，总暗示着可以提出第二个、第三个……理赔员果然沉不住气了，他说：“抱歉，请勿介意我刚才的提议，再加一些，200 美元如何？”又是一阵长久的沉默，终于，谈判专家开口了：“抱歉，这个价钱令人无法接受。”

理赔员继续说：“好吧，那么 300 美元如何？”

谈判专家沉思良久，才说道：“300 美元？……我不知道。”理赔员显得有点慌乱了，他说："好吧，400 美元。"

又是踌躇了好一阵子，谈判专家才缓缓地说道："400 美元？……我不知道。""就赔 500 美元吧！"理赔员痛心疾首地说。

就这样，谈判专家凭借他良久的沉默，重复着他痛苦的表情，重复着说不厌的那句老话，以 500 美元成交。

(资料来源：孙庆和，张福春. 实用商务谈判大全. 北京：企业管理出版社，2005)

3. 对商务谈判人员进行指导和调控

对高层领导来讲，首先要关心的问题是谈判能否达到预期的目标。虽然对谈判小组做了具体的授权，但不能放弃对谈判人员的指导和调控。它的指挥监督作用可以直接表达出来，也可以通过委任正式的咨询顾问小组间接地发出。例如，当谈判的外部形势发生了变化或企业的决策有了重大调整时，这时高层领导要给予谈判者及时的指导或建议，发挥指挥谈判队伍的作用。一般来说，在遇到下述情况时，就有关问题与谈判人员进行联系是十分必要的。

(1) 谈判桌上出现了重大变化，与预料的情况差异很大，交易条件的变化已超出授权界限时，需要高层领导做出策略调整，确定新的目标和策略。

(2) 企业本部或谈判班子获得某些重要的新信息，需要对谈判目标、策略做出重大调整时，高层领导应及时根据新信息做出决定，授权谈判班子执行。

(3) 谈判队伍人员发生变动时，尤其是主谈发生变动时，要任命新的主谈，并明确调整后的分工职责。

4. 高层领导在关键时刻参加谈判

有些在国外进行的重要的谈判项目，尤其是由国外政府部门参与，我国大型企业或类似机构参加的谈判，在适当时候，有关方面的高级领导干部出面，参加部分谈判是有益的。可以通过上层的接触、沟通，增进双方的关系，也表示对该项目的支持。另外，当谈判陷入僵局时，高层领导可以主动出面干预，可以会见谈判对方的高层领导或谈判班子，表达友好的合作意愿，调节矛盾，创造条件使谈判走出僵局，顺利地实现理想目标。

10.2.2 谈判班子负责人对谈判小组的管理

在商务谈判中，谈判班子负责人对谈判小组的管理非常重要。如何更好地对谈判小组进行管理，一般来说要做到以下几个方面：

(1) 负责挑选谈判人员，组建谈判班子，并就谈判过程中的人员变动与上层领导取得协调。

(2) 管理谈判队伍，协调谈判队伍中各成员的心理状态和精神状态，处理好成员间的人际关系，增强队伍的凝聚力，团结一致，共同努力，实现谈判目标。

(3) 组织制订谈判计划，确定谈判各阶段的目标和策略，并根据谈判过程中的实际情况进行灵活调整。

(4) 主管己方谈判策略的实施，对具体的让步时间、幅度，谈判节奏的掌握，决策的时机和方案做出决策性的安排。

(5) 负责向上级或者有关的利益各方汇报谈判的进展情况，并获得上级的指示，贯彻执行上级的决策方案，圆满地完成谈判使命。

10.2.3　谈判人员行为的管理

谈判是通过谈判人员来进行的，但又不是通过单独的个人，而是通过谈判小组这个集体来进行的。为了保证谈判人员的行为相互协调一致，就必须对谈判人员的行为进行管理。

对谈判人员行为的管理主要是制订严格的组织纪律，并认真地予以执行。一个谈判小组的组织纪律包括以下几个方面：

(1) 坚持民主集中制的原则。在制订任何谈判的方针、方案时，必须充分地征求每一个谈判人员的意见，任何人都可以畅所欲言，不受约束，与谈判有关的信息应及时地传达给每一个谈判人员，使他们都能对谈判的全局与细节有比较清楚的了解；应由谈判小组的负责人集中大家的意见，并做出最后的决策。一旦有了决策，任何人都必须坚决地、不折不扣地服从，绝对不允许任何人把个人的意见和看法带到谈判桌上去。

(2) 不得越权。企业对谈判小组的授权是有限的，同样，在谈判中每个谈判人员的权力也是有限的。任何人都不能超过权限，承诺由谈判小组负责人做出。

(3) 分工负责，统一行动。在谈判中，谈判人员之间要进行职责分工，每一个人都要承担某一方面的工作。但是，要强调的是，不能将这种分工变成“各路诸侯，各行其是”，每一个人都必须从谈判全局出发来考虑自己的工作，必须听从统一的调遣。除非特许，否则任何人都不能单独地与谈判对方接触，或商谈某些内容，以免在不了解全局、考虑不周的情况下做出错误举动。

【案例 10-2】谁是最高领袖

国际谈判圈子中长期流传着这样一个真实而有趣的故事：1959 年，前苏共中央第一书记、前苏联部长会议主席赫鲁晓夫与美国总统艾森豪威尔参加一次首脑会议。喜好辩论的赫鲁晓夫不时地向美国总统提出一些问题。但是军人出身的艾森豪威尔每被问及时，并不立即回答他的对手，而是看着他的国务卿杜勒斯，等后者把一张张便条递过来之后，他才开始作答。反之，当艾森豪威尔向赫鲁晓夫询问一些问题时，赫氏却不假思索地像演员背诵台词一样，不打奔儿地回答对方。赫鲁晓夫对自己的脑瓜儿和口才非常得意。他在后来撰写的回忆录中认为，自己既然是大国前苏联的领袖，理所应当地知道所有问题的答案，不需要旁人指点他如何回答和回答些什么。赫鲁晓夫同时不无讽刺地问道：“究竟谁是(美国)真正的最高领袖？是杜勒斯还是艾森豪威尔？”

然而国际谈判圈子中对此却另有评价：艾森豪威尔作为美国代表团团长事事要听助手的主意才敢作答当然不足为训，但是在个人弱点和国家利益之间屈己事大却表现了他的睿智和严肃。艾氏显然明白，他虽然是第二次世界大战战场上的赫赫英雄，又贵为当时美国最高的行政首脑，但在外交谈判桌上，他的经验毕竟不如久经外事沙场的国务卿杜勒斯，更何况他所面对的是另一个超级大国的一位能言善辩、集党政大权于一身的领袖人物。艾森豪威尔在谈判桌上听取自己部下的意见，既表现了他求实认真、沉着稳重的统帅作风，也为他争取了思考问题的时间，避免了回答上的差错。

(资料来源：刘向丽. 国际商务谈判. 北京：机械工业出版社，2005)

(4) 当谈判小组需要与企业主管部门联系时，特别是在客场谈判的情况下必须实行单线联系的原则，即必须遵循只能由谈判小组的负责人与直接负责该谈判的上级领导人进行联系的原则。

10.2.4 商务谈判实践的管理

时间的运用是谈判中的一个非常有效的策略。忽视谈判时间的管理，不仅会影响到谈判工作的效率，费日长久而收获甚微，更重要的是，它有可能使我们在时间的压力下做出错误的决策。从某种意义上来讲，掌握了时间也就是掌握了主动。

1. 谈判日程的安排

在客场谈判的情况下，作为客场谈判的一方总是有一定的时间限制的，不可能无限期地在外地(或国外)待下去。因此，在安排谈判日程时，尽可能在前期将活动安排得较满些，以便尽快地进入实质性谈判阶段，为双方讨价还价留下足够的时间。有些经验丰富的谈判者在主场谈判时，常常在整个谈判的前半段时间里尽可能地安排一些非谈判的内容，如游览、酒宴等，从而尽可能地推迟进入实质性谈判，其用意就是要缩短双方讨价还价的时间。由于客场谈判的一方与主场谈判的一方相比，在时间限制方面的力量要弱得多，常常不得不考虑回去的时间限制而匆忙地做出不合理的决策。因此，在客场谈判时，一定要有强烈的时间意识和观念，不能为对方的盛情招待所迷惑而落入圈套。

2. 对己方行程的保密

客方确定何时回去，这是做东谈判的一方想知道的信息。因为一旦掌握了这个信息，它就可有针对性地调整和安排谈判的日程与谈判的策略战术。因此，客场谈判时绝对不要向对方透露己方准备何时归程，也就是谈判的最后期限。因此，预订车、机票等工作应回避对方。

10.2.5 商务谈判后的管理

1. 谈判总结

(1) 谈判记录的汇总和归档。谈判每进行到一个阶段，甚至每天结束后，必须做详细的谈判记录。谈判是一个漫长而复杂的过程，光凭记忆难以保证协议的高度准确性。从实际情况看，谈判双方很难凭大脑记住全部的谈判内容，因而极容易引起达成协议时的争执再度发生。过分相信自己的直觉和记忆而不重复记录是一个危险的谈判习惯。

根据谈判的性质，有许多记录内容的方法。无论什么方法，都有一个共同点，就是双方离开谈判地点之前，要用书面记录，并由双方草签。几种常见的记录方法如下：

① 通读谈判记录或条款以表明双方在各点上均一致同意。通常当谈判涉及商业条款时须采用这一方法。

② 每日的谈判记录由一方在当晚整理就绪，并在第二天作为议程的第一个项目宣读后经双方通过。只有这个记录通过之后，双方才能接着继续谈判，这样做虽费力，但对于必

须进行较长时间的谈判来说是可取的。

③ 如果只进行两三天或更短时间的谈判，则可由乙方整理谈判记录，在谈判结束后，书面合同签订前宣读通过。

④ 作为多次记录的谈判在整个谈判快结束时，须对谈判记录进行汇总，形成一个完整的记录——协议备忘录，它是一个非常重要的文件，是双方谈判观点的具体化、明确化，并作为签订合同和协议的基本文件。如无正式合同和协议，协议备忘录将直接成为约束交易双方履行义务的有法律效力的文件。协议备忘录必须经双方同意并签字才能有效。每次的记录和记录的汇总文件，谈判双方都必须妥善保管，并作为企业的业务档案归档，一方面作为双方签订合同和履行义务的原始依据，另一方面作为企业与其他经济组织曾发生过业务往来的历史档案，为以后进一步发展关系准备参考性文件。记录文件的销毁最早时间必须在确认双方完整履行该项交易中的义务之后。

(2) 谈判总结的内容。谈判过程完全结束之后，最主要的问题是对整个谈判进行系统全面的总结，包括经验和失误，以指导今后的工作。总的内容有：

① 本方谈判方面的总结。从总体上对本方谈判的组织准备工作、谈判的方针、策略和战术进行再评价，即事后检验。对谈判的总体概况、谈判的目标及实现情况、谈判的成果、谈判的效率进行分析，以此为基础，阐明我方的得失。看看哪些是成功的，哪些是失败的，哪些地方有待改进，哪些是双方能达成共识的，哪些是对方能再次让步的，哪些是自己可以让步的，进行充分的总结后，再对下一阶段谈判的成功提交出可行性方案，从而最终实现谈判的目标，这是谈判总结工作的主要方面，具体包括本企业方面的总结。本企业方面的总结是为了了解本企业的各方面的工作对谈判的影响作用，改善企业的经营管理，为今后的谈判创造有利的条件。其具体包括：企业对谈判人员所确定的职责、给予的权力及管理情况的适应性；企业所要求的谈判目标、谈判原则和交易条件的合理性；企业提供或要求提供的标的物的品种、规格、质量、价格及服务等方面的可行性；在加强与原有客户的信息沟通、建立稳固的业务联系的基础上，开拓新市场，创造新客户，增进彼此的了解，不断地扩大商务往来。

② 客户方面的总结。客户方面的总结也具有重要的意义，不可忽视。例如，对客户谈判的情况进行研究，可以从中学习和借鉴谈判经验和教训，有助于向对方提出善意、合理的建议与意见。再如，将对方的各种意见和要求(如供应或购买意向、供应或购买能力、所能提供的标的物的品种、规格、质量、价格、服务或对方的具体要求等)加以归纳、整理，及时地反馈到本企业中来，可以为本企业的经营开发、经营管理的改善服务。

(3) 商务谈判人员的奖励。必须根据谈判小组总体任务的完成情况，以及每个谈判成员的表现给予其相应的奖励。需要注意的是，应以集体奖励为主，个人奖励为辅。这样有助于加强谈判人员的团队精神、集体观念及谈判小组的凝聚力，而同时又鼓励谈判人员积极地发挥自己的才能，为以后的谈判树立榜样。奖励的方式主要包括物质奖励、精神奖励与事业奖励。具体如下：

① 根据总结情况，做好谈判人员的奖惩工作，奖优罚劣，调动谈判人员的工作积极性和创造性。

② 加强谈判人员的管理工作。要根据具体的情况和问题，不断加强谈判人员的组织管理，进一步明确谈判人员的职责和权力，加强对谈判人员的培训，提高谈判人员的素质。

2．谈判关系的维护

合同签字并不意味着交易双方关系的了结，相反，它表明双方的关系进入了一个新的阶段，从近期来讲，合同把双方紧紧地联系在一起；从远期看，本次交易为今后双方继续合作奠定了基础。因此，为了确保合同得到认真彻底的履行，以及考虑到今后双方的业务关系，应该安排专人负责同对方进行经常性的联系，谈判者个人也应和对方谈判人员保持经常的私人交往，以使双方的关系保持良好的状态。

10.3 综合实训

【实训目的】

(1) 通过理论联系实际的实训，加深学生对商务谈判过程的认识，使学生能够对商业谈判中的相关业务进行管理。

(2) 加深学生对商务谈判主持的理解，提升学生的商务综合素质。

【实训内容】

商务谈判的管理。

【实训时间】

本章课堂教学内容结束后的双休日和课余时间，为期一周。或者指导教师另外指定时间。

【背景资料】

美国公司要和中国某公司合资办厂，美方草拟了一份合同交给中方，要求作为谈判的基础文本。但中方律师看过后，认为其中很多地方不利于中方，是在为美方争取超额利润。但怎样说服对方呢？

中方首先告诉对方："谈判需以我方合同文本为基础，否则不必来华。"

当谈判开始时，美方代表就提出问题："为什么要用你们的合同，而不是我们的合同？"

中方律师回答："比较一下两个文本就可以看出，你方的文本有些地方含糊不清，特别是很多地方与中国的法律相冲突。这些问题在我方的文本中是没有的。"

"请举个例子。"美方代表不放松地说。

中方代表不慌不忙地说："签订合资合同，必须先明确当事人，也就是谁和谁合作。在你们的文本中，有时是S公司，有时又是S.E.制药厂，那么到底由谁来承担合同的权利、义务和责任呢？"

"哦……还有吗？"对方想了想说。

"《中外合资经营企业法》第四条已规定，合资企业的形式为有限责任公司。有限责任公司是不能发股票的，而贵方合同却要求发行并且可转让股票，这合适吗？"如果股票转移到我们不承认的政府手里，那就成了我们与他们的合作，这将严重损害我国的外交立场。不过这些话中方没说，大家心照不宣。

"是这样？是的，不合适。"美方开始核对两个文本。

“还有，贵方要求以工业产权进行投资，这是可以的。但依《中外合资经营企业法》第五条规定，它的价格要由各方评议确定。现在 S 公司的合同稿中，却单方面地规定了价格和计价方法，这是不合适的。而且，如果以工业产权作为投资，那么这一过程中的技术指导、技术咨询和检查，都是投资方的国有责任，不能另外计价。类似这样的问题，在贵方的文本中有 29 条之多，所以我们认为，以贵方文本作谈判的基础文本是不合适的。”

中方代表说完，等待美方代表反应。对方却低下头看文本，过了片刻才抬起头来，带着一些微笑说：“因为没有参加前一阶段的接触，加上对中国的法律了解不够，所以拟制的合同草案的确不合适。你方的草案确实比我们的好，就以你方的草案作为谈判的基础文本吧。”

中方在第一回合中取得了胜利。

【实训过程设计】

(1) 指导教师布置学生课前预习阅读案例。

(2) 将全班同学平均分成小组，按每组 5～6 人进行讨论。各组选择一例资料进行讨论。

(3) 根据“背景资料”，讨论中方在第一回合谈判中取得胜利的原因是什么。

(4) 根据“背景资料”，分析如何在不同(包括有利的和不利的)的政治、法律环境中主持谈判。

(5) 各实训组对本次实训进行总结和点评，参照 11.2.1 节撰写作为最终成果的《商务谈判礼仪规范化运作实训报告》。优秀的实训报告在班级展出，并收入本课程教学资源库。

10.4 综合练习

10.4.1 名词解释

1. 商务谈判主持
2. 纽带作用
3. 接口作用
4. 商务谈判信息明示
5. 商务谈判信息暗示

10.4.2 多项选择题

1. 商务谈判的指挥作用表现在( )。

   A. 调度同事　　B. 控制自我　　C. 迎战对手
   D. 上情下达　　E. 下情上达

2. 主持谈判的主要依据有( )。

   A. 谈判的目标因素　　B. 谈判对手的决定权　　C. 谈判对手的主持用语

D．谈判对手的年龄和性别　　　　E．谈判对手的主持态度

3．商务谈判总结的内容包括(　)。

A．己方战略　　　　B．己方谈判组织情况　　　　C．谈判对手情况

D．合同签订　　　　E．成交记录

10.4.3　简答题

1．商务谈判主持人的职责有哪些？

2．商务信息传递的方式有哪些？

3．主持商务谈判的依据是什么？

4．谈判人员应该养成哪些保密习惯？

5．商务谈判后的总结包括哪些内容？

10.4.4　案例分析

【背景资料】

某公司要购买一整套生产线，总经理决定让平时默默无闻的马经理作为主谈人。其他想借此机会在总经理面前表现的部门经理都十分不服，他们认为马经理缺乏激情，业绩也一般，不具备作为主谈人的资格。总经理笑笑说："这次谈判细节问题很多，老马去最合适。"其他人也不好再说什么，便按照总经理的安排，开始准备这次谈判。

几天后，谈判开始，对方公司首先对自己公司生产的设备从性能到用途逐一进行介绍，然后又将每一款的报价报出，共用了一个多小时。在整个过程中，马经理用心做着笔记，而其他人早已听得不耐烦。对方的介绍结束后，马经理开始发言："根据贵公司刚才的介绍，我认为有两款设备的价格过高，其用途对我公司也不太合适，你们还有没有可以替换的设备供我们再选择一下？"

对方没想到马经理这样认真，这两套设备只是整套生产线中很不起眼的部分，他们本打算将这两款设备替换为价格稍高、功能更多的产品，以此来提高整个生产线的价格。尽管该公司用不着拥有这些功能的设备，没想到竟被马经理看穿了。

"我们还有价格稍低、功能较少的一种类型。"对方只好承认。

"那么，也介绍一下吧！"马经理要求。

对方又详细地将适合该公司的设备进行了介绍，马经理还是认真地做着笔记。等对方说完，他停了一会儿说："我计算了一下，整套生产线的价格对我们有些偏高，我们希望贵方能再给些优惠。我觉得这几款设备的价格还可以再降一些。"

说着，马经理把自己列的单子递给了对方。对方对马经理单子上列出的设备逐个进行讨价还价，最终将总价定了下来。令人吃惊的是，总价竟然比卖方的报价低了10%。之后，双方又对其他问题进行了磋商，最终签订了合同。

(资料来源：陈文汉. 商务谈判实务(第3版). 北京：电子工业出版社，2013)

问题：

(1) 总经理为什么要选择马经理作为主谈人？

(2) 马经理有什么样的习惯值得学习？

(3) 假如你是主谈人，你还有更好的谈判建议吗？

【分析要求】

1. 过程要求。学生分析案例提出的问题，分别拟定《案例分析提纲》；小组讨论，形成小组《商务谈判案例分析报告》；班级交流并修订小组《商务谈判案例分析报告》，教师对经过交流和修改的各小组《商务谈判案例分析报告》进行点评；在班级展出附有“教师点评”的小组优秀《商务谈判案例分析报告》，并将其纳入本校该课程的教学资源库。

2. 成果性要求。

(1) 案例作业要求：以经过班级交流和教师点评的《商务谈判案例分析报告》为最终成果。

(2) 作业的结构、格式与体例要求：参照 11.2.1“商务谈判案例分析报告”。

第 11 章

商务谈判的实战演练

【学习目标】

- 掌握商务谈判案例分析方法
- 体会、演练商务谈判模拟活动
- 参与商务谈判比赛

商务谈判综合演练是在学习完成商务谈判基本理论知识基础上进行的一项贴近实际的、全过程的、涵盖各方面的大型商务谈判实践活动。其内容包括：商务谈判案例分析研讨、商务谈判模拟、商务谈判比赛等比较常用的实践教学方式。在这些教学活动中，教师应巧妙设计、广泛收集素材，实时组织、引导学生；学生应积极主动，踊跃参与，多向老师和同学请教。师生互动、生生互动，教学相长，构建活泼、有趣、有用的商务谈判教学实践活动。

11.1　谈判案例分析方法

商务谈判案例是对商务谈判情景再现性描述，一般涉及一个组织中的个人或群体决策者所面临的谈判可能遇到的困难、挑战、机会和问题等，商务谈判案例应包括组织的基本背景材料及处理商务谈判活动时所涉及的各种各样的基本资料。

商务谈判案例分析一般经过以下环节，如图 11.1 所示。

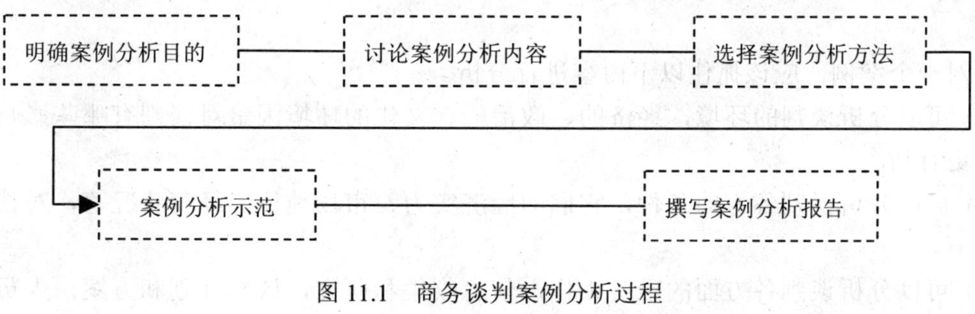

图 11.1　商务谈判案例分析过程

11.1.1 案例分析的目的

在现代西方的教学中，案例教学非常普遍，特别在 MBA 的教学中，更是作为一种主要的教学手段。据说在哈佛大学的 MBA 教学中，案例教学的比重占 60%。通过大量的案例分析，学生普遍反映学到了知识，培养了能力。

案例分析是把已经发生过的事情作为材料，对事情发生的原因、经过、结果进行分析，对与之相关的情况进行分析。结合商务谈判来说，案例分析就是把已经发生过的谈判实例作为分析内容，对谈判的各方面进行深入细致的分析。

通过案例分析，可以达到如下目的：

(1) 能增加谈判的感性认识。许多学习谈判学的学生从来没有经历过谈判，不容易理解谈判的原理。通过案例分析，使他们能够理论联系实际，切实掌握好谈判理论。

(2) 能吸收他人的经验教训。即使专门从事谈判工作的人员，也不可能经历过各种谈判环境、各种谈判内容、各种谈判场面的谈判，也不可能善于应对各种谈判对手、各种策略、各种谈判困境。通过案例分析，能帮助他们看到别人成功和失败的奥秘，有利于提高他们的实战能力和效果。至于谈判场上的新手，更需要借鉴别人的经验和教训。因为谈判失败的代价往往很高，可能会毁了一个新人、一个企业，容不得我们经常去冒险。

(3) 能提高学生的思维能力。人主要有两种能力——体力和脑力。人类社会之所以能够远离原始状态，是人类这两种能力共同发挥作用的结果。如果人没有认识事物的能力，没有人脑提供行动方法和目标，人体就像一部软件落后的电脑，硬件再先进，又能做什么大事呢？有些动物的体能难道不比人强大吗？它们的发展状态如何？人的脑力是人的主要能力，这是显而易见的。

大学生的根本任务，就是利用大学的各种条件、各种学习内容、各种学习方法，努力增强自己的脑力——主要是思维能力。

谈判案例分析，要求学生通过了解案例细节，从中寻找谈判失败和成功的原因；能够透过事情的表面看到背后的影响因素；能够找出各种因素的内在联系。通过这样的训练，使学生善于用头脑去发现和解决问题。

11.1.2 案例分析的内容

面对一个案例，应该抓住以下内容进行分析。

(1) 可以分析谈判的环境，经济的、政治的、文化的环境因素对谈判有哪些影响，对哪一方更有利。

(2) 可以分析谈判各方的条件，它们的经济实力、市场地位、经营状况等，对谈判有什么影响。

(3) 可以分析谈判各方面的准备工作，信息收集和研究，谈判计划和方案，人员组织和培训等工作做得如何，与谈判的结果有什么关系。

(4) 可以分析谈判人员的表现，他们在谈判中各种能力的发挥，是否有效，是否和目标一致。

(5) 可以分析谈判各方的谈判策略、技巧、方法的运用是否得当，如何应对。

(6) 可以把以上各种因素和谈判中的种种细节综合起来分析，以把握谈判发展变化的规律。

以上这些内容有的在表面，有的隐藏在背后，需要用一定的方法才能看到。

11.1.3　案例分析的方法

面对一个案例，首先要读懂它，熟悉它的每一个细节；其次要抓住其中的有些值得研究的内容，提出有价值的问题；最后根据案例提供的信息和线索，运用思维方法进行多角度、多层次的解析，从而找到有益的答案。

案例分析为什么要提出问题？

爱迪生是人类最伟大的发明家，他一生有 1600 项发明。有人甚至说，如果人类没有爱迪生的发明，人类文明史至少要推迟 200 年。那么，爱迪生的发明想法从何而来的呢？

有一天，爱迪生在路上碰见一个朋友，看见他的手指关节肿着，便问：

“手指为什么会肿的？”

“我不知道确切的原因是什么。”

“为什么你不知道呢？医生知道吗？”

“唉！去了很多医院，每个医生说的都不同，不过多半的医生以为是痛风症。”

“什么是痛风症呢？”

“他们告诉我说是尿酸积淤在骨节里。”

“既然如此，医生为什么不从你骨节中取出尿酸来呢？”

“医生不知道如何取。”

“为什么他们不知道如何取呢？”

“医生说尿酸是不溶解的。”

“我不相信。”爱迪生最后说。

爱迪生回到实验室，立即进行尿酸是否溶解的试验。他排好了一列试管，每支试管内都有不同的化学溶液，每种溶液中都放入一些尿酸结晶。两天之后，他看见两种溶液中的尿酸已经溶化了。于是，这位发明家有了新发明，一种医治痛风症的新方法诞生了。

这个故事可以给我们三个方面的启发。

(1) 告诉我们，人类认识事物的过程，其实是提出问题、解决问题的过程。没有问题的提出，就不会有对事物的深入认识，就不会有人类社会的发展。

(2) 它为我们提供了一种方法——“追问法”，对可疑的事情要追根究底，找到真正的问题所在。

日本丰田公司曾经流行一种管理方法，叫“追问到底法”。例如，公司的某台机器突然停了，于是就展开了一系列的追问：

“机器为什么不转了？”

"因为熔断丝断了。"

"为什么熔断丝会断呢？"

"因为超负荷而造成电流太大。"

"为什么会超负荷呢？"

"因为轴承枯涩不够润滑。"

"为什么轴承不够润滑？"

"因为油泵吸不上润滑油。"

"为什么油泵吸不上润滑油？"

"因为油泵出现严重磨损。"

"为什么油泵会严重磨损？"

"因为油泵未装过滤器而使铁屑混入。"

至此，真相大白。于是，给油泵装上过滤器，再换上熔断丝，机器就能长期地正常运转了。其实"追问法"的"追问"过程，既是一个提问的过程，也是一个深入分析的过程，更是一个解决问题的过程。

(3) 这个故事向我们显示了一种敢于创新的精神。不受别人思想的束缚，敢于解决别人不能解决的问题，这种精神和我们分析案例的宗旨是一致的。我们要通过分析案例，借鉴别人的经验教训，但不是简单照搬，而是要扬长避短，推陈出新。别的谈判人员的优点，我们要学习；他们犯的错误，我们要避免；他们做不好、做不到的，我们要努力去做好、做到。

用提问的方法来分析案例，不是分析案例的唯一方法。还可以用比较法分析案例，例如，同样是时间紧张的谈判，为什么有的受时间影响大，有的受时间影响小？通过不同案例的对比，可以找到答案。

面对一个案例，也许能够提出许多问题，但没条件、没必要都去分析研究，要分析有价值的问题。怎样才算是有价值的问题？应该掌握以下标准：

(1) 有利于提高谈判能力的问题。

(2) 和案例密切相关的问题。

(3) 在现有条件下能够找到明确答案的问题。

案例分析的方法，随着分析者需要的不同、案例内容的不同，方法也可灵活选择。涉及军事的，要用军事的方法；涉及数据的，要用数学的方法、统计的方法。只要能找到案例中最真实、最有价值的信息，就是最好的方法。

11.1.4 实例分析示范

当我们听到或看到一个案例，可以根据我们的需要，对它进行全面分析或重点分析。全面分析就是对整个案例的各方面内容进行多方位、多层次、多方法的分析。重点分析就是对案例某一方面的内容进行多方位、多层次、多方法的分析。以全面分析的要求，对一个案例分析示范如下。

【案例 11-1】“歉收”的红茶

在 20 世纪 80 年代的某一年，中国茶叶进出口公司发现，仓库里有大量红茶积压，如再不迅速售出，损失将很大。经过几天研究，定下了一个洽谈业务的方案。此后，当外商来探盘时，中方把品种少的红茶混杂在大量绿茶中报盘，绿茶以市场价报出，红茶的价格比市场价高。外商对绿茶价表示认可，但对红茶价表示怀疑。中方解释说：据可靠消息，今年红茶歉收，行情看涨。外商听后没有提出疑义，也不愿订购红茶就走了。一次如此，两次如此，尽管未见成效，中方坚持这样和外商洽谈。一个月后，以前走掉的外商又陆陆续续地回来了，并在我们报的红茶价的基础上，达成了一笔交易。这一年的红茶库存销售一空，价格比往年卖得高。

【案例分析】

这个案例，表面上看起来很简单，其实隐含着大量有价值的信息。下面采用提问法，边提问边分析。

提问：中方取得了谈判的成功吗？

分析：从谈判的目标和谈判的结果来看，中方不仅卖掉了积压商品，而且取得了不错的经济效益，不仅超额完成了任务，也没有影响交易各方的关系，没有留下履约中的麻烦，可算是成功的谈判。

提问：中方用了什么策略使谈判取得成功？

分析：中方在报盘时，把红茶混杂在大量的绿茶中报价，而又故意提高红茶价格，这是策略之一；一旦采用了这种方法之后，不管眼前效果如何，还坚持相当一段时间，这是策略之二。

提问：为什么要把品种少的红茶混杂在大量的绿茶中报价？

分析：因为品种繁多的绿茶的价格报的是市场价，是容易令外商信服的价格，所以提价后的红茶价混在其中，想以此来分散外商的注意力，希望使他们产生这样的心理：大部分绿茶价格都是真的，小部分红茶的价格大概也假不到哪里去，我们把这叫“鱼目混珠”。就像几句假话混在许多真话之中，使人真假难辨。

提问：明明红茶积压，为什么还要提高价格呢？

分析：兵法云，虚则实之，实则虚之。提价可以使对方不怀疑我方销售上的困难，并能利用对方可能产生的逆反心理，以为高价必然有好货，高价必然有道理，使我方积压商品顺利销出。

提问：中方明知策略实施后并未见效，为什么还要坚持一段时间呢？

分析：首先，外商表示怀疑，不等于方法无效。外商没有进行有力的反驳，说明他们心中没底，这正说明方法的可行。其次，面对出乎意料的价格，要对方一下子接受是很难的，要有耐性等待，让外商们也有时间互通信息。中国有个成语，叫“三人成虎”，说是在一个集市上，有人突然狂奔而来，大叫“老虎来了”，旁人不信，大白天哪来的老虎。突然又有一人边跑边叫：“老虎来了！”众人将信将疑。这时，第三个人又跑来大叫：“老虎来了！”赶集的人群“哄”地一下四处逃窜。老虎来了吗？没来，中方在一段时间里坚持用同一种方法，就可能起到“三人成虎”的效果。

提问：中方的涨价理由明明有假，外商为什么不调查？

分析：营销理论是西方人发明的，外商是历来重视市场调研的，为什么现在一反常规呢？一种可能，所有的外商都疏忽了，但这可能性较小；另一种可能，因为调查不便，相比较价格所涨部分来说，调查费用太高。而涨价多付的货款，在下一步的交易中，有可能消化。

提问：中方的谈判策略是在什么条件的支持下才取得成功的？

分析：中方是一家大型国有企业，对市场有举足轻重的影响力，轻易不会发布不实信息，容易使人相信，这是条件之一；当时的中国市场上，还没有这么多的茶叶出口商，外商的选择余地比较小，这是条件之二；人的心理有它薄弱的一面，容易受“鱼目混珠”“三人成虎”这种情况的影响，这是条件之三；外商因为疏忽，或者因为调查困难而相信中方的话，这是条件之四；中方谈判人员的具体表现，我们从案例中不得而知，但言行总不能自相矛盾、令人生疑，这是条件之五；涨价的幅度是外商能够消化的，这是条件之六。这六方面条件合在一起，使中方策略大获成功。如果没有一定的条件支持，策略可能就不是策略。我们在选择策略时，一定要看清它的支持条件。

提问：使用这样的谈判策略是否也有风险？

分析：世界上没有能保证百分之百成功的策略，就是在案例条件下使用这样的策略，也是有风险的，也可能有其他的结果。

提问：使用这样的策略可能遇到什么样的风险？

分析：如果有一个外商有条件了解红茶产地的情况，消息就会不胫而走，外商们就会怀疑中方谈判人员故意发布假消息，就会怀疑红茶价格有问题，就可能产生两种结果：一是放弃购买红茶，以免上当受骗；一是以此为把柄，迫使中方让步。不管哪一种结果，中方公司的声誉和经济利益都会受损，还会影响企业更大、更长远的利益。

提问：既然有风险，为什么还采用呢？

分析：红茶不能及时销售出去，公司眼前利益就会大损。如果说是积压商品低价销售，会给销售造成很大困难。被迫拿企业的声誉做赌注，也是企业维护利益的正常手段。

以上就是对案例的全面分析，问题越全面、细致、独特，分析就越全面、深入、有价值。

11.1.5 案例分析报告的撰写

大学生不仅要能够口头分析案例，而且要能够把分析的成果化为文字，使它起到更大的作用。在把分析的成果化为文字的过程中，不仅锻炼了表达能力，而且进化了思维能力。如果你不能把案例分析到一定程度，就会觉得无从落笔。你要想通过文字让人家了解你的观点，你就必须把案例思考到一定程度。案例分析的写作，是一举两得的锻炼。

1. 案例分析文章的写作要求

案例分析文章的写作要求如下：

(1) 要明确文章的中心。当你要把分析的成果表达在纸上，需要确立一个中心。案例分析是论说文，中心就是中心论点。通过分析你可能对案例有各种各样的看法，但只能选择最精彩、最有价值的观点作为中心论点。例如，你认为谈判人员的表现很出色，谈判策略很精妙，谈判环境作用很大，但你不能什么都写，你应该以其中一点为主，其余的看法为辅。

(2) 案例分析的结构。案例分析文章由标题和正文组成。标题一般可以有两种形式，如“间接取悦法，谈判的制胜法宝”“谈判：攻心为上”“谈判专家的谈判方法分析”，这是一种；“退一步海阔天空”再加上副标题“——分析案例‘得寸进尺’”，这是另一种。

文章主体由开头、主体、结尾三部分组成。开头部分可以包括对整个案例的评价，分析案例的意义和中心论点。主体部分是对中心观点的论证过程，主要是通过对案例的分析来证明自己观点的正确性。结尾部分，可以在归纳、总结的基础上，进一步深化中心论点，联系更多的实际，发扬中心论点的积极意义。

2．案例分析示范

【案例 11-2】看似“简单”的“放低球”策略

我国某公司要出口的商品是竞争很激烈的商品，国际市场价为每打 150 美元。公司故意把价格压到每打 145 美元，而产品质量和每打 150 美元的相同。这一报价引起了外商极大的兴趣，于是对方抛弃其他卖主，把重点放在与中方的谈判上来。

在谈判中，中方表示如果外商要扩大销路，可把原来的简装改为精装，但每打要增加 2 美元。外商深知该产品精装比简装畅销，便欣然同意。

在谈到交货期时，外商要求中方在两个月内完成 5 万打的交货任务。中方表示数量太大，工厂来不及生产，可考虑分批装运。第一批在签约后 2 个月内运出，其余的在 6 个月内全部交完。外商坚持要求在两个月内全部交完。中方表示愿与厂方进一步协商。几天后，中方答复：厂方为了满足外商的要求，愿意加班加点，但考虑到该产品出口利润甚低，希望外商能付一些加班费。外商表示愿意支付每打 3 美元的加班费。

最后，中方表示这批货物数量较大，厂方资金有困难，希望外商能预付 30%的货款。最终，外商同意预付 20%的货款。协议就此达成。其实，这批货是中方的库存品，交易的利润超出了预期的目标。

【案例分析】

“放低球”是商务谈判中的常用策略，通常做法是开出让人心动的交易条件，以吸引住谈判对象，然后在谈判中利用各种机会，把“低球”再弹上去。(解释策略)

这种策略从理论上讲并不复杂，但真正要运用得好并不简单。以上案例是“放低球”策略运用得较好的事例，从其简单的事实中，我们可以读出许多不简单来。(点题和引出下文)

案例中，中方在激烈竞争的市场上，不被市场价束缚，而敢于以比市场价低 5 美元的价格登场，这不仅要有敢于承担风险的勇气，而且需要熟知市场行情，有准确判断谈判发展趋势和左右谈判的能力。(指出不简单之处)

从谈判中可以看到，中方谈判人员采用“放低球”策略，并非出于一种投机心理，而是有计划、有准备、有能力的一种明智的选择。(以下为具体证明不简单的分析)

当外商看到中方的“低球”，就放弃了其他卖主，这是“低球”低得恰到好处的结果。中方首先从为对方销售着想出发，提出精装和简装的议题，此举正中外商下怀，“欣然同意加价 2 美元”。其实这并非出于中方的灵机一动，而是对“低球”的弹性早就了然于胸了。因为中方和外商一样，也深知该产品精装比简装更畅销的市场行情。

因为精装的目的是扩大销路，那么势必存在大量订货的可能，也就存在一个把“低球弹上去的机会”。果然，当外商要求“两个月内完成5万打的交货任务”时，中方把握机会，表示“数量大，工厂来不及生产，可考虑分批装运”，让外商感到中方的困难。当外商坚持立场，中方却灵活地放弃了原来的立场，并表示愿与厂方进一步商量，外商感到中方的诚意。几天后，当中方提出可以满足供货要求，但要支付加班费时，外商已能充分理解这种合情合理的要求。于是，中方又达到了目的。

其实，我们旁观者心知肚明，这只是为了把“低球”弹上去所演的一场好戏。但因为中方事先判断准确，“戏”的细节设计得天衣无缝，“演员”的表演没有破绽，才得以心想事成。

但好戏并未到此收场。既然供货的时间紧、任务重，厂方的资金当然可能成问题，提出较高的预付款要求也就不足为奇了。但外商会不会一口拒绝中方的要求呢？因为谈判到此时，双方已进入难分难舍的阶段，外商自认为已取得不少优惠条件，只要不是非分之想，怎么可能让既得利益付之东流呢！况且预付款也是为了保证自己能按时获得商品，所以外商也没理由拒绝，这是在中方意料之中的事。

纵观案例中“放低球”策略的运用，因为中方不仅有对市场行情的了解，还有对对手心理活动的正确把握，有对谈判发展趋势的合理判断，有谈判人员得体言行的配合，使中方从谈判一开始就掌握了主动，并始终左右着谈判发展的方向，最终实现了用普通方法难以实现的谈判目标。事情经过看起来很简单，但它背后所蕴含的信息并不简单，值得我们分析研究。(总括策略成功的不简单原因)

有人可能会想，案例中的中方人员的行为是否有违道德。(突破局限，消除疑问，提升价值)

从表面看，中方谈判人员有虚假言行，但这只是迫于现实。因为把自己的底细诚实地告诉对方，并不能保证得到正确对待。中方为了争取自己应得的利益而故布疑阵，但并没有强迫对方相信。谈判结果也说明，中方只是巧妙地让对方心甘情愿地接受中方积压商品的市场价，并未损害对方利益，这不失为一种公平的做法。

11.2 商务谈判学生作业范例

学生通过学习，学习了商务谈判基本理论的基础，掌握了案例分析的方法和技巧，但如何把商务谈判理论转化为商务谈判能力，这也是课堂教学后要解决的问题。这里通过《商务谈判案例分析报告》和《商务谈判实训报告》这两个学生动手的形式，来实现这种理论到实践的转化过程。

11.2.1 商务谈判案例分析报告

《商务谈判案例分析报告》一般根据所给的情景资料，运用书本上学到的相关知识点，结合所提出的问题，展开分析，一般以一个人完成为主。下面是一个学生的《商务谈判案例分析报告》范例。

“欧洲甲公司与中国丙公司”案例分析报告

案例分析人：＿＿＿＿（＿＿＿＿年级＿＿＿＿专业＿＿＿＿班）

指导教师：＿＿＿＿（＿＿＿＿学院＿＿＿＿系）

背景与情境：欧洲甲公司代理乙工程公司到中国与中国丙公司谈判出口工程设备的交易。中方根据其报价提出了批评，建议对方考虑中国市场的竞争性，以及对方第一次进入中国市场应认真考虑改善价格。欧洲甲公司作了一番解释后仍不降价，并说明其委托人的价格是合理的。中方对其条件又进行了分析，代理人又进行了解释。一上午下来，谈判毫无结果。中方认为对方过于傲慢固执，甲公司认为中方毫无购买诚意且没有理解力。双方相互埋怨之后，谈判不欢而散。

问题：

(1) 欧洲甲公司进行的是哪类谈判？

(2) 商务谈判结果一般有哪些情况？本案例的结局如何？

(3) 假如由你担任欧洲甲公司的首席谈判代表，你有何更好的谈判建议？

分析：本案例问题既涉及商务谈判原理与策略的运用，又涉及“问题思维”及“革新创新”能力训练。

(1) 商务谈判按照不同的标准，可以划分为不同的类型。如按谈判内容划分，商务谈判包括商品贸易谈判、技术贸易谈判、劳务贸易谈判、投资项目谈判和索赔谈判；按谈判接触方式划分，商务谈判包括直接谈判和间接谈判；按谈判地点划分，商务谈判包括主场谈判、客场谈判和中立地谈判等。在本案例中，从谈判内容即标的来看，欧洲甲公司谈判的是工程设备交易的谈判；而从谈判主体来看，欧洲甲公司所进行的是一种代理式的商务谈判。需要说明的是，尽管欧洲甲公司在谈判中充当卖方(即欧洲乙工程公司)的代理人，在买卖双方中主要起中介作用，但欧洲甲公司是商务谈判的当事人，是谈判主体。

(2) 商务谈判的结果一般有三种情况：第一种是谈判取得了成功，在谈判中消除了分歧，达成了能为双方接受的协议，订立了经济合同；第二种是谈判双方在某一分歧上争执不下，但都认为有必要进一步进行磋商，从而使谈判暂时中止或延长谈判时间；第三种是一方或双方都没有谋求到最低经济利益，或双方都不肯做出妥协和让步，从而退出谈判，使商务谈判破裂。从本案例来看，其结局是“谈判不欢而散”，这种结局需要双方进一步深思本次谈判问题之所在。

(3) 假如由我担任欧洲甲公司的首席谈判代表，我将尽力避免这样的结局。根据谈判的妥协策略，谈判代理人的特殊身份如果能够巧妙运用，往往可以起到“调和”的作用。因此，要避免或者改变“背景与情境”中的谈判格局，我在代表欧洲甲公司与中方公司进行谈判过程中，将扮演“好人”的角色，努力做到“姿态超脱且态度积极”。我相信，在商务谈判中，如果善于“换位思考”，以积极的态度营造良好的氛围，往往会促成谈判，用“双赢”来代替“不欢而散”的结局。

(资料来源：杨群祥. 商务谈判. 大连：东北财经大学出版社，2012)

11.2.2 商务谈判实训报告

《商务谈判实训报告》一般根据实训项目设计的要求，运用书本上学到的相关知识点，结合所提出的问题，对实训过程进行记录，对实训的感悟、收获进行分析。主要包括实训项目分工、专业能力的训练、职业能力和职业道德训练等，一般以团队为单位完成。下面是一个学生团队的《商务谈判实训报告》范例。

多媒体设备采购谈判综合运作实训报告

项目组长：________(________级________专业________班)

项目组成员：________(________级________专业________班)

________(________级________专业________班)

________(________级________专业________班)

指导教师：________(________学院________系)

一、实训项目分工

根据实训项目的要求，我们实训小组扮演学院方谈判代表，即谈判采购方。甲、乙、丙、丁、戊5位同学分别扮演学院设备处处长、教务处副处长、教育技术中心主任、总务科科长和电子信息工程系教师，其中学生甲是项目负责人，也是主谈人；学生乙和学生丙主要负责市场调查、资料收集；学生甲和学生戊负责谈判方案制作；学生丁负责谈判接待方案及场地安排。

二、关于专业能力的训练

由于本次模拟谈判项目是关于多媒体设备采购的谈判，对于我们在校学生来说，面临的不仅是谈判程序、原则、策略与技巧的运用等问题，而且需要了解谈判项目的技术参数、市场价格等问题。所以，本实训的首要任务是调查了解市场。

1. 进行市场调查

主要调查了以下内容：一是了解了一般多媒体教室的构成，包括计算机、投影机、数字视频展示台、中央控制、投影屏幕、音响设备等多种现代教学设备；二是了解了学院多媒体教室的设备配备，每间教室(含一体化教学课室)按60人的规模设定，以及3000流明投影机、120寸投影屏幕、台式电脑等的技术要求；三是了解了学院以往同类设备采购的成交价；四是了解了目前同类市场的供应价；五是了解了相关品牌企业的资信、服务水平等。

根据市场调查，预选了爱普生、索尼等品牌投影机，以及联想牌台式电脑、红叶牌电动屏幕作为主要谈判标的。

2. 制作谈判方案

一套完整的商务谈判方案，一般应包括谈判目标、谈判时机及进度、谈判地点选择、谈判人员组成及分工、谈判要解决的主要问题及关键点、谈判的基本程序、谈判所使用的策略及技巧、谈判要使用的文献资料、解决争议的方法和仲裁机构等方面的内容。

在前期市场调查的基础上，根据学院教学实际的需要，我们小组在谈判方案设计中注意“经济”和“时效”，如谈判目标分为最优价和最低价，每件(套)设备价格在5.26 ~ 5.75万元之间；项目完成时间为开学前一周；设备保修期为3年等。

为了使谈判效果更加真实，我方还通过情景设计，进行了小组内模拟谈判的预演，使得谈判方案更加机智而有针对性。谈判方案历经 5 次修改。

3. 进行模拟谈判

首先，我方作为主场谈判的一方，利用学院模拟谈判室，在场地布置、座位安排及谈判桌上饰品的点缀等方面都进行了精心设计，尽量做到了热情、周到，营造了良好的谈判氛围。

其次，在谈判开局阶段，我方侧重描绘学院服务社会、培养人才所取得的成绩，以及教育事业的发展规划，在感谢对方关心学院建设的同时，希望对方介绍其公司的服务范围、总体项目报价(我方策略安排)等；在谈判磋商过程中，我方主谈人详细询问了对方项目的总价构成，并由学生丙和学生丁记录与测算，以投影机及投影屏幕作为突破口，进行讨价还价，取得了较好的谈判主动权。

最后，尽管我方处于优势，在谈判策略方面采取了“先强硬后让步”的策略，但在整个谈判过程中，无论开局阶段，还是在磋商阶段，仍注意遵守“构思彼此有利的方案”“坚持客观标准”等商务谈判的基本原则。

此外，商务谈判沟通中必须做到倾听、善问、巧答。为此，我方由学生甲作为主谈人，其他同学只在必要时进行简要的补充说明。

4. 成功与不足

虽然在规定的谈判时间内未能达成协议，但从整个谈判过程来看，我们深深感受到，商务谈判蕴藏着许多变数，充满着艺术与智慧。我方主谈人(学生甲)能够有理有据地进行陈述，强调教育是公益事业，支持学院就是支持教育，特别是能够把 72 间多媒体教室项目进行延伸、扩展，说明学院正在发展之中，不久将会有第三座、第四座教学大楼建成，将会有更多的业务期待与对方合作，因此希望企业能够立足长远等等，既满足了对方的心理需要，又增加了谈判筹码。同时，小组成员积极配合，特别是在主谈人与对方磋商爱普生投影机的价格时，资料员(学生丙)能够及时向对方展示同类品牌学院的历史成交价及目前市场的供应价，使我方的谈判取得了主动权等。这些都是本实训中的可取之处。

值得一提的是，虽然我方在谈判前做了充分的调研与讨论，并且进行了组内的模拟演练，但在实际谈判过程中，仍然出现了不熟练甚至不该有的错误。例如，在对方陈述时未能准确把握要点及时反问；未能认真倾听，打断了对方的陈述；对市场行情的了解还不够详细等，这些不足都需要我们在今后的学习与实践中加以克服。

三、关于职业核心能力与职业道德的训练

实训前，我们对列入本书各章的“综合实训”“章节内容”等知识进行了预习，并接受了指导老师的“操作指导”。通过重温本章知识，通过网络和图书馆等渠道自学了关于商务谈判及其相关内容的原理、方法与技巧，克服了对相关操作的盲目性。

在实训过程中，我们在实施“商务谈判综合运作”专业能力基本训练的同时，通过对相关信息的采集处理、具体数据的应用、实训组成员间的密切合作、在组内及班级内讨论交流《谈判方案》和《实训报告》、相互提出问题和改进建议、体验“行为自律”等途径，有意识地强化训练职业核心能力和职业道德的相关训练融入其中。这些训练不仅对提高我们的专业综合能力起到了重要作用，而且还提高了我们“可持续发展能力”和职业道德素质。

(资料来源：杨群祥. 商务谈判. 大连：东北财经大学出版社，2012，236～238，有删改)

11.3　商务谈判模拟演练

在商务谈判案例分析后，谈判会制定出详细的谈判方案，以取得谈判的成功。但百密往往一疏，方案看似完美，可能还有漏洞。因此，为了更直接地预见谈判前景，充分发现商务谈判过程中的障碍，对一些重要的、难度较大的或者把握性不大的谈判，还可以根据参考案例或背景材料，在课堂上通过师生组织几次模拟商务谈判，来改进和完善商务谈判的准备工作，提高商务谈判活动效率。

商务谈判模拟演练是通过情景模拟教学设计、模拟谈判方式选择来完成的。

11.3.1　商务谈判情景模拟教学的设计

1. 合理设计情景

谈判本身就是一种通过双方或多方之间的沟通与交流最终判定一件事情的过程，是解决冲突、维持关系或建立合作构架的一种方式，既是一种技巧，也是一种技能。如果仅靠教师一人站在讲台上讲授，不仅形式刻板，而且由于场景的单调和个人思维的局限性，很难引起学生的共鸣。通过构建巧妙的模拟情景，可以让学生置身于真实的环境中去感悟谈判课程中相关的知识点，激发表达思想的欲望，从而不断提高自身的技能。这种情景的生动性与形象性至关重要，创设的情景越活泼、生动、准确，学生就越能理解所传递的信息。这就要求教师花费一定的时间去巧妙设计情景。结合自己的教学体会，情景设计中应该把握好以下几点：

(1) 背景设计不能太复杂。由于学生在校学习期间，无论环境感受还是心理状态，都与实际工作现场存在较大偏差，有相当部分的能力需要到工作场所继续培养和锻炼，模拟情景练习只是尽量在缩小理论学习和社会需求的差距，因此情景设计时应尽量符合学生的具体特点，最好以学校或地方经济为大背景，既便于学生收集资料，又为学生充分发挥个人的潜能提供足够的空间。

(2) 情景设计要力求完整。谈判是一个完整的过程，从谈判的准备到结束整个过程中都蕴涵着不同的知识和技巧，尤其是谈判气氛的形成和各种谈判策略的运用往往贯穿在双方接触的每一时刻。谈判人员作为一种高素质的应用型人才，不仅要具备知识、技能和态度等多方面的知识和能力，同时还要有敏锐的感悟能力，其中任何因素的细微变化都可能会对谈判结果产生深刻的影响，而这些除了理论学习之外，更需要谈判主体的亲身领悟，而仅仅依靠一个片段是很难达到预期效果的，只有通过完整情景的不断练习才能锻炼学生的应变能力和对语言艺术、礼仪、礼节和心理研究等知识的运用，并充分把握自身在谈判中需要提高和完善的方面。

(3) 情景设计要突出知识性和时代性。对于大学生而言，情景教学除了活跃课堂气氛之外，更主要的是提高学生对一些难以用语言表达知识的理解和运用，因此，在情景设计时要充分贯穿课堂教学内容。

2．教师应具有一定的教学修养

模拟谈判教学是在学生的参与和感受过程中进行知识传授，教师在整个过程中担任了“场内、场外指导”的角色，打破了传统的“问题—解答—结论”的封闭式过程，形成一种“问题—探究—解答—结论—问题—探究”的开放循环式教学模式，通过使学生积极参与到课堂教学内容中来，提高课堂实践的质量和效率，有目的、有意识地培养学生不断发现和创造新知识的能力，因此师生之间的交流也因此变得非常重要。与传统的教学模式相比，模拟谈判教学不仅注重理论知识的培养，而且更强调应用能力的锻炼，在对学生进行跨学科、跨领域的专业训练的同时，要求教师自身具有综合素质和进取精神，即不再只是单一领域内的行家里手，而应是兼备专业能力和决策能力的多面手，切实提高“自我的教育力”和“自我上进心”，不断提高自身的创新意识和创新思维，只有这样才能及时把握学生的思维脉搏，帮助他们在现实和理论之间架起桥梁，通过灵活处理在情景教学中出现的不同见解，启迪、诱导、激发学生探究问题的兴趣，通过教与学双方平等的对话开发学生的创新潜能，按照“问题情境－学生实践－教师点评”的体系实施教学，克服思想的僵化与保守性，真正体现教师在课堂教学中“激发”和“引导”的核心地位，突出模拟谈判教学的特色。

3．要给予学生充分的课前准备时间

要真正实现模拟谈判的有效性，学生的配合是关键。众所周知，学生是学习主体，在教学过程中，无论知识的获得，还是能力的形成，都离不开学习主体——学生的主动参与，模拟情景教学尤其如此。只有通过学生的积极参与才能形成教师与学生之间的互动，甚至学生与学生之间的互动，才能真正实现尊重和完善学生的主体性。不仅如此，模拟情景教学中师生之间的互动还应该是多元的，既包括语言、行为的交流，还包括心理的交互，是一种多纬度、多层次的互动过程。教学活动的规律告诉我们：教不等于学。要让学生融入情景教学中去，首先必须给予他们足够的时间去准备。现在许多大学生的学习目的似乎只是为了考试过关，很多知识学过之后就忘得差不多了，如果学生的准备不充分，模拟情景教学就很难在深层次展开，甚至又变成教师的单向灌输了。因此，教师在进行情景教学之前，要提前将相关的背景材料布置给学生，让他们提前去温习相关知识并主动去图书馆收集需要的数据和材料，如果有条件，还可以组织学生到社会上进行调研，采集有用的素材，通过他们的课前准备，既可以达到提高情景教学效果的目的，也在一定程度上培养了学生的自我学习能力，否则，学生的思维会受到各种限制而影响发挥。

11.3.2 模拟谈判的方式

1．制订谈判计划表

各实验小组组成以后，在谈判之前应帮助他们制订各自的谈判计划表，作为小组成员的共同文件，以提供奋斗目标，并供大家讨论，指导工作等。任何一份计划表都应包括如下所示各项内容。

典型的谈判计划表

一、谈判内容

1. 列出我方希望谈判的议事项目(按各条的主次性自上而下排列)

(1) ______

(2) ______

2. 对方预期会提出的问题类型

(1) 可以以共同解决问题的方式谈判的问题(分配总额可以增加)

① ______

② ______

(2) 以讨价还价方式谈判的问题(分配总额不变)

① ______

② ______

二、有关谈判双方的情况信息掌握

(1) 过去的关系

(2) 谈判双方的倾向：倾向于共同解决问题的方式，还是讨价还价方式

(3) 有无第三方的影响

三、所需的其他重要信息

(1) 能否在谈判之前获得

(2) 是否仅能在谈判中取得

四、谈判策略

(1) 优势下的谈判策略

① ______

② ______

(2) 劣势下的谈判策略

① ______

② ______

(3) 均势下的谈判策略

① ______

② ______

2. 召开辩论会

可以以实训小组为单位，进行辩论会，参与者尽量多提意见，主谈人通过回答这些反对意见，提升谈判能力。

3. 假扮对手，进行实际彩排

谈判组把本方人员分为两组，一组作为己方的谈判代表，另一组作为对方的谈判代表；也可以从本企业内部的有关部门抽调一些人员，组成另一个谈判小组。两个小组应不断进行角色互换，以提高彩排的效果，达到预期目的。

4．模拟谈判比赛

通过测试选拔参与谈判比赛成员，然后对成员进行角色分工，按照商务谈判比赛流程组织谈判比赛，让学生完整地模拟谈判各环节。

模拟谈判的组织应按正式谈判的方式来进行，越接近正式谈判越好，模拟谈判应由系、教研室、任课教师组织和主持，除为模拟谈判做好各种资料及物质准备外，系领导可列席模拟谈判，以便提高谈判的真实性，使模拟谈判真正起到预演、练兵的作用。

总之，情景模拟型教学体现了发挥学生主体性和以学生为本的课程改革的理念，有利于培养学生多方面的能力，是一种行之有效的课堂教学模式。学生参与踊跃，热情高涨，实现了师生互动、生生互动的交流，使学生产生了浓厚的学习兴趣，既能锻炼谈判口才，发表自己的见解，又能团队合作、集思广益；增强了学生的发散思维和独立创新的能力，达到了教学目标，提高了教学质量。

11.4　商务谈判模拟大赛

商务谈判模拟大赛可以使学生身临其境地感受商业氛围，领悟商务谈判的魅力，提升学生的综合素质。商务谈判模拟比赛既是学生喜闻乐见的实训形式，也是培养实战能力的理想方式。

11.4.1　商务谈判模拟比赛的宣传发动

1．商务谈判大赛背景

在经济交流越来越频繁、经济关系越来越复杂的今天，谈判不仅是利益争夺的战场，同时也是企业内部组织与个人间、外部组织与个人间沟通的行为。任何一次采购、销售及内外交往都是一次谈判。谈判时时刻刻发生在每个人身上。

据专家统计，全国现有 40 余万的政府机构和部门、大中型企业、公司等经济贸易部门，需要 300 多万的国际商务谈判人才，而目前全国从事国际商务谈判的人才不足万人，有近 300 万的市场需求空缺。同时，每年全国有万余次经贸洽谈会、招商引资会和商品交易会，急缺善于谈判的专业人才，这些已经影响到商务合作的扩大和深入。入世后，特别是众多的外贸企业，急需既精通外语，又懂市场营销，既精通国际贸易，又懂 WTO 规则和国际商法的高级商务谈判人才；因而此类外向型、创新型、复合型、协作型人才正成为职场“新宠”。

2．目的

为学生提供一个接触并全面了解商务谈判机会以及展示自己美丽与才华的舞台，推动当代大学生特别是作为经济学院的学子学习现代市场经济知识，提高沟通技能和就业能力，关注大学生就业，增强职业竞争意识，创建高校校园活动的品牌。

3. 参赛对象

全体在校学生或指定范围的学生。

4. 报名方式

个人报名以自由组合为主，每四人为一组。

5. 参赛要求

(1) 普通话标准，言谈举止文明礼貌，优雅大方。

(2) 决赛人员要求衣着美观大方，统一色调，以静面为主。

6. 时间

×月×日～×月×日。

7. 地点

××教室。

8. 培训阶段

×月×日。

9. 比赛阶段

商务谈判大赛共分为初赛、复赛和决赛三个阶段(具体赛程时间安排待定)；初赛和复赛采取分组赛和淘汰赛两种方式相结合。

10. 奖项设置

本次比赛设冠军商务谈判队 1 个；亚军商务谈判队 1 个；最佳商务谈判手 2 人(两队各一人)；最佳创意奖 2 人(两队各一人)；最佳职业风采奖 2 人(两队各一人)；最佳潜力奖 2 人(两队各一人)；最佳合作奖 10 人。

11.4.2 商务谈判模拟大赛流程

第一部分：开场介绍(共 5 分钟)

主持人介绍，包括：商务谈判模拟大赛主办单位，协办单位或者当地机构、活动赞助方，到场媒体；评委会成员，其他到场领导及嘉宾，代表队名称和所在学校(单位)；谈判议题和议题背景。

第二部分：背对背演讲、主持人提问(共 10 分钟)

1. 背对背演讲(各方 3 分钟)

一方首先上场，利用演讲的方式，向观众和评委充分展示己方对谈判的前期调查结论、谈判案例题理解、切入点、策略，提出谈判所希望达到的目标，同时充分展示己方的风采。

一方演讲之后退场回避，另一方上场演讲。

要求：

(1) 必须按演讲的方式进行，控制时间，声情并茂，力求打动观众和评委。

(2) 上场顺序由赛前抽签决定。

(3) 每一方演讲时间不得超过 3 分钟，还剩 30 秒时有铃声提示。

(4) 演讲由 4 位上场队员中的 1 位来完成，但演讲者不能是己方主谈。

(5) 在演讲中，演讲者应完成以下几个方面的阐述：介绍本方代表队的名称、所在学校(单位)、队伍构成和队员的分工(每个队取一个有特色的名字，如管院四说客、外语学院金牌国际、某某大学秘密武器等，增加效果)；本方对谈判案例题的理解和解释；对谈判的问题进行背景分析，初步展示和分析己方的态势和优劣势；阐述本方谈判的可接受的条件底线和希望达到的目标；介绍本方本次谈判的战略安排；介绍本方拟在谈判中使用的战术；最后要喊一句最能体现本队特色的口号。

2．主持人提问及陈述(共 4 分钟)

(1) 主持人提问(每方提问及回答不超过 2 分钟)，演讲队员必须用最简短的话回答。这些问题不计入评分标准。

(2) 主持人引导性陈述(1 分钟)：双方陈词及主持人提问结束以后，主持人做赛前的引导性陈述，强调并扩大双方的差距和分歧。最后引出参赛队员，进入下一阶段。

第三部分：进入正式模拟谈判阶段(60 分钟，不含加时赛)

1．开局阶段(10 分钟)

此阶段为谈判的开局阶段，双方面对面，但一方发言时，另一方不得抢话头发言或以行为进行干扰。开局可以由一位选手来完成，也可以由多位选手共同完成，剩 1 分钟时有铃声提示。发言时，可以展示支持本方观点的数据、图表、小件道具和 PPT 等。

开局阶段，双方应完成：

(1) 入场、落座、寒暄都要符合商业礼节，相互介绍己方成员。

(2) 有策略地向对方介绍己方的谈判条件。

(3) 试探对方的谈判条件和目标。

(4) 对谈判内容进行初步交锋。

(5) 不要轻易暴露己方底线，但也不能隐瞒过多信息而延缓谈判进程。

(6) 在开局结束的时候最好能够获得对方的关键性信息。

(7) 可以先声夺人，但不能以势压人或者一边倒。

(8) 适当运用谈判前期的策略和技巧。

2．谈判中期阶段(30 分钟)

此阶段为谈判的主体阶段，双方随意发言，但要注意礼节。一方发言的时候另一方不得随意打断，等对方说完话之后己方再说话。既不能喋喋不休而让对方没有说话机会，也不能寡言少语任凭对方表现。

此阶段双方累计时间共 30 分钟，不分开计，剩 1 分钟时有铃声提示。

此阶段双方应完成：

(1) 对谈判的关键问题进行深入谈判。

(2) 使用各种策略和技巧进行谈判，但不得提供不实、编造的信息。

(3) 寻找对方的不合理方面以及可要求对方让步的方面进行谈判。

(4) 为达成交易，寻找共识。

(5) 获得己方的利益最大化。

(6) 解决谈判议题中的主要问题，就主要方面达成意向性共识。

(7) 出现僵局时，双方可转换话题继续谈判，但不得退场或冷场超过 1 分钟。

(8) 双方不得过多纠缠与议题无关的话题或就知识性问题进行过多追问。

(9) 注意运用谈判中期的各种策略和技巧。

3．休局、局中点评(10 分钟)

(1) 休局阶段为谈判过程中暂停，共 6 分钟，剩 1 分钟时有工作人员提示。

在休局中，双方应当：总结前面的谈判成果；与队友分析对方开出的条件和可能的讨价还价空间；与队友讨论收局阶段的策略，如有必要，对原本设定的目标进行修改。

(2) 局中点评是指在选手退场期间由一位评委上台点评(4 分钟)。局中点评要求：①对谈判双方的前期表现进行局中点评，但不做最后的总结性陈述。②向观众提示下一步双方应该采取的策略，预测可能的谈判结果。③提出让观众思考的 1～2 个问题，为后面的收尾阶段留出悬念。④局中点评评委与终场点评评委不能是同一个人。

4．最后谈判(冲刺)阶段(10 分钟)

此阶段为谈判最后阶段，双方回到谈判桌，随意发言，但应注意礼节。本阶段双方应完成：

(1) 对谈判条件进行最后交锋，必须达成交易。

(2) 在最后阶段尽量争取对己方有利的交易条件。

(3) 谈判结果应该着眼于保持良好的长期关系。

(4) 进行符合商业礼节的道别，向对方表示感谢。

(5) 如果这一阶段双方因各种原因没有达成协议，则加时赛 6 分钟，但双方均要为拖延比赛而被扣分。

5．加时赛(6 分钟)

规则与最后冲刺阶段相同，加时赛阶段双方无论如何必须达成协议。否则判定故意拖延方负，没有资格参加下一轮比赛。

第四部分：互动提问暨知识竞赛(共 20 分钟)

评委提问(10 分钟，每队 5 分钟)，此阶段的要求是：

(1) 针对谈判议题本身、谈判过程的表现、选手知识底蕴和商务谈判常识进行刁难性问题提问。

(2) 进一步考察选手的知识储备、理解、应变、语言组织能力。

(3) 评委依次向每个参赛队提 1～3 个问题。

(4) 问题不一定有标准答案，但要具有挑战性和现场性，主要是考选手的应变能力。

(5) 每个问题的提问时间不超过 1 分钟，每个问题的回答时间不超过 1 分钟。

(6) 问题设计要尽可能贴近现实、具有启发性、解决实际问题。

第五部分：最终点评、宣布结果及颁奖仪式(10 分钟)

评委退场，互亮评分，商议最终结果。

(1) 评委代表终场点评(5 分钟)，宣布结果。

(2) 评委将信封交给主持人，主持人宣布最终结果和个人奖项。

(3) 颁奖仪式。评委及嘉宾上台颁奖、照相。

11.4.3　比赛评审标准

第一部分：背对背演讲(10 分，得分直接计入团体总分，不乘以百分比)

评分标准如下(共 5 个单项，每 1 个单项 2 分)：表述的感染力和气氛调动能力；把握谈判议题的准确程度；所阐述观点的合理性及实用性；谈判者着装礼仪，商务风范；演说辞文采，语言流畅程度。

第二部分：商务谈判阶段(110 分。其中团体分 90 分，个人分 20 分)

1．团体评分项目(最后得分乘以 80%计入团体总分)

(1) 商务礼仪(共 5 个单项，每 1 个单项 2 分)。包括：着装恰当；手势合理；表情恰当；语言流畅；总体风貌。

(2) 商务谈判准备(共 5 个单项，每 1 个单项 2 分)。包括：信息收集程度；对谈判议题的理解和把握；谈判目标设定的准确性；谈判方案设计的实用性；团队选手的准备程度。

(3) 谈判过程(共 10 个单项，每 1 个单项 4 分)。包括：谈判策略的设计；谈判技巧的运用；团队配合；知识丰富底蕴及合理运用；谈判氛围的掌握；逻辑清晰、思维严密；语言准确、口齿清楚；反应迅速、随机应变；表情从容、适度紧张；谈判进程的控制把握。

(4) 谈判效果(共 5 个单项，每 1 个单项 6 分)。包括：己方谈判目标的实现程度；双方共同利益的实现程度；谈判结果的长期影响；对方的接受程度；团队的整体谈判实力。

2．个人评分项目(20 分)

(1) 商务礼仪(共 6 个单项，每 1 个单项 1 分)。包括：着装恰当；手势合理；表情恰当；语言流畅；姿势到位；总体风貌。

(2) 商务谈判准备(共 2 个单项，每 1 个单项 2 分)。包括：对谈判议题的理解和把握；知识和心理的准备程度。

(3) 商务谈判过程(共 10 个单项，每 1 个单项 1 分)。包括：谈判策略与技巧；团队配合；知识丰富、合理运用；逻辑清晰、思维严密；语言准确、口齿清晰；反应迅速、随机应变；表现从容；幽默生动；调动气氛；把握对方心理。

第三部分：互动提问暨知识竞赛(共 20 分钟)

本阶段每队最高 18 分，不乘以百分比直接计入团体总分。

1．考察性问题(6 分)

每队回答 3 个问题，每回答完一个问题评委就打分，满分 2 分。

2．抢答(每队最高 12 分，最低 0 分)

每队回答正确一个问题，得 2 分；没有回答问题或回答错误，不得分。每队最高得分 12 分。

11.4.4 商务谈判模拟大赛选用案例

1．商务谈判模拟大赛 1/4 决赛选用案例

汽轮机转子毛坯延迟交货索赔谈判

谈判 A 方：意大利 SDF 公司(卖方)　　　　谈判 B 方：中国 SQ 公司(买方)

由于近年来中国电力市场迅猛发展，每年新增的机组数量基本上是全世界新增机组数量的 80%左右，所以国内三大汽轮机生产厂家都不同程度地出现了毛坯供应紧张。由于 SQ 公司占有国内电力市场 1/3 强的份额，所以毛坯供应问题就越发的凸现。转子毛坯是汽轮机最重要的毛坯件，工艺复杂，加工周期长，在中国只有两家单位可以生产，但他们的生产安排早已被几大汽轮机生产厂家挤满。

2002 年，SQ 公司被迫开始从国外高价进口转子毛坯，主要的供应商有意大利、韩国、德国、英国等国家的重工业企业。2003 年中，在转子毛坯最紧缺的时候，SQ 公司和意大利的 SDF 公司签订了供货合同。按照合同，意大利 SDF 公司向 SQ 公司提供了 10 根转子毛坯，第一根交货期定于 2004 年 9 月，之后每月交一根。之后双方进行了较好的技术沟通，双方技术人员也互访了对方企业。2004 年 6 月，每一根转子毛坯即将进行最后的加工，估计将历时 2 个月，算上船运时间，刚好满足买方要求，但也可能稍有延误。这时，意大利发生了大规模的劳资纠纷，各重工企业员工在工会领导下纷纷罢工，SDF 公司也卷入了这场全国性的灾难之中。虽然劳资双方相持 40 余天后终于化解了矛盾，但在此时，SDF 公司已经无法按照供货合同按时交货，加上重新整合资源的时间，预计至少将延期 2 个月，这将对 SQ 公司的整体生产计划产生重大的影响。由于双方的合同中有对延迟交货的严格巨额罚款，SQ 公司决定施行这一处罚条款，一来弥补损失，二来想借此措施向各国供应商提出警告。7 月中旬，SQ 公司正式向 SDF 公司开出了高达 450 万美元的罚单。

8 天后，SDF 公司派出由生产副总裁为首的访问团赴中国与 SQ 公司进行谈判。谈判的中心围绕罢工事件的定位展开。虽然延迟交货已成事实，但是意大利方面认为罢工属于“不可抗力”，按照合同，由不可抗力产生的延迟交货不适用处罚条例。双方的关系很微妙：罚金数额虽然不小，但是由于 SQ 公司也有可能会因此而面对自己的客户罚单和名誉损失，所以，按时交货比高额罚单更加重要；对 SDF 公司来说，高额罚款将使利润严重下降，也会带来名誉损失。对于双方而言，由于对方都是自己最重要的长期客户之一，长期稳定的合作关系才是双方利益的基础。如何体面、务实地解决这次争端成了摆在双方谈判小组面前的问题。

谈判目标：解决赔偿问题，维护双方长期合作关系。

2．商务谈判模拟大赛半决赛选用案例

服装布料延期交货索赔谈判

买方：红牡丹公司　　　　　　　　　　　　　　　　　　　卖方：白玫瑰公司

近年我国 NM 类布料的服装市场迅猛发展，各名牌服装生产厂家都不同程度地面临此类新型布料短缺的局面。国内十大服装名牌之一的红牡丹公司，主要生产 NM 类布料服装，而且占有中国 NM 类布料服装市场的 1/3 强的份额，因此其布料来源问题就更加突出。此类新型布料颇受消费者欢迎，但生产技术含量高，印花染色工艺复杂，国内只有三家公司可以生产优质产品，但他们的生产安排早已被几家服装生产厂家挤满。由于多种原因，也难以从国外找到 NM 布料货源。

2003 年初，在 NM 布料供应最紧缺的时候，红牡丹公司与国内生产 NM 布料的白玫瑰公司签订了购货合同。按照合同，白玫瑰公司向红牡丹公司提供 30 万米不同季节穿着的符合质量标准的布料，平均分三批分别于当年 4 月 30 日以前、8 月 31 日以前和 10 月 31 日以前交货：若延期交货，白玫瑰公司将赔偿对方损失，赔偿事宜到时再商议。

2003 年春季，国内很多地方出现了非典型肺炎疫情，白玫瑰公司印染车间有 2 名高级技术人员被诊断为非典疑似病例，该车间大多数人被隔离 20 余天，生产几乎处于停顿状态。虽然 4 月底很快恢复正常生产，但白玫瑰公司已经无法按合同规定日期向红牡丹公司交货，至 5 月 5 日也只能交货 2 万米，全部交完至少要到 5 月 20 日。红牡丹公司因此遭受巨大损失。5 月 10 日，红牡丹公司决定实施索赔条款，并正式向白玫瑰公司提出 600 万元的索赔要求。

一周后，白玫瑰公司派出由主管生产的副总经理到红牡丹公司就索偿问题进行交涉。交涉时，白玫瑰公司方认为，严重的非典疫情属于“不可抗力”，因此延迟交货不能使用处罚条款。但红牡丹公司方对此有不同意见，并坚持要求对方赔偿巨大损失。由于初步交涉不能达成一致意见，双方同意三天后进行正式谈判。

谈判双方的关系很微妙：红牡丹公司既希望拿到巨额赔偿金，又希望早日拿到布料，以便尽可能满足客户要求，也不愿失去白玫瑰公司这一合作伙伴；白玫瑰公司虽然不愿赔偿，但不愿让公司信誉受损，也不愿失去红牡丹公司这一实力较强的大客户。因此，如何务实且富有成效地解决索赔问题，摆在了双方谈判小组面前。

3．商务谈判模拟大赛决赛选用案例

中国上海迅通电梯有限公司和美国达贝尔公司的合资设厂谈判

谈判甲方：中国上海迅通电梯有限公司

谈判乙方：美国达贝尔公司

一、基本情况

(1) 中国上海迅通电梯有限公司电梯产品占国内产量的 50%，是国内同行业中的佼佼者。当该公司与美国合资兴建有限公司一事一经立项，即预先做好了充分的准备工作。首先，上海迅通电梯有限公司派人赴美国实地考察，在综合评判的基础上，共同编制了可行性研究报告。回国后，又专门挑选和组织了一个谈判班子，包括从上级部门请来参与谈判的参谋和从律师事务所聘来的项目法律顾问，为该项目的谈判奠定了一个良好的基础。

(2) 美国达贝尔公司是美国电梯行业的第一大公司，是享有盛名的大公司，在世界上有100多个分公司，他们的电梯产品行销全世界。在谈判之前，美方对国际、国内的市场做了充分的调查了解，进行了全面深入的可行性研究。他们还特别对中方的合作伙伴做了详细的分析和了解，全面掌握了与谈判有关的各种信息和资料，并在此基础上，组织了一个精干的谈判班子，该班子由公司董事长兼首席法律顾问充当主谈人。

(3) 此次项目投资大，且达贝尔公司是享有盛名的大公司，对中方的意义非同小可。另外美国达贝尔公司的目光是长远的，此次来中国谈判，事先做过充分的可行性调查研究，此项目旨在打开中国市场，并且在合资企业的股份多于中方。中国上海迅通电梯有限公司是其最合适的合作伙伴，因为无论从技术到产品都是国内第一流的，如果美方在中国的第一个合作项目失败，再想在中国投资合办企业就比较困难了。

二、谈判问题

(1) 在中美合资谈判中，首先遇到的就是合资企业的名称问题，美方建议定名为“达贝尔电梯中国有限公司”，但遭到中方的反对。请陈述反对理由，并商讨一个兼顾双方利益而且对双方都最为有利的一个名称。

(2) 关于产品销售问题。在该项目的可行性研究中曾有两处提到：一是“美方负责包销出口量的25%，其余75%在国内销售”；二是“合资公司出口渠道为达贝尔公司、合资公司和中国外贸公司”。双方在这一表述的理解上产生了分歧。这种理解上的分歧，构成了谈判的严重障碍。美方对此表述的理解是：许可产品(用外方技术生产的产品)只能由达贝尔独家出口25%，一点也不能多，而其他的两个渠道，是为出口合资企业的其他产品留的。而中方的理解是：许可产品25%由达贝尔公司出口，其余75%的产品，有可能的话，通过另外两条渠道出口。双方为此互不相让。如何体面、务实地解决这次争端成了摆在双方谈判小组面前的问题。

请通过此次商务谈判重点解决以上两个问题。

参考文献

1．张守刚．商务沟通与谈判[M]．2 版．北京：人民邮电出版社，2017．

2．李爽．商务谈判[M]．北京：人民邮电出版社，2017．

3．王国梁．推销与谈判技巧[M]．北京：机械工业出版社，2002．

4．冯华亚．商务谈判[M]．2 版．北京：清华大学出版社，2009．

5．杨晶．现代商务谈判[M]．北京：中国人民大学出版社，2009．

6．郭秀君．商务谈判[M]．2 版．北京：北京大学出版社，2011．

7．刘凡．双赢谈判[M]．北京：北京大学出版社，2003．

8．〔美〕道森．销售人员谈判训练[M]．于卉芹，译．北京：中国商业出版社，2002．

9．杨群祥．商务谈判[M]．大连：东北财经大学出版社，2012．

10．张祥．国际商务谈判——原则、方法、艺术[M]．上海：上海三联出版社，2000．

11．杨晶．商务谈判[M]．北京：清华大学出版社，2005．

12．刘园，李志群．国际商务谈判：理论、实务、案例[M]．北京：中国对外经济贸易出版社，2001．

13．李昆益．商务谈判技巧[M]．北京：对外经济贸易大学出版社，2007．

14．龚荒．商务谈判与推销技巧[M]．2 版．北京：清华大学出版社，2010．

15．袁其刚．国际商务谈判[M]．济南：山东人民出版社，2003．

16．杨群祥，郑承志．商务谈判[M]．大连：东北财经大学出版社，2001．

17．章瑞华，徐志华，黄华新．现代谈判学[M]．杭州：浙江大学出版社，2002．

18．全英．国际商务谈判[M]．北京：清华大学出版社，2003．

19．黄卫平，董丽丽．国际商务谈判[M]．2 版．北京：机械工业出版社，2012．

20．丁建忠．商务谈判[M]．北京：中国人民大学出版社，2004．

21．汤秀莲．国际商务谈判[M]．天津：南开大学出版社，2005．

22．孙平．国际商务谈判[M]．武汉：武汉大学出版社，2011．

23．龚卫国．领导口才艺术全书[M]．北京：中国环境出版社，2001．

24．〔美〕弗兰克 · L. 阿库夫．国际商务谈判[M]．刘永涛，译．上海：上海人民出版社，1995．

25．高建军．商务谈判实务[M]．北京：北京航空航天大学出版社，2007．

26．林逸仙，蔡峥，赵勤．商务谈判[M]．上海：上海财经大学出版社，2004．

27．田玉来．国际商务谈判[M]．北京：电子工业出版社，2008．

28．陈文汉．商务谈判实务[M]．2 版．北京：电子工业出版社，2009．

29．陈文汉．商务谈判实务[M]．北京：人民邮电出版社，2011．

30．李爽，于湛波．商务谈判[M]．2 版．北京：清华大学出版社，2011．

31．杨芳．商务谈判[M]．上海：华东师范大学出版社，2011．

32．陈丽清，何晓媛．商务谈判理论与实务[M]．北京：电子工业出版社，2011．

33．周忠兴．商务谈判原理与实务[M]．南京：东南大学出版社，2012．

34．陈建明．商务谈判实用教程[M]．北京：北京大学出版社，2009．

35．〔美〕迈克尔·R. 卡雷尔，克里斯蒂娜·希弗林．谈判基础[M]．焦邻颖，译．上海：格致出版社，2010．

36．尤凤翔，祝拥军．商务谈判[M]．北京：北京大学出版社，2011．

37．李霞，徐美萍．商务谈判与操作[M]．北京：清华大学出版社，2010．